칸니 명상

아나빠나삿띠와 위빳사나 수행의 입문서이자 안내서!

칸니 명상

수망갈라 지음 | 차은숙 옮김

Kannī Meditation

운주사

서문

초고속 발전의 시대에 사람들은 많은 고통과 불편을 겪으며 살아가고 있다. 또한 물질적인 쾌락과 일시적인 만족감의 소용돌이 속에 휩싸여 삶의 방향을 잃어가고 있기 때문에 이런 삶은 곧 자연세계와 공존할 수 없게 된다.

오늘날의 세상은 육감을 만족시켜 주는 물질이 만연해 있으며, 현대 과학자들은 인간이 염원하는 것이면 무엇이든지 만들어낼 수 있다. 그러나 그러한 발명품은 오직 순진무구한 사람들을 위한 덫일 뿐이다. 그것은 인간에게 불이익을 주는 오염원만을 가중시킬 뿐이다. 그것들은 실제적으로 속박으로부터 자유로운 삶을 영위하게 하는 것이 아니라, 유죄판결을 받은 죄수에게 교도소에 갇혀 있는 것이 더 좋은 삶이라고 설득하기 위해 일시적인 쾌락을 계속 주는 것과 흡사하다. 따라서 깨달음에 이르는 길을 찾기보다는 오히려 세속에 묻혀 사는 것을 더 좋아하게 만든다. 그런 세상에는 길도 없고 방법도 없고 감각적 쾌락으로부터의 탈출구도 없다. 그러한 소용돌이 속에서 인간들은 어떤 방향도 보이지 않는 길을 걷고 있을 뿐이다. 이것이 세상 사람들의 운명이다. 사람들은 양계장에 갇힌 닭들과 같다. 끝없이 이어지는 태어남과 죽음과 다시 태어나는 윤회의 소용돌이에 휩싸여 탈출구를 잃어버렸다.

나는 먹이를 주며 유인하여 동물을 포획하려는 도살자가 아니다. 오히려 동물들에게 살아남을 수 있는 먹이를 줌으로써 오래 살 수 있도록 지켜주는 야생동물 보호구역의 지킴이가 되고 싶다. 이 책에서 나는 여러분에게 일반적인 질병을 치유할 수 있는 위빳사나 수행기법을 선물할 것이다. 만약 계속해서 심혈을 기울여 정진 수행한다면, 삼매를 계발하여 열반에 이르는 도의 지혜를 증득할 수도 있다.

인간의 마음은 부처님의 가르침에서 여섯 번째 감각의 문으로 언급된다. 이것은 부처님이 창조한 철학이 아니다. 오히려 그것은 자연의 실재이며 마음의 자연법이다. 부처님은 그 진리를 깨달았고 그 진리를 본 그대로 설했다.

명상을 통한 열반의 실현은 특별한 것도 아니고 이해할 수 없는 현상도 아니다. 부처님 당시에는 아라한 도와 과의 지혜를 통해 열반을 실현한 많은 스님들이 있었다. 그러한 스님들을 아라한이라 했다. 그들은 초능력적인 지혜로 모든 것을 알 수 있었고 어디든지 볼 수 있었기 때문에 보통 사람들의 마음보다 훨씬 더 깊고 강력했다. 그 아라한들은 집중을 통한 사마타(고요명상)와 위빳사나(통찰명상)를 했다. 강력한 통찰력을 얻기 위해 스님들이 수행했던 명상법을 칸니 전통에서 가르치고 있다. 하지만 보통 사람들이 이러한 깨달음의 상태에 도달하기는 그렇게 쉽지 않다. 어쩌면 근기가 수승한 사람들만 가능할지도 모른다. 이러한 단계에 도달하기 위해 선정이라고 하는 굉장히 깊은 수준의 집중상태가 되어야만 한다. 선정은 다섯 단계가 있지만 이러한 초능력 체험을 하기 위해 최소한 첫 번째 단계의 선정에 버금가는 집중을 유지해야 한다.

여러분은 위빳사나에 대해 이미 들어왔고, 어쩌면 오랫동안 위빳사나 수행을 해왔을 수도 있다. 나는 그것이 무의미한 것이었다고 알려주고 싶다. 왜냐하면 소뿔에서 우유를 짜내려고 했기 때문이다. 지도 없이 보물을 찾는 사람은 부자가 될 수 없다. 여러분은 위빳사나의 문을 열 수 있는 특별한 황금열쇠가 필요하다. 그 열쇠가 없다면 금광을 발견할 가능성에 대해 꿈을 꿀 수조차 없다. 여기에 여러분을 향한 나의 유일한 바람이 있다. 그것은 칸니 명상법에 따라 수행하는 것이다. 칸니 수행은 상좌부불교의 정통 가르침과 주석서에 근거한 것이며, 오랫동안 밝혀지지 않은 미얀마의 유명한 은둔 스님의 수행법에서 이어진 전통이다.

이 책은 복잡한 속세에서 여러분의 삶을 자유롭게 해 주는 길로 안내하는 등대이다. 틀림없이 여러분에게 지혜로운 길을 안내해 주는 로드맵으로써 소중한 선물이 될 것이며 윤회의 질병에서 오는 고통을 치유해 주는 만병통치약이 될 것이다. 확언컨대, 명상은 내면의 평화와 안온한 마음을 찾게 해줄 것이며, 열반의 문을 열 수 있는 황금열쇠이다.

칸니 전통에서는 35일 동안 호흡명상을 통한 알아차림을 가르친다. 약 10일 안에 개념화된 빛의 심상인 니밋따(아나빠나삿띠를 수행할 때 깊은 집중 상태가 되었을 때 나타나는 표상)를 얻을 수 있다. 깊은 집중상태가 계속되면, 눈을 가린 채 멀리 떨어진 물체를 볼 수도 있다. 만약 위빳사나를 계속 수행한다면 인생의 어려움을 참아낼 수 있는 강인한 힘도 기를 수 있으며, 마침내 모든 고통을 완벽하게 소멸할 수 있다. 그렇게 되면 스스로의 창조자가 됨으로써 자신의 마음을 통제할 수 있는 능력을 갖게 된다.

철저히 수행한다면 25일 이내에 깊은 집중의 상태를 경험할 수 있을 것이다. 만약 약 2달 동안 계속해서 수행 정진한다면 보편적인 만병통치약의 이익을 얻게 된다. 즉 짧은 수행 기간에 집중의 이익을 맛볼 수 있다. 나는 여러분에게 영원한 자유에 이르는 황금열쇠의 비밀을 알려줄 것이다. 먼저, 여러분은 그 실재를 판단하기 위해 수행하려고 노력해야 한다. 이미 입속에 황금의 기회를 넣었다 하더라도 그것을 한두 번 씹어보지 않고 판단해서는 안 된다. 따라서 먼저 해야 할 일은 '해보는 것이다.' 그러면 25일 이내에 근접삼매에 이르게 된다. 이것 이외에도, 특히 어려움에 처했을 때 인생의 험한 여정을 조금은 쉽게 넘어갈 수 있는 지혜와 지식을 얻는다. 이 인생의 지혜는 인간본성의 법칙과 세상의 이치와 삶의 의미에 적용된 철학적 의문을 깊이 생각하도록 해 줄 것이다.

모든 사람들은 '나', '나의', '나의 것'이라는 개념적인 생각을 가지고 있다. 이러한 개념은 내생이나 사후 존재에 지대한 영향을 미친다. 나는 어떻게 이런 개념이 장기간의 결과로 인도하는 나쁜 행위를 초래하는지를 알려줄 것이다. 우리의 마음은 굉장히 강력하기 때문에 개념적인 생각은 다음 생으로 이어지는 에너지원이 된다. 이 세상에 존재하는 모든 것들은 생각의 소산이다. 생각의 에너지는 결코 없어지지 않는다. 심지어 몸이 완전히 없어진다 하더라도 생각은 그 행위의 결과로 새로운 삶을 만들어낸다. 선행은 좋은 결과를 낳고 불선행은 나쁜 결과로 이어진다. 이생의 마지막 순간에 만약 죽어가는 사람이 '나라는 개념'을 대상으로 삼는다면 그 생각의 에너지가 죽음의 과정에 영향을 미칠 것이다.

만약 괴로움과 만족스럽지 않은 삶에서 자유롭기를 갈망하는 사람이 있다면 이 책을 읽고 이 책에 소개된 부처님의 가르침대로 수행하라. 그렇게 해 준다면 부처님의 가르침에 대한 나의 임무가 마무리될 것이다. 모든 중생들이 고통의 굴레에서 벗어나기를!

미얀마 삔우린의 담마다야다또야(숲속 사원)에서

수망갈라

감사의 글

이 책이 출판될 수 있도록 마음을 내주신 운주사의 김시열 대표님과 편집진의 노고에 깊이 감사드린다. 특히 끊임없는 조언과 전문가적인 편집을 도와준 점에 대해 진심으로 감사드린다. 김시열 대표님은 이 책이 널리 많은 사람에게 읽혀질 수 있도록 처음부터 끝까지 완벽한 편집 기술을 동원하여 한 권의 멋진 책으로 태어날 수 있도록 최선을 다해 주었다.

가장 중요한 사람인 차은숙에게 우리가 함께 작업했던 많은 시간에 대해 진심어린 감사를 표하고 싶다. 솔직히 말해, 오늘날 숨 가쁘게 급속히 변하면서 돌아가고 있는 이 세상에 부처님의 가르침을 널리 펼치고자 한 그녀의 강한 의지가 없었다면 이 책은 출판될 수 없었으며, 이 세상에 알려지지도 못했을 것이다. 사실, 칸니(Kannī) 수행법은 오늘날까지 거의 100년 동안 큰스님의 제자들을 통해 구전으로만 전해져 왔다. 따라서 칸니 전통 명상법에 관한 "*The True Power of Kannī Meditation*"은 칸니 전통 사상 100년 만에 처음으로 한 권의 책으로 출판된 것이다.

차은숙은 거친 돌멩이에서 아름다운 다이아몬드를 세공해 내듯이 지칠 줄 모르는 영감과 막대한 시간을 이 책에 투자했다. 나는 진심으로 그녀의 열의와 노력에 감탄을 금할 수 없다. 따라서 나는 이 책이 그녀의 끊임없는 노력의 결과이며, 위대한 인내와 전문적인 지식과 굳은 결단력과 부처님과 법과 승가에 대한 확신과 지혜가 어우러진 결과라고 단언할 수 있다. 출판되기까지 모든 것을 인도해 준 선한 영적인 도움으로, 이 책의 출판은 칸니 전통의 정신적인 명상 여정에 새로운 중대 시점이 될 것이다. 모든 중생들의 안녕과 해탈을 기원하며!

수망갈라

〈일러두기〉

①이 책에 수록된 빨리 문헌은 미얀마 양곤에서 열린(1954~1956) 제6차 결집본을 근간으로 했다.

②빨리 용어는 기본적인 의미를 파악하는 데 초점을 맞추었으며 이해를 돕기 위해 해당 단어에 우리말 번역이나 로마자 빨리어 음사를 ( ) 속에 표기했다.

③이 책은 명상이나 불교에 처음 입문한 사람들도 이해하기 쉽도록 번역했으며 중복 설명된 부분도 있다. 이 책은 명상을 시작하기 전에 알아야 할 기본 입문서이며 부처님의 가르침에 바탕을 둔 아나빠나삿띠와 위빳사나 수행 안내서이다.

④본문의 내용은 가능한 한문 불교 용어를 쓰지 않고 우리말로 풀어서 번역했다. 그러나 해당 용어의 이해를 돕고 한문 불교용어에 익숙한 독자들을 위해 한문을 표기한 곳도 있다.

⑤우리말로 번역하기 어려운 빨리 용어는 음사를 그대로 표기했지만 많이 알려진 용어는 우리말로 옮겼다.

⑥빨리어 음사의 우리말 표기는 The Pāḷi Alphabet in Burmese and Roman Characters의 발음체계를 따랐지만 많이 통용되는 용어는 관례를 따랐다.

⑦사띠(*sati*) 번역은 '알아차림'으로 했으며 상황에 따라 빨리어 음사를 병용했다. 나마와 루빠(*nāma-rūpa*)는 '마음과 물질'로 옮겼으며 나마를 마음(*citta*)과 구분하기 위해 필요한 경우에 ( ) 속에 나마 또는 *nāma*로 표기했다.

⑧독자의 이해를 돕기 위해 역자가 임의로 써 넣은 부연설명은 〔 〕로 표기했으며, 역자가 추가한 내용에 잘못이 있다면 역자의 책임임을 밝힌다.

⑨이 책은 Sumaṅgala, *The True Power of Kannī Meditation - The Essential Guide to Ānāpānassati & Vipassanā*(Taipei: The Corporate Body of the Buddha Educational Foundation, 2019)를 번역한 것이다.

⑩이 책은 새롭게 소개되는 칸니 전통 명상에 관한 수행 방법을 소개한다.

제1부

아나빠나삿띠를 집중으로 하는 사마타 수행

제2부

위빳사나 수행

칸니 전통 명상의 역사와 개요

칸니 전통 명상은 단시일 내에 열반에 이르는 도의 지혜를 성취할 수 있는 논리적이며 체계적인 수행 방법이다. 이 명상은 약 100년 전에는 스님들만 수행했다(구전을 통해 스님들만 수행해 온 명상법이다). 칸니 명상은 위빳사나 수행으로 이어지는 사마타 수행을 함으로써 근접삼매를 성취한 후에 바로 위빳사나로 들어간다. 근접삼매를 경험한 수행자는 위빳사나의 대상인 마음(나마)과 물질(루빠)의 특성을 분명하게 이해할 수 있다. 이 전통에서는 사마타 수행의 첫 번째 단계의 네 번째 방법까지 수행하며, 아나빠나삿띠를 명상 주제로 한다.

칸니 명상은 사마타 수행을 35일, 위빳사나 수행을 20일 동안 하는데, 사마타 수행에서는 빨리 경전과 주석서에 따른 첫 번째, 두 번째, 세 번째, 네 번째 방법을 수행한다(자세한 것은 제3장을 참조하라). 주석서에는 아나빠나삿띠 수행을 함으로써 얻어지는 빛의 심상인 니밋따의 적용 방법이 설명되어 있지 않다. 그러나 15일 이내에 첫 번째 방법(호흡 세기)을 통해 니밋따를 얻을 수 있으며, 니밋따를 보내고, 니밋따의 힘으로 대상을 볼 수 있게 된다. 또한 명상 중에 니밋따를 더 강하고 분명하게 만듦으로써 수행자는 이 명상법과 자기 자신에 대해 더 확고한 신념과 확신을 증대시킬 수 있다. 네 번째 방법

(호흡 고르기) 후 수행자의 집중 상태가 근접삼매에 이를 만큼 강력해지면 니밋따를 심장토대에 안착시킨다. 이 단계에서 수행자는 항상 명상 대상(마음과 물질)인 아지랑이 같은 물질 미립자인 루빠 깔라빠를 마음의 눈으로 볼 수 있다〔물질은 홀로 일어나지 못하고 항상 무리지어 일어나고 소멸하는데 이런 무리를 깔라빠라고 하며, 그 물질 무리를 루빠 깔라빠라고 한다〕.

그런 후 위빳사나 수행으로 전환한다. 루빠 깔라빠를 보기 위해 다른 수행법에서는 많은 시일이 걸린다. 그들의 수행법에서는 마음과 물질의 일어남과 사라짐을 아는 지혜(*Udayabbaya ñāṇa*)의 단계에 가서야 루빠 깔라빠를 볼 수 있을 것이다. 따라서 이 루빠 깔라빠를 보는 단계에 이르기까지 칸니 전통 수행자들은 다른 수행자들과 비교했을 때 4단계〔마음과 물질을 식별하는 지혜(*Nāma-rūpa pariccheda ñāṇa*), 원인과 결과에 대한 식별 (*paccaya pariggaha*), 전생과 내생의 마음과 물질의 원인에 대한 식별(*addhāna pariggaha*), 무상·고·무아를 세심하게 보는 지혜(*Sammasana ñāṇa*)〕 더 앞서는 결과를 갖는다. 위빳사나의 대상인 루빠 깔라빠를 활용해서 마음과 물질의 일어남과 사라짐을 분명하게 볼 수 있다. 이렇게 수행함으로써 큰 어려움 없이 마음과 물질을 식별하는 지혜를 얻을 수 있다. 이 전통에서는 명상주제로 루빠 깔라빠를 사용하여 위빳사나 수행을 한다. 수행자는 어렵지 않게 위빳사나 지혜를 성취하여 다른 전통 수행자들보다 더 빠르고 용이하게 열반에 이르는 도의 지혜(*Magga ñāṇa*)를 얻게 될 것이다.

칸니 명상 전통에서는 아나빠나삿띠의 집중으로 생긴 니밋따의 빛을 분명하게 인식하는데 도움이 될 수 있도록 눈을 가린다. 아나빠나삿띠를 수행하면서 콧구멍 사이의 한 점을 스치는 호흡을 단 일초도 놓치지 않고 바라보아야 한다. 왜냐하면 고도의 집중 상태에서 인식되는 니밋따를 통해 루빠 깔라빠를 볼 수 있으며, 그 루빠 깔라빠를 통해 아닛짜(무상)를 이해할 수 있기 때문이다. 따라서 눈으로 들어오는 빛을 완전히 차단하기 위해 스카프로 눈을 가리고 수행한다.

칸니 전통 수행법을 간단하게 요약하면, 우선 아나빠나삿띠를 통해 강한 집중을 얻는다. 근접삼매에 이를 만큼 충분한 집중 상태가 되면 위빳사나 수행을 시작한다. 따라서 칸니 전통 명상 방법을 단계적으로 잘 따른다면, 그 어떤 다른 수행법에서보다 더 빠르게 도의 지혜를 성취할 수 있다.

일반적으로 칸니 전통 명상코스는 55일이 걸리지만 바쁜 일상을 살아가는 직장인들을 위한 10일 특별코스도 마련되어 있다. 10일 코스에서 수행자는 하루 최소한 8시간 동안 저녁 9시까지 계속해서 1시간 좌선, 30분 걷기 명상을 반복한다. 10일 동안 7일은 사마타 수행을 3일은 위빳사나 수행을 한 후에 마음과 물질의 원인과 결과를 구별하는 지혜(*Paccaya pariggaha ñāṇa*)를 성취해야 한다.

칸니 전통 수행법은 쉴라 띳사(Shīla Tissa)가 아닌 실라 띳사(Sīla Tissa) 스님이 미얀마에 처음 소개했다. 빨리어로 실라는 도덕적 실천행위, 즉 계를 의미한다. 스리랑카에서는 왕들의 이름에 삿다 띳사(Saddhā Tissa)나 브라흐마 띳사(Brahma Tissa) 등과 같은 이름을 붙였다. 실라 띳사 스님은 약 150년 전 티베트에서 태어났다. 스님은 스리랑카의 찌딸라 힐로 불교 성지 순례를 떠났다. 『청정도론』을 인용하면 찌땔라 힐은 한때 20,000명이 넘는 많은 아라한들이 수행했던 곳이다. 그곳에서 스님은 실라 띳사라는 법명으로 계를 받았으며, 아라한으로 알려진 스승인 찌땔라 마하테라 스님의 지도 하에 오랫동안 용맹정진했다〔찌땔라 마하테라 스님은 청정도론에 근거한 명상을 한 것으로 알려져 있다〕. 따라서 실라 띳사 스님은 아라한 스승으로부터 정통 가르침을 전수받은 것이다. 그런 후, 지금으로부터 약 120년 전에 버마(미얀마의 옛 명칭)의 만달레이를 방문했다. 스님은 파야지 쫑타이 사원에 있는 도틴 오우쫑 숲속 사원에서 론또 사야도〔사야도는 미얀마에서 20안거 이상의 수행을 마치고 수행자들을 지도할 수 있는 자격을 갖춘 큰스님을 말한다〕, 아야또 사야도, 랏빤(우 아딧짜) 사야도 등을 만났다.

그 당시에 미래 칸니 사야도가 될 분은 그 근처 마을에 살고 있는 젊은 스님이었다. 랏빤 사야도가 알론과 쉐보 지구 사이 경계선에 위치한 옷포 계곡에 있는 그의 사원〔랏빤또야〕으로 실라 띳사 스님을 데려 갔다. 그곳에서 랏빤 사야도는 실라 띳사 스님에게 버마어를 가르쳐주고 그가 배운 명상법을 전수해 주기를 간청했다. 그래서 실라 띳사 스님은 랏빤 사야도에게 자기가 배운 명상 방법을 굉장히 자세하게 가르쳤다. 그 후 실라·띳사 스님의 지도하에 아야또 사야도, 론또 사야도, 레디 사야도〔레디 사야도(1846~1923)는 미얀마 상좌부 불교의 대표적인 수행과 교학을 겸비한 사야도이다. 미얀마 제5차 경전 결집(1871년)에서 아비담마 칠론 중 다섯 번째인 논사(*Kathāvatthu*)를 암송하여 전달했다. 전통적인 위빳사나를 스님들과 재가자들이 쉽게 접근할 수 있는 기반을 만들었다〕와 랏빤 사야도가 함께 명상을 했다〔명상을 한 후 레디 사야도와 다른 스님들은 재가자들에게 설법을 펼쳤다). 실라 띳사 스님은 마지막 순간까지 그곳에 머물렀다.

랏빤또야(숲속 사원)

레디 사야도가 기거했던 곳(랏빤또야)

레디 사야도(랏빤또야)

레디 사야도의 수
행 토굴

미얘찐 사야도 사리가
봉안된 곳(랏빤또야)

그때 칸니 사야도가 될 분은 칸니 지구에 있는 꼼퓨 마을 사원의 주지스님이 되었으며, 나중에 낀따웅 또야로 거처를 옮겼다. 다시 명상 수행을 하려고 했을 때, 미래 칸니 사야도는 젊은 시절 만났던 랏빤 사야도를 생각했다. 칸니 사야도가 될 분은 랏빤 사야도를 수소문하여 찾아 수년 동안 그의 지도하에 명상을 했다. 오랜 수행을 마친 후 칸니 사야도가 될 분은 칸니 지구 근처 마을인 웻꽁에 있는 숲속 사원에 기거하면서 스님들에게만 이 수행법을 가르쳤다. 그때부터 칸니 사야도라는 명칭을 사용했다. 후에 칸니 사야도(법명은 우 소비따이다)는 그 명상법에 관한 "요기 빠라구"(*Yogi Pāragū*)라는 책을 집필했는데, 그 책은 빨리 전문용어와 빨리 경전을 많이 인용한 책이었다. 지금은 스님들이 대중적으로 이 수행법에 따라 명상을 하고 있지만 그 당시에는 많은 큰스님들이 이 명상법을 배워서 개인적으로 수행을 했다. 칸니 사야도 생전에 대부분의 미얀마 사람들은 사야도가 아라한이라고 믿었다.

미애찐(Myae Zinn) 사야도는 칸니 사야도로부터 그 명상법을 전수 받아 오직 스님들에게만 가르쳤다. 2002년 미애찐 사야도는 동생이며 유명한 저자이고, 종교부 자문위원회 회원이며, 명상 지도자인 우 타이흘라잉의 권유로 일반 신도들을 위해 처음 60일 명상코스를 안내했다. 그때부터 이 명상법을 칸니 전통 명상법이라고 불렀다. 처음 명상코스를 진행한 그 해에 칸니 명상법에 관한 몇 권의 책이 미얀마에서 출판되었다. 우 타이흘라잉 또한 칸니 사마타 수행법에 관한 책을 버마어로 집필했지만 칸니 명상법에 대해 분명하게 설명하지는 않았다. 그는 칸니 위빳사나 수행법을 쓰지 못한 채 2007

년 사망했다.

칸니 명상 전통의 창시자인 칸니 사야도 우 소비따 스님은 아라한으로 알려져 있다. 미얀마에서 아라한으로 알려진 많은 유명한 사야도들이 이 칸니 명상을 한 것으로 전해지고 있으며, 특히 레디 사야도와 바모 사야도 등 많은 큰스님들이 칸니 명상을 수행한 것으로 알려져 있다. 100여 년 전부터 이 명상은 미얀마에서 구전으로만 널리 알려져 온 수행법이다. 현재 미얀마 전역에 15개의 칸니 명상센터에서 칸니 명상을 지도하고 있다.

미애찐 사야도

칸니 명상 본부 수행처(미애찐또야)

지금 여러분들은 이 책의 독자로서, 여러분의 손에 들고 있는 이 책에 수록된 명상을 함으로써 열반에 이르는 도의 지혜를 성취할 수 있는 황금의 기회를 갖게 된 것이다.

수망갈라

수망갈라 사야도

제1부

아나빠나삿띠를 집중으로 하는

사마타 수행

Kannī Meditation

제1장

불교 명상이란?

오늘날 '명상'이라는 단어는 가장 대중화된 단어 중 하나가 되었다. 우리가 이미 알고 있는 것처럼 많은 종교 단체에서 '명상'이라는 수행을 하고 있다. 그런 종류의 명상은 정신적인 휴식이나 이완을 계발하는 것이다. 불교 명상이 그러한 명상과의 큰 차이점은 인간의 근본적인 어리석음과 고통에서 자유로워지는 길로 안내하는 영적이고 윤리적인 수행이라는 것이다. 불교 명상은 오염원인 번뇌로부터 자유로워지기 위해 마음을 청정하게 하는 것이다. 또한 끝없이 이어지는 다시 태어남의 굴레인 윤회(*saṃsāra*)의 속박을 벗어나기 위한 수행이다. 이러한 수행은 약 2,600년 전에 고대 인도에서 직접 부처님이 소개한 것이다. 그러나 부처님 열반 약 600년 이후 이 가르침은 인도에서 완전히 사라졌다. 그 이후 부처님의 가르침은 지금까지 '황금 불탑의 나라' 미얀마에서 보존되어 그 명맥을 이어오고 있다.

불교 명상은 단순한 휴식뿐만 아니라 정신적인 괴로움의 소멸까지 여러 측면에서 유익한 것이다. 명상은 우리가 일상에서 매일 겪는 온갖 스트레스와 풍지풍파의 소용돌이 속에서 완벽한 자유를 실제적으로 경험하게 해준다. 하지만 명상의 최종 목적은 진정한 평화와 행복과 온갖 고통으로부터 자유로움을 얻는 것이다. 그러한 상태를 열반(Nibbāna)이라고 한다.

『맛지마니까야』의 주석서 「담마다야다숫따완나」에 의하면, 소위 명상이라고 하는 것은 문자 그대로 '계발' 또는 '수습修習'을 의미하는 '바와나'(*bhāvanā*)이다. '바와나'는 '마음의 계발이나 수습을 위한 끊임없는 수행'을 의미한다. 수행에는 2가지 종류가 있는데, 그것은 사마타 수행(*samatha bhāvanā*)과 위빳사나 수행(*vipassanā bhāvanā*)이다.

1. 사마타 수행(고요명상)

사마타는 모든 정신적인 오염원(번뇌)을 고요하게 가라앉힘을 의미한다. 이 수행은 집중(*samādhi*) 상태를 얻기 위해 고정된 한 대상에 마음의 초점을 맞춘다. 집중을 통해서 고요하고 평화로운 마음을 얻을 수 있다(자세한 것은 제3장, 6. 집중을 계발하는 목적을 참조하라). 이와 같은 사마타 수행 방법은 40가지가 있는데, 부처님께서는 이 40가지 명상을 모두 수행해야 한다고 말씀하지 않았다. 사마타 수행은 대체로 위빳사나 수행(*vipassanā*, 통찰명상)을 위한 기반 역할을 한다. 40가지 방법 중에 아나빠나삿띠(*ānāpānassati*, 들숨과 날숨에 대한 알아차림) 수행이 포함되어 있는데, 이것은 부처님이 직접 가르친 2가지 명상 방법인 사마타와 위빳사나 수행의 기본이다.

2. 위빳사나 수행(통찰명상)

위빳사나 수행은 다른 종교에서는 가능하지 않으며 순수 불교 명상에서만 가능하다. 사실, 위빳사나 수행은 엄격하게 말해서 정통 상좌부불교의 '정신적이고 윤리적이며 필수불가결한 가르침'이다. 그래서 이 수행을 소중하게 여겨야 하며, 스스로의 강인한 결단에 의해 시작해야 한다. 다시 말해서, 이 명상은 단지 마음 계발 수행이 아니라 항상 순수한 불자로서 열반이 최종 목적이 되어야 하는 수행이다. 위빳사나(*vipassanā*)에서 위(*vi*)는 '특별하게'라는 의미이며, 빳사나(*passanā*)는 '알아차림' 또는 '자각'이라는 뜻이다. 따라서 위빳사나는 무상(*anicca*), 고(*dukkha*, 불만족), 무아(*anatta*)라는 3가지 특성을 알아차리는 것이다(자세한 것은 제2부 위빳사나 수행을 참조하라).

3. 위빳사나와 알아차림에 연관된 가르침

사사나(*sāsana*)는 부처님의 가르침이며 3가지 종류가 있다. 그것은 부처님의 가르침에 대한 학습(*pariyatti sāsana*, 교학)과 수행(*paṭipatti sāsana*)과 법(*Dhamma*)의 진리에 대한 통찰(*paṭivedha sāsana*)이다. 이 3가지의 가르침은 지금 미얀마에서 그 빛을 발하고 있다. 예컨대, 어떤 한 나라가 부유하다면 그 나라에 살고 있는 국민 역시 부유한 것과 흡사하다. 미얀마(버마)의 모든 사람들에게 현재 부처님의 가르침이 꽃을 피우고 있다.

그렇다면 모든 불자들의 마음에 부처님의 가르침이 빛나고 있는지 어떻게 알 수 있고 어떻게 시험해 볼 수 있을까? 각 개인의 마음속에 부처님의 가르침이 확고하게 자리 잡고 있는지 어떻게 알 수 있을까? 그것을 어떻게 확인할 수 있을까?

아라한들(*arahanta*, 4가지 도의 지혜 중 최고의 도를 성취한 성인)과 『디가니까야』의 「대념처경」에서 주석가들이 말했다. "심지어 부처님 당시에도, 사념처 수행(*Cattāro satipaṭṭhāna*, 4가지 알아차림의 확립)을 하지 않는 사람은 부처님의 가르침이 그의 마음속에서 사라졌다." 따라서 사념처 수행은 그 사람에게 부처님의 가르침이 내재하고 있는지를 결정한다. 사띠빳타나에서 빳타나(*paṭṭhāna*)는 '마음을 명상 대상 가까이 두다', '마음을 대상에 아주 가까이 놓다' 또는 '마음을 명상 대상으로 가도록 하다'의 의미이며, 사띠(*sati*)는 '알아차림'이다.

만약 어떤 사람이 사념처 수행을 한다면 부처님의 가르침이 그 사람 안에 존재하고 있는 것이다. 만약 어떤 사람이 사념처 수행을 하지 않는다면 부처님의 가르침이 사라진 것이다. 이제 여러분은 칸니 전통 수행법에 따라 사마타와 위빳사나 수행을 하려고 한다. 따라서 여러분의 마음속에 부처님의 가르침이 존재하게 될 것이며, 그것은 사념처 수행 여부에 달려 있다. 그렇다면 만약 여러분이 위빳사나 수행을 한다면 어떻게 부처님의 가르침이 여러분에게 존재할 수 있을까? 사람들은 사념처 수행이라고 말하지만 사실 위빳사나를 수행하고 있는 것이다. 그것이 다른 것일까? 아니다, 그것은 다르지 않다. 왜냐하면, 「대념처경」에 의하면 사념처 수행에는 2가지 측면이 있기 때문이다.

(1) 사념처 수행: 간단하게 말해서 알아차리는 것이다. 부처님은 몸에서 몸을 관찰하기(*kāye kāyānupassī*), 느낌에서 느낌을 관찰하기(*vedanāsu vedanānupassī*) 등을 말씀하셨다. 그것은 몸(*rūpa*, 물질)을 몸 그대로, 느낌을 느낌 그대로 알아차리는 것이다. 이 측면에서 사념처 수행은 단지 알아차리는 것이며, 사마타(고요명상) 수행에 포함된다.

(2) "일어나는 것을 알아차리고, 사라지는 것을 알아차리며, 일어남과 사라짐을 알아차리며, 그 일어남과 사라짐의 원인을 알아차리는 것이다." 일어남과 사라짐이 무상이기 때문에 이것은 위빳사나(통찰명상) 수행이다. 다시 말해서 무상에 대해 명상하는 것은 일종의 위빳사나이다. 그래서 어떤 사람이 사념처 수행을 완벽하게 했을 때, 그는 위빳사나 수행을 했다라고 말할 수 있다. 또한 어떤 사람이 위빳사나 수행을 완벽하게 수행했을 때, 그는 모든 사념처 수행을 했다라고 말할 수 있다.

주석서에 따르면, 위빳사나를 수행하는 사람은 부처님의 가르침이 그의 마음속에 존재하고 있다고 한다. 정통 상좌부불교를 근간으로 하는 칸니(Kannī) 전통 명상법에서 위빳사나 수행은 사념처 수행을 함으로써 완성된다. 사념처 수행은 많은 사람들이 겪게 되는 온갖 종류의 고통을 극복하는 최고의 방법이다. 약 2,600년 전 부처님은 「대념처경」에서 우리에게 확신했다.

"비구들이여, 이 수행 방법은 마음을 청정하게 하고, 슬픔과 괴로움을 극복하고, 육체적·정신적 고통을 소멸하여, 도의 지혜(*Magga ñāṇa*)를 얻어 열반(오염원인 번뇌의 완전한 소멸)을 실현하기 위한 유일한 방법이다." 이 수행 방법을 사념처 수행 또는 4가지 알아차림의 확립이라고 언급하고 있다.

"4가지 알아차림의 확립이란 무엇인가? 비구들이여, 이 부처님의 특별한 가르침 안에서 비구는 수행에 대한 각고의 노력과 지혜와 알아차림으로, 감각적 욕망과 오온(색수상행식의 우리 몸: 5가지 무더기)에 대한 집착을 제거하는 데 심혈을 기울여야 하며, 다음 사항을 반복하여 알아차려야 한다.

① 물질에서 물질을 그대로 알아차리기(*kāyānupassanā satipaṭṭhāna*, 몸에 대한 알아차림)

② 느낌에서 느낌을 그대로 알아차리기(*vedanānupassanā satipaṭṭhāna*, 느낌에 대한 알아차림)

③ 마음에서 마음을 그대로 알아차리기(*cittānupassanā satipaṭṭhāna*, 마음에 대한 알아차림)

④ 법에서 법을 궁극적 실재로 알아차리기(*Dhammānupassanā satipaṭṭhāna*, 법에 대한 알아차림)"

어떤 사람이 진정한 불자인지 아닌지 어떻게 알 수 있을까? 사념처 수행, 즉 4가지 알아차림 확립 명상은 그 사람이 진실한 불자인지를 가늠하는 척도이다. 사념처 수행을 한다는 것은 불자가 되는 주요한 요인이며 부처님의 바람을 따르는 것이다. 만약 누군가 사념처를 수행한다면, 당신은 "그 사람은 불자다."라고 말할 수 있다. 심지어 불자 가정에서 태어났다 할지라도 사념처 수행을 하지 않으면 진정한 불자라고 말할 수 없다.

『앙굿따라니까야』의 「유가낫다숫따」에 의하면, 위빳사나 수행에는 4가지 방법이 있다.

(I) 위빳사나 수행으로 이어지는 사마타 수행(*Samatha pubbaṅgama vipassanā*): 우선 40가지의 사마타 명상주제 중 한 가지를 수행한다. 충분한 집중 상태에 이르렀을 때, 위빳사나 수행을 한다. 다시 말해서, 사마타는 리더(지도자)이며 위빳사나는 추종자이다. 사마타는 나무 꼭대기(열반)에 오를 수 있는 사다리와 같은 역할을 한다. 사다리가 없다면 나무 꼭대기까지 오르는 것이 어려울 뿐만 아니라 많은 시간이 걸릴 것이다. 그러나 사다리가 있으면 빠르고 쉽게 나무에 오를 수 있다. 또한 사마타는 자동차와 같다. 만약 사마타 수행을 한다면, 그것은 자동차를 타고 어딘가를 가는 것과 같다. 만약 위빳사나 수행만 한다면 그것은 걸어서 가는 것과 같다. 하지만 자동차로 간다 하더라도 가는 길을 모른다면 많은 시간이 걸릴 것이다. 걸어간다 하더라도 가는 길을 알고 있으면 쉽게 목적지에 도착할 수 있다. 그러나 걸어가든 자동차를 타고 가든 목적지에 도착은 할 수 있다.

(II) 사마타 수행으로 이어지는 위빳사나 수행(*Vipassanā pubbaṅgama samatha*): 이것은 사마타 수행을 하지 않고 바로 위빳사나 수행을 시작한다. 수행자의 마음은 모든 것이 무상(*anicca*)이라는 것을 항상 알아차린다. 오직 마음이 알아차리는 것은 무상뿐이다. 그

때 마음은 일어나는 대상에 고정되어 있어서 오랜 시간 동안 밖으로 향하지 않는다. 수행자는 항상 무상을 알아차리며 완벽한 집중 상태에 머무른다. 그것은 하나의 대상에 완전하게 몰입된 상태이다. 이것이 사마타이며, 수행자의 마음속에 한 대상에 집중된 마음(*samatha*)이 일어난다. 이것이 사마타 수행으로 이어지는 위빳사나 수행이다. 결국 수행자의 마음은 일어나는 요소에 고정되며, 모든 3가지 법〔마음, 마음작용, 물질, 열반이지만 열반은 무상이 아니기 때문에 3가지 법이다〕이 무상이라는 것을 알게 된다.

(III) 사마타와 위빳사나를 쌍으로 하는 수행(*Yuganaddha*): 유가(*yuga*)는 '멍에', '멍에에 맨 한 쌍의 (소)'를 의미하며, 낫다(*naddha*)는 '묶인', '매여진'의 의미이다. 즉 위빳사나와 사마타를 한 쌍으로 수행하는 것이다. 부처님은 4선정을 얻을 때까지 이 방법으로 수행했으며 계속 위빳사나를 수행했다. 이 수행에서 선정(본삼매)에 든 사람(*jhāna lābī*)은 초선정에 든 후 선정 요소인 일으킨 생각(*vitakka*, 대상으로 향한 최초 관심), 지속적 고찰 (*vicāra*), 희열(*pīti*), 행복(*sukha*)과 한 점에 집중된 마음(*ekaggatā*)을 알아차리고 그것을 무상·고·무아로 통찰하면서 그 선정 상태에서 벗어난다. 예를 들면, 일으킨 생각은 무상이고, 지속적 고찰도 무상이며, 희열도 무상이다 등으로 알아차린다. 이것이 유가낫다이다.

(IV) 동요하는 마음의 불순물을 제거하는 수행(*Dhammuddhacca pahāna*): 웃닷짜(*uddhacca*)는 '배회하는 마음' 또는 '흔들리는 마음'이며, 빠하나(*pahāna*)는 '버림' 또는 '극복함', '제거함'의 의미이다. 이 방법은 위빳사나 수행을 위해 마음의 불순물을 제거하는 것

이다. 일어남과 사라짐을 아는 지혜(*Udayabbaya ñāṇa*)를 약하게 성취했을 때, 위빳사나 불순물(*upakkilesa*, 지나친 노력, 지나친 희열 등과 같은 오염원 또는 위빳사나 수행을 방해하는 10가지 번뇌)이 일어날 수 있다. 그렇게 되면 이러한 마음의 불순물인 오염원을 즐기게 되며 더 이상 아닛짜(무상), 둑카(고통, 괴로움) 등을 알아차리지 못한다. 대신에 빛과 같은 불순한 법을 사유하여 더 깊게 몰입하게 된다. 이것이 마음의 동요(*uddhacca*)이다. 결국 길을 잃어버리고 이것이 옳은 방법이 아니라는 것을 깨닫는다. 수행자는 이것들이 위빳사나의 대상이 아님을 알아차린 후에 다시 한 번 무상과 고통으로써 마음(*nāma*)과 물질(*rūpa*)을 알아차린다. 수행자가 7가지의 적합한 법(*sappāya dhamma:* 제2부 6장을 참조하라)을 몸에 익히면, 다시 집중하게 되어 올바른 방법으로 수행하게 된다. 이 방법(*Dhammuddhacca pahāna*)은 두 번째 방법(*Vipassanā pubbaṅgama samatha*)에 포함된다.

위빳사나 수행에는 이처럼 4가지 방법이 있지만 2가지 방법으로 줄일 수 있다. 그 2가지는 위빳사나 수행으로 이어지는 사마타 수행과 사마타 수행으로 이어지는 위빳사나 수행이다. 왜냐하면 네 번째 방법은 첫 번째 방법과 두 번째 방법에 포함되기 때문이다. 세 번째 방법은 첫 번째 방법에 포함된다. 따라서 보통 2가지 방법, 즉 위빳사나 수행으로 이어지는 사마타 수행과 사마타 수행으로 이어지는 위빳사나 수행만을 한다. 사마타 수행의 목적은 선정을 얻기 위함이며, 위빳사나 수행의 목적은 열반에 이르는 도의 지혜(*Magga ñāṇa*)를 얻기 위함이다.

칸니 전통 명상에서는 미얀마 정통 상좌부불교의 신성한 필사본에 따라 단지 첫 번째 방법인 위빳사나 수행으로 이어지는 사마타 수행을 한 후 위빳사나로 이어진다. 근접삼매(*upacāra samādhi*)에 이를 때까지 사마타 수행을 함으로써 도의 지혜(열반에 이르는 도의 지혜)를 얻기가 더 쉽다. 칸니 전통에서 초선정에 드는 대신에 근접삼매만 체득하는 이유는, 요즘의 날씨와 환경과 수행자의 건강 조건과 음식 때문에 초선정에 드는 것이 어렵기 때문이다. 또 다른 이유는 선정에 들기까지 많은 시간이 걸리기 때문이다. 그래서 칸니 수행자는 초선정에 이르기 전에 근접삼매를 체득하면 위빳사나 수행으로 전환한다.

신중하게 주목해야 할 사항 하나는, 수행자의 집중 상태가 초선정에 이를 만큼 깊어졌을 때만이 도의 지혜를 얻을 수 있다는 것이다. 『빠띠삼비다막가』의 주석서에서 다음과 같이 언급하고 있다.

"위빳사나의 법칙에 따르면 순수 위빳사나 수행자의 도(*magga*)와, 선정을 토대로 하지 않고 위빳사나를 수행하여 선정의 이익을 얻은 사람의 도와, 첫 번째 선정을 토대로 마음과 물질을 대상으로 수행하여 얻은 도의 지혜는 초선정의 깊이와 같다." 즉 이러한 도의 지혜는 초선정의 집중 상태와 같은 수준이라는 의미이다. 이는 또한 집중 상태가 거의 초선정 상태일 때만이 도의 지혜가 일어날 수 있음을 시사한다. 이것은 아주 중요한 위빳사나의 비결이며, 도의 지혜를 얻을 때까지 전체 수행이 집중력에 의거하여 성취된다는 것이 명백하다. 그러므로 수행자에게 중요한 것은 먼저 초선정에 버금가는 집중 상태에 도달하려고 노력하는 것이다.

제2장

어떻게 명상을 시작할 것인가?

명상을 시작하기 전에 부처님께 예경올리고, 마음을 청정하게 하기 위해 팔계나 구계를 독송한다. 계를 지킴으로써 말로 몸으로 짓는 불선한 행위인 번뇌가 일어나지 않기 때문이다. 다음의 구계는 살아 있는 부처님 대신인 부처님 상 앞에서 독송한다.

(1) 살아 있는 생물을 죽이지 않겠습니다.

(2) 주지 않는 물건을 탐하지 않겠습니다.

(3) 삿된 음행을 금하겠습니다.

(4) 거짓말을 하지 않겠습니다.

(5) 건망증의 원인인 술과 약물을 금하겠습니다.

(6) 오후에 음식을 먹지 않겠습니다.

(7) 가무와 악기를 연주하고 꽃이나 향수 등으로 분장하고 화장품으로 치장하지 않겠습니다.

(8) 높은 침상이나 화려한 침대에서 자는 것을 금하겠습니다.

(9) 살아 있는 모든 존재들을 위한 자애 계발 명상을 하겠습니다.

자, 이제 명상을 시작해보자. 어떤 종류의 사마타 수행이나 위빳사나 수행을 시작하기 전에 특정한 예비명상을 해야 한다. 이것을 빠리깜마(*parikamma*, 명상 허락을 구하는 예비수행)라고 한다. 빠리(*pari*)

는 '앞서', '예비'의 의미이며, 깜마(*kamma*)는 '행위, 조치'를 뜻한다. 이러한 예비명상은 다음과 같다.

먼저 부처님과 벽지불과 성인들(4단계의 도의 지혜 중 하나를 성취한 분들: 예류자, 일래자, 불환자, 아라한)과 아라한들께 셀 수 없이 많은 전생에서 지은 불선한 행위에 대한 용서를 구한다. 그러고 나서 그분들께 마음(*nāma*)과 물질(*rūpa*)인 오온, 즉 우리 몸을 맡긴다. 오온(*khandha*, 마음과 물질의 복합체인 5가지 무더기)은 형상(*rūpa*, 색), 느낌(*vedanā*, 수), 인식(*saññā*, 상), 조건 지어진 것들(*saṅkhāra*, 행)과 식(*viññāṇa*)이다.

부모님과 스승과 후원자들에게도 같은 용서를 구한다. 또한 몸과 마음을 법(부처님의 가르침)의 스승께 맡긴다. 그런 후 부처님께 수행을 하겠다고 간청드린다. 예비명상을 수행하는 것을 예비적 기능(*pubbakicca*)이라고 한다. 때로는 이것을 모든 수행자들이 계발해야 할 명상주제(*sabbatthaka kammaṭṭhāna*, 모든 수행의 기본)라고 부르기도 한다.

예비명상으로 수행해야 할 것은 4가지가 있다. 위빳사나 수행 전에 이 4가지를 수행함으로써 오염원으로부터 마음을 보호해야 한다고 『율장』의 복주서에서 언급했다. 다음의 4가지 예비명상을 보호명상(*Caturārakkha kammaṭṭhāna*)이라고도 한다.

1. 부처님에 대한 회상(*Buddhānussati*)
2. 자애 계발 명상(*Mettā bhāvanā*)
3. 몸의 혐오스러움과 더러움에 대한 명상(*Asubha bhāvanā*)
4. 죽음에 대한 명상(*Maraṇassati*)

1. 부처님에 대한 회상

"부처님에 대한 회상(*Buddhānussati*, 불수념)은 부처님의 고결한 덕성을 회상하는 것이다(*Buddhassa guṇa anussaranaṃ ti Buddhānussati*)."라고 『디가니까야』의 주석서에서 언급하고 있다. 구나(*guṇa*)는 개인의 두드러진 특성이나 지고한 덕성이다. 따라서 붓다 구나(*Buddha guṇa*)는 부처님의 덕성을 의미한다. 그러므로 부처님에 대한 회상은 부처님의 덕성 중 한 가지를 숙고하는 수행이다. 부처님은 다음 3가지의 덕성을 지녔다. ① 부처님의 전생 10가지 바라밀에 대한 행의 덕성(*cariyā guṇa*), ② 신체적인 덕성(*rūpakāya guṇa*), ③ 정신적인 덕성(*nāmakāya guṇa*)이다.

(1) 부처님의 행의 덕성

부처님의 전생 10가지 바라밀(*pāramī*, 수행의 완성)에 대한 덕성이다. 10가지 바라밀은 보시(*dāna*), 지계(*sīla*), 출리(*nekkhamma*), 지혜(*paññā*), 정진(*vīriya*), 인욕(*khanti*), 진실(*sacca*), 결의(*adhiṭṭhāna*), 자애(*mettā*), 평정(*upekkhā*)이다. 각각 10가지 바라밀은 기본 바라밀, 중간 바라밀과 최상의 바라밀로 나누어지며 총 30가지이다. 보시 바라밀을 예로 들면 다음과 같다.

① 기본 보시 바라밀(*dāna pāramī*): 물건이나 재물의 보시

② 중간 보시 바라밀(*dāna upapāramī*): 신체 일부의 보시

③ 최상의 보시 바라밀(*dāna paramattha pāramī*): 목숨까지도 희생하는 보시

이들 30가지(10가지 바라밀 × 3)를 완성하는 것이 바라밀 행(*cariyā pāramī*)이다. 부처님은 오랜 생 동안 눈과 피 등을 보시했다고 주석서에 쓰여 있다. 부처님은 5가지의 소중한 것, 즉 자식, 아내, 왕관을 포함한 재물과 신체의 일부와 목숨까지도 희생했다. 소중한 것을 보시할 때마다 부처님은 일체지(*Sabbaññutā ñāṇa*)의 성취를 염원했다. 부처님은 셀 수 없이 수많은 전 생애(4아승지 겁)를 통해 모든 바라밀을 완성했다. 이것이 바라밀 행이다.

「자따까」에 인욕바라밀(*khanti pāramī*)에 대한 예화가 있다.

그 당시 미래의 부처님은 약 80크로〔1크로는 천만 루피〕 상당의 재물을 소유한 부유한 가정의 아들이었다. 미래 부처님은 딱까실라 대학의 한 유명한 교수에게 교육을 받았으며, 그분으로부터 훌륭한 지계를 배웠다. 부모님이 돌아가신 후 미래 부처님은 값비싼 보석을 포함하여 모든 재물을 필요한 사람들에게 보시했다. 그런 후 법을 수행하기 위해 은둔자가 되어 히말라야 산으로 들어갔다. 몇 년이 흐른 후 그 은둔자는 건강을 위해 먹을 산미염〔酸味塩: 레몬이나 라임과 같이 신맛이 나는 과일에서 얻은 소금〕을 얻으려고 가까이에 있는 바라나시로 내려갔다. 우연히 군대의 수장이 그 은둔자를 만나자 약간의 음식을 공양하고 은둔자(미래 부처님)를 왕실 정원에 머물도록 했다.

어느 날 깔라부 왕이 시녀들을 대동하고 왕실 정원으로 산책을 나갔다. 왕의 감흥을 돋우기 위해 무녀들이 춤을 추고 노래를 불렀다. 여흥을 즐긴 후 왕은 가장 총애하는 시녀의 무릎을 베고 잠시 낮잠을 청했다. 왕이 낮잠을 자는 동안 시녀들은 정원 주위를 서성거리다가 은둔자를 만나자 그에게 법을 청했다. 그들은 은둔자의 법문에 귀를 기울이며 몰입했다.

왕이 깨어났을 때, 자기가 무릎을 베고 있는 시녀 외에 아무도 없다는 것을 알게 되었다. 그 시녀는 다른 모든 시녀들이 은둔자의 법문을 듣고 있다고 왕에게 고했다. 왕은 은둔자에 대해 울화가 치밀어 그를 처벌하기 위해 그곳으로 갔다. 은둔자를 만나자 왕은 화가 나서, "은둔자여 그대는 어떤 종류의 신념을 믿는가?"라고 물었다. 은둔자가 "저는 칸티 와디(Khanti Vādī, 인욕 해설자)입니다."라고 답했다.

왕은 다시 물었다. "그것이 무슨 뜻인가?" 미래 부처님은, "그것은 참는 것이며, 다른 사람의 비난을 참아내는 것입니다."라고 설명했다. 그러자 왕은 은둔자에게 "자, 그렇다면 이제 나는 그 법(인욕)이 너에게 정말 존재하는지 시험해보고 싶구나!"라고 말했다.

왕은 형 집행인(망나니)에게 야생말을 길들일 때 사용하는 채찍으로 은둔자를 여러 번 후려치라고 명했다. 미래 부처님은 피를 흘리며 극심한 고통을 참아냈다. 왕은 다시 물었다. "그대는 어떤 종류의 신념을 믿는가?" 미래 부처님은 "저는 칸티 와디입니다."라고 말했다. 그러자 왕은 그의 심복에게 미래 부처님의 양손을 자르라고 명령한 뒤 다시 한 번 같은 질문을 했다. 미래 부처님은 똑같은 대답을 하면서 덧붙였다. "저의 인욕은 제 양손이나 피부 위에 존재하지 않습니다. 저의 인욕은 제 깊은 마음속에 있습니다." 그러자 왕은 은둔자의 양다리와 코와 귀를 잘라버리라고 명령한 뒤 다시 같은 질문을 반복했다. 미래 부처님은 시종일관 흥분하지 않고 차분하게 같은 대답을 했다. 결국 왕은 더 이상 고문하기를 포기하고 미래 부처님의 가슴팍을 발로 차면서 저주의 말을 퍼부었다. "그대의 인욕이나 즐기면서 죽을 때까지 그런 식으로 살아라!"라고 내뱉으며 가버렸다. 그때 은둔자는 과다 출혈로 생을 마감했다.

이 이야기에서 미래 부처님은 왕이 분노를 억누를 때까지 극도의 고통을 참아내면서 그의 신념(*vāda*)을 고수했다.

『쿳다까니까야』의 「세이야 자따까」에 자애 바라밀(*mettā pāramī*)에 대한 또 다른 예화가 있다. 미래 부처님이 왕이었을 때, 그는 항상 자애 바라밀을 수행하여 자애심으로 나라를 통치했다. 그는 무기도 군대도 양성하지 않았다. 어느 날, 한 고위 신하가 몇 가지 범행을 저질러서 미래 부처님은 그에게 나라를 떠나라는 명을 내렸다. 고위 신하는 미래 부처님께 불평을 토로했지만 결국 다른 나라로 가야만 했다. 그 나라는 사정이 별로 좋지 않았다. 고위 신하는 왕에게 미래 부처님의 나라를 공격하자고 간청했다. 미래 부처님이 될 왕은 다른 나라 왕의 공격에 저항하지 않았다. 미래 부처님은 싸우지도 않고 항복했다. 다른 나라 왕은 미래 부처님을 쇠로 만든 새장에 넣고 거꾸로 매달았다. 적군의 왕의 의도는 미래 부처님을 화나게 하는 것이었다. 하지만 미래 부처님은 결코 화를 내지 않았으며 오히려 적군의 왕에게 자애를 보냈다. 그때 미래 부처님은 선정을 얻었다. 마침 그때 적군의 왕은 온몸에 고열이 나서 고통스러웠으나 아무것도 그 고통을 치유할 수 없었다. 결국 왕의 분노는 완전히 녹아 없어져서 미래 부처님을 새장에서 꺼내 자기 나라로 돌려보냈다.

(2) 부처님의 신체적 덕성

부처님은 마라(*māra*, 신의 왕들 중에 한 명)도 부처님의 몸을 복제할 수 없을 만큼 매우 아름다운 용모를 지녔다. 부처님의 신체적인 덕성은 2가지로 차별화된다. ⓐ 32가지 주요한 특징(32상)과 ⓑ 80가지 부수적인 특징(80종호)이다. 부처님은 온몸에서 항상 6가지의 빛을 발한다. 그 6가지 빛깔(짙은 파란색, 노란색, 빨간색, 흰색, 심홍색과 5가지 색을 섞어놓은 색)은 불교기에 나타나 있다. 부처님은 4개의 백색 송곳니를 가졌고 머리에서 황금색 광채가 빛난다. 양 눈썹 중간에는 아주 부드러운 은백색의 긴 머리카락이 있다. 부처님의 숨소리는 아주 미세하며 극도로 발달된 체격을 지녔다. 부처님은 헤아릴 수 없는 힘과 지혜를 가졌지만 한 사람의 인간으로 생활했으며 일반적인 보통 사람처럼 생각했다. 그분의 지혜는 사용하지 않을 때는 일어나지 않는다. 항상 지혜가 있는 것이 아니라 지혜를 사용해야 할 때만 지혜가 생긴다. 하지만 부처님은 항상 알아차림을 했고 모든 정신적·육체적 행위에 지혜가 뒷받침되었다.

(3) 부처님의 정신적인 덕성

부처님의 정신적인 덕성은 아라항(*Arahaṃ*), 바르게 깨달은 분(*Sammāsambuddha*, 정등각자) 등과 같은 9가지 덕성이다. 첫 번째 덕성인 아라항은 아라한의 지위를 얻은 더할 나위 없는 부처님이라는 의미이다. 부처님은 모든 중생, 천신(*devā*)들과 범천(*Brahma*)들로부터 특별한 존경을 받을 만한 분이다. 아라항은 티끌 하나 없이 어떤 습도 남기지 않은 채 모든 번뇌를 완벽하게 제거하신 분을 의미한다. 그래서 아라항은 부처님의 9가지 덕성의 핵심어이다. 이들 9가지 덕성은 천신들이 이름을 붙인 것도 아니고 부처님의 부모님이 붙인 것도 아니며 법에 따라 이름을 붙였다. 부처님이 일체지를 얻자마자 법의 법칙에 따라 9가지 이름을 붙인 것이다. 아무도 9가지 덕성에 이름을 붙이지 않았다. 부처님이 되었을 때 부처님은 이 9가지 덕성을 성취했으며, 그것에 이름을 붙였다.

『디가니까야』의 「암밧타숫따」에서 언급한 부처님의 9가지 덕성은 다음과 같다.

① 아라항(*Arahaṃ*, 응공): 모든 존재와 인간들로부터, 천신과 범천으로부터 특별한 존경을 받을 만한 부처님

② 바르게 깨달은 분(*Sammāsambuddha*, 정등각자): 스스로 알아야 할 모든 법을 진심으로 바르게 깨달은 부처님. 이들 알아야 할 모든 법을 네이야 담마(*Ñeyya dhamma*)라고 한다. 아래 5가지가 네이야 담마이다.

(a) 형성된 것들(*saṅkhāra*): 모든 마음(*nāma*)과 물질(*rūpa*)

(b) 변화(*vikāra*): 끊임없이 일어났다 사라지는 특성

(c) 특성(*lakkhaṇā*): 고유한 특성

(d) 개념(*paññatti*): 추상적인 명칭

(e) 열반

③ 지혜와 덕을 고루 갖춘 분(*Vijjācaraṇasampanna*, 명행족): 3가지 최고의 지혜와 8가지 최고의 지혜, 그리고 15가지의 완벽한 계율 수행에 통달한 부처님

(i) 3가지 최고 지혜

(a) 전생을 기억하는 지혜(*Pubbenivāsānussati ñāṇa*): 숙명통

(b) 천안통(*Dibbacakkhu ñāṇa*): 일체를 꿰뚫어봄으로써 자신과 존재들의 죽음과 다시 태어남을 훤히 보는 지혜

(c) 모든 번뇌를 완전히 소멸한 지혜(*Āsavakkhaya ñāṇa*, 누진통): 아라한 도의 지혜와 같음

이들 3가지 높은 지혜를 뿌디아(*Pudiā*)라고 하는데, 각각 3가지 최고 지혜의 머리글자(*pu, di, ā*)를 따서 그 이름을 지었다.

(ii) 8가지 최고 지혜 = 3가지 최고 지혜 + 5가지 최고 지혜

(d) 위빳사나 지혜(*Vipassanā ñāṇa*): 마음과 물질에 대한 통찰의 지혜

(e) 마음으로 모든 것을 이루는 신통의 지혜(*Manomayiddhi abhiññāṇa*)

(f) 신족통(*Iddhividha abhiññāṇa*): 몸을 변화시켜 영향력을 미치는 다양한 신통력

(g) 천이통(*Dibbasota abhiññāṇa*): 인간과 천신의 소리를 들을 수 있는 신성한 능력

(h) 타심통(*Cetopariya abhiññāṇa; Paracittavijānāna ñāṇa*): 다른 사람의 마음을 아는 능력

(iii) 15가지 덕행

(a) 계를 지킴

(b) 감각기관인 눈, 귀, 코, 혀, 몸과 마음을 고요하게 단속함

(c) 식사량을 아는 것: 음식의 절제

(d) 항상 깨어 있음

성인들의 7가지 자질

(e) 믿음(*saddhā*)

(f) 알아차림(*sati*)

(g) 폭넓은 지식; 많이 배움(*suta* 또는 *bahusacca*)

(h) 정진(*vīriya*)

(i) 통찰의 지혜(*paññā*)

(j) 불선에 대한 수치스러움(*hīri*)

(k) 불선에 대한 두려움(*ottappa*)

(l~o) 4가지 색계 선정(*rūpa jhāna*): 초선정, 이선정, 삼선정, 사선정

④ 피안으로 잘 간 분(*Sugata*, 선서): 과거 부처님으로서 바라밀을 완성한 후 깨달음의 경지를 얻은 부처님; 바른 길을 따라 열반을 성취한 부처님; 진실하고 이익이 되는 말씀만을 하는 부처님

⑤ 세상의 모든 일을 아시는 분(*Lokavidū*, 세간해): 중생 세상(*satta-loka*), 공간 세상(*okasā-loka*), 형성된 세상(*saṅkhāra-loka*, 인과의 세상)과 같은 3가지 세상을 잘 아는 부처님

⑥ 사람을 잘 제도하는 분(*Anuttaro purisadammasārathi*, 조어장부): 제도해야 할 중생들을 길들이는데 비할 데 없는 부처님

⑦ 천신과 인간의 스승(*Satthā devāmanussānaṃ*, 천인사): 모든 인

간들과 천신들과 범천들의 스승이며 열반으로 이끄는 부처님

⑧ 붓다(*Buddha*): 사성제(4가지의 성스러운 진리)의 진리를 깨닫고 가르치는 부처님

⑨ 세존(*Bhagavā*): 가장 존귀한 부처님

위의 9가지는 주요한 덕성이며, 그중에 아라항이 핵심이다. 부처님은 이들 9가지 덕성을 부처님 스스로 쌓았지만 헤아릴 수 없다. 『디가니까야』의 「소나단다숫따」에 의하면, "만약 부처님이 다른 주제에 대해 언급하지 않고 부처님의 덕성만을 설한다 하더라도, 겁의 세월(*kappa*, 무한히 긴 세월)이 다할 때까지 부처님의 덕성에 대한 얘기는 끝이 없을 것이다. 심지어 겁의 시간이 다한다 하더라도 끝이 없이 남아 있을 것이다."

9번째 덕성인 바가와(가장 존귀한 분; 세존)는 6가지 신통력을 지닌 부처님을 의미한다. 그 6가지 신통력은 다음과 같다.

(i) 통치 능력(*Issariyā*, 마음을 통치하는 능력; 절대 권력): 세간과 출세간의 의식을 통제하는 능력이다.

— 출세간 마음의 통치 능력: 부처님은 마음의 인식과정도 통제하고 바꿀 수 있다.

— 세간 마음의 통치 능력: 더 자세히 분석하면 다음 8가지의 초능력이 있다.

(a) 아니마(*Aṇimā*): 몸을 작게 만들 수 있는 능력이다. 부처님은 겨자씨 속으로 걸어 들어갈 만큼 몸을 작게 만들 수 있다.

(b) 마히마(*Mahimā*): 몸을 거대하게 만들 수 있는 능력이다. 부처님은 가장 큰 천신(*asurinda*, 아수라의 왕)의 몸보다 더 크게 만들 수 있으며, 최대로 거대하게 만들 수 있다.

(c) 라기마(*Laghimā*): 무게가 느껴지지 않을 정도로 몸을 가볍게 만들 수 있다.

(d) 빳띠(*Patti*): 몸을 마음만큼 빠르고 날쌔게 만들 수 있는 능력이다. 부처님은 가고 싶은 곳은 어디든지 순식간에 갈 수 있다.

(e) 빠깜망(*Pākammaṃ*): 창조할 수 있는 능력이다. 부처님은 원하는 대로 창조할 수 있는 능력이 있으며, 원하는 대로 무엇이든 해낼 수 있다.

(f) 얏타까마와사이따(*Yatthakāmāvasāyitā*): 부처님은 원하자마자 힘을 성취할 수 있다.

(g) 와시따(*Vasitā*): 부처님은 자신의 힘에 통달하며 단시간에 선정을 얻을 수 있는 능력이 있다.

(h) 이시따(*Īsitā*): 법을 설할 때 자신이 원하는 대로 사람들을 따라오게 할 수 있다.

(ii) 명성(*Yasa*): 9가지 덕성이 10,000 우주에 전해진 세존의 명성이다.

(iii) 고귀한 용모(*Sirī*): 육체적으로 아름답고 상서로운 용모이며, 이는 신체적인 덕성이다.

(iv) 성취력(*Kāma*, 부처님은 하고자 하는 것을 할 수 있다): 부처님은 중생들이 지혜를 얻을 만큼 성숙할 때만 열반에 대해 가르칠 수 있

다. 모든 중생들을 윤회의 굴레에서 구원하겠다는 서원으로 전생에서부터 바라밀을 닦아 일체지를 성취했다.

(v) 정진력(*Payatta*, 불굴의 노력): 비할 데 없는 대단한 정진력이다. 부처님은 하루에 1시간 15분 동안만 숙면을 취했다.

(vi) 출세간 담마(*Lokuttara Dhamma*, 출세간 법): 부처님의 9가지 출세간 법의 지혜이다. 이것은 열반과 부처님의 4가지 도의 지혜와 4가지 과의 지혜(*Phala ñāṇa*)이다.

이런 덕성 외에도 부처님은 10가지 지혜의 능력〔십력〕과 신체적 능력이 있다. 『물라빤나사』 주석서에 10가지 지혜를 다음과 같이 언급하고 있다.

① 도리와 그렇지 않음을 구분지어 아는 지혜(*Ṭhānaṭhānañāṇa*): 어떤 것이 적합한지 아닌지를 정확하게 아는 지혜이다. 이러한 지혜를 통해 존재들이 4가지의 번뇌(*āsava*)에서 자유로워질 수 있는지 없는지, 아라한이 될 수 있는지 없는지를 알아냈다. 부처님은 어떤 사람이 선정과 도의 지혜, 과의 지혜〔도의 지혜에 들어 열반에 이르면 과의 지혜로 결과를 맺는다. 즉 열반을 경험한다〕를 얻는 데 장애가 되는 번뇌가 있는지, 결정적인 그릇된 견해(*niyatamicchā diṭṭhi*)에 깊이 빠져 있는지를 알아낼 때 이 지혜를 사용했다.

② 과보를 조건과 원인에 따라 아는 지혜(*Kammavipākañāṇa*): 과거, 현재, 미래의 삼세에 걸친 업과 그 과보를 아는 지혜이다. 부처님은 어떤 중생이 선업을 지어 좋은 곳에 태어날 과보를 가지고 있는지, 선정(*jhāna*), 도(*magga*), 과(*phala*)의 지혜를 얻는 데 2가지의 좋

은 근기(*alobha*, 탐욕 없음; *adosa,* 성냄 없음)를 가지고 있는지 없는지를 정확하게 알아내기 위해 이 지혜를 사용했다.

③ 수행에 따라 성취할 수 있는 깨달음의 단계를 아는 지혜(*Sabbatthagāminipaṭipadāñāṇa*): 적절한 태어날 곳으로 이끄는 수행에 대해 아는 지혜와 열반에 이르는 중도(*Majjhimāpaṭipadā*)를 아는 지혜이다. 부처님은 어떤 중생이 어머니를 죽이는 것과 같은 5가지의 극악무도한 행위(*pañcānantariya kamma*, 오무간업: 어머니를 죽이는 것, 아버지를 죽이는 것, 아라한을 죽이는 것, 부처님에게 상처를 입히는 것, 승가를 분열시키는 것) 중 하나를 저지른 사람인지, 선정, 도, 과의 지혜를 얻는 데 방해되는 요인을 가지고 있는지를 정확하고 완벽하게 알아내기 위해 이 지혜를 사용했다.

④ 유정물과 무생물의 요소를 아는 지혜(*Anekadhātūnānādhātuñāṇa*): 오온(*khandha*)이나 12가지 감각 장소(*āyatana*, 눈, 귀, 코, 혀, 몸, 마음, 형상, 소리, 냄새, 맛, 감촉, 법의 감각장소)와, 무생물을 구성하고 있는 다양한 요소와 유정물을 이루는 18요소(*dhātu*)의 본질을 바르게 아는 지혜이다.

위의 3가지 지혜, 즉 ①, ②, ③의 지혜로 중생들을 관찰함으로써 부처님은 중생들이 3가지의 장애인 번뇌와 악업의 과보와 극악무도한 행위로부터 자유로워질 수 있는지를 알아냈다. 중생들이 이러한 3가지 장애로부터 자유로워져서 윤회의 굴레에서 벗어날 수 있다는 것을 이해한 후에 부처님은 중생들의 오온과 감각장소와 다른 요소들을 이해하기 위해 ④의 지혜를 사용했다.

⑤ 중생들의 성향을 아는 지혜(*Nānādhimuttikañāṇa*): 중생들의 다

양한 성향과 기질과 욕망을 있는 그대로 아는 지혜이다. 부처님은 중생들의 마음의 기능 즉 5가지 자질인 믿음, 정진력, 알아차림, 집중과 지혜가 무르익었는지 아닌지를 정확하게 알아내기 위해 이 지혜를 사용했다.

⑥ 중생의 근기 정도를 아는 지혜(*Indriyaparopariyattañāṇa*): 중생들의 마음의 기능이 성숙한지 성숙하지 않은지를 있는 그대로 아는 지혜이다. 부처님은 중생들에게 적합한 법문을 설하기 위해서, 또 중생들의 마음의 기능(믿음, 정진력, 알아차림, 집중과 지혜)이 성숙되었는지 아닌지를 정확하고 완벽하게 알아내기 위해 이 지혜를 사용했다.

⑦ 선정, 도, 삼매, 증득(*samāpatti*)과 관련된 오염원의 요소와 청정 요소의 증감을 아는 지혜(*Jhānavimokkhasamādhi samāpattiñāṇa*): 선정, 도 또는 해탈, 삼매(*samādhi*)와 증득(어지러운 마음이 하나의 대상에 집중되어 마음이 평정한 상태: 사선정이나 상수멸과 같은 경지)이 계발되었는지 감소했는지, 오염원이 있는지 청정한지를 아는 지혜이다. 부처님은 어떤 중생이 선정, 도, 과를 얻을 수 있는 수승한 근기를 가지고 있는지를 알아내려고 할 때 그 사람이 아무리 멀리 있다 하더라도 비할 데 없는 이 최고의 지혜를 사용하여 알아냈다.

⑧ 과거 생을 기억하는 지혜(*Pubbenivāsānussatiñāṇa*): 자신과 다른 중생들의 수많은 전생을 아는 지혜이다. 부처님은 선정, 해탈, 삼매와 증득과 관련된 오염원의 요소와 청정 요소의 증감을 아는 지혜로 중생들의 높은 지적 능력을 알아낸 후, 그들의 전생을 정확히 알기 위해 이 지혜를 사용했다.

⑨ 중생들의 죽음과 미래 생을 보는 지혜(*Cutūpapātañāṇa*): 죽음이 임박한 중생들과 어머니의 자궁에 입태하는 순간을 아는 지혜이다. 이 지혜는 천안통(*Dibbacakkhuñāṇa*)에 속한다.

⑩ 윤회의 근원인 4가지 번뇌를 완전히 소멸한 지혜(*Āsavakkhayañāṇa*): 도덕적으로 취하게 하는 모든 중독성 오염원을 소멸한 아라한 도의 지혜(*Arahatta magga ñāṇa*, 네 번째 도의 지혜)이다. 부처님은 이 지혜의 힘으로 4가지 번뇌(*āsava*), 즉 감각적 욕망에 대한 번뇌(*kāmāsava*, 탐욕), 존재에 대한 집착으로 인한 번뇌(*bhavāsava*, 탐욕), 그릇된 견해에 대한 번뇌(*diṭṭhāsava*, 사견), 무명에 대한 번뇌(*avijjāsava*)를 소멸했다.

부처님의 신체적 힘은 그 당시 코끼리에 비유한다고 「마하시하나다숫따」에서 밝히고 있다.

ⓐ 깔라와까 코끼리(*Kālāvaka*): 이 코끼리의 근력은 남자 10명의 힘과 같다.

ⓑ 강게야 코끼리(*Gaṅgeyya*): 깔라와까 코끼리 10마리의 힘을 지녔다.

ⓒ 빤다라 코끼리(*Pandhara*): 강게야 코끼리 10마리의 힘을 지녔다.

ⓓ 땀바 코끼리(*Tamba*): 빤다라 코끼리 10마리와 같은 힘을 지녔다.

ⓔ 삥갈라 코끼리(*Piṅgala*): 땀바 코끼리 10마리와 같은 힘을 지녔다.

ⓕ 간다 코끼리(*Gandha*): 뻥갈라 코끼리 10마리만큼 힘이 세다.

ⓖ 망갈라 코끼리(*Maṅgala*): 간다 코끼리 10마리와 같은 힘을 지녔다.

ⓗ 헤마 코끼리(*Hema*): 망갈라 코끼리 10마리를 합친 힘을 지녔다.

ⓘ 우뽀사타 코끼리(*Uposatha*): 헤마 코끼리 10마리의 힘을 지녔다.

ⓙ 찻단따 코끼리(*Chaddanta*): 우뽀사타 코끼리 10마리의 힘을 지녔다. 찻단따 코끼리는 남자 10,000,000,000명을 합친 것과 같은 힘을 가졌다.

부처님의 신체적인 힘은 찻단따 코끼리의 10배이며, 남자 10,000,000,000명의 10배인 100,000,000,000명의 힘을 합친 것과 같은 위력을 발휘할 수 있는 분이다.

1) 부처님에 대한 회상 방법

부처님의 모든 덕성을 사유하면서 가부좌로 앉아서 평소처럼 호흡한다. 마음이 잔잔하고 고요해지면 양 미간 사이에 마음을 집중하고 그곳에 부처님의 이미지를 관상한다. 9가지 덕성을 지닌 살아 있는 부처님을 떠올리면서 마음으로 그것을 주시한다.

마음이 고요하고 평화로움을 느끼면, 그 이미지를 지우고 마음속으로 아라항을 떠올리면서, 동시에 아라항의 의미를 숙지하고 계속해서 양 미간 사이에 마음을 집중한다. 손가락 끝까지 완전히 고요해질 때까지 몸을 움직여서는 안 된다. 심한 고통이 일어날 때조차도 참아야 한다. 만약 고통이 극대화되면 마음을 양 미간 사이에 집중하면서 천천히 자세를 바꾼다. '아라항', '아라항', '아라항'을 암송한다. 명상을 할 때마다 최소한 10분 정도 부처님에 대한 회상 명상을 한다. 이런 방식으로 눈을 뜨는 순간부터 잠자리에 들 때까지 온종일 수행한다. 어떤 일을 하든 항상 마음을 양미간 사이에 두고 하루 종일 아라항을 숙지한다. 이때 어떤 이미지도 관상하지 말고 단지 아라항만을 알아차린다.

2) 부처님에 대한 회상의 이익

부처님에 대한 회상 명상을 함으로써 많은 선업과 지혜와 믿음과 희열(*pīti*)을 얻을 수 있으며, 장애와 위험으로부터 자유로워질 수 있다. 또한 무상·고·무아의 의미를 빨리 이해할 수 있으며, 아라한 도를 성취할 수 있다.

ⓐ 부처님에 대한 믿음이 커진다.

ⓑ 통찰의 지혜(*paññā*)가 확장된다. 부처님은 최고의 지존이기 때문에 부처님의 덕성에 대한 수행을 하는 사람은 법(*Dhamma*)을 쉽게 이해할 수 있다.

ⓒ 공덕(*puñña*)이 확장된다.

ⓓ 사띠(*sati*, 알아차림)가 항상 부처님의 덕성(아라항을 암송하는 것)을 대상으로 취하기 때문에 알아차림이 확장된다. 여기서, 사띠는 부처님과 법과 승가를 기억하는 것을 의미한다. 오직 유익한(*kusala*)

것만을 기억하라. 항상 부처님의 덕성을 기억함으로써 알아차림이 더 명료하고 더 강해진다.

ⓔ 인내심이 확장되어 정신적인 괴로움과 육체적인 고통을 참아낼 수 있다. 부처님은 강한 인내심의 소유자다. 만약 누군가 부처님의 덕성을 숙고한다면, 그 사람은 고통을 참아낼 수 있다.

ⓕ 수행자는 불선한 행위(*akusala*)를 저지를 위기에 처해 있을 때 부처님과 함께 머문다고 생각하기 때문에 불선한 행위를 피할 수 있다.

ⓖ 부처님에 대한 회상을 함으로써 부처님의 덕성 안에 안주할 수 있다. 따라서 그런 몸은 공양 받아 마땅하다라고 『청정도론』에서 언급하고 있다. "부처님의 덕성을 알아차리는 마음이 머무는 심장을 가진 사람의 몸은 온갖 공양을 받을 만하다."

ⓗ 만약 위빳사나 수행을 하면 도의 지혜를 얻는다. 위빳사나 수행을 하지 않아도 부처님에 대한 회상을 하면 좋은 곳에 태어날 것이다.

3) 부처님에 대한 회상에 관련된 예화

부처님에 대한 회상을 함으로써 얻는 이익을 분명히 보여주는 몇 가지 예화가 있다.

(1) 생의 마지막 순간에 부처님을 친견함으로써 좋은 세상에 태어난 어린 소년에 관한 이야기

부처님 당시에 외아들을 둔 바라문이 있었다. 그 바라문은 지독한 구두쇠였다. 바라문은 부처님께 한 번도 예경을 올린 적이 없고 보시를 한 적이 없었다. 어느 날 바라문의 아들이 굉장히 아팠다. 그러나 바라문은 엄청난 구두쇠였기 때문에 아들을 병원에 데려가지 않았다. 결국 아들이 거의 죽어갔을 때야 의사에게 데려갔다. 의사는 그의 아들을 진찰한 후 병이 너무 심각했기 때문에 치료를 포기해버렸다. 아들이 거의 죽어갔지만 바라문은 아들을 집으로 데려오고 싶지 않았다. 만약 아들이 집에서 죽는다면, 많은 친척들이 집으로 와서 그가 얼마나 부자인지를 알게 될 것을 염려했다. 바라문은 친척들에게 그의 재산을 보여주고 싶지 않았기 때문에 죽어가는 아들을 집 밖에 방치했다.

그 당시 부처님은 매일 아침저녁마다 전 우주를 자비의 눈으로 둘러보곤 했다. 부처님이 그 어린 소년을 보자 죽음이 임박했음을 직감했다. 부처님은 만약 그 소년이 죽기 전에 부처님을 친견한다면 천신의 영역에 태어나 도의 지혜를 얻을 것을 예견했다. 다음 날 아침, 부처님은 아들이 누워있는 집 앞 골목으로 갔다. 아들은 부처님을 볼 수 없었다. 그래서 부처님은 한 줄기 빛을 발하여 그 집을 비추었다. 아들은 빛을 보고 그 빛이 어디서 온 것인지를 물었다. 거의 죽음에 임박해서 부처님을 친견했지만 몸으로 부처님께 예경을 올릴 수가 없었다. 아들은 부처님의 모습을 존경하면서 마음속으로 예경을 올렸다. 부처님이 그 소년 곁을 떠나자마자, 진정한 가피를 느낀

바로 그 순간에 소년은 숨을 거두었다. 죽어가는 바로 그 순간에 소년은 부처님을 존경했다. 이것은 선한 업이며 그 소년은 선한 마음으로 죽었다. 이 선한 행위 때문에 소년은 좋은 곳에 태어났다. 그때부터 소년의 아버지는 매일 아들의 묘지에 가서 울었다.

그때 아들의 화신인 천신(*devā*, 수호천신)도 묘지 가까이서 울고 있었다. 바라문은 울고 있는 사람이 누구인지 궁금했다. 그래서 그에게 다가가서 물었다.

"당신은 왜 울고 있소? 이유를 알고 싶소."

"나는 달과 해를 원한답니다. 달과 해를 가질 수 없기 때문에 울고 있답니다."라고 천신이 대답했다.

"당신은 참 어리석소. 당신은 달과 해를 가질 수 없다오." 바라문이 말했다.

"당신도 어리석은 사람이요. 당신의 아들은 이미 죽었는데 이곳에서 울고 있는 당신은 나보다 더 어리석은 사람이란 말이요." 소년(천신)이 늙은이(바라문)에게 대답했다.

"당신은 누구시오?" 바라문이 물었다.

"나는 당신 아들로부터 다시 태어난 천신이오." 천신이 말했다.

바라문은 천신의 말을 믿지 않았다.

"내 아들은 결코 부처님께 예경올린 적도 없고 한 번도 보시를 한 적이 없소. 그런데 어떻게 천상에 태어난단 말이오? 당신을 믿을 수 없소." 바라문이 말했다.

"만약에 나를 믿지 못한다면, 내일 부처님께 여쭈어보시오." 천신이 다시 말했다.

다음 날, 바라문과 천신은 부처님을 친견하기 위해 갔다. 부처님은 소년이 천상에 태어난 내막을 설명한 후 법문을 설했다. 법문을 들은 후 바라문과 천신은 첫 번째 도의 지혜(예류도 또는 수다원도)를 얻었다(「법구경」 주석서의 「맛타꾼달리 이야기」).

소년이 부처님을 회상한 이익으로 첫 번째 도의 지혜를 얻은 주된 원인은 죽어가는 마지막 순간에 그의 마음이었다. 어린 소년은 심지어 아라항이나 부처님이라는 이름조차도 알지 못했지만 부처님을 존경했다. 부처님의 모습을 보는 것만으로도 굉장히 영광스러운 것이다. 이것이 부처님에 대한 회상이다. 부처님의 눈부시게 장엄한 모습을 보고 공경하는 것이 육체적인 몸(*rūpakāya*, 色身)에 대한 붓다눗사띠이다. 아라항, 아라항, 아라항이라고 암송하는 것은 정신적인 몸(*nāmakāya*, 名身)에 대한 붓다눗사띠이다. 어린 소년은 부처님에 대한 회상의 이익으로 좋은 곳에 태어나 도의 지혜를 얻을 수 있었다.

(2) 학의 노래 소리를 들은 후 깨달음을 얻은 한 여왕의 이야기

부처님께 매우 헌신적이었던 아소카왕의 왕비(아상디밋따)는 부처님을 친견하고 싶었다. 아소카왕은 용을 불러서 부처님의 이미지를 보여주라고 명령했고 용은 그 명을 받들었다. 그러자 왕비는 부처님의 목소리를 듣고 싶었다. 그때 아소카왕의 한 대신이 학의 노래 소리가 세상에서 가장 아름다운 소리인데 학의 목소리가 부처님의 목소리와 같다고 말했다. 그 대신은 학 한 마리를 잡아서 노래를 부르게 했다. 학이 노래 부르는 소리가 너무 사랑스럽고 아름다워 왕비

는 기쁨에 가득 찼다. 그러나 왕비는 부처님의 목소리는 새의 노래 소리보다 훨씬 더 사랑스럽고 아름다울 것이라고 생각했다. 단지 부처님의 목소리를 생각만 했을 뿐인데 왕비의 온 몸과 마음에 기쁨이 가득 번졌다. 기쁨의 마음을 가라앉힌 후 왕비는 위빳사나 수행을 해서 첫 번째 도〔예류도〕의 지혜를 얻었다(『디가니까야』의 「마하빠다나 숫따」).

(3) 부처님의 목소리를 듣고 천신계에 태어난 개구리에 관한 이야기

어느 날 부처님이 굉장히 큰 연못 근처에 머물고 계셨다. 많은 동물들이 매일 그곳에 가서 물을 마셨다. 부처님이 법문을 하던 어느 날 저녁, 개구리 한 마리가 부처님의 법문을 듣고 있었다. 하지만 개구리는 자기가 들은 것이 법문인지, 그분이 부처님인지 전혀 알지 못했다. 다만 개구리는 달콤한 목소리를 들었을 뿐이다. 그때 한 소달구지꾼이 달구지를 멈추고 바지 뒷주머니에 채찍을 꽂고 다가와서는 부처님의 법문을 듣기 위해 앉았다. 달구지꾼이 앉을 때 채찍 손잡이로 개구리를 쳐서 그 자리에서 죽었다. 개구리는 죽을 때 부처님의 목소리를 들으며 행복해 했으며 부처님을 공경했다. 이러한 공덕으로 개구리는 천신계에 태어났다.

개구리는 천신이 되자마자 어떻게 좋은 곳에 태어날 수 있었는지 알아보았다. 개구리는 죽음이 임박한 마지막 순간에 부처님의 법문을 들은 것이 공덕이었음을 알게 되었다. 그래서 부처님께 내려가서 예경 드렸다. 부처님은 개구리(*Maṇḍūka devāputta*)를 위해서 법문을

설했으며, 법문을 들은 개구리는 첫 번째 도의 지혜(예류도)를 얻었다(『쿳다까니까야』「위마나왓투」 주석서).

심지어 동물이라도 부처님의 목소리를 듣고 그분을 존경하면 도의 지혜를 얻을 수 있다. 우리 인간들은 계율(계)을 준수함은 물론 수행 방법까지도 알고 있다. 게다가 부처님의 9가지 덕성도 알고 있다. 그렇다면 사람들은 얼마나 많은 가피를 받았을까? 분명 우리 인간들은 동물들보다 더 많은 이익을 얻었을 것이다. 그런데 왜 인간들은 도의 지혜를 얻지 못하는 것일까?

(4) 부처님에 대한 회상의 이익으로 목숨을 구하고 여왕이 된 어린 소녀 미딸라토에 관한 이야기

서기 1042년, 미얀마(버마)의 남쪽 지역을 통치한 한 왕이 있었다. 왕은 바라문이었는데 부처님의 가르침에 대한 확신이 없었다. 그래서 왕은 부처님의 가르침을 믿어서도 안 되고 부처상이나 부처님의 이미지에 예경을 올려서도 안 된다고 모든 백성들에게 선포했다. 그 누구에게도 부처님께 예경 올리는 것이 허용되지 않았다. 다나쩨야라고 하는 부자에게 딸이 한 명 있었다. 어렸을 때부터 소녀는 부처님께 예경을 드렸다. 소녀는 죽는 것이 두렵지 않았기 때문에 집에서 은밀히 부처님께 예경 올렸다.

어느 날, 미역을 감기 위해 용수로(관개용수로)로 간 소녀는 물속에서 부처님 상을 발견하여 그것을 집으로 가져왔다. 만약 왕이 이 사실을 알게 된다면 자기를 죽일 것을 알고 있었지만 죽는 것에 대해 상관하지 않았다. 어느 날 왕은 그 소녀가 집에서 몰래 부처님께 예

경 올린다는 사실을 듣게 되었다. 왕은 코끼리에게 소녀를 짓밟으라고 명령을 내렸지만 코끼리는 복종하지 않았다. 그러자 왕은 소녀에게 명령했다. "만약 너의 부처님이 신통이 있다면 나에게 기적을 보여라. 그러면 너의 부처님에게 나도 예경을 올리겠다." 소녀는 계를 수지한 후 부처님의 아홉 가지 덕성을 독송했다. 그러자 부처님 상이 황금빛으로 빛났다. 그것을 본 왕은 부처상 앞에서 예경 올린 후 부처님께 대한 강한 확신을 갖게 되었다. 왕은 모든 백성들에게 부처님의 가르침을 존경하도록 했으며, 부처님에 대한 믿음을 허용했다. 왕은 소녀와 결혼하였으며 그 소녀를 바드라 여왕이라고 불렀다. 왕은 원래 바라문이었는데 불교로 개종했다.

부처님을 우러러보고 부처님의 목소리를 듣는 것은 정말로 부처님의 신체적인 덕성에 대한 붓다누사띠이다. 그래서 심지어 부처님이나 법에 대해 알지 못하는 개구리조차도 단지 부처님의 목소리를 듣기만 해도 천신으로 태어날 수 있고 도의 지혜를 얻을 수 있다. 그렇다면 인간들은 부처님과 법에 대한 믿음이 있고 팔계를 지키고 부처님에 대한 회상 명상을 하는데도 왜 도의 지혜를 얻지 못할까?

부처님에 대한 회상 명상이 끝나면, 열반에 이르기를 열망하고 육신의 수호신과 어머니의 수호신, 아버지의 수호신, 사원, 거실, 동네의 수호신과 천신의 왕, 죽음의 왕과 선행을 못하도록 방해하는 마라와 그의 추종자들과 조상님들과 직접적으로 관련된 모든 사람들에게 명상의 공덕을 나눈다. 특히 세계의 수호신들과 불교의 사천왕들(지국천, 증장천, 광목천, 다문천)께 감사드린다. 사람들에게 말로 공덕을 나눌 때는 그들의 얼굴을 관상한다.

2. 자애 계발 명상

일반적으로 자애(*mettā*)는 사랑을 의미하지만 정확하게 사랑은 아니다. '자애'는 여러 가지 의미를 내포하고 있기 때문에 진정한 의미는 다소 혼란스럽다. 부처님의 가르침에서 멧따는 '사랑'을 의미하는 '뻬마'(*pema*)에서 파생된 말이며 사랑에는 3종류가 있다.

(1) 이성 간의 상호적인 사랑(*taṇhā pema*, 욕망, 갈애): 순수하지 못하고 뜨거운 욕구(*rāga*)를 열망하는 순전한 성욕에서 기인한 사랑이다. 이러한 사랑은 이성에 대한 세속적인 사랑이다. 이성 간의 상호적인 사랑의 본래 요인은 뜨겁고 순수하지 못한 성적 욕망이다. 이러한 사랑을 갈망하는 사람들은 오랫동안 서로 떨어져 있을 수 없다. 그들은 함께 있을 때만 행복하고 함께 있지 않으면 고통스럽기 때문이다.

(2) 가족 간의 상호적인 사랑(*gehassita pema*): 가족과 형제자매, 부모와 자식 간의 사랑이다. 이 사랑은 이성 간의 상호적인 사랑보다는 더 순수하지만 자식이나 언니나 동생 등에게 집착하는 사랑이기 때문에 가장 좋은 사랑은 아니다. 이 사랑의 본래 요인은 욕심이다. 내 아들, 내 어머니, 내 가족 등은 사실 순수하지는 않지만 성적 욕망보다는 더 순수하다.

(3) 자애로운 사랑(*mettā pema*): 이 사랑이 진정한 자애이며 사람들에게 향한 보편적이고 순수한 사랑이다. 이런 사랑은 상대방의 번영과 행복을 기원하면서 내가 사랑하는 사람, 내 후원자, 나의 적 또는 낯선 사람 등으로 사랑을 줄 상대를 구별하지 않는다. 이런 사랑

이야말로 계발해야 할 최고의 순수한 사랑이다.

자애의 본래 요인은 마음작용(*cetasika*) 중 하나이며, 이것을 성냄 없음(*adosa*, 자애)이라고 한다. 그러나 모든 성냄 없음의 마음작용(*adosa cetasika*)이 다 자애는 아니다. 누군가 선한 행위를 할 때마다 이 성냄 없음의 마음작용이 일어난다. 그때 일어난 것이 자애는 아니다. 마음속에서 다른 사람들의 번영을 진심으로 바라면서 성냄 없는 마음작용이 마음과 함께 일어날 때만이 자애라고 말할 수 있다. 법문을 들을 때, 성냄 없는 마음작용이 일어난다. 그때의 성냄 없는 마음작용도 자애가 아니다. 마음으로 다른 사람의 번영과 건강을 빌면서 그 사람을 한 대상으로 삼을 때, 그때만이 자애심이 일어난다.

그래서 자애는 탐욕(*lobha*), 분노(*dosa*, 성냄), 행복이나 슬픔 등과 같은 마음과 비교했을 때, 일어나기가 아주 어렵다. 탐욕이나 분노 같은 마음은 일어나기 쉽다. 예를 들면 싫어하는 것과 부딪힐 때마다 쉽게 분노가 일어난다. 즐거운 것과 마주하면 바로 탐욕이 생긴다. 그래서 이런 마음의 단계가 일어나지 않도록 단속해야 하며, 마음이 이런 종류의 느낌으로 이어지지 않도록 해야 한다. 이것이 마음을 통제하는 기본 공식이며 마음의 본질이다. 하지만 자애는 마음이 어떤 종류의 대상을 만날 때마다 자동적으로 일어나지 않는다. 오직 자애명상(*mettā bhāvanā*)을 계발할 때만 자애가 일어나기 때문에 따로 계발해야 한다. 좀 더 정확하게 말하자면, 마음은 항상 탐욕, 분노, 행복, 슬픔 같은 종류의 느낌과 가까이 있다. 마음은 자애 계발 명상을 하는 동안을 제외하면 자애심을 일으키지 않는다. 만약 누군가 분노를 느낀다면 그는 먼저 이런 마음의 본성을 이해하려고 한 다음에 분노가 사라질 때까지 자애를 계발해야 한다.

'어떤 사물을 있는 그대로 분석해서 명백하게 아는 것'을 의미하는 4가지 법으로 분석하여 식별(*dhamma vavatthāna*)하는 방법이 있다. 이들 4가지는 자애를 있는 그대로 알기 위한 척도이다.

① 특성(*lakkhaṇā*, 근본 특성): 다른 사람들의 번영과 안녕을 바란다.

② 기능(*rasa*, 기본 작용): 자애는 다른 사람들에게 번영을 가져온다.

③ 나타남(*paccupaṭṭhāna*, 표출): 자애는 시원한 샘물처럼 다른 사람들을 평화롭고 행복하게 만든다.

④ 근접원인(*padaṭṭhāna*, 가까운 원인; 근인): 서로 친밀함을 느낀다 (자애를 보내면 상대방이 느낀다).

자애는 2가지의 적을 가지고 있다. 첫 번째 가까운 적은 탐욕(*rāga*)이고, 두 번째 멀리 있는 적은 분노이다. 증오하는 사람에게 자애를 보낼 때, 처음부터 증오하는 사람에 대한 분노가 사라지지 않지만 자신은 그 사실을 알지 못하고 계속 자애명상을 한다. 그렇게 되면 그 사람에 대한 집착이 생긴다. 그때 자애심은 사라져버리고 탐욕이 일어난다. 수행자는 이 상황을 알아차리고 그 사람에 대한 분노가 사라질 때까지 수행을 멈추어야 한다.

자애는 분노의 반대이다. 분노가 일어나면 많은 사람들이 잘못된 행동을 저지르고 심지어는 어머니를 죽이는 행위까지도 저지르기 때문에 굉장히 파괴적인 요인이다. 분노 때문에 사람들은 살인까지도 하게 된다. 따라서 탐욕은 두 번째 요인이고 분노가 그 첫 번째 요인이다. 누군가로 하여금 잘못된 행위를 저지르게 하는 것은 분노이지 단지 탐욕 때문에 살인을 하지는 않는다. 그래서 분노는 굉장히 파괴적이다. 부처님의 처남이며 사촌동생인 데와닷따는 부처님에 대한 분노로 인해 부처님을 살해하려고 했기 때문에 지옥에 떨어졌다. 따라서 많은 범죄가 분노의 결과로 일어난다. 그것이 왜 분노가 가장 나쁜 것인지에 대한 이유이다. 분노는 다른 사람을 파괴하지만 실제적으로 분노를 느끼는 사람을 먼저 파괴한다. 어떤 사람에게 분노가 일어날 때 그 사람에게 내재해 있는 7가지의 유익한 담마가 파괴된다. 7가지 유익한 담마는 믿음, 정진, 지혜, 알아차림, 통찰의 지혜, 불선한 행을 저지르는 것에 대한 부끄러움과 두려움이다. 『앙굿따라니까야』의 「꼬다나숫따」에 다음과 같이 쓰여 있다. "분노는 그 원인을 알 수 없고, 그 결과도 알 수 없다." 그래서 누군가의 마음에 분노가 일어나면 그런 사람은 어떤 악행도 저지를 수 있다.

부처님의 가르침에 의하면, 심장 한가운데에 심장토대(*hadaya vatthu*)가 있다고 한다. 심장토대는 루빠 깔라빠(*rūpa kalāpa*, 아주 미세한 연무나 아지랑이 같은 초극미립자 물질 무더기. 위빳사나 삼매 상태에서만 마음의 눈으로 볼 수 있음)이다. 우리의 마음은 육안으로는 볼 수 없는 이들 초미립자인 루빠 깔라빠에서 일어난다. 만약 어떤 사람에게 분노가 일어나면, 그 분노가 뜨겁고 강하기 때문에 이 깔라빠를 손상시킬 수 있다. 부처님은 만약 분노가 일어난다면 그 분노는 첫째 그런 감정을 품고 있는 바로 그 사람에게 상처를 입히고 두 번째로 다른 사람들에게 피해를 입힌다고 설했다.

자애는 예외 없이 아주 시원한 샘물처럼 매우 청량하고 침착하고 평화롭다. 샘물을 마시는 사람은 누구나, 현명한 사람이든 현명하지 않은 사람이든, 부자든 가난하든 모두 똑같이 시원한 샘물의 청량함을 경험할 것이다. 이처럼 자애는 사랑하는 사람들과 원수들과 낯선 사람들에게 똑같이 가능해야 한다. 자애 계발 명상을 할 때는 시원한 샘물처럼 모든 사람들에게 똑같이 자애를 계발해야 하며 원수에게조차도 보내야 한다.

1) 어떻게 자애 계발 명상을 할 것인가?

자애 계발 명상을 할 때 지켜야 할 몇 가지 규칙이 있다.

(1) 죽은 사람에게 자애를 보내서는 안 된다. 자애를 계발할 때는 살아있는 누군가를 대상으로 해야 한다. 죽은 사람은 이미 존재하지 않기 때문에 명상 대상이 될 수 없다. 대상이 없는 명상을 할 수는 없다. 이 명상은 자애를 계발함으로써 선정을 얻으려고 하는 수행자를 위한 것이다. 그러나 실제적으로는 죽은 사람을 대상으로 자애를 계발할 수도 있다. 예를 들면 친구 중에 한 명이 죽어서 아귀(*peta*)로 태어났다고 하자. 아귀는 거리에서, 허물어진 집(폐가)에서, 또는 인간 세상의 나무 위에 기거하면서 아귀 상태에서 벗어날 것을 염원하며 떠돌고 있을 것이다. 그 아귀는 "사두(매우 잘했다), 사두, 사두!"라고 말해줄 공덕이 필요하다. 그때 아귀는 수행자(어쩌면 전생의 그의

친구) 가까이에 나타나서 옛 친구(수행자)에게 인간이었을 때와 같은 모습을 보여줄 것이다. 그때 수행자는 죽은 사람에게 자애를 보낼 수 있다.

그러므로 만약 수행할 때 인간의 모습을 한 죽은 사람을 보게 된다면 자애를 보내고 공덕을 나눠주어라. 가장 바람직한 것은 죽은 사람과 공덕을 나누는 것이다. 누군가 공덕을 나눠줄 때, 죽은 사람은 행복한 영역에 다시 태어날 것이다.

(2) 가장 사랑하는 사람에게 맨 먼저 자애를 보내지 마라. 왜냐하면 자애 대신에 바로 탐욕이 일어나기 때문이다. 자애는 고요하고 평화로운 마음이지만 사랑하는 사람에게 향한 자애는 때로 집착과 한데 엉킨다.

(3) 원수나 증오하는 사람에게 맨 먼저 자애를 보내지 마라. 왜냐하면 그 순간에 자애를 떠올리기 어렵고 분노가 일어날 수 있기 때문이다.

(4) 이성에게 자애를 특별하게 보내지 마라. 왜냐하면 자애 대신에 강한 욕구가 일어날 수 있기 때문이다. 자애는 두 종류의 적敵, 즉 가까이에 있는 적과 멀리 있는 적이 있는데 가까이에 있는 적은 탐욕이며 멀리 있는 적은 분노이다. 어떤 사람이 자애를 계발할 때 분노가 일어나면 그 분노가 언제 일어나는지 안다. 이처럼 멀리 있는 적은 즉시 알아차리기 때문에 문제가 되지 않는다. 하지만 가까이에 있는 적인 탐욕이 일어나기 시작할 때 수행자는 그것을 즉시 알아차리지 못하고 계속 수행을 한다. 그렇게 되면 그의 자애 계발은 망쳐버리게 된다. 그런 이유 때문에 이성에게 먼저 자애를 보내서는 안

된다. 하지만 이러한 원리를 이해한다면 자애를 계발할 수도 있다.

부처님은 『앙굿따라니까야』의 「멧따숫따」에서 "사람은 외동아들에 대한 어머니의 사랑처럼 분별없이 모든 살아있는 것들을 향하여 자애심을 계발해야 한다."고 말했다. 어머니는 위험과 분노와 고통에 대항하여 한 어머니로서 아들을 안전하게 지켜낸다. 심지어 동물 어미도 자신의 새끼들에게 자애심을 가지고 있다. 어머니의 사랑은 자애의 기준이다. 모든 살아있는 존재들은 당연히 그런 종류의 자애를 계발해야 한다. 하지만 엄격하게 말하면 어머니의 사랑도 항상 자애는 아니다. 가끔 욕심이나 집착이 일어날 때는 그 자애가 파괴되어 버리기 때문이다. 그러나 일반적으로 부처님의 자애에 대한 기준은 어머니의 사랑이다.

솔직하게 말하면, 모든 사람들은 그 누구보다 자신을 더 사랑하기 때문에 자신을 향한 진실한 자애를 계발하기가 쉽다. 어머니는 자신의 외동아들을 사랑한다고는 하지만 자기 자신을 먼저 사랑한다. 그래서 자애를 계발하는 최상의 방법은 모든 사람들이 자기 자신을 가장 사랑하기 때문에 우선 자신을 향한 자애를 기르는 것이다. 부처님은 『상윳따니까야』의 「데와따상윳따」에서 "자신을 사랑하는 것과 견줄 만한 사랑은 없다."라고 했다.

자애심이 일어날 때 선생님처럼 존경받는 사람들에게 자애를 보내라. 그리고 사랑하는 사람에게 보낸 다음 끝으로 원수나 싫어하는 사람들에게 보내라. 자애를 보낼 때 수행자는 자애심이 완전하게 무르익을 때를 알아야 한다. 자애 계발은 경계를 허물(*sīmā sambheda*)

때만 완전해지는데, 그것은 사랑하는 사람과 싫어하는 사람과 낯선 사람과 자기 자신 사이의 경계를 제거한다는 의미이다. 경계가 허물어질 때 자애명상을 통해 근접삼매(*upacāra samādhi*)를 경험할 것이다.

예를 들어 좀 더 분명하게 설명해보자.

당신과 당신이 사랑하는 사람, 싫어하는 사람과 낯선 사람이 같은 장소에서 함께 살고 있다. 당신은 이들 네 사람 사이에서 지도자이다. 어느 날 왕이 당신들 중에 한 사람을 죽이겠다고 선포한다. 당신은 왕에게 한 사람을 바쳐야만 한다. 어떻게 할 것인가? 싫어하는 사람을 바칠 것인가, 낯선 사람을 바칠 것인가, 아니면 다른 사람들을 위해 당신 자신을 희생할 것인가? 이 질문에 옳은 답은 없다. 당신은 자신을 포함해서 네 명 모두 똑같기 때문에 누구도 죽음 앞에 내놓을 수 없다고 느낄 것이다. 이 질문에 유일한 대답은 자애이며, 경계를 허무는 것이다. 시마(*sīmā*)는 '경계'라는 뜻이며, 삼베다(*sambheda*)는 '제거하는 것'이라는 의미이다. 그러므로 경계를 허문다는 것은 내가 사랑하는 사람, 낯선 사람 또는 싫어하는 사람이라는 분별을 없애는 것이다. 일반적으로, 수행자에게 분노가 제거되고 자애가 일어나면 충분히 수행할 수 있다.

자애를 보내거나 자애명상을 하는 데는 여러 가지 방법이 있다. 『빠띠삼비다막가』에 의하면 한 가지 유명한 방법이 있다. 부처님은 가끔 자세하게 설명하지 않았지만 나중에 사리불 존자가 자세하게 설명했다. 이것은 식별 또는 분별의 도道를 의미하는 『빠띠삼비다막가』에 기록되어 있다. 사람들은 528가지의 자애가 있다고 믿지만 이것은 정확하지 않다. 사실상, 자애는 단지 하나의 마음작용일 뿐이다. 528이라는 숫자는 자애를 계발하기 위한 방법의 가지 수일 뿐이다.

자애 계발 명상을 하기 위해서 명상 대상으로 한 사람이 있어야 한다. 그 대상이 될 수 있는 주체는 12가지가 있다. 전 우주에 있는 모든 생명체들이 대상이 될 수 있는데, 다음 2가지 범주로 나뉜다.

① 분별하지 않거나 또는 한정하지 않은 5종류의 생명체

② 분별하거나 한정된 7종류의 생명체

따라서 가능한 대상은 12가지이다. 분별하지 않는 대상이 5가지이고, 분별한 대상이 7가지이다. 자애를 보낼 때는 다음 12가지 대상을 모두 포함해야 한다.

분별하지 않은 5가지 대상은 다음과 같다.

(i) 모든 존재(*sabbe sattā*): 몸과 마음에 집착하는 모든 존재들

(ii) 모든 숨 쉬는 존재(*sabbe pāṇā*): 숨을 들이쉬고 내쉬는 모든 존재들

(iii) 눈에 보이는 몸을 가진 모든 생명체(*sabbe bhūtā*): 인간이나 동물들

(iv) 지옥에 떨어질 가능성이 있는 모든 중생(*sabbe puggalā*): 성인(*ariya*)을 제외한 모든 인간들

(v) 오온 중에 최소한 한 가지를 가진 모든 존재들(*sabbe atta-bhāvapariyāpannā*)

모든 존재들은 위의 5가지 대상에 포함된다.

분별한 7가지 대상은 다음과 같다.

(i) 모든 남성(*sabbe purisā*): 모든 수컷

(ii) 모든 여성(*sabbā itthiyo*): 모든 암컷

(iii) 모든 천신(*sabbe devā*): 천상의 여신과 남신들

(iv) 모든 성인(*sabbe ariya*): 모든 깨달은 사람들

(v) 모든 범부(*sabbe anariya*): 성인이 아닌 모든 세간 사람들

(vi) 모든 인간(*sabbe manussā*)

(vii) 악도에 떨어진 모든 중생(*sabbe vinipātikā*): 아귀처럼 악도에서 고통 받고 있는 모든 존재들

살아있는 모든 생명체는 이 7가지 대상에 속한다. 따라서 자애를 보낼 수 있는 대상은 모두 12가지이며, 4가지 방법이 있다. 여기서 '보내다'라는 의미는 '계발하다'라는 뜻이다. 왜냐하면 자애가 다른 사람에게 전해지면 그 사람은 사랑의 에너지를 느끼기 때문이다. 그래서 '보내다'라는 표현을 쓴다. 각 범주마다 다음 4가지 방법으로 자애를 계발한다.

① 모든 위험에서 벗어나기를!

② 육체적인 고통과 상처에서 벗어나기를!

③ 정신적인 괴로움에서 벗어나기를!

④ 행복이 성취되기를!

이미 언급했듯이, 자애명상의 대상은 모두 12가지이며 자애를 계발하는 방법은 4가지가 있다. 만약 12가지 대상을 각각 한 가지씩 4가지로 수행한다면 48가지 방법이 될 것이다. 하지만 48가지 방법

을 모두 수행할 필요는 없다. 다만 한 가지 방법으로만 자애심을 계발하면 된다. 어떤 방법으로 계발할지는 수행자 자신이 선택할 수 있다.

방향에 따라 계발할 수도 있는데, 10가지 방향이 있다(북방, 남방, 동방, 서방, 북동방, 남동방, 북서방, 남서방, 상방, 하방). 만약 각각의 방향을 48가지로 수행한다면 480가지 방법으로 계발할 수 있으며, 특정한 방향이 없는 48가지를 더하면 모두 528(480 + 48)가지가 된다. 이러한 방법으로 자애를 계발할 때는 끝 방향에서부터 첫 방향까지 한 방향도 생략하지 않고 계속해서 보내는 것이 중요하다.

자애 계발 명상(*mettā bhāvanā*, 간혹 '자애를 보낸다'로 사용함)을 한다는 것은 사실 마음 작업이다. 따라서 입으로만 자애 계발 문구를 암송하는 것은 자애 계발 명상이 아니다. 자애 문구를 암송할 때는 다른 사람의 행복을 진정으로 바라는 자애심이 우러나야만 한다. 그래서 자애를 계발할 때는 암송하고 있는 말(암송문구)과 똑같은 마음이 되어야 한다.

칸니 전통에서는 먼저 10가지 방향으로 자애를 보낸 후 마음속에 생각하고 있는 각 개인에게 보낸다. 각각 사람의 얼굴을 떠올린 후 그들에게 자애를 보낸다. 수행자는 자애명상을 시작할 때 삽바상가히까(*sabbasaṅgāhika*, 차별을 두지 않고 모든 대상과 모든 방법을 포함하여 한 문장으로 자애를 보내는 것)로 자애를 계발하는 것이 최상의 방법이다. 명상을 할 때마다 수행자는 삽바상가히까를 사용해야 한다. 즉 대상에 차별을 두지 않고 간단한 문장으로 자애를 보내야 하며, 먼저 마음 속에 자애심이 생기도록 명상을 해야 한다.

"저는 위험과 적으로부터 자유롭고 싶습니다. 그리고 건강하고 행복해지고 싶습니다. 저처럼, 저의 수호신과 전 우주에 몸과 생명을 가진 모든 존재들이 위험과 적으로부터 자유롭고 건강하고 행복하기를 바랍니다!"

자애를 보내는 것에는 2가지 바람만 있다. 그것은 다른 사람의 행복을 바라는 것과 다른 사람이 불행하고 슬프지 않기를 바라는 것이다. 만약 둘 중에 한 가지를 수행한다면 그것은 자애를 계발하는 것이다. 일반적으로 이것은 어떤 사람에게 행복이 오도록 바람을 보내는(행복을 비는 것) 것이다.

ⓐ 다른 사람이 행복하기를 바람

ⓑ 다른 사람이 불행하고 슬프지 않기를 바람

왜 자애명상을 계발해야 하는가? 그 답은 분노를 일어나지 않게 하고 인내심을 기르기 위해서이다. 왜 분노를 일어나지 않게 해야 하는가? 자애가 분노의 반대이기 때문이다. 만약 수행자가 분노를 느낀다면 집중할 수 없다. 집중은 오직 마음이 평온할 때만 가능하다. 분노는 뜨겁다. 그 뜨거운 분노는 수행자로 하여금 평온한 마음을 갖지 못하게 하며 집중하려는 마음을 방해할 것이다. 이처럼 자애는 분노의 반대이기 때문에 계발되어야 한다.

부처님은 인내는 가장 신성한 최고의 담마(*dhamma*, 법)라고 『붓다왕사』 주석서에서 설했다. "인내는 첫 번째 나 자신에게 적용해야 하며 그 다음에 다른 사람에게 적용해야 한다." 명상 중에 고통이 일어나면 그 고통을 참아내야 한다. 자애심이 없다면 인내할 수 없다. 어머니는 당신의 자식을 사랑하기 때문에 자식에 대해 인내심을 가진다. 보통 사람은 자기가 사랑하는 사람에게 인내심을 보여줄 수 있다. 따라서 인내를 기르기 위해서는 자애를 계발해야 한다. 이 2가지 이유 때문에 자애를 계발해야 한다.

아라한을 성취한 유명한 사야도가 있었다. 그 사야도는 자애를 보내려고 하는 사람에게 말했다.

"만약 누군가 너를 미워한다면, 절대 화를 내서는 안 된다. 대신 유리잔에 찬 물을 담고 조약돌 몇 개를 집어넣어라. 그 조약돌을 뜨거운 분노로 가득한 사람의 심장이라고 생각하라. 차가운 물이 조약돌을 차게 식힌다고 관상하라. 그때 너를 미워하는 사람을 상상하고 그 사람에게 자애를 보내라. 그렇게 하면 머지않아 그 사람이 너에게 친절하게 대할 것이다. 찬 물이 그의 심장을 차게 식혔고 또 네가 보낸 자애심이 그에게 영향을 미친 것이다. 자애를 보내는 것은 이와 같다. 만약 누군가에게 자애를 보낸다면 그 사람은 그것을 느낄 것이며, 그 사람에게 긍정적인 효과를 보여줄 것이다."

자애를 계발하는 것은 강력한 힘을 가지고 있어서 만약 자애를 받을 사람에게 마음을 집중한다면 그 사람에게 영향을 미친다. 여기서 '집중'이란 알아차림과 자애를 계발하는 선정 단계나 근접선정 단계를 의미한다. 강력하게 집중된 마음은 강한 힘을 가지고 있으며 자애 역시 강한 힘을 가지고 있다. 그러므로 자애를 보낼 때는 그 사람에게 마음의 초점을 맞춰야 하며, 그 집중된 힘은 자애를 받을 대상에게 전해진다. 자애가 어떤 연결고리를 갖고 있는 것은 아니지만, 자애를 보낼 때 관상하는 그 사람에게 영향을 미치는 것은 사실이다.

2) 자애 계발 명상의 이익

자애는 가장 유익한 담마이다. 마음이 가장 강력한 힘을 가지고 있으며, 두 번째로 강력한 힘은 자애이다. 소의 젖을 짜는 동안만이라도 자애를 계발하는 것은 쌀 100항아리의 3배를 보시하는 것보다 더 귀중한 것이다. 부처님은 항상 자애를 계발하는 사람은 어떤 귀신이나 야차(*yakkha*)도 두려워하지 않는다고 했다. 맨손으로 양 칼날을 잡고 반으로 부러뜨릴 수는 없다. 만약 이것을 시도한다면 예리한 칼날에 손이 베일 것이 분명하다. 이와 비슷하게, 자애로 가득한 마음은 칼날처럼 매우 강하고 예리하기 때문에 자애명상을 하는 사람은 귀신이나 야차가 위협할 수 없다. 부처님은 왜 그런지 자세하게 설명하지 않았다. 여기서 우리는 두려움이 약한 분노라는 사실을 알아야 한다. 어떤 사람이 자애를 계발할 때는 자애의 적인 분노가 일어날 수 없다. 다시 말해서 약한 분노인 두려움이 일어날 수 없다는 것이다. 어디에서든지 자애를 계발하고 있기 때문에 인간들뿐만 아니라 인간이 아닌 존재들도 그 사람을 사랑하게 되며 도와줄 것이다. 그래서 명상에 진척이 없을 때마다 수행자는 가능한 한 자애 계발 명상을 하려고 노력해야 한다.

『앙굿따라니까야』의 「멧따숫따」에서 자애 계발 명상의 11가지 이익에 대해 언급하고 있다.

① 숙면을 취한다.

② 완전한 휴식을 취하며, 평화롭게 일어난다.

③ 악몽을 꾸지 않는다. 꿈은 피와 신체 내부 바람 등의 변화에 의해 생긴다. 꿈은 전에 경험한 것을 반영한 것이며, 천신이 알려준 일종의 예견이다. 꿈은 미래를 시사한다.

④ 천신이 보호해 줄 것이다.

⑤ 항상 공덕을 나누기 때문에 천신의 사랑을 받는다.

⑥ 대부분의 사람들이 좋아한다.

⑦ 얼굴이 항상 맑고 순수하고 평온하며 아름답다.

⑧ 마음이 항상 평화롭고 고요하기 때문에 쉽게 집중할 수 있다.

⑨ 자애를 계발하기 때문에 불이나 무기나 어떤 독극물에도 공격당하지 않는다.

⑩ 죽는 순간 혼수상태에 빠지지 않는다.

⑪ 위빳사나 수행을 하면 도의 지혜를 얻을 것이다. 자애 계발 명상을 하면 삼매를 얻어 위빳사나로 옮긴 다음 도의 지혜를 얻을 수 있다. 만약 위빳사나 수행을 하지 않는다면 범천계에 태어날 것이다.

3. 몸의 혐오스러움과 더러움에 대한 명상

혐오스러움에 대한 명상(*asubha bhāvanā*)은 몸 안의 32가지 더러운 부분에 대한 진정한 본질이나 시체에 대해 숙고하는 것이다. 더러운 부분이란 머리카락, 손톱, 피부, 정맥, 신장, 심장, 담낭 등과 같은 것이다. 엄밀히 말해 명상 센터에 시체가 없으면 이 명상은 가능하지 않다.

4. 죽음에 대한 명상

네 번째 보호명상은 죽음에 대한 명상(*maraṇassati*)이며, 마라낫사띠는 죽음에 대한 명상을 의미한다. 가끔 마라나늣사띠(*maraṇānussati*)라고 표기된 것을 보기도 하는데, 그 차이는 '항상' 또는 '되풀이하여'를 의미하는 '아누'(*anu*)이다. 하지만 부처님이 사용한 단어는 마라낫사띠이다. 마라낫사띠라는 단어는 목건련 대장로가 가르친 『까타왓투』 논사(아비담마 7론 중 다섯 번째 논사론)에 언급되었다. 이 단어는 「밀린다왕문경」과 『청정도론』에도 나타나 있다.

마라낫사띠(*maraṇassati*)는 마라나(*maraṇa*)+사띠(*sati*)이며, 마라나는 '죽음'을, 사띠는 '기억, 회상'을 의미한다. 따라서 마라낫사띠는 자신의 죽음에 대해 회상하는 것이다. 그렇다면 죽음이란 무엇인가? 죽음은 한 생으로 한정된 기간 동안 소위 '생명'이라고 하는 생명기능(*jīvitindriya*)의 흐름이 완전히 끊어진 것이다. 생명기능의 역할은 마음(*nāma*)과 물질(*rūpa*)의 생명을 유지시켜 주는 것이다. 생명기능이 마음 한 순간의 수명이 다할 때까지 마음과 물질의 생명을 계속 유지시켜 주는 것이지 생명체 안에 '생명'(살아있는 것)이란 없다. 사실 마음에는 마음생명(*nāma jīvita*)이 있고, 물질에는 물질생명(*rūpa jīvita*)이 있을 뿐이다. 물질생명과 마음생명을 생명기능이라고 한다. 물질생명과 마음생명이 한 마음 순간의 수명 안에서 함께 일어나는 다른 물질과 마음을 살아있도록 유지시켜 준다. 이렇게 생명을 유지하도록 지탱해 줌으로써 마음과 물질이 계속 살아있을 수 있다. 이러한 사실을 모르는 사람들은 인간들은 '생명'(생명은 살아있는 것을 의미한다)을 가지고 있어서 살아있다고 말한다. 이전의 마음과 물질이 사라졌음에도 소위 영생 업(*janaka kamma*, 태어남을 만들어주는 업)이라고 하는 전생의 업력으로 매 마음 순간마다 새로운 마음과 물질이 일어난다. 만약 지탱해 주는 힘이 부족해서 영생 업이 소진되면 새로운 마음과 물질이 일어날 수 없다. 이러한 과정이 멈춘다면 생명이란 없다. 이것이 죽음이다.

일반적으로 2가지 종류의 죽음이 있으며, 육체적인 죽음에는 4가지 원인이 있다.

(1) 수명이 다한 죽음(*kāla maraṇa*)

① 과거의 업력이 다한 죽음(*kammakkhaya maraṇa*): 영생 업(태어남을 만드는 업)의 소진으로 인한 죽음이다. 이 영생 업이 마음과 물질을 일으킬 수도 없고 지탱해 줄 수도 없다. 그래서 한번 소멸하면 다시는 일어날 수 없다.

② 수명이 다한 죽음(*āyukkhaya maraṇa*): 수명이 끝난 죽음이다.

부처님 당시에 인간의 수명은 100년이었다. 『쿳다까니까야』 「붓다왕사」에 이렇게 언급되어 있다. 부처님이 카필라국 궁전 위 천상에서 설법을 했을 때, "이제 인간 수명은 짧아졌다. 기껏해야 100년이다."라고 설했다. 여러 미얀마 책에 의하면, 부처님 열반 후 100년마다 인간 수명이 한 살씩 줄어들었다고 한다. 지난 2,600년 동안 부처님이 열반에 든 이후 100살에서 26년이 줄어들어서 (100 - 26 = 74) 현재 미얀마 사람들의 평균 수명은 74세가 되었다. 사람들의 탐욕과 분노와 어리석음 때문에 인간 수명이 일 년씩 점차 줄어든 것이다. 사람의 마음속에 강한 탐욕이 생기면, 몸을 뜨겁게 만들어 분노를 느끼게 한다. 인간 수명은 환경오염 수치에도 영향을 받는다. 기후 조건이 좋지 않으면 농작물이 제대로 영양분을 공급받지 못하는 것과 같다. 그래서 수많은 사람들이 질병과 질환으로 고통 받고 있다. 그 결과 인간 수명이 줄어든 것이다.

③ 동시에 수명과 업력이 다한 죽음(*ubhayakkhaya maraṇa*): 앞의 2가지 원인이 함께 작용하여 수명과 업력이 동시에 소진된 죽음이다.

(2) 수명대로 살지 못한 죽음(*akāla maraṇa*)

④ 무겁고 파괴적인 악업으로 인한 죽음(*upacchedaka-kamma maraṇa*): 수명이 아직도 많이 남아 있는데 파괴적이고 무거운 악업으로 인한 죽음이다. 생명을 지탱해 주고 있는 영생 업이 매우 강력해도 무겁고 불선한 파괴업(*upaghātaka kamma*)이 생명을 끊어버린다. 그래서 생명을 지탱할 수 없게 된다. 이것이 자동차 사고나 비행기 충돌 사고 또는 선박 조난사고 등과 같은 갑작스럽게 예고 없는

죽음을 맞이하는 원인을 설명해 주는 것이다.

이들 4종류의 죽음은 기름과 심지로 불을 켜는 램프의 비유로 설명할 수 있다. 불이 꺼지려면 4가지의 원인이 충족되어야 한다.

(a) 기름의 고갈: 이것은 업력이 소진되어 죽은 '과거의 업력이 다한 죽음'과 비슷하다.

(b) 심지의 완전 전소: 이것은 '수명이 다한 죽음'과 비슷하다.

(c) 2가지의 원인(기름과 심지)이 동시에 고갈됨: 앞의 2가지 원인에 의해 죽은 '동시에 수명과 업력이 다한 죽음'과 비슷하다.

(d) 강한 바람이 불거나 누군가 불을 끄는 것과 같은 외부 방해물: 이것은 파괴적이고 무거운 악업으로 수명이 끊어진 '무겁고 파괴적인 악업으로 인한 죽음'과 비슷하다.

많은 사람들은 '내일', '내일'이라고 말한다. 만약 내일이 다음 생보다 훨씬 더 멀다는 것을 안다면, 사람들은 그렇게 말하지 않을 것이다. 내일이라는 것은 24시간 안에, 1,440분 이내에, 또는 86,400초 안에 다다를 수 있다. 내일이라는 시간은 86,400초가 지나야 도착할 수 있다. 궁극적인 실재에 의하면, "손가락 한 번 튕기는 사이에 총 일조 번의 의식이 계속해서 차례로 일어났다 사라진다고 한다"(『위방가』 주석서 「삼모하위노다니」). 생명, 즉 살아있다는 것은 마음의 한 순간이다. 만약 새로운 의식이 일어나지 않는다면, 그것이 죽음이다. 미래 생은 전생의 선업과 불선업의 결과이기 때문에 내일이 오기 전에 수많은 다음 생이 찾아올 수 있다. 내일이 오기 전에, 많은 선업의 행위가 수많은 미래 생에서 과보로 발현될 수 있다. 따라서 오늘, 이번 생은 모든 사람들에게 가장 중요한 것이다.

1) 왜 죽음에 대한 명상을 해야 하는가?

모든 인간들은 반드시 죽기 마련이다. 한번 이 세상에 태어난 이상 죽지 않은 사람은 아무도 없다. 언젠가 모든 사람은 틀림없이 죽는다. 죽음은 필연이며 아무도 죽음을 피할 수 없다.

죽음과 삶은 동전의 양면과 같다. 죽음과 삶은 항상 공존한다. 죽음은 누구에게나 어느 한 순간에 찾아올 수 있다. 그래서 우리는 이 피할 수 없는 죽음에 가장 좋은 방법으로 대처해야 한다. 최상의 대처 방법이 죽음에 대한 명상이다. 왜 죽음에 대한 명상이 최상의 방법일까?

모든 사람들은 감각적인 쾌락을 즐기면서 죽음이 임박해 있다는 사실을 잊어버린다. 사람들은 언젠가는 죽을 것이라는 사실을 결코 생각하지 않는다. 아무도 죽음을 기대하지 않는다. 하지만 죽음은 준비될 때까지 그 누구도 기다리지 않는다! 예기치 않게 죽음이 찾아왔을 때, 사람들은 무서워하고 슬퍼하면서 마지못해 죽음을 맞이한다. 분노에 차서, 슬픔에 잠겨서, 또는 두려움에 떨면서 죽어갈 때, 그 순간에 불선업이 개입되어 그들의 선업으로 좋은 곳에 태어나는 것을 불확실하게 만들 수도 있다. 그런 사람들은 분명 4악도(*apāya*), 즉 축생계(*tiracchāna-yoni*), 아귀계(*petti-visaya*), 아수라계(*asurakāya*), 지옥(*niraya*) 중 한 곳에 태어날 것이다. 천신계에 10번이나 태어날 만큼의 선업을 지었다 하더라도 이런 사람들은 4악도 중 한 곳에 태어날 확률이 높다.

분노를 품고 죽은 사람은 지옥에 태어날 것이라고 『담마상가니』의 주석서 「앗타살리니」에서 언급하면서 다음과 같이 덧붙였다. "혼수상태(오랫동안 무의식 상태에 있거나 진통제 투여 때문에 무의식인 경우)로 죽은 사람은 축생계에 태어날 것이다. 탐욕(*lobha*, 재물에 대한 집착 또는 누군가를 그리워함)을 품고 죽은 사람은 아귀로 태어날 것이다. 일반적으로 갈애(*taṇhā*)는 아귀계에 태어나는 원인이 된다."

『맛지마니까야』의 「우빠리빤나사」에, 나이가 들어 스님이 된 아버지를 모시고 있는 소나 장노라는 아라한이 있었다. 어느 날 아버지가 아파서 침상에 누워 있었다. 아버지는 죽음이 임박한 순간의 환상 속에서 검은색 개 한 마리를 보았다. 그 개가 아버지에게 다가와 물자 아버지는 도와달라고 소리쳤다. 그것은 아버지가 태어날 장소에 대한 니밋따(*nimitta*, 표상)였다. 아들인 아라한은 아버지가 지옥에 태어날 것을 알아차리고 아버지에게 꽃을 몇 송이 주면서 부처님께 올리라고 말했다. 그리고 아라한은 아버지를 부처님 상 앞으로 모시고 갔다. 그때 노스님인 아버지는 꽃향기를 맡으며 부처님을 떠올렸다. 그러자 아버지의 마음이 선하게 변했다. 그때 자기 앞으로 다가오는 천상의 요정들을 보았다. 아버지는 아들에게 외쳤다. "너의 의붓어머니들(요정)이 다가오고 있구나!" 그러자 아들은 그것이 좋은 곳에 태어날 니밋따라는 것을 알아차렸다. 그 순간 늙은 아버지는 천신의 니밋따를 대상으로 취하며 숨을 거두었다. 아버지는 천신계에 태어났다. 이 이야기에서 보여준 것처럼 마지막 순간의 마음에 따라 태어날 곳이 달라질 수 있다.

어떤 사람은 죽음에 대한 명상이 재수 없고 상서로운 것이 아니라고 말할 수도 있다. 아니다! 그것은 틀린 생각이다. 죽음은 그 누구도 피할 수 없다. 모든 사람은 언젠가 반드시 죽기 마련이다. 따라서 죽음은 가장 명백한 진리이다. 그것을 변하지 않는 진리(*sacca*)라고 한다. 부처님은 「초전법륜경」에서, "태어남도 고통이요, 죽음도 고통이다."라고 설했다. 죽음은 사성제의 고성제에 해당된다. 그래서 죽음 명상을 하는 것은 상서로운 일이다.

『앙굿따라니까야』의 「아빈하빳짜웩키땁바타나숫따」와 『상윳따니까야』의 「아이까숫따」에서 부처님은 모든 사람들에게 죽음을 기억하라고 가르쳤다. "모든 중생들은 누구나 죽기 마련이며, 죽음을 극복할 수 없으며, 마지막 한계점에 죽음이 있을 뿐이다." 모든 사람들은 항상 이렇게 죽음을 기억해야 한다. 따라서 죽음에 대한 명상을 계발하는 것은 부처님의 가르침을 지키는 것이며, 죽음에 대한 명상은 매우 상서로운 것이다. 이것이 우리 모두가 행복하게 그리고 전력을 다해 열심히 죽음 명상을 해야 하는 이유이다.

이 시점에서 위빳사나 수행자는, "우리는 죽음에 대해 알아요. 그래서 명상을 하고 있어요. 그런데도 아직 죽음에 대한 명상을 할 필요가 있을까요?"라고 불평할 수도 있다. 그 답은 "그렇다."이다. 왜냐하면 오랫동안 수행을 할 때, 통증이 일어나게 되면 명상이 따분해질 것이다. 그때 열의를 고취시키기 위해 스스로 죽음에 대한 명상을 해야 한다. 부처님은 다른 사람들의 파멸이나 죽음을 경험하는 것이 정진(열의)의 기본적인 원인인 상웨가(*saṃvega*, 죽음과 태어남의 두려움에 대한 앎; 절박함)를 일으키는 이유라고 설했다. 그래서 모든 사람들은 죽음에 대한 명상을 해야 한다.

죽음에 대한 명상을 하는 사람은 머지않아 반드시 죽을 수밖에 없다는 것을 알고 있다. 그런 사람은 죽음을 맞이할 때 두렵지 않을 것이다. 왜냐하면 이미 죽음을 예견하고 있었고 죽음에 대한 명상을 계발함으로써 많은 공덕을 쌓았기 때문이다. 그 결과 좋은 세상에 태어날 것을 알고 있기 때문에 두려움 없이 죽을 수 있으며, 그동안 쌓은 수행 공덕으로 확실히 좋은 곳에 태어날 것이다. 그래서 모든 사람들은 죽음에 대한 명상을 해야 한다.

다음 생에 좋은 곳에 태어나기를 기대하는 사람은 '죽는 방법'이 중요하다. 그런 사람이 죽음에 대한 명상을 하면 좋은 곳에 태어나서 그의 바람이 충족될 것이다. 이것이 최고의 죽음이다. 윤회(*saṃsāra*)를 갈망하는 사람은 '사는 방법'이 중요하다. 윤회의 고통(*saṃsāra dukkha*)으로부터 자유롭기를 바라는 사람은 위빳사나 수행을 해야 한다. 따라서 위빳사나 수행을 하는 것은 최고로 잘 사는 방법이다. 우리는 다음과 같이 암송하면서 죽음에 대한 명상을 해야 한다. 「법구경」 주석서에서, "나의 삶(살아있다는 것의 지속성)은 영원하지 않다. 죽음의 가능성만이 영원하다."라고 설명한다.

죽음은 때를 가리지 않으며 누구도 기다려주지 않는다. 생자필멸의 진정한 개념을 얻기 위해 우리는 어느 한 순간에도 죽을 수 있다는 것을 항상 기억해야 한다. 죽음에 대한 명상을 할 때 생자필멸에 대한 개념, 즉 '나는 언제든지 죽을 것이다'라는 개념을 얻는 것이 죽음 명상의 목적이다. 만약 누군가 죽음에 대한 명상을 할 때 죽음이 두렵다면 그 사람은 죽음에 대한 명상의 의미를 완전히 잘못 이해한 것이다. 그는 올바른 방법으로 수행한 것이 아니다. 만약 죽음에 대한 개념을 얻지 못한다면 주석서의 가르침에 따라 죽음에 대한 명상을 다음 예처럼 꾸준히 수행해야 한다.

(1) 가까이 다가온 사형집행인(*vadhaka paccupaṭṭhāna*): 죽음을 자신에게 다가오고 있는 사형집행인으로 생각하라. 사형집행인은 범죄자들을 처형하도록 허가된 사람이다. 망나니는 손에 칼을 들고 있고 누구든 처형하지 않고는 절대로 칼을 칼집에 다시 집어넣지 않는다. 망나니는 수행자에게 가까이 다가와서 그의 목에 칼을 겨누어 반드시 수행자를 죽이고 말 것이다. 수행자는 망나니가 죽이면 죽어야만 하는 운명이다. 반드시 수행자는 죽을 것이다. 하지만 망나니가 언제 자기를 죽일지 알지 못한다. 이처럼 모든 사람들은 언젠가 반드시 죽지만 아무도 언제 죽을지 모른다. 아주 분명한 것은 아무도 죽음으로부터 탈출할 수 없다는 것이다. 부처님은 『청정도론』에서 설했다. "태어난 자에게 불사不死란 없다."

태양은 동쪽에서 떠오른다. 왜일까? 서쪽으로 지기 위해서이다. 태양은 결코 동쪽으로 지지 않는다. 태양은 늘 이렇게 동쪽에서 떠서 서쪽으로 지는 것을 멈추지 않는다. 결코! 매일 태양은 어김없이 동쪽에서 떠서 서쪽으로 진다. 이처럼 우리는 한번 태어나면 반드시 죽는다. 버섯 갓이 땅에서 올라와서 포자를 땅에 내리듯이, 모든 사람들은 태어나는 순간부터 죽음의 사형선고 그늘 아래 놓인다. 모든 사람들은 "나는 80살이요. 아니 90살이요."라고 말한다. 그 사람들은 오직 살아있는 것만 생각하고 있다. 사실 80살이라는 것은 80년 죽음에 더 가까이 있다는 의미이다. 정확하게 말하면 삶(살아있는 것)과 죽음은 같은 동전의 양면과 같다. 그것은 항상 서로 공존하고 있다. 그러므로 태어난 모든 생물체들은 반드시 죽는다. 그러나 아무도 죽는 시간을 정확히 알 수 없다.

> 태양이 한 번 지는 것은
> 죽음의 영역으로 한 발자국 다가가는 것
> 그것이 한낮의 낮잠이라고 생각하지 마라.
> 태양이 지고 또 지고 나면
> 그것은 분명히 죽음을 향해 떠나는 것
> 결코 막을 수 없다, 죽음을!
> (버마 잉와 왕조 시대, 작자 미상의 시)

죽음은 언제든지 어느 한 순간에도 일어날 수 있다. 죽음은 우리 삶에서 가장 확실한 것이다. 하지만 우리는 죽음의 순간이 언제 닥칠지 알지 못한다. 그러므로 수행자는 자신의 죽음의 가능성에 대한 개념을 얻기 위해 온 힘을 다해 죽음에 대한 명상을 해야 한다.

(2) 재산의 소멸(*sampatti vipatti*): 삼빳띠는 부富를 의미하며 좋은 곳에 있음을 뜻한다. 여기서 재산, 건강, 젊음은 소멸되기 전에만 존

재한다. 소멸이 당도했을 때 더 이상 아무것도 존재할 수 없다. 소멸 앞에서 모든 것은 끝난다. 젊음은 늙음 앞에서 끝나고, 건강은 질병 앞에서 끝이 난다. 건강이나 젊음은 영원히 지속될 수 없다. 탄생은 죽음 앞에서 끝을 맞는다. 옹기장이가 만든 모든 질항아리가 언젠가는 깨지듯이 모든 사람들은 언젠가는 반드시 죽을 수밖에 없는 존재이기 때문에 반드시 죽을 것이다. 우리는 이 세상에 태어났기 때문에 반드시 죽게 되어 있다. 모든 것은 사라지고, 영원히 계속되는 것은 아무것도 없다. 내일 무슨 일이 일어날지 아무도 알지 못한다. 그러나 한 가지 분명한 것은, 태어난 모든 생명체는 반드시 죽는다는 것이다. 이것을 모델로 삼아 죽음을 명상하라.

(3) 다른 사람의 죽음을 모델로 삼음(*upasaṃharaṇa*): 다른 사람들의 죽음을 지켜보는 예행연습(리허설)을 통해 자신의 죽음을 확실하게 깨달을 수 있다.

① 수많은 추종자들(*yasa mahatta*): 부처님의 가르침 안에서 4대륙을 포함하여 전 세계를 통치하는 우주의 군주는 전 세계에 있는 모든 사람들이 그의 추종자이다. 심지어 그런 사람도 죽는데 추종자도 없는 내가 어떻게 죽지 않는다는 말인가? 틀림없이, 나는 반드시 죽는다.

② 많은 공덕(*puñña mahatta*): 부처님 당시에 막대한 부를 축적한 5명의 부자가 있었다. 그 부자들 중에 조띠까라는 사람이 가장 부자였다. 그가 집을 짓고자 했을 때 그의 큰 공덕 때문에 천신의 왕이 인간 세상에 내려와 3층 철벽을 쌓고 7가지 보석으로 거대한 궁궐을 지어주고 그 궁궐을 지키기 위해 야차부대를 결성했다. 이렇게 큰

공덕을 지은 사람조차도 죽기 마련이다. 그런데 아무 공덕도 짓지 못한 내가 어떻게 죽지 않는다는 말인가?

③ 강력한 힘(*thāma mahatta*): 부처님 나시기 전에 와수데와라고 하는 강력한 힘을 가진 10명의 왕자 형제가 있었다. 그들은 단지 10명밖에 안 되었는데 전 대륙의 모든 지역을 정복했다. 심지어 그토록 강한 힘을 가진 사람들도 반드시 죽는데, 어떻게 내가 죽지 않는다는 말인가?

④ 굉장한 신통력(*iddhi mahatta*): 부처님 당시에 목건련 존자는 부처님 다음으로 가장 신통력이 뛰어난 사람이었다. 심지어 그런 분도 도둑들에게 살해당했다. 신통력도 없는 내가 어떻게 죽지 않을 수 있다는 말인가?

⑤ 훌륭한 통찰의 지혜(*paññā mahatta*): 사리불은 부처님 다음으로 지혜가 출중한 제자였다. 심지어 사리불도 질병으로 죽었는데 어떻게 죽음이 나에게 닥치지 않는다는 말인가? 일체지를 얻지 못한 채 출현한 벽지불(*Pacceka* Buddha)도 세상을 떠났다. 이런 부처님은 다른 사람들이 도의 지혜를 얻도록 법문을 펴지 못했다. 일반적으로 벽지불은 홀로 출현해서 제자들 없이 홀로 살다가 완전한 열반(*Parinibbāna*)에 들었다. 심지어 벽지불도 죽었는데 어떻게 내가 죽지 않는다는 말인가?

⑥ 심지어 일체지를 얻어 견줄 데 없는 부처님조차도 소멸의 이치에 따라 몸을 버리고 완전한 열반에 들었는데 어떻게 내가 죽음으로부터 도망갈 수 있다는 말인가? 아무도 죽음을 피할 수 없고 부처님조차도 죽음을 피할 수 없었다. 모든 사람은 죽는다. 어떻게 내가 죽

지 않는다는 말인가? 나도 반드시 죽을 것이다.

(4) 나약한 생명(*āyudubbala*): 만약 날숨 후에 들숨이 없다면 우리는 죽을 것이다. 숨을 들이쉰 후 내쉬지 못한다면 우리는 죽을 것이다. 생명은 쉽게 부서지고 아주 연약하다. 열기만 없어도 죽을 수 있고 너무 추워도 죽고 물이 없어도 우리는 죽는다. 무엇인가 하나만 없어도 어느 한 순간 우리는 죽을 수 있다. 생명은 아주 나약하기 때문에 언제든지 죽을 수 있다.

(5) 외부와 내부의 많은 것들과 연관된 몸(*kāyabahusādhāraṇa*): 몸 내부에는 많은 박테리아가 기생하고 있는 여러 장기가 있다. 만약 악성 박테리아의 영향으로 이런 장기들이 파괴되거나 기능을 제대로 하지 못한다면 우리는 죽을 것이다. 우리는 몸 외부에도 생명체나 물질이나 적과 같은 많은 것들과 연관되어 있고, 뜨거운 바람, 찬비, 폭설 같은 위험에 노출되어 있다. 이런 것들의 강한 영향력 때문에 우리는 죽을 수 있다. 우리의 생명은 질병과 같은 내적인 위험과 사고나 다른 재앙 같은 외적 위험 등 많은 위험한 상황에 놓여 있다. 우리는 이런 위험 요인들로부터 언제든 죽을 수 있다. 최고 속력으로 우리를 향해 쏜살같이 날아오는 죽음의 화살을 피할 수 없다. 언제 마지막 순간이 될지 우리는 결코 모른다.

우리의 몸은 교차로에 걸린 과녁과 같다. 마차를 타고 달려오는 궁수는 그 과녁을 보면서 그곳을 향해 활을 쏜다. 말을 타고 오는 궁수도 과녁을 보면서 그 역시 과녁을 향해 활을 쏜다. 걸어서 오는 궁수도 과녁을 보면서 활을 당긴다. 따라서 교차로 위에 걸린 과녁은 그곳으로 오는 모든 궁수들을 위한 활쏘기 연습장이다. 이 과녁처럼 우리의 몸도 모든 내 외부 것들의 시험 과녁이다. 언젠가 이 화살 중에 하나라도 맞으면 우리는 죽을 것이다.

(6) 마음 한 찰나(*khaṇa paritta*): 생명(*jīvita*)은 굉장히 짧다. 생명이란 마음과 물질이 현존하는 것이다. 모든 생명체 안에는 마음생명과 물질생명이 있을 뿐이다. 물질과 마음이 함께 공존하도록 유지시켜 주는 물질생명과 마음생명이 수명이 다하는 마지막 순간까지 물질과 마음을 연장시켜 주고 있는 것이다. 만약 이러한 과정이 멈춘다면 생명은 없다. 이것이 죽음이다. 사실상, 물질과 마음의 수명은 단지 마음과 물질이 일어났다 사라지는 그 찰나 순간 동안만 지속된다. 『쿳다까니까야』 주석서에 의하면, 손가락 한 번 튕기는 사이에 1조 번의 마음(*citta*)이 끊임없이 차례로 일어났다 사라진다고 한다. 그래서 한 마음 순간이 한 생명체의 수명인 것이다.

물질(*rūpa*)의 한 순간은 마음보다 17배 더 길다. 그래서 모든 마음과 물질은 굉장히 빠르게 죽고 죽은 후 바로 태어난다. 하지만 이러한 과정이 너무 빨리 일어나서 사람들은 그 과정을 눈으로 볼 수 없다. 사람들은 생명이 태어나서부터 80살 또는 90살까지 계속해서 지속된다고 생각한다. 이것은 생명을 설명하는 데 적합한 방법이 아니다. 미세한 현미경으로 자세히 보면 끊임없는 일어남과 사라짐만이 있을 뿐이다. 일어났다 사라지는 한 쌍의 마음과정(찰나의 순간에 마음이 일어났다 사라지는 것)이 끊임없이 반복되는 것이 인간의 생명이다. 물질과 마음이 일어났다 사라지는 것은 전생에 지은 업(*kamma*) 중에 하나로 유지된다. 이런 업을 영생 업(태어남을 만드는 업)이라고 한다. 수많은 겁을 산 범천에게도 그의 수명은 단지 마음이 일어났다 사라지는 찰나의 순간 동안만 지속된다. 수명을 기차 바퀴에 비유한 일례가 있다.

기차가 멈춰 있을 때 바퀴의 작은 일부분이 철로에 닿아 있다. 오직 이 작은 부분이 전체 기차의 무게를 좁은 철로 위에서 지탱하고 있다. 기차가 500마일 떨어진 목적지까지 운행할 때, 여정 내내 바퀴의 작은 부분이 철로 위에 계속 닿아 있다. 아무리 많은 시간이 걸려도 그 기차는 철로 위에 작은 부분을 접촉하면서 철길을 따라 칙칙폭폭 소리를 내며 달린다. 인간의 수명도 이와 같다. 생명은 기차 바퀴가 철로 위를 아스라하게 닿고 있는 그 작은 부분처럼 한 마음 찰나이다. 우리는 몇 년을 살 수 있을까? 우리는 오직 한 마음 찰나의 흐름 위에 살고 있는 것이다. 만약 새로운 마음이 일어나지 않는다면 그것이 죽음이다. 그러므로 모든 사람은 언제 어느 때라도 죽을 수 있다. 수행자는 이러한 개념을 얻기 위해 죽음에 대한 명상을 하려고 노력해야 한다.

(7) 표상 없음(*animitta*): 죽음은 흔적도 예고도 공식도 없다. 『상윳따니까야』의 「사가타왁가」 주석서에 다음과 같이 언급되어 있다. "생명(살아있음), 질병, 죽는 시간, 묻힐 장소, 태어날 곳(*gati*), 이 5가지는 표상이 없으며 중생들의 세상에서는 알 수 없다." 여기서 가띠는 '다시 태어날 곳'을 의미한다.

몇 살에 우리는 죽을 것인가? 아무도 모른다. 어떤 병으로 죽을 것인가? 아무도 모른다. 언제 다시 태어날 것인가, 다시 말해서 언제 죽을 것인가? 아무도 모른다. 누군가 죽었을 때, 그 시체를 어디에 묻을 것인가? 아무도 모른다. 다시 태어날 곳은 어디인가? 아무도 모른다. 모든 사람들에게 천상계나 인간 세상 같은 좋은 곳에 태어나는 것은 매우 중요하다. 그런 곳에 태어나야 전생에 지은 업의 좋은 과보를 받을 것이다. 이런 연유로 좋은 곳에 태어나기 위해 죽음에 대한 명상을 해야 한다. 위의 5가지 질문에는 흔적도 없고 공식도 없으며, 생명체가 살고 있는 세계에서는 아무도 예측할 수 없다. 그래서 수행자는 다음과 같이 암송함으로써 지혜를 얻기 위해 수행해야 한다. "나는 언젠가 반드시 죽을 것이다."

죽음에 대한 명상을 계발하면 많은 이익이 있다. 도의 지혜를 얻기 위해 정진하라. 우리는 음식을 먹는 동안에도 숨을 쉬는 한 순간에도 죽을 수 있다. 우리는 내일 죽을 수도 있다. 게으름 피우지 말고 완전히 법을 익혀라.

(8) 기간을 나눈 수행(*addhāna*): 앗다나는 죽음 명상을 계발하기 위해 낮과 밤을 어떤 시한으로 나눈 '기간'을 의미한다. 각각 나눈 기간 동안에 죽을 가능성이 있는 것처럼 생각하라. 부처님의 가르침에 의하면 한 번 숨 쉬는 순간에도 영원히 살 가능성은 전혀 없다. 따라서 모든 사람들은 언제 어느 한 순간에도 죽을 수 있다는 것을 깨닫기 위해 죽음 명상을 계발해야 한다.

① 하루 낮과 밤 동안 살 것이다.

② 하루 낮 동안 살 것이다.

③ 반나절 동안 살 것이다.

④ 음식과 음식을 먹는 사이 동안 살 것이다.

⑤ 한 번 음식을 씹는 동안 살 것이다.

⑥ 숨을 들이쉬고 내쉬는 동안 살 것이다.

기간을 나누어서 죽음 명상을 계발하는 승려들은 앞에 언급된 기간 동안만 살아있을 가능성이 있는 것처럼 생각해야 한다. 부처님은 ①번부터 ④번까지는 게으른 승려들을 위한 수행이라고 했다. 오직 ⑤번과 ⑥번을 수행하는 승려들만이 도의 지혜를 얻을 자격이 있다고 언급했다. 부처님의 가르침에 따르면, 불멸의 가능성은 극히 짧으며 단지 한 순간일 뿐이다. 죽음의 가능성은 어느 한 순간에도 일어날 수 있다.

2) 어떻게 수행할 것인가

"모든 사람들은 아침 이슬이 떨어지는 것처럼 잇따라 죽기 때문에 나도 반드시 죽을 것이다. 어머니의 자궁 속에 수태된 것은 오직 죽음의 결과만을 가져올 뿐이다. 나는 반드시 죽을 것이다. 나는 분명히 죽을 것이다."라고 의미를 생각하면서 암송한다.

불멸의 법을 수행하는 것이 위빳사나이다. 이 시점에서부터 수행자는 열반의 발자취를 따라 가야 한다. 오늘날 인간세상(물질세계)은 탐욕 때문에 고도로 계발되었다. 모든 사람들은 탐욕 때문에 물질을 원하고 더 많은 물질을 가지려고 한다. 인간의 탐욕은 한계가 없다. 누군가 부자가 되기를 원하면 부자가 되기 위해 열심히 일한다. 하지만 그의 탐욕은 결코 채워지지 않는다. 더 많이 가지면 가질수록 더 많은 것을 원한다. 그래서 많은 살인자들과 전쟁과 형사상 범죄들이 탐욕(*lobha*)에 뿌리박고 있는 것이다. 성인(*ariya*)들을 제외한 모든 사람들은 탐욕이 기저에 깔려 있다. 두 번째 고귀한 진리(사성제)인 집성제〔고통이나 괴로움의 원인에 대한 성스러운 진리〕가 탐욕인데, 이것은 고통(*dukkha*, 불만족)의 원인에 관한 것이다.

좋은 일이 생기면 나쁜 일도 오기 마련이다. 행운과 불운은 번갈아가면서 일어난다. 이것이 자연의 법칙이다. 그래서 스스로 자신을 규제하고 탐욕의 끝을 제한해야 한다. 자신 스스로 어디까지가 적절한 한계인지 판단해야 한다.

3) 죽음에 대한 명상의 이익

① 항상 알아차림을 한다.

② 한 걸음씩 점차적으로 다가오는 윤회의 두려움에 대한 교훈을 얻는다.

③ 불멸의 법을 찾기 위해 열심히 수행한다. 항상 죽음에 대한 명상을 한다면 실제적으로 죽음의 개념을 알게 될 것이다. 죽음이 있으면 그것은 틀림없이 영원불멸일 것이다. 죽음이 있으면 그것은 반드시 영원하지 않음의 반대개념(불멸)으로 존재해야 한다. 수행자는 이러한 불멸의 법을 찾으려고 피나는 노력을 해야 한다. 불멸의 법은 열반이다. 열반을 성취하는 것은 죽음이 아니라 완전한 열반(*Parinibbāna*, 부처님의 열반: 탐욕, 무명, 번뇌를 소멸한 완전한 깨달음)에 들어가는 것이다. 완전한 열반에 들어가는 것과 죽음은 다르다. 2가지 모두 정신과 육체의 소멸이라는 점에서는 같지만 죽음은 다음 생에 다시 태어남으로 이어진다. 열반에 들면 더 이상의 태어남은 없다.

④ 삶에 대한 집착이 없다. 법(*dhamma*)을 제외하고 사업이나, 재산, 집 등의 다른 일에는 더 이상 관심이 없다.

⑤ 어떤 물질적인 것도 축적하기를 원하지 않는다.

⑥ 다른 사람들에게 자신의 물건을 나눠주는 데 인색하지 않다. 그러나 한 가지 예외가 있다. 오직 한 개만을 가지고 있을 때 나눠주고 싶지 않은 것은 인색한 것이 아니다.

⑦ 죽는 순간에 절대로 망상에 빠지지 않아서 행복하게 죽을 수 있다. 위빳사나를 수행하면 도의 지혜를 성취할 수 있다. 만약 도의 지혜를 얻지 못하면 천상계에 태어날 것이다.

「법구경」에, 죽음에 대한 명상으로 천상계에 태어난 한 상인에 대한 예화가 있다. 부처님 당시에 7일 안에 죽을 운명을 가진 한 상인이 있었다. 부처님의 제자인 아난다는 부처님의 부탁으로 그 상인에게 곧 죽을 것이라고 말해주었다. 그 말을 듣고 깜짝 놀라 충격을 받은 상인은 매 순간, "나는 죽을 것이다, 나는 죽을 것이다."라고 중얼거렸다. 그러자 죽음에 대한 두려움이 조금씩 줄어들었다. 그는 7일 동안 내내 부처님과 승가에 공양을 올렸다. 7일째 되는 날 부처님은 그의 집으로 가서 법문(『맛지마니까야』의 「밧데까랏따숫따」)을 설했다.

"만약 무엇인가 할 일이 있다면 오늘 해야 한다. 내일 죽을지 아니면 살아 있을지 아무도 모른다. 모든 사람들은 언젠가 죽는다는 것을 생각해야 한다." 부처님의 법문을 들은 후 상인은 예류도를 성취했다.

상인은 죽을 것을 알고 있었다. 그는 반드시 죽는다는 것을 알고 있었다. 그래서 죽음이 두려웠다. 그 상인이 죽을 것이라고 중얼거린 것은 죽음에 대한 명상이다. 그러나 상인 자신은 그것이 죽음에 대한 명상인지 알지 못했다. 죽음에 대한 명상의 이익으로 그는 부처님의 법문을 들은 후 첫 번째 도의 지혜를 성취했다. 그러므로 그 상인처럼 어느 한 순간에 틀림없이 죽는다는 것을 절실히 숙지하면서 죽음에 대한 명상을 해야 한다.

⑧ 불선한 행위를 짓지 않는다.

⑨ 무상을 이해하게 된다.

⑩ 고통과 무아를 이해하도록 이끌어준다. 죽음은 영원히 존재한다. 그 의미는 항상 죽음의 가능성이 존재한다는 것이다. 죽음에 대한 명상을 하는 것은 고통과 무아를 이해하도록 해준다. 모든 사람들이 유일하게 끝없이 원하는 것은 행복이다. 그러나 열반 이외에 영원한 것은 아무것도 없다. 영원하지 않은 것은 어떤 것이나 다 고통이라고 『상윳따니까야』의 「아잣따아닛짜숫따」에서 말했다. 세상 사람들이 생각하는 행복은 모두 고통으로 변하기 마련이다.

⑪ 삶은 즐길 만한 것이 아니라는 개념을 얻게 된다.

명상을 하는 동안 정신이 멍해지고 따분해지면 죽음에 대한 명상을 해야 한다. 만약 윤회(태어남과 죽음의 굴레)가 두렵다면, 맹렬하게 수행하려고 노력해야 한다.

제3장

명상 방법 1 - 들숨과 날숨 알아차리기

『청정도론』의 「깜맛타나다야까완나나」에서 "습관처럼 편안한 것, 높은 명상 단계로 근접하는 것, 그리고 항상 수행해야 하는 것을 빠리하리야 깜맛타나(*pārihāriya kammaṭṭhāna*), 즉 명상주제〔각각의 수행자가 삼매를 계발하기 위해 수행하는 특정한 명상주제이며, 수행자는 그 주제를 토대로 수행한다〕라고 한다."라고 명기하고 있다.

40가지 사마타 명상주제 가운데 오직 아나빠나삿띠(*ānāpānassati*, 호흡명상: 들숨과 날숨의 알아차림)만이 생각하는 습관, 즉 잡념이 많은 사람들에게 그리고 외적인 것에 마음을 잘 뺏기는 사람들에게 적합한 명상주제이다. 아나빠나삿띠는 단기간에 집중을 계발하는 데 가장 효과적인 명상주제 중 하나이다. 아나빠나삿띠는 부처님이 찬탄했고 부처님 자신도 직접 수행한 방법이다. 오늘날 많은 사람들은 바람직한 습관을 가져야 한다고 생각한다. 아나빠나삿띠 수행은 우리가 계발해야 할 최상의 바람직한 습관이다. 또한 아나빠나삿띠는 사마타와 위빳사나 수행을 겸한 이중명상이다. 그러므로 집중을 계발하기 위해 아나빠나삿띠를 특별한 명상주제(*pārihāriya kammaṭṭhāna*)로 수행해야 한다. 빠리하리야(*pārihāriya*)는 '특정한' 또는 '특별한'을, 깜맛타나(*kammaṭṭhāna*)는 '명상주제'를 의미한다.

1. 아나빠나삿띠는 무엇인가?

아나빠나삿띠는 도의 지혜를 얻기 위한 가장 기본적인 토대이며. 사마타 명상에는 40가지의 주제가 있다. 부처님은 다른 사마타 명상주제는 이름만 언급했지만 아나빠나삿띠에 관해서는 어디서, 어떻게 수행하는지, 어떻게 앉아야 하는지 등 자세하게 설명했다.

『상윳따니까야』의 「에카담마숫따」에서 부처님은 설했다. "비구들이여! 오직 한 가지 명상을 하라. 그 한 가지 명상을 여러 번 수행하면 도의 지혜와 과의 지혜(*Phala ñāṇa*)를 얻을 수 있다. 그 한 가지 담마(명상)가 바로 아나빠나삿띠이다."

부처님은 다시 한 번 『맛지마니까야』의 「아나빠나삿띠숫따」에서 설했다. "비구들이여! 계속해서 아나빠나삿띠를 수행하고 계발하면 4가지 알아차림의 확립(*cattāro satipaṭṭhāna*, 사념처) 명상이 충족된다. 만약 4가지 알아차림의 확립 명상을 계속 수행하고 계발하면 7가지 깨달음의 요소(*bojjhaṅgā*)가 충족된다. 만약 7가지 깨달음의 요소를 계속 수행하고 계발하면 도와 과의 지혜가 성취된다." 이것이 사마타와 위빳사나를 포함하는 이중명상이다. 모든 부처님들이 부처의 경지에 이르기 전에 기본적으로 수행한 명상법이 바로 아나빠나삿띠이다. 그래서 아나빠나삿띠는 모든 부처님들의 수행 방법이며 수행의 근본이다.

보호명상(여기서는 시체가 없기 때문에 몸의 혐오스러움과 더러움에 대한 명상주제는 가능하지 않음)으로써 죽음에 대한 명상을 한 후에 아나빠나삿띠 수행을 시작한다. 아나빠나삿띠(*ānāpānassati*)에서 아나(*āna*)는 들숨을, 아빠나(*apāna*)는 날숨을 의미한다. 사띠(*sati*)는 알아차리는 것이다. 그래서 아나빠나삿띠는 들숨과 날숨을 알아차리는 것이다.

부처님은 아나빠나삿띠를 수행하는 것만으로도 틀림없이 도와 과의 지혜를 얻을 수 있다고 말씀하셨다. 부처님의 가르침에 따르면, 아나빠나삿띠는 다음의 4단계를 포함한다. 각 단계(사마타와 위빳사나)마다 4가지 방법이 있기 때문에 총 16단계이다.

각 단계의 4가지 방법

① 첫 번째 단계는 사마타 수행을 위한 가르침이다. 수행자는 초선정에서 4선정까지 얻을 수 있다. 칸니 전통에서는 선정까지 가지 않고 근접삼매(*upacāra samādhi*)까지만 닦는다. 이 단계는 몸에 대한 알아차림(*kāyānupassanā*)에 포함된다.

② 두 번째 단계는 사마타와 위빳사나를 위한 가르침이다. 이 단계는 느낌에 대한 알아차림(*vedanānupassanā*)에 포함된다.

③ 세 번째 단계도 사마타와 위빳사나를 위한 가르침이다. 이 단계는 마음에 대한 알아차림(*cittānupassanā*)에 포함된다.

④ 네 번째 단계는 도의 지혜를 얻기 위한 위빳사나 수행이다. 이 단계는 법에 대한 알아차림(*dhammānupassanā*)에 포함된다.

칸니 전통에서 수행하는 첫 번째 단계의 4가지 방법

(a) 호흡 세기

(b) 호흡의 길이 알아차리기(니밋따 보내기)

(c) 전체 호흡 알아차리기(몸속에서 니밋따를 위 아래로 보내기, 상부세

계 또는 하부세계까지 니밋따 보내기)

(d) 호흡을 고요하게 가라앉힌 다음 위빳사나 수행을 시작한다.

아나빠나삿띠 수행을 토대로 열반으로 가는 길을 닦을 때 다음 8가지 사항을 준수해야 한다. 『청정도론』에 의하면 열반으로 가는 길로 이르게 하는 이 8가지는 아나빠나삿띠 수행을 근간으로 한다.

(1) 호흡세기(*gaṇanā*): 첫 번째 단계(사마타)의 첫 번째 방법으로 호흡의 수를 세는 것이다.

(2) 호흡 뒤쫓기(*anubandhanā*): 뒤쫓기는 호흡의 수를 세지 않고 두 번째와 세 번째 방법으로 들숨과 날숨을 면밀하게 따라가는 것이다. 호흡은 분명히 있지만 굉장히 섬세하고 미세한 형태이다. 그 시점에서 수행자는 호흡을 세지 않지만 처음부터 끝까지 호흡을 주시할 수 있다. 그것이 호흡 뒤쫓기이다. 호흡이 아무리 미세하다 할지라도 마음을 고요히 하고 호흡 접촉 지점을 알아차려야 한다. 그렇게 되면 5가지 장애로부터 자유로워지며 그 순간에 니밋따(*nimitta*, 표상 또는 심상)가 일어난다.

(3) 접촉(*phusanā*): 호흡이 접촉하는 것을 아는 것이며 호흡의 접촉점을 아는 것이다.

(4) 고정(*ṭhapanā*): 마음을 대상에 고정시키는 것이다. 니밋따가 매우 강해서 항상 얼굴 앞에 있을 때는 호흡을 셀 수 없다. 그때 니밋따에 마음을 고정시키고 지켜본다. 이때 수행자는 호흡세기나 호흡 뒤쫓기를 수행하고 있다고 말할 수 있다. 하지만 호흡 접촉점(*phusanā*)이나 대상에 고정(*ṭhapanā*)시키는 수행을 하고 있다고 말

할 수 없다. 호흡 세기 방법으로 호흡을 세면서 수행할 때는 호흡 접촉 방법(*phusanā*)이 포함된다. 호흡 뒤쫓기 방법으로 호흡을 세지 않고 호흡을 주시할 때, 호흡 접촉 방법이 포함된다. 호흡 뒤쫓기 방법으로 니밋따를 알아차리고 있을 때만이 대상에 고정시키는 방법(*ṭhapanā*)이 포함된다.

(5) 관찰(*sallakkhaṇā*): 관찰은 통찰이다. 선정을 성취한 수행자는 계속해서 위빳사나 수행을 해야 한다. 통찰력이 최정점(물질과 마음이 일어나고 찰나 머물고 사라지는 것에 대한 이해)에 도달했을 때, 수행자는 무상·고·무아로 대상을 관찰함으로써 올바른 위빳사나의 길에 들어서게 된다.

(6) 전환(*vivaṭṭanā*, 조건 없는 대상에 완전 몰입; 도): 도의 지혜가 일어날 때, 수행자는 열반을 알아차린다. 그 순간 도의 지혜가 오염원(번뇌)들을 자르고 제거한다. 이때 태어남과 죽음의 굴레에 묶인 족쇄를 물리치고 깨달음의 길로 들어선다.

(7) 청정(*pārisuddhi*): 번뇌를 제거하고 과의 지혜를 얻는 것이다.

(8) 반조(*tesañca paṭipassanā*): 지금까지 명상한 전 과정과 성취한 지혜를 뒤돌아보는 것(*paccavekkhaṇā*)이다. 그때 열반을 알아차린 순간을 반조한다.

수행자는 도의 지혜를 얻기 위해 아나빠나삿띠를 수행할 때 위의 8가지 과정을 거쳐야 한다.

칸니 전통에서는 선정을 성취하지 않고 근접삼매를 얻은 후 위빳사나 수행을 시작한다. 근접삼매를 성취했을 때만이 닮은 표상

(*paṭibhāga nimitta*, 닮은 심상 또는 표상)을 볼 수 있다〔아나빠나삿띠 수행 후 깊은 집중을 얻게 되면 떠오르는 표상인 니밋따를 얻게 되는데 3단계의 니밋따가 있다: 준비 표상, 익힌 표상, 닮은 표상〕. 계속해서 위빳사나 수행을 하게 되면 물질 그룹인 루빠 깔라빠(*rūpa kalāpa*, 연무나 아지랑이처럼 마음의 눈에 보이는 초미립자 물질 그룹; 분리할 수 없는 최소 단위)를 볼 수 있다. 이 전통에서는 명상 방법 1단계를 마치면서 닮은 표상이 생기기 전에 보이는 선명하지 않은 니밋따인 익힌 표상(*uggaha nimitta*)을 얻어야 한다. 칸니 전통 명상 과정에서 이 단계를 계발하기까지 15일이 걸린다. 두 번째 방법에서 수행자는 니밋따를 보낼 수 있고 먼 곳(육지나 우주 공간에 있는 파고다)을 볼 수도 있다. 세 번째와 네 번째 방법에서 니밋따를 몸 안에 안착시킨 후 위빳사나 수행을 시작한다. 그래서 위빳사나 수행 전에 세 번째, 네 번째 방법은 반드시 거쳐야 하는 필수 수행이다. 이 방법은 3일이 걸리며, 위빳사나 수행은 총 20일이 걸린다.

칸니 전통 수행자는 약 33일〔35일 중 처음 2일은 준비 단계이다〕 동안 사마타 수행을 한다. 이 기간 동안에 위빳사나 수행을 시작하기 위해 근접삼매를 성취할 만큼의 강한 집중상태가 되어야 한다. 그래서 칸니 수행자는 강한 집중을 얻음으로써, 사마타 수행을 하지 않고 위빳사나 수행만을 하는 다른 어떤 수행 전통보다 더 빨리 도의 지혜를 성취할 것이다. 그 이유는 간단하다. 수행자가 초선정에 버금가는 삼매를 얻었을 때만이 도의 지혜를 성취할 준비가 되기 때문이다. 다시 말하지만, 칸니 전통에서는 위빳사나 수행을 시작하기 전에 근접삼매에 들어가야 한다. 다른 수행 전통에서는 마음과 물질의 일어남과 사라짐을 하는 지혜(*Udayabbaya ñāṇa*)를 성취했을 때 이 정도 수준의 집중 상태에 도달할 수 있다.

2. 빨리 경전에 따른 아나빠나삿띠 수행법

명상 방법 1의 첫 번째 단계를 시작하기 위해 「아나빠나삿띠숫따」에서 다음과 같이 아나빠나삿띠 수행법에 대해 언급하고 있다.

"비구여! 어떻게 아나빠나삿띠를 수행하고, 수행의 이익을 얻기 위해 얼마나 많이 수행해야 하며, 어떻게 그 이익을 확장시키는가? 이 특별한 수행을 위해서 비구는 숲속으로 들어가 나무 아래나 한적한 곳으로 가라. 가부좌를 하고 등을 곧추 세워라. 몸을 똑바로 펴고 명상 대상에 마음을 집중하라."

"알아차리면서 들이쉬고, 알아차리면서 내쉰다." (명상 방법 1)

"길게 들이쉬면서 길게 들이쉬고 있음을 알아차린다." (명상 방법 2)

"길게 내쉬면서 길게 내쉬고 있음을 알아차린다." (명상 방법 2)

"짧게 들이쉬면서 짧게 들이쉬고 있음을 알아차린다." (명상 방법 2)

"짧게 내쉬면서 짧게 내쉬고 있음을 알아차린다." (명상 방법 2)

"전체 들이쉬는 호흡을 경험하면서 숨을 들이쉰다. 이렇게 수행한다." (명상 방법 3)

"전체 내쉬는 호흡을 경험하면서 숨을 내쉰다. 이렇게 수행한다." (명상 방법 3)

"거친 들숨을 고요히 하면서 숨을 들이쉰다. 이렇게 수행한다." (명상 방법 4)

"거친 날숨을 고요히 하면서 숨을 내쉰다. 이렇게 수행한다." (명상 방법 4)

좀 더 자세히 알기 위해 다음 설명을 보라.

① "비구여! 숲속으로 가서 나무 아래나 한적한 곳에 앉아라."

② 오랜 시간 동안 앉을 수 있는 "가부좌로 앉아라." 만약 다리를 교차하여 양 발등을 각각 맞은편 허벅지 위에 올리는 결가부좌로 오랫동안 앉을 수 있다면 그렇게 앉아라.

③ "등을 곧추 세우고 몸을 똑바로 펴라. 명상 대상에 집중하고 알아차림을 하라. 숨을 들이쉬면서 알아차리고 숨을 내쉬면서 알아차려라."

④ 『빠띠삼비다막가』에 따르면, '명상 대상에 집중하라'는 것은 호흡이 접촉하는 지점인 코 끝(*nāsikagga*, 양 콧구멍 사이)이나 윗입술(*mukhanimitta*, 윗입술 위 콧바람이 닿는 콧구멍 주위)에 대한 자각을 의미한다.

⑤ 칸니 전통에서는 눈에 편한 재질로 만든 스카프 등으로 빛이 들어가지 않도록 눈을 가리고 명상한다.

⑥ 온 몸과 마음을 이완시킨다.

⑦ 무릎 위에 손바닥을 자연스럽게 아래로 또는 위로 놓는다.

3. 아나빠나삿띠 수행을 시작할 때

정식으로 먼저 부처님께 예경올리고 자애 계발 명상을 함으로써 예비명상을 시작한다. 가부좌를 하고 편안하게 앉는다. 가부좌는 부처님이 가르친 자세이기 때문에 이러한 자세로 앉는 것이 바람직하다. 그러나 가장 중요한 것은 마음과 몸이 서로 밀접하게 연관되어 있기 때문에 편안한 자세를 찾아 앉는 것이다.

여기에서 가부좌란 완전한 결가부좌를 말하는 것이 아니다. 만약 엉덩이와 허벅지를 바닥에 닿게 앉은 다음 양발을 몸 앞에 가지런히 놓는다면 다리를 포개든지, 허벅지 위에 발을 올려놓든지 올려놓지 않든지 중요하지 않다. 중요한 것은 의자에 앉거나 또는 의자 위에 발을 올려놓거나 다리를 뻗고 앉지 않는 것이다. 엉덩이와 무릎이 바닥에 삼각형 모양이 되도록 몸의 균형을 잡는다. 양발을 바닥에 놓고 편안하게 앉는다. 양발을 허벅지 위에 올려놓지 마라.

손바닥을 위로 하고 무릎 사이 몸 가운데에 포개놓는다. 이런 자세를 취하기 위해 오른손 바닥을 위로 하고 왼손 바닥 위에 올려놓는다. 양 엄지손가락을 살짝 붙인다. 하지만 자세가 어떻든 편안 자세를 찾도록 해야 한다.

허리를 똑바로 세운다. 아래쪽 등이 아주 약간 안으로 구부러져 둥근 모양이 된다. 머리 윗부분이 약간 위로 당겨진다고 생각한다. 자연스럽게 등이 약간 둥글게 되도록 하면서 척추를 곧추 세운다. 척추를 편안하게 이완해야 한다. 이런 자세에 예외가 있다. 장애인이나 건강하지 않은 사람들은 본인에게 편한 자세를 취할 수 있다. 그러나 부처님이 언급하지 않은 자세는 충분한 집중을 얻는데 많은 시간이 걸릴 수 있음을 알아야 한다.

부드럽게 눈을 감는다. 눈을 떠서는 안 된다. 몸을 움직이지 마라. 심지어 침을 삼키는 것조차 하지 않아야 한다. 침을 삼키는 것만으로도 집중에 방해가 되기 때문이다. 이러한 자세를 취함으로써, 수행자에게 그런 자세가 익숙해지기만 한다면 명상 중에 어떤 고통 없이 오랜 시간 동안 좀 더 편안하게 수행할 수 있다.

칸니 명상 자세

가장 편안 자세를 취한 후, 평상시 호흡하듯이 4번 내지 5번 호흡한다. 마음이 어떤 생각도 하지 못하게 해야 한다. 마음이 고요해지면 마음을 호흡으로 보내고 3번 내지 4번 호흡한다. 콧바람이 한 지점을 접촉한다는 생각으로 자연스럽게 호흡한다(만약 호흡이 느리면 호흡의 속도를 바꾸지 마라. 만약 호흡이 빠르면 약간 느리게 하라). 전심전력을 다해 코끝이나 윗입술 위 콧구멍 주위에서 호흡 접촉 지점을 찾아내려고 노력한다. 그런 다음 들숨부터 수행을 시작한다.

호흡하는 바람이 한 지점을 접촉하자마자 그것을 알아차린다. 콧구멍 사이의 살점이 아니라 바람이 닿는 그 지점을 보려고 한다. 수행자는 실제로 호흡하는 바람을 보지 못하지만 마음속으로 바람을 보려고 해야 한다. 동시에 호흡하는 바람이 다 없어질 때까지 알아차리면서 들이쉬는 바람을 따라 '들숨'이라고 마음속으로 이름을 붙인다. 다시 강조하지만, 콧구멍 주위의 살점을 보는 것이 아니라 단지 호흡하는 바람을 지켜보는 것이다. 그 바람을 보는 것은 필수사항이다.

오직 바람이 접촉하는 부분을 느끼고 그 바람을 볼 수 있을 때만이 정념(*sammāsati*, 바른 알아차림)과 정정(*sammāsamādhi*, 바른 집중)이 충족된다. 그런 다음 의도적으로 숨을 내쉬면서 바람이 접촉하는 지점을 알아차린다. 콧바람이 한 지점을 접촉하는 것을 보면서 날숨의 바람이 소멸되자마자 마음속으로 '하나'라고 센다. 이제 한 쌍의 호흡, 들숨과 날숨을 한 것이다. 8쌍의 호흡이 될 때까지 같은 방법으로 호흡 숫자를 세면서 계속 호흡한다. 8쌍의 호흡을 마치면 '1'(*vāra*, 차례, 순번)을 기억할 수 있도록 왼쪽 엄지손가락을 접어 표시한다. 다음 8쌍의 호흡을 마치면 왼쪽 집게손가락을 접어 '2'를 표시한다.

왼쪽 다섯 손가락을 접어 다 센 후, 계속해서 오른쪽 다섯 손가락을 접어 표시한다. 양쪽 열 손가락을 다 세면 10이며, 계속 호흡과 숫자 세기를 하면서 마음속으로 왼쪽 손목에 10이라고 기억한다. 다시 10의 숫자를 세면 팔꿈치에, 다음 10은 어깨에, 다음 10은 귀에, 다음 10은 왼쪽 머리에 마음속으로 기록한다(마음속으로 손목, 팔꿈치,

어깨, 귀, 머리라고 기억하는 것은 초보자들에게 망상에 빠지는 것을 단속하기 위함이다]. 이렇게 되면 총 50이 된다. 그리고 계속 호흡하면서 오른쪽 손가락을 접어 숫자를 기억한다. 이때 왼쪽 손가락을 접어 숫자를 기억한 것과 같은 방법으로 오른쪽도 숫자를 센다. 오른쪽 머리까지 숫자를 세면 총 100이 된다. 이런 방법으로 할 수 있는 데까지 계속 호흡의 숫자를 세어나간다.

〈명상 방법 1〉

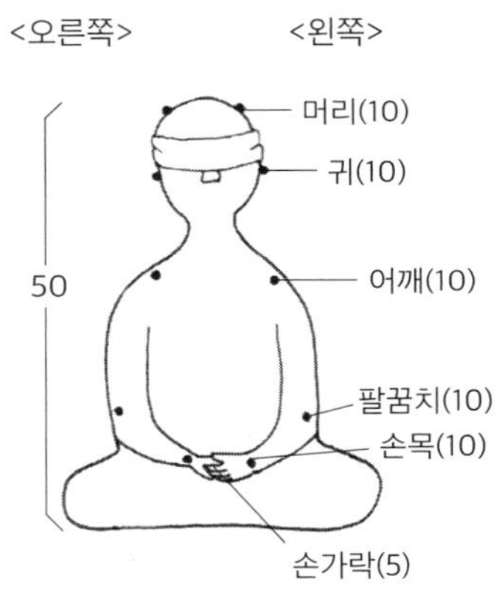

1. 숨을 들이쉬며 '들숨'이라고 이름을 붙이며 알아차린다.
2. 숨을 내쉴 때, '하나'라고 숫자를 센다. 날숨을 하나로 센다.
3. 8까지 센 후 왼쪽 엄지손가락으로 1이라고 기억한다.
4. 8을 셀 때까지 다시 시작한다.

바람을 알아차리지 못하고 보지 못하면 이것은 옳은 호흡이 아니다. 『빠띠삼비다막가』의 지침에 따라 수행을 할 때 바람이 콧구멍을 접촉하는 그 지점에 집중하는 것이 가장 중요한 핵심 포인트이다.

"바람이 한 지점을 접촉할 때 그것(그 점을 접촉하는 느낌)을 알아차려라〔느낌이 찬지 더운지를 알려고 하지 말고 단지 접촉하는 것만을 알아차린다〕. 그 알아차림만으로도 수행이 완벽해질 수 있다." 바람이 없어질 때까지 암송(예를 들면 들이쉬면서 '들숨', 날숨하면서 '하나', 들이쉬면서 '들숨', 날숨하면서 '둘'이라고 이름 붙이는 것)과 알아차림, 호흡 바라봄이 동시에 완성되어야 한다. 호흡하는 바람이 없어지면 '들숨' 또는 '하나'라고 이름 붙이기를 멈춘다. 그러나 마음은 같은 지점〔호흡이 접촉하는 지점〕을 알아차려야 한다. 다시 의도적으로 바람이 접촉하는 지점을 통해 빠져나가도록 숨을 내쉰다.

예를 들면, 목수가 톱으로 나무를 자를 때 톱의 칼날이 나무에 닿는 그 지점을 보면서 마음을 집중한다. 나무가 닿는 지점을 알아차림으로써 톱날이 앞뒤로 왔다 갔다 하면서 나무가 얼마만큼 잘렸는지 알게 된다. 이처럼 바람이 접촉하는 지점을 알아차릴 때, 수행자는 숨이 처음부터 끝까지 들어갔다 나왔다 하는 것을 알아차리며 바람이 접촉하는 지점을 알게 될 것이다. 처음 아나빠나삿띠를 시작할 때 만약 호흡 속도가 빠르면 약간 느리게 호흡한다. 만약 호흡 속도가 느리면 호흡 속도를 바꾸지 말고 위에 설명된 대로 수행한다. 계속해서 호흡을 하면서 숫자를 셀 때 가끔은 마음이 밖으로 향할 수 있다. 그러면 마음이 밖으로 향하기 전의 숫자와 같은 숫자를 다시 센다. 가끔은 2, 3분씩 마음이 밖으로 향할 때가 있는데 수행자는 그 사실을 모를 때가 있다. 그런 경우는 1부터 숫자를 다시 센다.

참조: 어떤 수행자는 코 끝에서 바람이 접촉하는 지점을 찾지 못할

수도 있다. 그러면 코 끝(nāsikagga)에 마음을 집중하고 바람이 코끝을 접촉하는 부분을 알아차리면서 매 호흡마다 의도적으로 심혈을 기울여 호흡한다. 실망하지 말고 인내심을 가지고 호흡하면 결국 호흡이 접촉하는 지점을 알게 될 것이다. 호흡을 관찰할 때 바람이 접촉하는 지점이 다른 곳으로 바뀔 수도 있다. 하지만 새로 바뀐 지점에 초점을 맞춰서는 안 된다. 같은 좌선 기간(약 1시간) 동안에는 처음 접촉 지점에 계속 집중한다.

가끔 수행자는 다른 좌선 기간(칸니 명상을 할 때, 1시간 좌선, 30분 경행을 원칙으로 한다) 동안에 접촉 지점이 바뀐 것을 알게 된다. 한 좌선 기간 동안에는 같은 지점에 집중해야 한다. 따라서 같은 좌선 기간 안에 바람이 접촉하는 지점을 바꿔서는 안 된다. 가끔은 내쉬는 바람이 왼쪽 콧구멍으로 가끔은 오른쪽 콧구멍으로 나올 때가 있다. 만약 배가 부른 상태이면 숨을 들이쉬고 내쉬는 것이 좀 더 쉽다고 한다. 이 말은 식사 후에 아나빠나삿띠 수행이 더 쉽다는 의미이다.

일반적으로 아나빠나삿띠 수행자들의 의견을 종합해 보면 아나빠나삿띠 수행은 뚱뚱한 사람들에게 더 적합하다. 왜냐하면 들숨과 날숨에 많은 에너지를 쏟을 필요가 없기 때문이다. 뚱뚱한 사람들은 내부 압력으로 인해 호흡하기가 쉽고 보통 사람에 비해 호흡이 빠르다. 또한 게으르고 단순한 사람들이 집중을 더 쉽게 한다고 한다. 왜냐하면 그들의 마음은 밖을 향하지 않고 오직 명상 대상에 머무르기만 하면 되기 때문이다. 그래서 게으른 사람들은 한동안 어려움 없이 한 곳에 집중할 수 있다. 유일하게 하는 일이란 마음을 바람이 접촉하는 지점에 고정시키고 그것을 단지 알아차리기만 하면 되기 때문이다.

집중이란 한 점에 고정된 마음이며, 그 한 지점만을 알아차리는 것이다. 많은 것을 할 필요가 없다. 게으른 명상가들에게는 오직 에너지 즉 노력만 필요하며 알아차림만 유지하면 된다. 그러나 어떤 노력을 하지 않는다면 게으른 수행자들은 바로 잠에 빠질 것이다.

호흡의 숫자를 많이 세는 것이 현명한 것은 아니다. 수행자가 바람이 접촉하는 지점에 집중하지 않고 200까지 숫자를 세었다 하더라도 그것은 바람이 접촉하는 점을 집중하고 80까지 센 수행자보다 나을 것이 하나도 없다. 더 중요한 것은 호흡이 접촉하는 지점에 마음을 집중하려고 노력하는 것이다. 오직 바람이 접촉하는 지점에 초점을 맞춤으로써 삼매를 얻을 수 있다.

여기에 호흡의 본질이 있다. 아나빠나삿띠를 수행해서 집중 상태가 되면, 호흡이 약간 느려지고 미세해진다. 좀 더 깊은 집중 상태가 되면 호흡이 매우 느려지고 더 미세해진다. 결국 호흡이 접촉하는 지점을 느낄 수 없게 된다. 그때 호흡이 멈췄다고 생각할 수도 있다. 그러나 걱정할 필요는 없다. 계속 접촉점을 알아차리고 있으면 그 지점을 다시 느낄 수 있을 것이다. 명상 중에 통증이 생기면 우선 참는다. 만약 호흡 접촉점에 집중할 수 없다면 접촉점을 계속 알아차리면서 자세를 움직일 수 있다. 신속하게 자세를 바꾼 후 자세를 바꾸기 전에 마지막으로 센 숫자를 반복해서 다시 센다. 자세를 바꾼 후 계속해서 호흡의 숫자를 센다.

아나빠나삿띠를 수행할 때 어떤 소리를 들을 수도 있다. 그 소리를 무시하려고 하라. 계속 호흡이 접촉하는 지점에만 집중하라. 이것을 전향(*āvaṭṭana*, 마음이 대상으로 되돌아옴; 대상으로 전향)이라고 한다. 가끔 수행자는 그 소리에 마음을 기울이면서 그것이 무엇인지 조사한다. 이 말은 마음이 소리로 향한다는 것이다. 마음이 대상으로 돌아오지 않고 그 소리에 머문다. 이것을 미전향(*anvāvaṭṭana*, 마음이 대상으로 돌아오지 않음)이라고 한다. 수행자는 항상 대상으로 전향(*āvaṭṭana*)해야 한다.

아나빠나삿띠를 수행하면 할수록 호흡이 점점 더 미세해질 것이다. 그러면 마음의 힘으로 바람이 접촉하는 점을 심혈을 기울여 알아차려야 한다. 나중에는 호흡이 점점 미세해지다가 사라질지도 모른다. 하지만 걱정할 필요 없다. 평화롭게 같은 지점에 마음을 집중하라. 이 시점에서 가장 중요한 것은 걱정하거나 서둘러서는 안 된다는 것이다. 평상시처럼 자연스럽게 수행하면 된다. 그러면 마음의 눈으로 무엇인가를 볼 수 있다. 하지만 어떤 것에도 주의를 기울여서는 안 된다. 평소처럼 바람의 접촉점을 알아차리기만 하면 된다. 점차적으로 마음의 힘을 이용해서 그 지점에 마음의 초점을 맞추어라. 고요하게 머물면서 그 지점에 집중한다.

가끔 코가 막힐 수도 있어서 숨을 쉬기가 어렵기도 한다. 그것에 대해서도 걱정하지 마라. 가능한 한 천천히 호흡하라〔명상 초기 단계에서는 의식적으로 천천히 호흡하다가 어느 정도 명상이 깊어지면 자연스럽게 호흡한다〕. 몸의 다른 부분에 집중하지 마라. 오직 바람이 접촉하는 점만을 알아차려라. 천천히 막힌 코가 다시 뚫릴 것이다. 이러한 단계까지 오기 위해 바람이 접촉하는 점을 알아차리면서 하루에 최소한 8시간 좌선을 해야 한다. 계속 1부터 8까지 호흡의 숫자를 센다.

아나빠나삿띠 수행 방법을 간략하게 요약하면 다음과 같다(계속 반복해서 설명하는 이유는 아나빠나삿띠 수행을 어떻게 하느냐에 따라 위빳사나 수행이 결정되기 때문이다. 아나빠나삿띠를 통해 깊은 집중을 얻으면 얻을 수록 위빳사나 지혜를 빠르게 성취할 수 있다):

① 자연스럽게 호흡하면서 호흡이 접촉하는 점을 찾으려고 노력한다.

② 자연스럽게 호흡하지만 약간 천천히 한다.

③ 먼저 들이쉬고 자연스럽게 내쉰다. 명상 초기 단계에서는 천천히 호흡을 하도록 조절한다.

④ 바람이 콧구멍으로 들어갈 때 한 지점을 접촉하는 것을 유심히 관찰하면서 들이쉰다.

⑤ 바람이 그 지점에 닿자마자 그것을 알아차리고 바라본다. 그리고 바람이 없어질 때까지 '들숨'이라고 마음속으로 이름을 붙인다. 들숨이 다했을 때 이름 붙이기도 끝낸다.

⑥ 바람이 접촉하는 점을 바라본다. 그러나 코 주변 살점이나 코를 관상해서는 안 된다. 다만 바람을 보려고 노력하라. 이것은 필수이다. 아나빠나삿띠를 수행할 때마다 접촉점을 확실하게 알아차리고 그 점에 닿는 바람을 보려고 하라.

⑦ 호흡이 접촉하는 점의 느낌을 알아차려라.

⑧ 바람이 따뜻한지 차가운지 느낄 필요는 없다. 다만 접촉하는 그 느낌만을 알아차려라.

⑨ 들이쉴 때마다 '들숨'이라고 이름 붙인다. '들숨'이라고 이름 붙일 때, 바람 접촉점에 마음의 초점을 맞춘다. 바람을 보려고 노력하면 마음이 밖으로 향하는 것을 막아준다. 마음이 그 점을 알아차리고 있는 한 결코 흔들리지 않을 것이다.

⑩ 내쉴 때마다 숫자를 센다. 호흡의 숫자를 세는 것은 마음이 좀 더 명료하게 알아차리도록 해준다. 이것 또한 필수적인 것이다. 숫자를 세지 않으면 쉽고 굉장히 빠르게 집중할 수 있다. 그러나 그러한 집중의 질은 부적합하고 쓸모없다. 고요하게 머무는 결과만을 가져올 뿐이다.

⑪ 숨을 내쉴 때 바람이 그 지점을 닿자마자 알아차려야 하며 날숨이 없어졌을 때 '하나'라고 숫자를 붙인다. 들숨이라고 이름 붙이는 것과 숫자를 세는 것은 마음이 밖으로 향하거나 망상에 잠기는 것을 막아준다.

⑫ 다른 좌선 기간에 호흡이 접촉하는 지점이 다른 곳으로 옮겨질 수도 있다. 하지만 같은 좌선 기간에는 접촉 지점을 옮길 수 없다.

⑬ 가끔은 접촉 지점을 느낄 수 없을지라도 걱정해서는 안 된다. 원래 지점에 집중하면 된다.

⑭ 가끔은 접촉 지점을 알아차리지 못할 수도 있지만 역시 그것도 걱정할 필요 없다. 다만 그 점에 마음을 집중하라. 그러면 나중에 그 지점을 느끼게 될 것이며 원래 지점을 알아차릴 수 있을 것이다.

아나빠나삿띠를 수행할 때 다음 사항을 유념하라.

ⓐ 아무런 걱정 없는 수행만이 마음을 고요하고 평화롭게 만든다. 만약 고요함의 반대 상황이나 욕심을 낸다면, 심지어 감지하기 힘든 욕심이라도 갖게 되면 마음이 흔들리게 될 것이다. 욕심 때문에 마음이 평화로워질 수 없다. 오직 평화로운 마음만이 집중으로 이끌 수 있다.

ⓑ 더 많은 숫자를 세는 것에 대해 어떤 집착도 갖지 마라.

ⓒ 어떤 미세한 분노나 걱정도 제거하라. 가끔 많은 숫자를 세지 못한 것에 대해 화가 날 수 있다. 그러나 평화로운 마음으로 호흡 관찰에만 집중하라.

ⓓ 수행을 올바르게 하고 있는지 잘못하고 있는지 잘잘못을 따지려고 하지 마라.

ⓔ 확신을 가지고 기쁜 마음으로 호흡 관찰에만 전념하라.

ⓕ 무엇을 하든지 항상 호흡하는 접촉 지점에 초점을 맞추고 1에서부터 8까지 숫자를 세라.

● 부처님의 가장 가까운 후원자 아나타삔디까에 관한 일화

사위성에 사는, 부처님의 가장 가까운 후원자(*dāyaka*)이며 기원정사를 기증한 아나타삔디까(급고독 장자)라는 부유한 사람에 관한 이야기가 있다. 그는 부처님께 가장 좋은 것만을 보시했다. 그 당시 부처님은 라자가하(왕사성: 인도 비하르 주의 라즈기르)에 머물고 계셨다. 어느 날 그 부자는 장사를 하러 라자가하를 방문하던 중 매형 집에 들르게 되었다. 그 집에 당도했을 때, 매형은 단지 "왔는가!"라고만 말하고 전혀 관심을 보이지 않았다. 매형은 아무 말도 하지 않고 계속 해서 자기 일에만 전념했다. 하지만 다른 때 매형은 늘 말이 많았었다. 그래서 아나타삔디까는 아마도 왕을 맞이하기 위해 분주하거나 아니면 딸의 결혼식을 준비하기 위해 바쁜 것이라고 생각했다.

일을 마친 매형이 아나타삔디까에게 다가오자 왜 그렇게 바쁘냐고 물었다. 매형은 "내일 부처님과 승가(*Saṁgha*)에 공양을 올린다네."라고 말했다. '부처님'이라는 소리를 듣자마자 아나타삔디까는 너무 기쁘고 가슴이 벅차서 거의 의식을 잃었다. 정신을 차리고 다시 물었다. "부처님이라고 말씀하셨어요?" "그렇다네."라고 매형이 대답했다. 아나타삔디까는 너무 기쁜 나머지 다시 의식을 잃었다. '부처님'이라는 말도 듣기 어려웠고 심지어 부처님을 친견한다는 것은 훨씬 더 어려웠기 때문에 아나타삔디까는 기쁨에 벅차 3번이나 의식을 잃었다. 내일 부처님께 공양을 올린다는 말을 매형에게 들었을 때 그는 너무 행복해서 까무러칠 지경이었다. 그런 후 아나타삔디까는 부처님 외에 그 어떤 것에도 관심이 없었다. 그는 "기필코 부처님을 친견해야 해. 지금 부처님을 친견하러 갈 수 있을까?"라고 생각했다. 그때 시간이 밤 10시였다.

매형은 내일 아침 일찍 부처님을 친견하자고 아나타삔디까에게 말했다. 그러나 아나타삔디까는 다음 날 아침까지 기다릴 수가 없었다. 부처님을 친견한다는 생각에 너무 흥분해서 잠을 이룰 수도 없었다. 잠을 자려고 노력해 보았지만 다시 일어났다. 그때 몸에서 밝은 빛이 나면서 기쁨의 광채가 뿜어져 나왔다. 그래서 날이 밝았다고 생각해서 아래층으로 내려갔다. 그러나 아직 한밤중이라는 것을 알아차리고 다시 잠을 청했다. 그는 다시 일어나고 다시 잠을 청하고 이러기를 밤새 3번이나 반복했다. 아나타삔디까가 다시 일어났을 때마다 그의 몸에서 뿜어 나오는 광채 때문에 온 방안이 환해졌다. 마침내 다시 일어나서 부처님을 친견하러 집을 나섰다. 아직도 캄캄한 밤이었지만 몸에서 뿜어 나온 빛이 온 집안을 환하게 밝혀주었다. 천신(*devā*)이 벌써 현관문을 열어두었다. 천신은 그가 부처님의 가장 가까운 제자가 될 것을 이미 알고 있었다. 아나타삔디까가 집을 나섰을 때 몸에서 방사된 빛이 길을 환하게 밝혀주었다.

그 당시에 부처님은 숲속 사원에 머무르고 있었다. 마을과 숲속 사원 사이에는 공동묘지가 있었다. 며칠 전에 많은 사람들이 한꺼번에 죽어서 시신 몇 구를 묻을 수 없었다. 그래서 묘지에 시신을 묻지 못하고 그대로 방치했다. 아나타삔디까가 공동묘지를 지나갈 때, 실수로 시신을 밟게 되었다. 시신을 직접 보지는 못했지만 시체 썩는 냄새가 진동했고 여기저기 파리 떼가 날아다니고 있었다. 그래서 자신이 시체를 밟았다는 사실을 알아차렸다. 갑자기 두려움이 엄습해오자 몸에서 빛이 사라졌다. 그는 되돌아가고 싶었다. 그때 공동묘지의 수호신(*yakkha*)이 모습을 보이지 않은 채 큰 소리로 말했다. "걱정하지 마라! 무서워하지 마라! 계속 가라, 계속! 부처님께 향하는 한 발자국 한 발자국은 가장 값진 보석보다 16배나 더 소중하다." 그래서 아나타삔디까는 함께 가는 동료가 있다고 생각했다. 용기를 얻자 다시 기쁨에 가득 찼다. 그러자 몸에서 빛이 다시 뿜어져 나왔다. 그는 이런 현상을 3번이나 경험했다.

부처님이 머무는 사원에 거의 도착했을 때, 아나타삔디까는 "요즘은 부처님이라고 말하는 사람들이 참 많은데 누가 진짜 부처님인지 알 수가 없네. 아무도 어머님이 지어준 수닷따라는 이름을 모를 거야. 만약 그분이 진짜 부처님이라면 틀림없이 수닷따라고 부르실 거야."라고 생각했다. 그때 부처님이 사원 입구까지 걸어 나왔다. 아나타삔디까가 사원 가까이 다가가자 부처님이 반가이 맞이했다. "어서 와라, 수닷따야!" 그는 너무 기뻤다. 그리고 이 분이 진짜 부처님이라는 것을 알았다. 그는 부처님께 다가가서 예경 올렸다. 부처님은 아나타삔디까에게 차제설법(*Anupubbikathā*, 준비되지 않은 제자들을 위해 순차적으로 설한 가르침)을 설했다. 이 차제설법은 보시의 가르침(*dānakathā*, 시론), 계율의 가르침(*sīlakathā*, 계론), 천상계에 태어나는 것에 대한 가르침(*saggakathā*, 생천론), 감각적 욕망의 결함에 대한 가르침(*kāmānādīnavakathā*), 출리의 이익에 대한 가르침(*nekkhamme ānisaṃsakathā*), 도의 지혜에 대한 가르침(*maggakathā*)이다. 이 설법을 듣고 수닷따는 예류도(*sotāpatti magga*)를 성취했다.

이 일화에서 아나타삔디까가 기쁨에 가득찼을 때 몸 주위에 빛이 났다. 공동묘지에서 두려워했을 때 빛이 사라졌다. 다시 기쁨으로 가득차자 빛이 방사되었다. 그래서 이처럼 수행자도 니밋따를 얻기 위해 기쁜 마음으로 수행해야 한다.

4. 아나빠나삿띠 수행의 이익

대부분의 사람들은 자신이 하는 일이 있으며 그 일을 함으로써 이익을 기대한다. 사람들은 더 많은 이익을 얻으면 얻을수록 더 열심히 일할 것이다. 이제 수행자는 아나빠나삿띠를 수행하고 있기 때문에 어떤 종류의 이익을 얻게 될지 알아야 한다. 만약 그 이익을 알게 된다면 그 전보다 훨씬 더 수행에 매진할 것이다.

아나빠나삿띠를 수행함으로써 얻는 이익은 5가지가 있다. 부처님은 아나빠나삿띠의 이익을 두 경에서 언급했다. 그것은 「아나빠나 상윳따」의 「팔라숫따」 1권과 2권과 『맛지마니까야』의 「마하라훌로와다숫따」 주석서이다. 첫 번째 경에서 부처님이 설했다. "아나빠나삿띠를 수행한 비구는 아라한 도를 얻을 것이다. 만약 아라한 도를 얻지 못한다면, 불환 도(*anāgāmi magga*, 욕계 세상에 다시 태어나지 않음)를 성취할 것이다." 두 번째 경에서 "만약 어떤 것도 얻지 못한다면 범천으로 범천계에 태어날 것이다."라고 말했다. 이 범천계를 숫다와사(*Suddhāvāsā*, 정거천)라고 한다. 이곳에 태어난 범천들은 불환 도를 얻어서 이 영역에 태어난 것이다. 범천계에는 오직 불환자와 아라한만 살고 있다. 그들은 다음 범천들 중 한 존재가 될 것이다.

(i) 전체 수명의 반에 이르기 전에 아라한이 되어 완전한 열반에 든 자(*Antarā parinibbāyī*)

(ii) 전체 수명의 반이 지나서 아라한이 되어 완전한 열반에 든 자(*Upahacca parinibbāyī*)

(iii) 좌선을 맹렬하게 하지 않고 아라한이 되어 완전한 열반에 든

자(*Asaṅkhāra parinibbāyī*)

(iv) 맹렬한 좌선을 통해 아라한이 되어 완전한 열반에 든 자(*Sasaṅkhāra parinibbāyī*)

(v) 아라한이 되어 가장 높은 영역인 색구경천(*akaniṭṭha*)에 이른 자(*Uddhaṃsota akaniṭṭhagāmī*)

「마하라훌로와다숫따」에 의하면 아나빠나삿띠 수행의 이익은 다음과 같다.

(1) 한 번의 좌선만으로도 그 바라밀(*pāramī*) 때문에 아라한 도를 성취한다.

(2) 거의 죽음에 임박했을 때 아라한 도를 성취한다. 이것을 사마시시 아라한(*samasīsī arahanta*, 아라한이 됨과 동시에 완전한 열반에 든 자)이라고 한다. 사마(*sama*)는 '같은, 동시에', 시시(*sīsī*)는 '머리가 잘린'을 의미한다. 여기서 머리는 무명(*avijjā*)과 오염원(*kilesa*)의 근원과 재탄생 굴레(*vaṭṭa, saṃsāra*)의 근원을 뜻한다. 그런 후 완전한 열반(*Parinibbāna*, 윤회가 끝나서 다시 태어나지 않는 최후의 열반)에 든다. 3종류의 사마시시 아라한(2가지의 끝, 즉 윤회의 끝과 무명의 끝을 동시에 얻은 아라한이며, 여기서 '동시에'는 같은 마음 순간이 아니다)이 있는데, 그것은 자세의 사마시시, 병의 사마시시와 목숨의 사마시시이다.

① 자세의 사마시시(*iriyāpatha samasīsī*): 4가지 수행 자세(행선, 주선, 좌선, 와선) 중 한 가지를 선택해서 아라한 도를 성취할 때까지 수행을 계속하는 것이다. 아라한 도를 얻지 못하는 한 결코 수행을 포기하지 않는다. 아라한 도를 얻자마자 자세를 움직인다.

② 병의 사마시시(*roga samasīsī*): 이 사람은 병에 걸렸을 때도 수행을 멈추지 않으며 질병 따윈 상관도 하지 않는다. 아라한 도를 얻으면 그는 병에서 회복될 것이다. 질병에서 회복되면서 동시에 아라한 도를 성취한다.

③ 목숨의 사마시시(*jīvita samasīsī*): 죽기 바로 직전에 아라한 도를 성취하며 바로 뒤이어 완전한 열반에 든다.

『상윳따니까야』의 「고디까숫따」에 한 예화가 있다. 부처님 당시 사마타를 수행하여 선정을 성취한 고디까라는 비구가 있었다. 그는 선정을 얻은 후 위빳사나를 수행하려고 했지만 병에 걸려 수행을 할 수 없었다. 결국 질병 때문에 선정의 힘도 약해졌다. 그는 6번이나 선정에 들었지만 위빳사나를 수행할 수 없었다. "만약 내가 선정에 들지 못하고 어리석고 평범한 사람(*puthujjana*, 범부)으로 죽는다면 나는 지옥에 태어날 거야. 차라리 스스로 목숨을 끊겠어." 만약 선정 상태에서 죽는다면 그는 범천계에 태어날 것이다. 그래서 칼로 자신의 몸을 자르고 극도의 통증을 참아냈다. 고통을 감수하고 위빳사나를 수행해서 아라한 도를 성취했다. 아라한 도를 얻자마자 완전한 열반에 들었다. 이러한 사람을 목숨의 사마시시라고 한다. 그는 아라한이 되자마자 죽었기 때문에 아무도 그가 아라한이 되었는지 알지 못했다. 그러나 이 사실은 부처님의 말씀에 의해 알려졌다.

(3) 살아 있을 때 아무것도 얻지 못한다면, 포살 일마다 법문을 하는 천신계에 태어날 것이다. 범천과 천신이 설법할 때마다 그는 법문을 들을 것이다. 그는 전생의 인간세상에서 수행했던 사실을 기억

할 것이다. 『앙굿따라니까야』의 「소따누가따숫따」에서 이렇게 언급했다. '내가 인간 세상에 있었을 때 이 수행(아나빠나삿띠)을 했었지' 라고 생각하는 것은 아라한이 되는 것보다 더 많은 시간이 걸렸다. 이 의미는 천신계에 태어난 천신은 그런 생각(인간이었을 때 수행했다는 생각)을 하는 시간보다 더 빠른 시간에 도의 지혜를 얻을 것이며 수행하지 않고도 아라한이 될 것이라는 뜻이다.

(4) 벽지불의 깨달음의 지혜(*Paccekabodhi ñāṇa*, 사성제를 이해한 벽지불의 지혜)를 성취한다. 여기에 관련된 예화가 있다. 바라나시의 짜뚜마시까 브라흐마닷따 왕이 강둑에 앉아 있었다. 강둑에는 빠릿찻따까(산호나무) 나무가 한 그루 있었는데 그때 마침 나뭇잎 하나가 떨어졌다. 왕은 그 잎을 보고 무상을 깨달아 벽지불이 되었다라고 『쿳다까니까야』의 「빳쩨까붓다아빠다나」에 기록되어 있다.

(5) 벽지불의 깨달음의 지혜를 얻지 못하면 바히야 다루찌리야 존자처럼 영리하고 기민한 아라한이 될 것이다.

얇고 평평한 나무 조각으로 하의 가사를 만들어 입은 바히야 다루찌리야 존자에 관한 일화가 「법구경」 주석서에 기록되어 있다. 가사 대신에 나무 조각을 가사로 두르고 다녔기 때문에 그를 다루찌리야라고 불렀다. 그는 전생에 깟사빠 부처님 당시의 비구였다. 6명의 도반과 함께 그는 법을 수행하고 있었다. 그들은 나무 사다리를 몇 개 이용해서 높은 언덕에 올랐다. 언덕 정상에 올랐을 때 그들은 사다리를 모두 던져버렸다. 따라서 다시 돌아갈 방법이 없었다. 그들에겐 오직 2가지 방법만 있었다. 도의 지혜를 성취하던가 아니면 죽든

가. 그래서 수행하기로 결심했다. 그 의미는 목숨을 희생해서라도 수행하는 것이다. 세 번째 날 지도자 격인 비구가 아라한 도를 성취했다. 부副 지도자는 불환자(*anāgāmī*, 5가지 족쇄, 즉 유신견, 의심, 의식의 집착, 감각적 욕망과 악의를 완전히 제거하여 욕계에 다시 돌아오지 않는 자)가 되었다. 도의 지혜를 얻자마자 그들은 초능력이 생겼다. 이들 두 비구는 북쪽 대륙으로 탁발을 다녀온 후 나머지 비구들에게 음식을 나누어주려고 했다. 나머지 비구들은 음식을 받지 않고 말했다. "우리가 아라한이 될 때까지 탁발해 온 음식을 받지 않기로 하지 않았소? 우린 당신들이 가져온 음식을 먹을 수 없소. 우리도 아라한이 되기 위해 열심히 수행해서 우리 스스로 탁발을 가겠소." 그들은 수행을 했지만 바라밀(수행의 완성)이 충분하지 않아서 평범한 사람(범부)으로 죽었다. 바히야 존자도 그들 비구 중 한 사람이었다. 이런 선한 행위 때문에 그는 인간 세상에 부자로 다시 태어났다. 그는 두 분의 부처님(깟사빠 부처님과 고따마 부처님)이 계셨던 동안에 다시 4악처(지옥, 축생계, 아귀계, 아수라계)에 태어나지 않았다.

고따마 부처님 당시에 바히야 다루찌리야는 상인이었다. 그는 많은 물품을 배에 싣고 바다를 항해했다. 어느 날 배가 폭풍을 만나 부서져 버렸다. 다행히도 그는 운이 좋았기 때문에 부서진 나무 조각 하나를 붙잡고 폭풍 속에서 탈출할 수 있었다. 하지만 엄격하게 말하자면 그는 운이 훨씬 더 좋았다. 그는 이번 생에 아라한 도를 성취할 수 있기 때문이다. 전생에 아라한 도를 성취할 수 있는 강한 선업을 지었기 때문에 이번 생에 아라한 도를 얻어야 했다. 그 선업이 그를 보호해 준 것이다. 이러한 힘을 업의 과보가 익어 임박했음을 아는 힘(*ñāṇa vipphāra iddhi*) 또는 아라한 도의 지혜(*Arahatta magga ñāṇa*)라고 한다. 그런 사람을 마지막으로 태어난 자(*pacchimabhavika*)라고 한다. 그것은 마지막 생에 완전한 열반에 든 사람을 의미한다. 그런 사람은 도의 지혜를 얻기 전에는 결코 죽지 않는다. 아무도 그를 죽일 수 없다. 아라한 도가 가장 강하기 때문에 어떤 불선한 업도 그를 죽일 수 없다. 바히야는 결코 가사를 걸치지 않았다. 대신에 얇고 평평한 나무껍질 조각을 하의 가사로 입었다. 그래서 많은 사람들이 그를 다루찌리야(나무껍질을 입은 자)라고 불렀다. 사람들은 다루찌리야가 가사를 걸치지 않았기 때문에 아라한이라고 생각했다. 사람들이 가사와 음식 공양을 올렸지만 다루찌리야는 가사를 받지 않았다. 그래서 사람들은 점점 더 그를 존경했다. 결국 그는 자기 자신도 본인이 정말 아라한이라고 생각했다.

그 당시에, 전생에 미래 바히야와 함께 위빳사나 수행을 해서 불환자가 된 비구가 범천으로 태어났다. 이 범천이 바히야에게 가서 말했다. "당신은 아라한이 아니오. 부처님께 가보셔야만 하오." 바히야는 이 말을 듣고 부처님의 법문을 듣기 위해 갔다. 그는 저녁 내내 거의 1,000마일을 달려가서 다음 날 아침, 사원에 도착했다. 바히야는 부처님을 보자마자 너무도 기뻐서 예경 올린 뒤 법문을 청했다. 그때 부처님은 마을로 탁발을 가려던 참이어서 바히야는 부처님 뒤를 따라갔다. 부처님은 바히야의 마음을 유심히 살펴보고는 그가 너무 피곤한 상태이고 법문을 들으려는 마음에 한껏 들떠 있다는 것을 알아차렸다. 그래서 부처님은 설법을 거절하고 계속 걸어갔다. 바히야는 부처님 뒤를 따라가면서 법문해 주실 것을 3번 간청했다. 마침내 부처님은 그의 마음을 살펴본 후 이제 도의 지혜를 성취할 만큼 마음이 무르익었음을 알게 되었으며, 그의 죽음 또한 임박했음을 알아차렸다.

부처님은 『쿳다까니까야』의 「우다나」에 있는 한 구절을 읊었다.

"너는 이렇게 수행해야 한다. 무엇인가를 볼 때, 그냥 보기만 해라. 무엇인가를 들을 때, 그냥 들어라. 무엇인가를 만질 때, 그냥 만져라. 무엇인가를 알았을 때, 그냥 알아라. 이런 식으로 수행을 할 때 보고, 듣고, 만지고, 아는 것에 욕망(*rāga*)이 생기지 않을 것이다. 마음속에 욕망이 일어나지 않으면 탐욕(*lobha*)이나 분노(*dosa*)나 어리석음(*moha*)이 생기지 않는다. 마음속에 탐욕, 분노, 어리석음이 없으면 이 세상이나 다른 세상에 다시 태어나지 않을 것이다. 다시 태어나지 않는다는 것은 고통의 소멸, 즉 열반이다."

바히야는 부처님이 읊은 그 구절을 유심히 들었다. 구절이 끝나자마자 그는 아라한 도를 성취했다. 바히야 자신도 자기가 아라한 도를 성취했다는 사실을 인식했다. 부처님 역시 그 사실을 알았다. 그러자 부처님께 비구가 될 것을 허락해 달라고 간청했다.

"너는 가사와 탁발할 발우가 있느냐?"라고 부처님이 물었다.

"아닙니다, 저는 가사와 발우가 없습니다."라고 대답했다.

"너는 가사와 발우를 구해야 한다."라고 부처님이 말했다. 바히야는 가사와 발우를 구하기 위해 떠났다. 그 당시에는 아무도 가사나 발우를 팔지 않았다. 그래서 가사를 만들 천을 구하기 위해 쓰레기 더미를 뒤져야만 했다. 그때, 야차녀(*yakkhinī*)가 환생한 황소 한 마리가 뿔로 그를 들이받아 죽였다. 그 야차녀는 수많은 생애 동안 바히야를 죽이려고 기다리고 있었다. 그러나 야차녀는 바히야가 성취한 아라한 도의 업력 때문에 그가 아라한이 되기 전에는 그를 죽일 수 없었다.

다루찌리야가 아라한이 되자 아라한 도를 얻기 위해 결과를 기다리고 있던 업력이 다하여 야차녀가 그를 죽일 수 있었다. 전생에 7일 동안 수행한 덕분에 그는 부처님 법문을 듣자마자 아라한 도를 성취할 수 있었던 것이다. 전생에서 그는 단지 7일 동안 수행을 했지만 그 수행이 충분하여 아라한 도를 성취한 결과를 가져왔다. 이것은 다루찌리야가 그의 목숨을 희생하면서까지 수행을 했기 때문이다. 그것이 그에게 강한 힘을 주었던 것이다.

따라서 명상 도중에 심한 고통을 경험하더라도 포기하지 말고 목숨을 희생한다는 각오로 노력해야 한다. 여기서 목숨을 희생한다는 의미는 정말로 목숨을 버리는 것이 아니다. "내가 죽는 한이 있더라도 결코 수행을 멈추지 않겠다! 나는 계속해서 수행할 것이다."라고 굳은 결심을 하는 것이다. 이렇게 굳은 결심을 하는 것이 목숨을 희생하는 것이다(세속적인 세상에서 만약 누군가 자기 목숨을 희생하려고 한다면 먼저 목숨을 희생하겠다는 확고한 결심을 해야 한다. 그러나 죽을 각오를 한다 하더라도 수행 도중에 죽은 사람은 아무도 없었다. 추호도! 결코!).

5. 모든 부처님들의 수행 기본으로서의 아나빠나삿띠

아나빠나삿띠는 호흡 운동도 아니고 건강을 위한 운동도 아니다. 사실, 아나빠나삿띠는 신성하고 매우 강력한 힘을 가진 명상이다. 과거에 출현했던 모든 부처님들이 아나빠나삿띠를 수행함으로써 일체지를 성취했기 때문에 이 수행법은 굉장히 성스러운 수행이다.

이것은 『청정도론』 복주서 「마하띠까」에 언급되어 있다.

"모든 부처님들이 이 명상을 함으로써 일체지를 성취했다. 그래서 일체지를 성취하기 위해 모든 부처님들은 이 아나빠나삿띠를 수행했다." 호흡관찰을 주제(*ānāpānassati kammaṭṭhāna*)로 수행함으로써 일체지를 성취한 것은 부처님들의 법칙이다. 또한 고따마 부처님도 일체지를 얻기 위해 아나빠나삿띠를 수행했다. 미래에 고따마 부처님이 될 싯다르타 왕자는 어린 아이였을 때부터 이 명상을 함으로써 초선정을 성취했었다.

싯다르타 왕자가 5개월 된 어린 아기였을 때, 아버지인 숫도다나(정반왕) 왕이 밭갈이를 시작하는 농민의 날 행사에 참관했다. 왕의 수행원들은 싯다르타 왕자도 그 행사에 데려갔다. 수행원들은 왕이 있는 곳에서 좀 멀리 떨어진 나무 아래 그늘에 왕자를 눕혀 놓고 행사를 보러 갔다. 어린 왕자는 주위를 둘러보았다. 그곳에는 아무도 없었다. 왕자는 나무 아래에서 아나빠나삿띠를 수행해서 초선정을 성취해 선정에 들었다. 그 당시 왕자의 나이는 겨우 5개월이었다. 그때 수행원들이 돌아와 왕자를 보았다. 수행원들은 왕자가 선정에 들었다는 것을 알지 못했다. 한 가지 특이한 점은 나무 그림자가 움직이지 않은 것이었다. 태양이 서쪽으로 기울고 있었지만 그림자는 아직도 처음 그대로였다. 수행원들이 왕에게 그들이 본 광경에 대해 아뢰었다. 왕은 그곳으로 가서 자신의 아들을 보았다. 선정에 든 싯다르타 왕자를 본 왕은 아들에게 존경을 다하여 예경올렸다. 그것은 아나빠나삿띠의 힘 때문이었다.

싯다르타는 29세 되던 해에 출가하여 보리수나무 아래서 6년 동안 고행수행을 했다. 그 당시 싯다르타는 위에 언급한 방법으로 아나빠나삿띠를 수행하지 않고 대신에 전통적인 아나빠나삿띠 수행을 했다. 그 당시에는 많은 은둔 수행자들이 그들만의 다양한 방법으로 아나빠나삿띠를 수행하고 있었다.

장차 부처님이 될 싯다르타가 수행했던 아나빠나삿띠를 압빤나까자나(*appāṇaka jhāna*, 명상의 한 형태로 숨을 참는 것)라고 한다. 이 수행 방법은 다음과 같다. 들이쉰 숨을 내쉬지 않고 코 속에 멈추고 지켜본다. 그런 후 들이쉰 숨을 귀로 보낸다. 마음속으로 귀를 막았다고 생각한다. 그런 후 들이쉰 숨을 머릿속으로 내보낸다. 이 수행을 계속 했을 때 마치 망치로 머리를 내리친 것처럼 심한 아픔을 느꼈다. 또한 머릿속에 넣은 숨을 밖으로 나가지 않도록 멈추려고도 했다. 숨을 복부로 넣으려고도 했는데 예리한 칼로 복부를 자르는 것 같은 통증을 느꼈다. 그러나 싯다르타는 포기하지 않고 더 혹독하게 수행했다.

처음 수행에 들어갔을 때 싯다르타는 탁발(*piṇḍapāta*)을 나갔다 온 후 그것이 수행에 방해가 된다고 생각했다. 그래서 과일을 찾으러 숲속으로 갔다. 그런 후 이것 또한 수행에 방해가 된다고 생각했다. 그래서 근처 나무 아래에서 떨어진 과일을 모았다. 그는 다시 이것 또한 시간 낭비라고 생각했다. 그래서 명상하려고 앉아 있을 때 손에 떨어진 과일만 먹었다. 그리고는 다시 그것 또한 수행을 방해한다고 생각해서 결국 손 위에 떨어진 과일도 먹지 않았다. 그리고는 (5명의 고행자들이 올린) 한 줌의 콩죽을 먹었다. 나중에는 연명하여 수행하기 위해 반 줌의 콩죽을 먹었다. 싯다르타는 모든 것이 수행에 방해가 된다고 생각했다. 그래서 어떤 것도 먹으려고 하지 않았다. 하지만 수행을 계속하기 위해서 5명의 고행자들 중 한 명이 공양올린 죽을 조금 먹었다. 그때 5명의 고행자들이 싯다르타를 보살펴주고 있었다.

그 당시에 사문 싯다르타의 건강 상태는 매우 허약했다. 걸을 수도 서 있을 수도 없었다. 걸어보려고 하자 땅에 거꾸러져서 오랫동안 의식을 잃었다. 몇몇 천신들은 그가 선정(*jhāna*)에 들어있다고 생각했다. 몇몇 천신들은 그가 아라한 도를 성취했다고 생각했다. 몇몇 천신들은 그가 죽었다고 생각했다.

그때 싯다르타는 궁궐로 다시 돌아갈 것은 전혀 생각하지 않았다. 일체지(*Sabbaññuta ñāṇa*, 모든 법을 두루 아는 지혜)를 얻지 못하면 못할수록 그는 더 혹독하게 수행했다. 그러나 싯다르타는 그의 수행을 검토해보지 않았다. 그의 정진력과 확신은 굉장히 강했지만 지혜가 약했던 것이다. 그래서 깨달음의 지혜(*Bodhi ñāṇa*)를 성취하기 위해 그가 한 수행이 옳지 않은 방법이라는 것을 알지 못했다. 이러한 잘못된 방법으로 수행한 것은 그의 전생의 불선업 때문이었다. 전생 깟사빠(*Kassapa*) 부처님 당시에 미래 부처님은 상류사회에서 교육을 받았기 때문에 자만심이 매우 강한 젊은 바라문(힌두교의 카스트 제도에서 최고위 계급)이었다. 그 당시에 장차 깟사빠 부처님이 되실 분은 7일 동안 수행한 후 일체지를 성취했다. 미래 부처님이 될 젊은 바라문은 일체지를 얻는 것이 매우 어렵다는 것을 알기 때문에 장차 깟사빠 부처님이 될 분을 질투했다. 그래서 미래 부처님은 『쿳다까니까야』의 「아빠다나」에서 이렇게 언급했다. “이 빡빡이가 어떻게 깨달음의 지혜를 성취했을까!” 깨달음의 지혜는 성스럽고 성취하기가 아주 어려운 지혜이다. 이런 악업 때문에 미래 고따마 부처님이 되실 분은 6년 동안 잘못된 방법으로 헛된 수행을 했던 것이다.

마침내 싯다르타는 그런 방법으로는 깨달음의 지혜를 얻을 수 없다는 것을 깨닫고 본인의 수행을 검토한 후, 어린 아기였을 때 첫 번째 아나빠나삿띠 자나(*ānāpānassati jhāna*, 초선정)에 들었을 때를 기억해냈다. 그리고는 그 수행을 통해 깨달음의 지혜를 성취할 수 있음을 알아냈다. 그래서 그때 했던 아나빠나삿띠 수행으로 바꾸었다. 싯다르타는 수행을 계속하기 위해 기운을 차려야 했기 때문에 탁발을 나갔다. 단지 2주 동안 새로 바꾼 아나빠나삿띠 수행을 한 후 일체지를 성취했다.

깨달음에 이른 그날 수자따 마을에 있는 보리수나무(반얀 나무; 깨달음의 나무) 아래에서 사문 고따마 싯다르타는 수자따가 황금 사발에 공양올린 유미죽乳糜粥을 받아서 먹었다. 그리고는 네란자라 강둑으로 가서, “만약 내가 부처가 된다면 이 황금 사발이 물에 가라앉지 않고 강 위로 물길을 거슬러 갈 것이다.”라고 굳게 말했다. 사발을 강에 던지자 물위에 떠서 6마일을 거슬러가다가 옛 부처님들의 3개 황금 사발이 있는 강바닥에 가라앉았다. 싯다르타는 보리수나무 아래로 가서 아나빠나삿띠를 수행했다.

수자따가 공양올린 유미죽을 먹은 그날 저녁에 싯다르타는 보드가야에 있는 천신이 닦아놓은 길 위에 자란 보디나무(싯다르타 왕자가 태어남과 동시에 자란 보리수나무로 부처님이 그 나무 아래에서 일체지와 깨달음의 지혜를 얻었기 때문에 '*bodhi*, 보디'라고 불렀다)로 갔다. 가는 도중에 풀을 베는 목동 숫디야가 수행할 때 깔고 앉을 풀 여덟 다발을 바쳤다. 보리수나무 아래 도착한 후 남쪽 그늘 아래에 앉았다. 그러자 전 우주가 기울어지게 보였기 때문에 서쪽과 북쪽에서 들어가 앉아보았지만 앞에서 본 것과 같았다. 다시 동쪽에서 들어가 앉자 우주가 정상으로 보였다. 그래서 싯다르타는 그 방향이 일체지를 성취하기에 바른 장소라고 생각했다. 보리수나무(bodhi tree, 깨달음의 나무) 아래에 풀을 깔자 여러 가지 보석으로 만든 빛나는 옥좌가 나타났다.

장차 부처님이 되실 분은 보석 옥좌에 앉아 피와 살이 다 말라 뼈만 남을지라도 일체지를 성취할 때까지 결코 수행을 그만두지 않겠다는 굳은 결심을 했다. 그런 후 아나빠나삿띠를 수행해서 4선정을 얻었으며, 초저녁 관찰을 통해서 자신과 중생들의 수많은 과거 생을 기억하는 지혜인 숙명통(*Pubbenivāsānussati ñāṇa*)을 성취했다. 한밤중 관찰을 통해서 (첫 번째 관찰: 오후 6에서 10시까지, 두 번째 관찰: 오후 10에서 새벽 2시까지, 세 번째 관찰: 새벽 2에서 새벽 6시까지) 신성한 눈의 지혜인 천안통(*Dibbacakkhu ñāṇa*)을 얻었다. 장차 부처님이 되실 분은 위빳사나 수행을 한 뒤 세 번째 관찰에서 모든 번뇌를 소멸한 지혜인 누진통(*Āsavakkhaya ñāṇa*, 아라한 도)을 성취하고 부처가 되었다(더 자세한 것은 2부 2장의 4. 앗다나 빠릭가하를 참조하라).

말년에 부처님은 제자들에게 아나빠나삿띠를 수행하라고 당부했다. 아나빠나삿띠는 모든 부처님들이 수행 주제로 사용했기 때문에 매우 성스럽고 강력하다. 그래서 부처님이 제자들에게 이 수행 방법으로 명상하기를 권유했다. 부처님은 아나빠나삿띠 수행을 한 후 일체지를 성취했다. 부처님이 된 후에도, 추종자들과 제자들이 이런 종류의 아나빠나삿띠 수행을 원했기 때문에 부처님 역시 아나빠나삿띠 수행을 계속했다. 부처님은 항상 아나빠나삿띠 수행을 하라고 권유했다. 그래서 우리도 이 방법으로 수행해야 한다.

우기 안거 때 부처님은 숲속 사원에 머물렀다. 부처님은 "나는 내 방에서 은둔할 것이다. 공양을 가져오는 비구 외에 아무도 내게 오지 마라."라고 당부했다. 부처님은 3개월 동안 숲속에서 머무른 후 방에서 나와서 "나는 3개월 동안 내 스스로 은둔 생활을 했다. 만약 다른 종파에 속하는 누군가 '당신의 부처님은 3개월 동안 방안에서 무엇을 했소?'라고 묻는다면 '부처님은 아나빠나삿띠 수행을 하면서 고립된 방에서 홀로 지냈다'고 말해야 한다. 그것은 범천으로서의 안거이며 다른 부처님들도 한 안거이다."라고 말했다.

「우빠리빤나사」의 「아나빠나삿띠숫따」에 아나빠나삿띠는 수행하기에 매우 버겁고 어렵다고 쓰여 있다. 아나빠나삿띠는 보통 사람들이나 허약한 사람들을 위한 수행법이 아니라 부처님이나 온 힘을 다해 맹렬하게 정진할 수 있는 사람들을 위한 수행이다. 또한 부처님은 같은 경에서 이렇게 언급했다. "나는 결코 허약한 사람이나 세심한 주의를 기울이지 않는 사람에게 아나빠나삿띠를 가르친 적이 없다." 부처님은 또한 아나빠나삿띠 수행을 한 사람은 그의 마지막 호흡을 알아차리면서 죽을 것이라고 덧붙였다.

지금 여러분은 이런 아나빠나삿띠 수행을 하고 있는 것이다. 자신의 선택에 의해서가 아니라 전생의 업(*kamma*) 때문에 이 수행을 하고 있다는 것이 큰 행운이라는 것을 알아야 한다. 아마도 여러분은 어떤 부처님 당시에 아나빠나삿띠 수행을 한 적이 있을지도 모른다. 이제 그 선업으로 도의 지혜를 성취하는 결과를 얻게 될 것이다. 그러므로 이 황금 기회를 놓치지 말고 전심전력을 다해 도의 지혜를 성취할 때까지 열심히 수행해야 한다.

6. 집중을 계발하는 목적

아나빠나삿띠를 수행하는 것은 사실상 집중을 계발하는 것이다. 집중을 계발하면 특별한 이익을 얻는다. 부처님은 『앙굿따라니까야』의 「사마디바와나숫따」에서 집중을 계발함으로써 얻는 이익과 왜 집중을 계발해야 하는지 그 이유에 대해 언급했다.

(1) "비구여! 집중계발 수행(*samādhi bhāvanā*)을 반복해서 한다면, 현재 순간에 평화롭게 머무는 것이 가능하다." 따라서 집중을 계발하면 현재의 삶을 평화롭게 사는 이익을 얻을 것이다.

부처님은 "집중계발 명상을 반복해서 수행하면, 일으킨 생각(*vitakka*, 尋: 대상에 마음을 기울임)과 지속적 고찰(*vicāra*, 伺: 마음을 대상에 머물게 하여 지속적으로 살펴봄)과 함께 모든 감각적 욕망과 모든 불선한 법(*akusala dhamma*)이 일어나지 않는다."라고 「사마디바와나숫따」에서 설했다. 이에 덧붙여서 "불선이 없어져서 행복과 함께 희열(*pītisukhaṃ*)이 생기며, 초선정에 들어 그 선정에 몰입함으로써 평화로운 마음이 된다. 집중계발 수행을 함으로써 선정에 들어 평화로운 상태에 머물 수 있다."고 하였다.

일반적으로 선정에는 2가지가 있다. 색계 선정(*rūpa jhāna*)과 무색계 선정(*arūpa jhāna*)이다. 색계 선정에는 초선정, 이선정, 삼선정, 사선정 그리고 오선정과 같이 4개 또는 5개의 단계가 있다. 대부분의 사람들은 선정에 대해 들었을 때 공중부양을 생각한다. 실제적으로 모든 선정에 들면 날아오를 수 있는 것은 아니다. 선정은 아람마누빠니자나(*ārammaṇūpanijjhāna*)이다. 이것은 한 점에 집중된 마음으로 전심전력을 다해 대상을 알아차리는 것을 의미한다. 이것을 선정이라고 한다. 그러므로 불선한 행위에도 선정은 있을 수 있다. 하지만 그런 선정은 초선정의 단계도 얻을 수 없다. 그것은 단지 집중된 상태일 뿐이다.

어떤 사람이 낚싯대를 이용하여 낚시를 할 때 물위에 낚시찌가 위아래로 움직이는 것을 유심히 관찰한다. 그는 낚시찌에 온통 관심이 쏠려서 주위에서 무슨 일이 일어나는지 전혀 알지 못한다. 이것도 일종의 선정이라고 볼 수도 있다. 또한 누군가 그림을 그리고 있을 때, 그는 오직 그림 그리는 붓에만 온통 집중한다. 이것 또한 선정이라고 할 수도 있다(소위 선정이라고 이름 붙인 이런 상태는 단지 고도로 몰입된 집중일 뿐이다. 선정과는 그 깊이와 차원에서 확연히 다르다). 그러나 선정은 고도의 집중 상태에서 초선정, 이선정… 등으로 그 집중 정도가 정해진다. 『아비담마』 주석서 「앗타살리니」에 따르면 선정에는 2종류가 있다. 아람마누빠니자나와 락카누빠니자나이다.

(i) 아람마누빠니자나(*ārammaṇūpanijjhāna*): 간단하게 아람마나 선정(*ārammaṇa jhāna*)이라고도 한다. 이것은 집중을 계발하는 사마타 선정이다. 사마타 선정(*samatha jhāna*)은 초선정, 이선정, 삼선정, 사선정, 오선정으로 단계가 정해지며 5가지 선정요소가 있다. 일으킨 생각(*vitakka*, 심: 모든 감각적 욕망을 떨쳐버리고 마음을 집중 대상으로 향함), 지속적 고찰(*vicāra*, 사: 대상을 자세하게 살피는 마음), 희열(*pīti*, 희), 행복(*sukha*, 락)과 한 점에 집중(*ekaggatā*, 정: 일념)이다. 마음에서 모든 장애(*nīvaraṇa*)가 제거되고 오직 이들 5개 선정요소만 일어날 때, 그것을 선정이라고 한다.

『상윳따니까야』의 「웁빠띠빠띠까숫따」에서 이들 선정요소는 서로 대립하는 불선한 마음작용을 제거함으로써 마음이 정화된다고 설명한다.

① 집중은 감각적 쾌락에 대한 개념을 제거한다.

② 일으킨 생각은 나태와 무기력(*thina-middha*)함을 제거한다.

③ 지속적 고찰은 의심(*vicikicchā*)을 제거한다.

④ 희열은 악의(*byāpāda*)를 제거한다.

⑤ 행복은 초조함(*uddhacca*)과 근심(*kukkucca*)을 제거한다.

경장(*Suttanta piṭaka*)에서는 4단계의 선정을 언급하고 있지만,『아비담마』에서는 5단계로 설명한다. 실제적으로 선정의 최고 단계인 사선정과 오선정은 다르지 않다. 단지 단계라는 이름만 다를 뿐이다. 초선정의 선정요소는 일으킨 생각, 지속적 고찰, 희열, 행복과 한 점에 집중이다. 이것은 사선정과 오선정에 모두 적용된다. 이선정을 얻기 위해 수행할 때 수승한 수행자는 일으킨 생각과 지속적 고찰인 2가지 선정요소를 제거하는데, 5단계 선정에서 일반적인 수행자는 일으킨 생각만 제거한다. 삼선정에서 수승한 수행자는 희열을 제거하고 일반적인 수행자는 지속적 고찰만 제거한다. 사선정에서 일반적인 수행자는 희열을 제거하고 행복과 한 점에 집중이 남는다. 수승한 수행자는 행복을 제거하고 평정(*upekkhā*)과 한 점에 집중이 남는다. 오선정에서 일반적인 수행자는 행복을 제거하고 평정과 한 점에 집중이 남는다. 따라서 4단계 선정과 5단계 선정은 마지막 최고 단계에서 같다(사선정 = 오선정).

4단계 선정과 5단계 선정의 관계

5단계 선정				4단계 선정		
단계	선정요소					단계
초선정	일으킨 생각	지속적 고찰	희열	행복	집중	초선정
이선정	-	지속적 고찰	희열	행복	집중	-
삼선정	-	-	희열	행복	집중	이선정
사선정	-	-	-	행복	집중	삼선정
오선정	-	-	-	-	집중	사선정

초선정에서 신체적인 괴로운 느낌(*dukkha vedanā*)이 멈추기 때문에 신체적인 고통 없이 명상할 수 있다. 이선정에서는 정신적인 괴로운 느낌(*domanassa vedanā*)이 멈추기 때문에 정신적인 괴로움 없이 명상할 수 있다. 누군가 말을 할 때 첫 번째로 일으킨 생각(대상으로 향한 최초 관심)이 그 사실을 찾아내고 지속적 고찰(살펴봄)이 그 말을 정돈하기 때문에 말로 짓는 의도적 행위(*vacī saṅkhāra*, 일으킨 생

각과 지속적 고찰)도 멈춘다. 이 2가지(일으킨 생각과 지속적 고찰)를 와찌 상카라라고 한다. 삼선정에서는 행복한 느낌(*sukha vedanā*)이 소멸한다. 여기서 행복한 느낌은 신체적인 평화로움이다. 사선정에서는 기쁨(*somanassa*)이 멈춘다. 소마낫사는 정신적 평화로움을 의미한다. 그래서 평온한 마음이 일어나서 평온한 상태에 머문다. 사선정에서 몸으로 짓는 의도적 행위(*kāyasaṅkhāra*, 身行)가 제거된다. 호흡을 까야상카라(호흡이 신체와 연관되어 있기 때문)라고 한다.

멸진정〔*nirodha samāpatti*, 열반에 몰입. 멸진정은 몸은 작용하지만 식識이 일시적으로 일어나지 않은 상태이며 수受와 상想이 완전히 멸한 경지이다. 마음(*nāma*)이 연기되지 않는 면에서 열반과 비슷하지만 몸의 생명현상을 지속하는 물질(*rūpa*)이 작용하는 상태이며, 가장 높은 단계의 선정이다〕에서는 마음으로 짓는 의도적 행위(*manosaṅkhāra*)가 멈춘다. 때로 마노상카라를 찟따상카라(*cittasaṅkhāra*)라고도 한다. 느낌(*vedanā*, 수)과 인식(*saññā*, 상)을 마노상카라라고 한다. 따라서 멸진정에 든 사람은 죽은 사람과 비슷하다. 이런 사람은 먹지도 않고 잠도 안 잔 상태에서 7일 동안 선정에 들 수 있다. 멸진정 동안에는 죽은 사람처럼 마음(*citta*)도 마음작용도 없으며 마음에 의해 생겨난 물질(*cittaja rūpa*)도 없다. 그러나 죽은 사람과 멸진정에 든 사람과 다른 점은 죽은 사람에게는 온기와 투명 물질(*pasāda rūpa*, 눈·귀·코·혀·몸의 감각기관이 대상에 민감하게 반응하는 물질)이 일어나지 않는다는 것이다. 죽은 몸에서는 오직 온도에서 생긴 물질(*utuja rūpa*)만 일어난다. 다른 물질은 일어나지 않는다. 몸의 온기(*usmā*)도 멈춘다. 죽은 몸에서는 투명 물질(눈, 귀, 코, 혀, 몸의 투명 물질)이 일어나지 않는다. 멸진정에서는 모든 마음과 마음작용이 일어나지 않는다. 그러나 마음에 의해 생겨난 물질을 제외하고 모든 물질이 일어난다. 몸의 온기도 존재한다. 투명 물질도 일어난다. 시체는 온도에 의해 생긴 물질이다. 심지어 세상이 끝날 때까지도 이것은 계속해서 일어날 수 있다. 멸진정과 시체와의 차이점은 다음 도표를 참조하라.

	시체	멸진정
① 마음, 마음작용	×	×
② 업에 의해 생긴 물질	×	√
마음에 의해 생긴 물질	×	×
온도에 의해 생긴 물질	√	√
영양물로 생긴 물질	×	√
③ 체온	×	√
④ 투명 물질	×	√

4가지 색계 선정(*rūpa jhāna*, 초선, 이선, 삼선, 사선) 이외에도 4가지 무색계 선정(*arūpa jhāna*, 마음만 있는 범천들의 선정)이 있다.

① 공무변처 선정(*ākāsānañcāyatana jhāna*): 무한한 허공을 관찰하는 경지

② 식무변처 선정(*viññāṇañcāyatana jhāna*): 무한한 의식을 관찰하는 경지

③ 무소유처 선정(*ākiñcaññāyatana jhāna*): 아무것도 없음을 관찰하는 경지

④ 비상비비상처 선정(*nevasaññā nāsaññāyatana jhāna*): 인식(想)이 있는 것도 아니고 없는 것도 아님을 관찰하는 경지

이들 선정에 들면 오랫동안 몰입할 수 있다. 이러한 선정에 몰입할 때, 수행자는 평화롭게 머무를 수 있다.

(ii) 락카누빠니자나(*lakkhaṇūpanijjhāna*): 간단하게 락카나자나(*lakkhaṇā jhāna*, 무상·고·무아의 3가지 특성에 몰입)라고 한다. 이것은 위빳사나에서 찾아볼 수 있으며, 무상(*anicca*), 고(*dukkha*), 무아(*anatta*)로 명상 대상을 자각함으로써 발현된다. 나중에 마음은 그 대상의 특성(무상·고·무아)에 집중하여 알아차리며 다른 대상으로 옮겨가지 않는다. 그때 5가지 선정요소가 일어나며 마음은 그 대상을 평온하게 동요 없이 알아차릴 수 있다. 그때 수행자는 위빳사나 선정(*vipassanā jhāna*)을 성취하지만 초선정, 이선정… 등과 같이 선정의 단계를 정할 수 없다. 위빳사나 선정은 높은 수준의 일어남과 사라짐을 아는 지혜(*Udayabbaya ñāṇa*), 마음과 물질의 사라짐을 아는 지혜(*Bhaṅga ñāṇa*), 다시 숙고하는 지혜(*Paṭisaṅkhā ñāṇa*), 그리고 상카라에 대한 평정의 지혜(*Saṅkhārupekkhā ñāṇa*)에서 발현된다. 이들 지혜로 한 대상을 취하여 마음의 흔들림 없이 평온하게 계속 명상할 수 있다. 위빳사나 지혜로는 선정에 들 수 없다. 왜냐하면 위빳사나 수행은 항상 알아차림을 하며 한 대상을 취하여 그 대상의 특성(무상·고·무아)을 알아차리기 때문이다.

(2) 『담마상가니』의 주석서 「앗타살리니」에 의하면 "집중계발 수행을 반복해서 한다면 통찰의 지혜와 함께하는 분명한 알아차림(*sati sampajañña*)이 가능하다." 여기에서 '분명한 앎(*sampajañña*)'은 위빳사나 수행의 기본이다. 집중 명상을 하면 수행자는 4가지 단계의

분명한 앎을 얻게 될 것이다〔*sampajañña*는 대상의 특성을 꿰뚫어 분명하고 바르게 아는 것이다. 제 7장, 깨달음에 관련된 37가지 요소와 7가지 깨달음의 요소를 참조하라〕.

① 목적에 대한 분명한 앎(*sātthaka sampajañña*): 행위를 하기 전에 그것이 이익이 되는지 안 되는지, 좋은지 나쁜지를 분명하게 식별하여 아는 것이다. 여기서 이익이란 선행, 즉 공덕이다.

② 적합함에 대한 분명한 앎(*sappāya sampajañña*): 이것의 의미는 목적에 대한 분명한 앎으로 그 행위를 해야 되는지 언제, 어떻게, 왜, 어디서, 무엇을 등과 같은 것을 아는 것이다.

③ 대상(명상주제)에 대한 분명한 앎(*gocara sampajañña*): 목적에 대한 분명한 앎과 적합함에 대한 분명한 앎을 항상 염두에 두면서 어디에서든 알아차림을 하며 적합함에 대한 분명한 앎과 목적에 대한 분명한 앎과 함께 함을 의미한다. 위빳사나 수행자에게 대상에 대한 분명한 앎은 '항상 명상하는 마음으로 움직이고 행동하는 것'을 의미한다.

④ 어리석음이 없는 분명한 앎(*asammoha sampajañña*): 알아차림을 하며 위에 언급된 목적에 대한 분명한 앎과 적합함에 대한 분명한 앎으로 알아차릴 때 모든 것을 어리석음 없이 알아차릴 것이다. 이것은 '사람을 사람 그대로 아는 것, 즉 사람을 마음과 물질로 아는 것'을 의미한다. 만약 이렇게 아는 수행자가 위빳사나 수행을 한다면 도의 지혜를 성취할 것이다.

(3) "반복해서 집중계발 수행을 계속 한다면 지견知見 청정(*ñāṇa-*

dassana, 앎과 봄)을 성취할 수 있다." 여기서 '지견'이라 함은 본질을 그대로 바르게 앎과 꿰뚫어 봄이며, 천안통(*Dibbacakkhu abhiññā*)을 의미한다.

(4) "집중계발 수행을 반복해서 계속한다면 번뇌를 근절할 수 있다." 단지 집중을 계발하는 것만으로 도의 지혜를 얻을 수 없다. 그래서 집중을 계발하여 어리석음이 없는 분명한 앎(*asammoha sampajañña*)이 성취되었을 때 위빳사나 수행을 해야 한다. 그러면 그때 번뇌가 제거될 수 있다.

7. 도의 지혜를 성취하기 위한 부단한 수행

세속적인 세상에서 우리는 무엇인가를 무료로 얻을 수 없다. 만약 소중한 것을 원한다면 비싼 대가를 지불해야 한다. 사람들은 대가를 치르지 않고 명성과 부와 건강을 얻을 수 없다. 바로 이런 것처럼 만약 도의 지혜를 성취하고 싶다면 수행에 에너지를 쏟아 붓고 부단한 노력을 해야만 한다. 도의 지혜를 얻는 것은 가장 소중한 일이다. 따라서 수행자는 도의 지혜를 성취하기 위해 최고의 노력을 기울여야 한다.

이 시대를 살고 있는 모든 사람들은 도의 지혜를 체득하기 위해 각고의 노력을 해야 한다. 아무도 쉽고 빠르게 도의 지혜를 얻을 수는 없다. 하지만 부처님 당시에 많은 사람들은 좌선을 하지 않고 단지 부처님의 설법을 듣기만 해도 도의 지혜를 성취했다. 『뿍갈라빤냣띠』(인시설론: 아비담마 칠론 중 분량이 가장 적은 4번째 논서)에서 부처님 법을 만나는 사람들을 4가지 유형으로 분류했다.

① 법문의 일부만 듣고 깨달은 자(*ugghaṭitaññū*): 이 사람은 부처님의 법문을 다 듣기도 전에 아라한 도를 성취할 수 있으며, 법문에 대한 간단한 설명만으로도 깨달음을 얻을 수 있다.

② 법문을 끝까지 듣고 깨달은 자(*vipañcitaññū*): 이 사람은 부처님의 법문을 끝까지 들은 후 아라한 도를 얻을 수 있다. 즉 자세한 설명을 들은 후에야 깨달음에 도달할 수 있다.

오늘 날과 같은 시대에 대부분의 사람들은 아래 두 유형의 사람들 중 하나에 속한다.

③ 충분한 수행 후 깨달은 자(*neyya*): 이 사람은 충분한 시간을 들여 열심히 수행한 후에 도의 지혜를 성취할 수 있다. 만약 수행을 충분히 하지 않는다면 도의 지혜를 얻을 수 없다. 이 말은 도의 지혜를 성취할 가능성이 있다는 의미이다. 그래서 근본적으로 이 사람은 도의 지혜를 성취할 수 있는 사람이다.

④ 금생에서는 깨닫지 못하는 자(*padaparama*): 이 사람은 아무리 수행을 한다 하더라도 금생에는 도의 지혜를 성취할 수 없으며, 도의 지혜를 얻을 업의 인연이 없다. 이런 유형의 사람을 두 가지 원인인 어리석음과 탐욕으로 태어난 사람(*dvihetuka puggala*)이라고 한다. 그 뜻은 '수태될 때 아주 약한 재생 연결심(*paṭisandhi*)으로 인해 어리석음과 탐욕의 마음작용이 개입되고 통찰지혜의 마음작용(*paññā cetasika*)이 제외되었다'는 의미이다. 그러나 열심히 수행하고 선업을 닦는다면 다음 생에 도의 지혜를 성취할 수 있다.

오늘날의 세대에는 법문의 일부를 듣고 깨달은 자나 법문을 끝까지 듣고 깨달은 자에 속하는 사람은 아무도 없다. 거의 모든 사람들은 충분한 수행 후 깨달은 자에 속한다. 그러므로 우리 모두는 도의 지혜를 얻기 위해 각고의 노력으로 부단히 수행해야 한다. 심지어 부처님 자신도 『상윳따니까야』의 「나와숫따」에서 다음과 같이 언급했다. "온갖 고통에서 자유로워지는 이 열반은 미진한 노력이나 빈약한 힘으로 얻어지는 것이 아니다."

수행자는 예전에 한 번도 가본 적이 없는 길을 가는 것처럼 맹목적으로 수행해서는 안 된다. 열반으로 가는 길은 이미 설명되어 있고 문제를 푸는 모든 해결책 또한 제시되어 있다. 수행자가 해야 할 유일한 일은 수행에 온갖 노력을 기울이는 것이다. 최고의 노력만이 도의 지혜를 성취할 수 있는 유일한 길이기 때문이다.

부처님은 일체지를 성취하기 위해 자신의 몸을 돌보지 않고 6년 동안 몸소 수행을 했다. 깨달음을 얻던 그날도, 부처님은 일체지를 얻을 때까지 보리수나무 아래 앉아 명상을 했다. 부처님은 피와 살이 마를 때까지 그 장소에서 움직이지 않겠다는 굳은 결심을 한 후 오직 뼈와 신경만이 남을 때까지 수행을 했다. 맹렬한 노력(*sammappadhāna vīriya*, 최고의 바른 노력)으로 일체지를 성취하기 위해 최선을 다해 수행했다. 바라밀을 완성하기 위해 정진하던 시기에 부처님은 일체지(*Sabbaññuta ñāṇa*)를 성취하기 위해 목숨까지도 희생했다. 부처님은 일체지를 성취한 후 살아있는 모든 생명체들을 구제하기 위해 일생을 바쳤다. 그러므로 부처님의 방법론은 꾸준히, 계속해서, 열심히 수행하는 것이다.

『맛지마니까야』의 「마하고싱가숫따」에 의하면, 어느 한 시기에 부처님과 그의 제자들인 사리불 존자, 목건련 존자, 대가섭 존자, 아난다 존자, 아나율 존자와 레와따 존자가 라자가하에 있는 사라쌍수 숲에 머물고 있었다. 어느 날 제자들이 수행 장소에 모였다. 제자들은 주간 수행을 마치고 그날 저녁 법에 대해 토론하고 있었다. 그들은 어떤 비구가 그의 제자들로 하여금 부처님의 가르침을 더 존중하게 할 수 있을까라는 관심사에 이르게 되었다. 그들은 서로 논쟁을 벌였다. 사리불 존자는 항상 마음속에 깨달음의 요소(*bojjhaṅga*)를 간직하고 있는 비구가 부처님의 가르침을 더 존중하도록 할 수 있다고 말했다. 목건련 존자는 좀 더 분명하게 법을 이해시킬 수 있도록 설할 수 있는 사람이 부처님의 가르침을 더 존중하게 할 수 있다고 덧붙였다. 대가섭 존자는 13가지의 금욕 수행을 하는 비구가 그렇게 할 수 있다고 말했다. 아나율 존자는 한꺼번에 만 개의 우주를 둘러볼 수 있는 초월지(*abhiññā*, 신통력)인 천안통을 얻은 비구만이 가능하다고 말했다. 아난다 존자는 완벽한 지혜를 갖춰서 부처님의 모든 가르침을 암송할 수 있는 비구가 더 잘 할 수 있다고 말했다. 마지막으로 레와따 존자는 속세를 떠나 한적한 곳에 머물면서 위빳사나 수행을 하는 비구만이 더 존중하게 할 수 있다고 말했다. 그들은 서로 의견이 일치하지 않았다.

그래서 결국 부처님께 물어보기로 결정했다. 그때 부처님이 그들에게로 다가와서 물었다. "내가 여기 오기 전에 무엇에 대해 토론하고 있었느냐?" 사실 부처님은 제자들이 무엇을 논의하고 있었는지 이미 알고 있었다. 제자들은 논의한 내용을 말씀드리고 부처님의 의

중을 여쭤보았다. 부처님은 제자 각자의 의견을 물어보고 대답했다. "너희들 생각은 모두 좋지만 어떤 비구가 제자들로 하여금 부처님의 가르침(*sāsana*)을 더 존중하게 할 수 있는지 내 말을 들어보아라." 마침내 부처님이 덧붙였다. "아침 일찍 일어나서 불탑 주변을 깨끗이 청소하고 탁발을 나가고 돌아와 점심 공양을 하고 발우를 씻고, 수행에 필요한 가사를 준비하여 주간 명상 터로 가서, 좌복을 깔고, '도의 지혜를 얻지 못하는 한 결코 일어서지 않겠다.'는 굳은 각오로 수행하는 비구이다. 그러한 비구가 사람들로 하여금 부처님의 가르침을 더 존경하게 만들 것이다." 부처님의 방법론은 열심히 수행하는 것이다. 수행자는 부처님이 피나는 수행을 통해 성취한 법을 얻기 위해 분투노력해야 한다.

옛날 버마(미얀마)에서 고등 교육을 받은 어떤 사람이 말했다. "지도자가 없는 무리는 혼란에 빠질 것이다. 많은 지도자가 있는 무리 또한 혼란스러워질 것이다." 이것은 혼자 명상하는 수행자에게는 지도자가 필요하다는 의미이다. 하지만 혼자 명상할 때 수행자 이외에 아무도 없다. 그래서 수행자는 다음 3가지를 지도자(의지처)로 삼아야 한다. 부처님은 『앙굿따라니까야』의 「아디빠테이야숫따」에서 3가지 우선하는 담마(*ādhipateyya dhamma*, 주권, 권위)가 있다고 설했다.

① 자기를 우선함(*attādhipateyya*): 자기를 존경받는 사람으로 삼는다. 존경받는 사람 앞에서는 어떤 사람도 감히 나쁜 행동을 하지 않는다. 심지어 나쁜 생각조차 하지 않는다. 수행자는 잘못된 수행을 삼가야 하며 자신을 존경받고 명령하는 지도자로 삼아야 한다.

수행자는 자신의 의지에 따라 수행하기 위해 명상 센터에 왔다. 그러므로 자신을 지도자로 삼아 끝까지 수행해야 한다. 대부분의 사람들은 혼자 잘못된 행동을 하면 아무도 모른다고 생각한다. 그러나 그 잘못된 행동을 아는 자신이 있다. 자신의 잘못된 행동을 가볍게 생각하지 마라. 수행자는 부처님의 바람에 따라 도의 지혜를 얻기 위해 위빳사나 수행을 해야 한다. 그래서 항상 도의 지혜를 얻기 위해 혼자 힘으로 수행해야 한다는 사실을 마음속 깊이 간직해야 한다. 다른 사람들에게 묻지 말고 스스로 격려하며 수행하라. 만약 수행자가 잘못된 행동을 한다면 자신 이외에 아무도 모른다. 그리고는 "그걸 아무도 모를 거야."라고 생각할 수도 있다. 그러나 수행자 본인이 증인이다. 수행자 자신은 다른 어떤 사람이 아니며 열등한 사람이나 저급한 사람이 아니다. 수행자는 고귀한 사람이라는 사실을 알아야 한다. 그래서 우리 모두는 매우 겸허한 마음으로 정중하게 부처님 법을 수행해야 한다. 우리는 이 세속에서 법을 수행하라고 말해주는 사람에게 감사해야 한다.

② 법을 우선함(*Dhammādhipateyya*): 부처님은 "그대들은 슬퍼해서는 안 된다. 내가 가고나면 스승은 없다. 내가 전수한 법과 계율이 그대들의 스승이다."라고 『디가니까야』의 「마하빠리닙바나숫따」에서 마지막 유훈을 남겼다. 그러므로 법을 스승으로 존경해야 한다. 열반에 이르게 하는 이 법은 매우 성스럽고 부처님이 자신의 목숨을 희생하면서까지 수행하여 얻은 것이다. 그래서 이 법을 수행하는 것은 존경을 표하는 것이다. 실제로 이 법은 수행자를 열반에 이르게 할 것이다. 따라서 부처님의 법을 존경하는 것으로 간직해야 하며

실제로 존경해야 한다.

③ 세상을 우선함(*lokādhipateyya*): 세상(*loka*)을 존경하는 것으로 생각하라. 혼자 수행할 때 가끔은 잘못된 행동을 저지를 수 있다. 수행 센터에 혼자 있다고 생각할 수도 있지만 세상에는 수호신을 비롯하여 많은 천신들과 초능력을 가진 사람들도 있다. 그들이 수행자를 지켜볼 것이며 잘못된 행동에 대해 망신을 줄 수도 있다. 따라서 세상을 존경하는 것으로 삼아야 한다.

제4장

수행의 장애는 무엇인가?

사마타 수행을 하는 주된 이유는 불선한 마음작용(*akusala cetasika*)을 고요히 하고 제거하기 위함이다〔사마타의 원래 의미는 '그침', '고요'이며, 마음을 하나의 대상에 고정시켜서 삼매를 얻기 위한 명상이다. 이는 집중을 통해 깊은 선정을 얻는다〕. 위빳사나 수행을 하는 이유는 불선한 마음작용인 오염원(번뇌)을 제거하여 아라한이 되기 위함이다〔위빳사나는 마음과 물질의 3가지 특성인 무상·고·무아를 꿰뚫어 아는 통찰의 지혜를 계발하는 명상이다. 이는 열반을 목표로 한다〕. 따라서 모든 수행은 오염원이라고 하는 불선한 마음작용을 누르는 것이다. 그러므로 오염원은 수행자의 적이다. 이것은 집중과 선정과 도의 지혜를 성취하려는 수행자를 방해하며 그것들을 얻지 못하도록 한다. 그런 방해 작용 때문에 오염원들을 니와라나(*nīvaraṇa*, 장애) 또는 아와라나(*āvaraṇa*, 마음을 덮어버리는 덮개)라고 한다. 이러한 오염원들은 집중을 얻는 데 방해물이며 수행에 역효과를 가져온다.

1. 장애란 무엇인가?

장애(*nīvaraṇa*)란 마음의 방해물이며 정신적인 시야를 가리는 번뇌의 무리이다. '장애'라는 것은 마음을 계발하려는 것(수행)을 다양한 방법으로 방해하고 그런 마음을 덮어버리는 것이다. 장애가 나타나면 근접삼매(*upacāra samādhi*)나 본삼매(*appanā samādhi*)에 도달할 수 없다. 따라서 장애물이 생기는 것을 배제함으로써 성숙한 통찰명상(*vipassanā*)을 위해 더 강력한 근접삼매로 이끄는 찰나삼매(*khaṇika samādhi*)를 계속 체험해야 한다. 그러나 이러한 높은 수준의 정신적인 계발은 제외하더라도, 다음의 6가지 장애가 출현하면 수행자의 맑은 생각과 순수한 삶에 대한 어떤 진심어린 시도〔명상 등과 같은 수행〕에 심각한 영향을 받을 것이다. 『디가니까야』의 「사만냐팔라숫따」에 의하면 6가지 장애는 다음과 같다.

(i) 감각적 욕망의 장애(*kāmacchanda nīvaraṇa*): 감각적 쾌락에 대한 갈망과 욕구와 탐욕이다.

(ii) 악의의 장애(*byāpāda nīvaraṇa*, 마음을 파괴함): 분노, 후회, 적대감 등을 근간으로 하는 감정이다.

(iii) 나태와 무기력의 장애(*thina-middha nīvaraṇa*, 둔한 마음과 행동): 노력 부족으로 생긴 무기력하고 졸리는 상태이다.

(iv) 들뜸과 후회의 장애(*uddhacca-kukkucca nīvaraṇa*, 들뜨고 후회하는 마음): 초조하고 안정되지 않은 마음이다.

(v) 의심의 장애(*vicikicchā nīvaraṇa*): 원래 부처님과 법과 승가에 대한 의심이며, 명상에 대한 가르침을 이해하고 수행하는 자신의 능력에 대한 의심이다.

(vi) 무명無明의 장애(*avijjā nīvaraṇa*): 위빳사나 수행에만 적용되는 장애이며, 사성제에 대한 지혜의 부족이다〔『아비담마』는 5장애에 무명의 장애를 넣어 6장애로 언급한다〕.

감각적 욕망은 여러 가지 색깔로 채색된 물에 비유되며, 악의의 마음은 끓는 물에, 나태와 무기력은 이끼 낀 물에, 안절부절 못하고 후회하는 마음은 바람에 출렁이는 물에, 의심은 탁한 진흙탕 물에 비유된다. 이런 물에서는 자신의 마음을 비춰볼 수 없다. 그래서 이러한 정신적인 장애가 있는 상태에서 수행자는 명상의 이익을 정확하게 파악할 수 없다.

(1) 감각적 욕망의 장애: "대출금으로 비유하는 감각적 욕망은 모든 장애의 근간이다."라고 『맛지마니까야』의 「물라빤나사」 주석서에서 밝히고 있다. 여기에서 '대출금'은 만약 누군가 돈을 빌린다면, 그 돈을 갚을 때까지 채권자의 의지대로 따라다녀야 하는 것을 의미한다. 채무자는 수행자와 같으며, 채권자는 감각적 욕망과 같다. 채무자는 채권자의 지시를 따라야 할 것이다. 이처럼 감각적 욕망은 수행자가 쾌락적인 어떤 것에서 빌린 대출금과 같다. 왜냐하면 쾌락적인 것과 부딪칠 때마다 명상 대상을 알아차리기보다는 쾌락적인 것에 마음을 뺏기기 때문이다.

감각적 욕망 장애의 본래 요인은 탐욕(*lobha*)이다. 감각적 욕망 장애가 일어나는 원인은 쾌락적인 증상이 올라올 때마다 일어나는 부적합한 마음의 의도이다. 감각적 욕망은 오감, 즉 형색(봄), 소리, 냄새, 맛, 육체적 느낌(감촉)을 통해 행복한 느낌을 찾는 욕구를 말한다. 감각적 욕망에는 8가지가 있다.

① 감각적 욕망(*kāmacchanda*, 욕구): 까마(*kāma*)는 오감 즉 형색, 소리, 냄새, 맛과 감촉에 관련된 것을 의미한다. 찬다(*chanda*)는 욕

구를 뜻한다. 따라서 까맛찬다는 오감의 세계에 몰두하려는 갈망과 욕심이다.

② 감각적 쾌락에 대한 갈망(*kāmarāga*): 관능적인 것에 대한 열정과 흥분이다.

③ 미혹(*kāmamucchā*): 강한 욕망으로 인한 혼돈 상태이며, 감각적 쾌락에 미혹된 상태이다.

④ 불타오르는 열정(*kāmapariḷāha*): 격렬한 욕망으로 인한 혼미한 상태이며, 강한 환상이다.

⑤ 성적인 사랑(*kāmasineha*): 감각적 쾌락을 위한 사랑이다.

⑥ 감각적 쾌락에 대한 탐닉(*kāma ajjosāna*): 마지막 순간까지 감각적 쾌락을 탐닉한다.

⑦ 갈애(*kāmataṇhā*): 감각적 쾌락에 대한 집착이다.

⑧ 감각적 행복(*kāmanandī*): 감각적 쾌락을 즐기는 행복감에 빠진 상태이다.

누군가에게 이러한 종류의 마음이 일어난다면 그는 감각적 욕망을 가진 것이다. 일반적으로 감각적 욕망을 제거하기 위해서는 쾌락적인 대상이 일어날 때마다 그것을 불쾌한 대상으로 바꿔 생각해야 한다.

(2) 악의의 장애: 악의의 장애의 본래 요인은 분노(*dosa*)이다. '브야빠다(*byāpāda*)'는 파괴하고 싶은 욕망을 말한다. 악의의 장애는 가장 큰 불이익의 원인이다. 이 장애는 사람이나 심지어 어떤 상황에 대한 철저한 분노이다. 그 분노 때문에 항상 사실을 제대로 볼 수

없으며, 장단점을 가늠하지 못하고 증오하는 사람을 파멸하기 위해 안간힘을 쓴다. 따라서 올바르게 판단하는 능력을 쉽게 잃어버린다. 악의의 장애가 일어나는 원인은, 보고 듣고 또는 만질 때 생기는 감정에 대해 싫어하는 느낌이 일어날 때마다 부적절한 마음의 의도가 개입되기 때문이다. 5가지의 악의의 마음이 있다.

① 원한(*āghāta*): 보복하고 싶은 욕구이다. 과거, 현재, 미래에 따른 9가지의 원한이 있다. 삼세 즉 전생, 금생, 내생에 걸친 자신과 사랑하는 사람들에 대한 욕구, 적에 대한 원한 등이다. 예를 들면, 나의〔사랑하는 사람〕, 나, 나의 적에 대한 원한 등이다. "그는 내 재산을 빼앗아가서 나는 그 사람을 증오해(현재). 그는 내 재산을 빼앗아갔어(과거). 그는 내 재산을 빼앗을거야(미래)." 등이다.

② 적의(*paṭighāta*): 원한(*āghāta*)보다 더 강한 분노이다.

③ 분노(*kodha*, 약한 분노): 성냄이다.

④ 불쾌함(*anattamanatā cittassa*): 어떤 상황에 대한 불쾌한 마음이다.

⑤ 불만(*kopa*): 2가지 불만이 있다. 불만족과 같은 타당한 불만이 있고, 비 오는 날이나 추운 날씨에 대해 불평하는 것과 같은 부당한 불만(*aṭṭhāna kopa*)이 있다.

(3) 나태와 무기력의 장애: 원래 요인은 나태와 무기력의 마음작용(*thina-middha cetasika*)이다. 이 장애의 역할은 마음을 둔하게 하는 것이다. 나태라 함은 정신적인 굼뜸과 주저함이다. 무기력이라 함은 육체적인 굼뜸이며 꾸벅꾸벅 조는 것과 같은 졸린 상태이다. 나태와

무기력한 마음은 다음과 같은 이유로 생긴다.

① 불만족(*arati*, 기쁘지 않음): 아라띠는 삼매(*samādhi*)계발을 기뻐하지 않는 것이다. 그러한 느낌이 불만족으로 이어져서 정신적인 수행에 의욕을 잃을 수도 있다. 수행에 대한 불만 때문에 졸리고 수행할 의욕을 잃게 되어 명상이 즐겁지 않다.

② 게으름(*tandī*): 낙담한 상태이다. 게으름 때문에 수행하고 싶은 생각이 들지 않는다.

③ 하품(*vijambhitā*): 지친 수행자는 무료함과 졸린 기분을 표출하기 위해 쓸데없이 기지개를 핀다. 명상 중에 자주 양팔을 활짝 펴기도 하고 하품을 참지 못한다.

④ 과식(*bhattasammada*): 과식은 나태와 무기력을 일으킬 수 있다. 나태와 무기력은 음식을 게걸스럽게 많이 먹은 결과가 아니다. 많은 사람들은 나태와 무기력이 과식 후에 일어나는 현상이라고 생각한다. 과식은 나태와 무기력을 일으킬 수 있는 가능성의 원인일 뿐이다. 이 나태와 무기력은 수행의 이익을 가로막는 진짜 적인 오염원(*kilesa*, 번뇌)이다. 따라서 나태와 무기력함을 피하기 위해서 적절하게 음식을 섭취하는 것이 바람직하다. 세상 사람들은 나태와 무기력 때문에 졸음을 느낀다. 만약 수행자가 이 사실을 모른다면 나태와 무기력함이 생기는 것이 자연적인 현상이라고 생각할 것이다. 아라한은 모든 번뇌가 제거되었기 때문에 결코 나태와 무기력에 빠지지 않는다. 그들이 잠을 자는 것은 나태와 무기력함 때문이 아니라 몸을 쉬기 위함이다.

⑤ 마음의 태만(*cetaso ca līnattaṃ*, 낙담): 무료함이다.

「마하왁가」 주석서 「까야숫따완나나」에 4종류의 나태함(*thina*)에 대해 언급하고 있다.

(a) 몸이 처짐(*olīyanā*): 수행 자세를 지탱하기 어렵다. 몸이 앞으로 기울어지지만 곧게 세우고 싶은 생각이 들지 않는다.

(b) 굼뜸(*sallīyanā*): 몸이 축 처진 상태(*olīyanā*)가 계속된다.

(c) 마음의 부동성(*akammaññatā*): 마음이 건강하지 않기 때문에 제대로 활동을 못한다.

(d) 망설임(*līnaṃ*): 주저함이다.

5종류의 무기력(*middha*)이 있다.

ⓐ 장막(*onāha*): 오나하는 '혼란스러운' 또는 '명확하게 생각할 수 없는'의 의미이다. 마음(*citta*)과 마음작용(*cetasika*)이 대상을 취하려고 하면, 무기력함이 집중을 못하게 방해함으로써 명료한 생각을 가로막아 마음이 부분적으로 가려진다.

ⓑ 덮개(*pariyonāha*): 마음을 완전하게 에워싸고 덮어버린다.

ⓒ 내부 방어벽(*anto-samorodha*): 안또(*anto*)는 '안' 또는 '~안에' 또는 '내부에'의 뜻이며, 사모로다(*samorodha*)는 '방어벽을 친, ~안에 방어벽을 친'의 의미이다. 이것은 대상을 완전하게 취하지 못하게 한다. 수행자는 호흡이 접촉하는 점을 알아차릴 수 없다.

ⓓ 눈꺼풀의 흔들림(*pacalāyika*): 졸린 상태이다.

ⓔ 수면(*soppa*): 잠에 빠진다.

(4) 들뜸과 후회의 장애: 들뜸과 후회(*uddhacca-kukkucca*)의 본래 요인은 이들 2가지(들뜸과 후회)의 마음작용이다. 들뜬 상태란 고요

함이 부족한 것이며, 정신적인 불안이며, 마음이 평화롭지 않은 것이다. 마음이 들떠있기 때문에 바른 결정을 내릴 수 없다. 후회는 이미 한 것과 하지 못한 것에 대한 애석함이다. 들뜸과 후회는 선행을 방해하며, 이 마음 상태에서는 마음과 물질에 대해 알아차림을 할 수 없다. 죽어가는 순간에 들뜸과 후회의 장애를 가진 사람은 지옥에 태어날 가능성이 많다.

(5) 의심의 장애: 의심의 본래 요인은 그 명칭(*vicikicchā*, 의심)의 마음작용이다. 위찌낏차는 우리가 흔히 말하는 의심이라는 단어가 의미하는 것과 다르다. 여기서 의심이란 부처님과 법과 승가와 마음과 물질(*nāma-rūpa*)의 실재에 대한 의심이며, 원인과 결과, 사성제와 연기에 대한 의심이다.

(6) 무명의 장애: 무명의 본래 요인은 어리석음(*moha*)이다. 무명(*avijjā*)은 진리를 보는 마음을 눈멀게 하여 잘못된 길로 이끈다. 무명의 장애(*avijjā nīvaraṇa*)는 사성제를 모르는 것이고 전생과 내생을 알지 못하는 것이며, 의존하여 일어나는 본질에 대한 특정한 조건관계를 모르는 것이다. 무명의 장애는 위빳사나 수행에 적용되기 때문에 사마타에는 5가지 장애만 있다.

2. 장애를 제거하는 방법

(1) 감각적 욕망의 장애(감각적인 쾌락에 대한 갈망과 탐욕): 우리는 항상 감각적 욕망의 장애와 직면해 있지만 악의의 장애(*byāpāda nīvaraṇa*)보다는 약하기 때문에 제거하기가 쉽다. 다음과 같이 함으로써 한 번에 이 장애를 제거할 수 있다.

① 쾌락적인 대상(*subha nimitta*)이 나타날 때, 불쾌한 대상(*asubha nimitta*)으로 생각하라. 쾌락적인 대상이란 5가지의 감각 대상과 접촉할 때 아름다움, 달콤함, 멋짐, 좋음, 부드러움 같은 느낌이 마음속에 일어나는 것이다.

② 어떤 것을 보고, 냄새 맡고, 듣고, 맛보고, 접촉할 때마다 그것이 혐오스러운 것(*asubha*)이라고 생각하라. 몸의 더러움에 대해 명상하는 것은 감각적 욕망의 장애와 정말 부정한 것을 순수하고 아름다운 것으로 보는 왜곡된 마음을 푸는 해독제이다. 항상 부정관(*asubha bhāvanā*)을 하라.

③ 음식을 적절하게 섭취하라. 수행자는 지혜롭게 음식을 섭취해야 한다. 즐거움이나 몸을 아름답게 하기 위해 먹는 것이 아니라 몸을 지탱하고 유지하며, 혹시 일어날 수 있는 손상을 피하고, 성스러운 법을 수행하기 위해 음식을 먹어야 한다.

④ 감각의 문을 단속하라. 수행자는 어떤 형상을 볼 때 전체적인 외관이나 세밀한 것에 사로잡혀서는 안 된다. 만약 보는 감각이 통제되지 않으면 분노나 탐욕과 같은 불선한 마음이 일어날 것이다. 만약 그 대상을 좋아한다면, 탐욕이 일어날 것이다. 만약 그 대상

을 좋아하지 않는다면 분노가 일어날 것이다. 따라서 수행자는 그런 마음을 통제하기 위해 수행해야 하며, 보고, 듣고, 맛보고, 냄새 맡고, 접촉하는 감각을 주의 깊게 살펴서 제어해야 한다. 강한 욕망과 연관된 호감 가는 것, 좋아하는 것, 기분을 좋게 하는 것 등은 눈·귀·코·혀·몸으로 감지할 수 있는 어떤 형태가 있다. 만약 그것들을 즐기지 않는다면 집착하지 않을 것이며, 즐거움이 없다면 속박도 없다.

⑤ 지혜로운 친구를 사귀어라. 경험이 많고 모범이 될 수 있으며, 특히 부정不淨에 대한 명상을 할 때 감각적 욕망을 극복할 수 있도록 도와줄 수 있는 친구를 사귀어라.

⑥ 감각적 욕망을 극복하는 것에 대해 적합한 대화를 하라. 모든 대화가 수행에 진척을 보여줄 수 있는 적합한 대화여야 한다. 감각적 욕망에서 완전히 분리될 수 있는 대화여야 하며, 마음에 고요함을 가져오고 깨달음과 열반에 좋은 대화를 해야 한다.

(2) 악의의 장애(파괴하는 마음): 악의는 유혹이라기보다는 혐오감에 의해 생긴다. 악의가 일어날 때 수행자는 필사적으로 누르려고 하지 말고 본래 원인을 찾아내려고 해야 한다. 원인을 찾는다 하더라도 그 뿌리까지 제거하기란 매우 어렵다. 만약 수행자가 이 장애를 가지고 있다면 음식을 전혀 먹을 수 없는 중병 환자처럼 수행을 잘 할 수 없다. 그 해독제는 자애(*mettā*) 명상이다. 어떤 사람에 대해 악한 마음이 일어날 때, 자애심은 당신을 헤치려고 하는 사실보다 그 사람의 내면을 더 잘 볼 수 있도록 가르쳐준다. 자애는 그 사람

이 왜 당신을 헤치려고 하는지 그 이유를 이해하도록 해주며, 다른 사람의 아픔에 대해 자비의 마음으로 볼 수 있도록 자신의 괴로움을 제쳐놓게 한다. 시비의 마음이 일어날 때마다 지혜로운 주의(*yoniso manasikāra*, 마음에 새겨 깊이 통찰함)를 계발하여 그런 마음을 제거할 수 있다. 오직 지혜로운 주의만이 장애를 예방할 수 있기 때문이다.

위 내용을 요약하면 악의의 마음 장애를 제거하는 데는 6가지 방법이 있다.

① 자애를 적용하여 극복하라. 따라서 자애를 계발하라. 분노의 대상이 올라올 때마다 분노가 일어나도록 허용하지 마라. 대신에 자애를 생각하라.

② 항상 자애를 계발하라.

③ 우리는 자신의 행동(*kamma*, 업)에 대한 주인이며 그 행동의 상속자라는 것을 잊지 마라. 행위에 대한 업의 결과(과보)를 깊이 생각하라. 누군가 나를 때릴 때 만약 인내심이 있다면 불선한 마음이 올라오지 않는다. 때린 것 자체는 때린 사람의 불선한 행위이다. 만약 인내심이 없어서 그 사람을 되받아 때렸다면, 당신도 불선不善한 행위를 저지른 것이다.

④ 분노와 자애를 비교해 보아라. 분노는 불리한 결과를 초래한다. 거의 대부분의 살인과 파괴적인 행위는 분노 때문이다. 분노는 친구도 적으로 만들 수 있다. 적(원수)을 뿌리까지 샅샅이 파멸시켜 물리친다 하더라도 분노를 완전히 정복할 수 없다. 오히려 적을 친구로 만드는 것이 적을 제거하는 최상의 방법일 것이다.

⑤ 지혜로운 친구를 사귀어라.

⑥ 적합한 대화를 나누어라.

(3) 나태와 무기력 장애(둔한 마음 또는 행위): 이 장애를 제거하기 위해 다음 3가지 노력과 함께 지혜로운 주의를 기울여야 한다. 만약 지혜로운 주의를 기울이지 않는다면 나태와 무기력 장애가 올라올 것이다. 나태와 무기력은 노력함으로써 극복된다. 숙련된 수행자는 나태와 무기력 신호가 처음 올라올 때를 예리한 감각으로 살펴서 그것이 다가오는 것을 알아챔으로써 너무 늦기 전에 막을 수 있다. 그래서 그런 수행자는 명상을 계속해서 수행의 이익을 얻을 수 있도록 지혜롭게 대처한다. 「마하왁가」 주석서 「까야숫따완나나」에 따르면 명상에 적용할 수 있는 3가지 노력(정진)이 있다.

① 초기 정진(*ārambha vīriya*): 수행을 시작하려는 노력이다. 아람바는 '시작, 시도'의 의미이다. 즉 노력, 의지, 에너지를 쏟음 또는 수행을 시작하려는 처음의 시도이다.

② 지속적인 정진(*nikkama vīriya*): 수행을 지속하기 위한 노력이다. 이것은 갈애나 탐욕이 없는 노력이다. 닉까마는 '강한 노력과 강인함과 인내심'을 뜻한다. 게을러져서 수행할 마음이 생기지 않으면 게으름을 극복하고 지혜로운 주의를 기울여 수행을 다시 시작해야 한다.

③ 분발하는 정진(*parakkama vīriya*): 수행을 끝까지 완성하기 위한 노력이다. 고군분투, 애씀 등의 피나는 노력이다. 빠락까마의 의미는 '끝까지 수행하기 위한 노력'이다. 게으름을 극복함으로써 수행을 계속할 수 있으며 더 강한 집중 상태를 얻을 수 있다. 그러면 그

결과에 희열을 느껴서 분발하는 정진으로 끝까지 수행할 수 있다.

부처님의 가르침에 따르면, 『앙굿따라니까야』의 「빠짤라야마나숫따」에서 부처님은 목건련 존자에게 나태와 무기력한 마음을 제거하기 위한 가르침을 주었다. 목건련 존자가 아라한이 되기 전에 마가다 왕국에 있는 깔라왈라뿟따 마을에서 수행을 하고 있었을 때, 심한 피곤함과 졸림으로 힘들어했다. 그때 부처님이 목건련 존자 앞에 나타나서 물었다. "지금 졸고 있지 않느냐, 목건련아?" 목건련 존자는 졸고 있었기 때문에 깜짝 놀랐다. "그렇습니다, 세존이시여." 부처님은, "그렇다면 나태와 무기력을 없애기 위해 이렇게 해 보아라!" 라고 지시했다.

(a) 명상 대상에서 마음을 옮겨 다른 대상을 취하라. 그렇게 하면 무기력한 마음이 사라질 것이다.

(b) 만약 나태와 무기력이 사라지지 않으면 배운 법에 대해 사유하고 반조하라.

(c) 그래도 나태와 무기력이 사라지지 않는다면 법을 독송하라.

(d) 그것도 도움이 되지 않으면 양손을 문지르고 귓불을 잡아 당겨라.

(e) 그것도 도움이 되지 않으면 눈을 떠라.

(f) 그래도 나태와 무기력을 제거할 수 없으면 마치 매우 밝은 광경을 보는 것처럼 빛(광명)을 생각하라.

(g) 그래도 도움이 되지 않으면 명상을 멈추고 걸어라. 여기서 '걷는 것'은 휴식하기 위한 걷기가 아니라 걷기 명상을 의미한다. 그래

도 졸린다면 몸이 몹시 피곤한 상태이기 때문에 자야한다. 잠을 잘 때는 사자처럼 오른쪽으로 누워라. 왼쪽 다리를 약간 앞으로 해서 왼발을 다른 발 위에 살짝 놓은 자세를 취하고 언제 일어나겠다는 굳은 결심을 한 후 잠을 청하라.

참조: 부처님 당시 정글의 왕인 사자는 아프리카의 보통 사자가 아니라 신성한 동물이었다. 그런 사자는 죽을 만큼 배가 고파도 결코 풀을 먹지 않는다. 홀로 동굴 속에서 기거하면서 먹잇감을 찾기 위해 한 달에 2번 먹이 사냥을 한다. 이른 아침 동굴 입구로 나와서 숲에 있는 모든 동물들이 들을 수 있도록 큰소리로 포효한다. 그것은 "내가 지금 먹잇감 사냥을 나가려고 하니 도망가라."라는 경고이다. 그러고 나서 도망가지 못한 마지막 동물을 잡는다. 코끼리처럼 큰 동물이든 토끼처럼 작은 동물이든 상관하지 않고 온 힘을 다해 동물을 붙잡는다. 이 의미는 그것이 코끼리든 토끼든 열정적으로 그의 임무를 완성한다는 것이다. 사자는 결코 이율배반적인 행위를 하지 않는다. 중요한 사항 한 가지는, 사자의 지방(fat)은 일반적인 보통 컵에 담으면 저절로 흘러내린다는 것이다. 오직 황금 컵에만 담을 수 있다. 그 황금 컵은 가장 우수한 품질의 금으로 만들어야 한다. 그래서 사자라는 동물은 신성하고 대단한 동물이었다. 오늘 날 그러한 유전자를 가진 사자는 더 이상 존재하지 않는다.

「대념처경」 주석서에 따르면 나태와 무기력 장애를 극복하기 위해 다음 사항을 행해야 한다고 언급한다.

① 과식을 삼가라. 과식은 나태와 무기력의 주된 원인 중에 하나이기 때문에 언제 그만 먹어야 하는지를 알아차려라.

② 명상 자세를 바꿔라. 일어나서 걷기 명상을 하고, 세수를 함으로써 마음을 환기시키려고 노력하라.

③ 빛의 개념을 생각하라.

④ 밖으로 나가거나 탁 트인 공간으로 가라.

⑤ 지혜로운 친구를 사귀어라.

⑥ 적합한 대화를 하라.

(4) 들뜸과 후회의 장애(흔들리는 마음의 장애; 불안한 마음의 원인): 서비스 맨을 예로 들어보자. 서비스 맨은 스스로 판단할 수 없다. 그의 행동은 자기 주인의 바람에 달려 있다. 이 장애를 가진 수행자는 자신의 바람대로 수행할 수 없다.

① 부처님의 경전(교리와 계율)에 대해 충분한 지식을 익혀라.

② 경전을 완전히 이해할 때까지 질문하라.

③ 수행에 능숙하게 하라. 명상 방법과 해야 할 것과 하지 말아야 할 것을 숙지하라.

④ 성숙하고 많은 경험과 품위와 자제력이 있고 마음이 고요한 어른들과 친분을 맺어라. 여기에서 '경험'이란 단지 어떤 사건을 보고 듣는 것만이 아니다. 끝까지 한 사건의 문제점을 지켜보기만 하는 것을 경험이라고 하지 않는다. 경험이란 그 문제점을 근절하기 위한 해결책을 마련하는 것이다.

⑤ 고귀한 친구를 사귀어라.

⑥ 적합한 대화를 하라.

(5) 의심의 장애: 주위에 강도들이 득실거리는 사막에서 값비싼 많은 보석을 운송하고 있는 상인을 예로 들어보자. 만약 상인이 갈림길에 이르렀을 때 길을 정확하게 알지 못한다면 어떤 길로 가야 할지 모른다. 상인은 그곳에 멈춰 서서 어떤 길을 선택할 것인지 고민한다. 결국 한 길을 선택하지만 그 길이 잘못된 길이라는 것을 알고난 후 되돌아온다. 그 후 다른 길을 선택해보지만 그 길 역시 잘못된 길이었다. 그러면 또 다시 되돌아온다. 그렇게 되면 많은 시간이 걸리게 되고 강도들의 습격을 받아 귀중한 보석을 잃게 될 수도 있다. 이처럼 수행자가 자기가 하고 있는 수행에 대해 모른다면 의구심을 갖게 된다. 그래서 명상 스승에게 수행을 제대로 하고 있는지 물어봐야 한다. 만약 올바른 방법으로 수행하지 않는다면 도의 지혜를 성취하기 전에 무상(*anicca*)함이 그를 고통스럽게 할 것이다. 이것은 도의 지혜를 얻기 전에 죽을 수도 있다는 의미이다.

① 부처님의 경전(교리와 계율)에 대한 충분한 지식을 익혀라.

② 경전을 완전히 이해할 때까지 질문하라.

③ 수행에 능숙하게 하라. 명상 방법과 해야 할 것과 하지 말아야 할 것을 숙지하라.

④ 부처님과 법과 승가에 대해 확신을 가져라.

⑤ 지혜로운 친구를 사귀어라.

⑥ 적합한 대화를 하라.

제5장

집중력을 파괴하는 피할 수 없는 마음의 잡음

명상하려고 앉아 있는 동안 거의 모든 수행자들은 마음을 명상 대상에 맞출 수 없는 경험을 하게 된다. 마음은 항상 여기저기 밖으로 배회한다. 그러면 수행자는 보통 마음이 밖으로 간다고 말한다. 사실 마음이 명상 대상이 아닌 새로운 대상을 취하는 것이다. 그것은 단지 '생각'일 뿐이다. 문자 그대로 그것을 '위딱까'(*vitakka*)라고 한다. 위딱까는 문어적인 용어이며 미얀마 수행자들은 '위딱'(*vitak*)이라고 말한다. 그것은 명상하는 동안에 상상하는 생각을 말한다. 여기서 위(*vi*)는 '특별하게'의 뜻이며 딱까(*takka*)는 '돌아가는 법'이라는 의미이다. 따라서 위딱까는 '특별하게 돌아가는 법'을 의미한다. 수행자의 몸이 비록 명상 장소에 앉아 있을지라도 마음은 여기저기를 배회한다. 그의 마음은 생각(*vitakka*) 때문에 금생에서 또는 다른 생으로, 위 아래로, 또는 지옥과 천당을 항상 돌아다니고 있다. 심지어 부처님도 부처가 되기 전에 이와 같은 경험을 했다.

위딱까의 본래 요인은 위딱까라는 이름에서 언급된 마음작용이다. 위딱까의 기능은 대상을 찾아 마음을 그 대상에 두는 것이다.

수행을 하는 동안에, 위딱까는 첫 번째로 가장 중요한 마음의 요소이다. 위딱까는 마음을 명상 대상에 두도록 한다. 그러나 알아차림이 부족할 때는 밖의 대상인 생각으로 마음이 향한다. 오랫동안 마음이 계속해서 하나의 명상 대상을 취하지 못하는 한, 마음은 집중할 수 없다. 이것이 왜 위딱까(생각)가 명상할 때 피해야 하는 가장 중요한 것인지를 말해주는 이유이다. 몇몇 법문에서는 위딱까를 '상까빠'(*saṅkappa*, 사유)라고 했는데, 일반적으로는 '위딱'(*vitak*, 생각)이라고 한다.

1. 두 종류의 생각

2종류의 생각이 있다.

① 선한 생각(*kusala vitakka*, 유익하거나 좋은 생각) 또는 바른 생각(*sammāsaṅkappa*, 정사유)

② 불선한 생각(*akusala vitakka*, 유익하지 않거나 좋지않은 생각)이나 잘못된 생각(*micchā saṅkappa*)

참조: 위딱까를 일반적인 대화에서 사용할 때는 불선한 생각을 말한다(미얀마 사람들은 빨리어를 일상 대화에서 많이 사용한다). 누군가 선한 생각을 언급하고 싶을 때는 삼마 위딱까(sammā vitakka, kusala vitakka, 바른 생각)라고 쓴다.

(1) 선한 생각

이것은 유익하거나 선한 생각이며, 유익한 마음작용(*kusala cetasika*)에서 일어난다. 팔정도(*Ariya aṭṭhangika magga*)에서 유익한 생각은 바른 생각(*sammāsaṅkappa*, 정사유)에 포함된다. 유익한 생각은 3가지가 있다.

① 출리出離에 대한 생각(*nekkhamma vitakka*): 세속적인 것에서 벗어나려는 생각과 유익한 행위에 대한 생각이다. 유익하지 않은 생각(*akusala vitakka*)이 올라올 때 그런 생각과 반대되는 생각을 하라. 감각적인 쾌락에 관한 생각(*kāma vitakka*)의 반대 개념이 출리에 대한 생각이다. 출리에 대한 생각은 출가나 은둔 수행자가 되는 것, 보시하는 것, 또는 명상에 대한 생각이다. 유익하지 않은 생각이 일어날 때마다 그것을 받아들이지 말고 제거하라. 이 의미는 마음이 본래 명상 대상으로 돌아가야 한다는 뜻이다.

② 악의 없는 생각(*abyāpāda vitakka*): 분노의 반대인 자애심에 대해 생각하는 것이다. 분노의 반대를 자애라고 한다.

③ 잔혹하지 않은 생각(*avihiṃsa vitakka*): 연민(*karuṇā*)에 대한 생각이다. 이것을 까루나라고 한다.

4가지의 한량없는 마음인 사무량심(*appamaññā*)이 있다.

(a) 자애(*mettā*, 慈): 예외 없이 모든 중생들이 행복하기를 바라는 마음이다. 자애는 악의에 맞서는 개념이다.

(b) 연민(*karuṇā*, 悲): 모든 중생들이 고통에서 벗어나기를 바라는 마음이다. 이것은 잔인함에 맞서는 개념이다. 연민은 슬픔과 혼동될 수도 있다(슬픔은 불선이다).

(c) 더불어 기뻐함(*muditā*, 喜): 모든 중생들의 행복과 미덕을 크게 기뻐하는 유익한 태도이다. 이것은 질투와 맞서는 개념이며 사람들을 덜 이기적(자기중심적)으로 만든다.

(d) 평정(*upekkhā*, 捨): 현재 상황과 상관없이 모든 중생들에게 공평한 태도이다. 평정의 옳은 태도는 (만약 어떤 사람을 도와주려고 했지만 방법을 찾을 수 없을 때) 도와주려는 집착이나 도와줄 수 없어서 화가 나는 마음의 반대로 해야 한다. 그것은 그의 전생 업의 결과로 이해하는 것이다. 아무도 업을 막을 수 없기 때문에 그들을 도와주는 것을 포기한다. 이 평정심은 위의 다른 무량심無量心보다 먼저 일어나서는 안 된다. 아무런 노력 없이 평정심이 먼저 일어날 경우 그것은 진정한 평정이 아니다. 사실 그런 마음은 나약하고 게으른 마음이거나 분노이다. 진정한 평정의 마음은 이처럼 되어야 한다. 누군가 어려운 상황에 처해 있는 것을 볼 때나 도움이 필요한 사람을 볼 때, 첫째 연민을 느끼고 그를 구해줄 방법이 있는지 다방면으로 노력한다. 하지만 그 사람에게 아무런 진전도 없고 어떤 상황 때문에 그 사람을 도와줄 수 없다. 그 상황 때문에 도움을 주려고 하는 사람은 어려움에 처한 사람의 전생 업으로 인해 그가 이런 고통을 받고 있다고 생각하고 그를 돕는 것을 단념하고 평정한 마음을 낸다. 이런 평정한 마음이 사무량심 가운데 가장 높은 수준의 마음이다.

(2) 불선한 생각

불선한 생각은 유익하지 않은 생각이며, 불선한 마음작용(*akusala cetasika*)에서 생겨난 것이다. 9가지 불선한 생각이 있다.

① 감각적인 쾌락에 대한 생각(*kāma vitakka*): 육체적인 아름다움이나 달콤한 소리와 같은 감각적인 쾌락에 대한 생각이다. 물질적인 부유와 그 부를 얻는 방법에 대해 생각할 때 탐욕(*lobha*)과 연관된

감각적인 쾌락에 대한 생각이 일어난다.

② 악의의 생각(*byāpāda vitakka*): 끝까지 다른 사람들을 파멸시키려는 증오심 또는 악의의 생각이며, 분노를 근간으로 다른 사람들을 죽이기까지 하는 나쁜 생각이다. 일반적으로 대부분의 수행자들은 악의의 생각과 악의의 장애(*byāpāda nīvaraṇa*)를 혼동한다. 악의의 생각의 본래 요인은 생각(*vitakka*)이며, 악의의 장애의 본래 요인은 분노(*dosa*)이다. 분노(*byāpāda nīvaraṇa*) 때문에 악의의 생각이 일어난다.

③ 잔혹한 생각(*vihiṃsa vitakka*): 악의(*dosa*)에서 비롯되어 남에게 해를 입히거나 남을 괴롭히는 것에 대한 생각이다. 괴롭힘에 대해 생각하는 것은 잔혹하지 않은 생각(*avihiṃsa vitakka*, 연민)의 반대 개념이다.

위의 3가지 생각은 매우 거친 오염원(번뇌)이다.

④ 친척에 대한 생각(*ñāti vitakka*): 자신의 친척이나 사랑하는 사람에 대한 생각이다.

⑤ 나라에 대한 생각(*janapada vitakka*): 자신의 나라에 관련된 생각이다.

⑥ 여러 가지 잡다한 생각(*amarā vitakka*): 사업, 건강 등과 같이 같은 종류의 일이 아닌 여러 가지 잡다한 일에 관련된 생각이다. 예를 들면 이런 사람은 사업에 대해 생각하다가 건강에 대해 생각하고, 여행에 대해 생각한다. 같은 종류의 생각이 아니다. 이것을 아마라 위딱까라고 한다. 아마라 윅케빠 밋차딧티(*amarā vikkhepa micchā diṭṭhi*, 결말이 없는 그릇된 견해)를 아마라 위딱까라고도 한다. 여기에

아마라 윅케빠에 관한 설명을 더 해보자. 미끌미끌 빠져나가기 때문에 아주 잡기 힘든 일종의 물고기가 있는데 그런 물고기를 '아마라'라고 한다. 예를 들면, 아마라 같은 사람은 어떤 사람이 이것에 대해 질문하면 저것에 대해 답한다. 어떤 사람이 저것에 대해 물으면 이것에 대해 답한다. 이런 사람은 딱히 대답할 말이 없기 때문에 항상 질문에 대한 답을 피한다. 이 사실만으로는 그릇된 견해(*micchā diṭṭhi*)가 아니지만 결국 그는 이런 종류의 행위를 즐기게 된다. 그렇게 되면 그것을 테크닉으로 취한다. 그러면 그것은 그릇된 견해가 된다. 아마라 위딱까라는 명칭은 아마라라는 물고기에서 파생된 것이다.

⑦ 다른 사람을 도와주려는 생각(*parānuddayatā paṭisaṃyutta vitakka*): 다른 사람들이 어떤 문제가 있을 때 그들을 도와주는 것에 대한 생각이지만 사실 그 사람들이 정말로 문제가 있는 것이 아니다. 그는 자신만의 소설을 쓰고 있을 뿐이다. 예를 들면, 부자인 친구가 있는데, "그 친구가 만약 가난해지면 어떻게 도와줄 수 있을까!"라고 생각한다. 이것은 진정한 연민이 아니다.

⑧ 이익과 평판에 관련된 생각(*lābhasakkārasiloka paṭisaṃyutta vitakka*): 어떻게 이익을 취하고, 어떻게 뇌물을 공여하고, 어떻게 복종하고 아부해서 좋은 평판을 얻을 수 있는지에 대한 생각이다. 이것은 탐욕과 오만과 자만 등에 뿌리박은 생각이다.

⑨ 무시당함에 대한 생각(*anavaññatti paṭisaṃyutta vitakka*): 나를 무시하지 않을까에 관한 생각이다. 이 사람은 "만약 내가 이것을 하면 사람들이 날 무시할 거야."라고 생각하거나 "사람들은 내가 가난

하고 멍청하다고 생각할 거야."라고 생각한다. 그래서 이런 사람은 자기가 부자인 척하며 유명한 사람인 척한다. 이런 종류의 생각이 무시당함에 대한 생각이다. 이러한 생각은 열등감이나 헛된 자만심이나 오만 또는 이기주의와 연관되어 있다.

감각적 쾌락에 대한 생각(*kāma vitakka*), 악의의 생각(*byāpāda vitakka*)과 잔혹한 생각(*vihiṃsa vitakka*)은 윤회의 굴레를 벗어나지 못하게 방해하는 거친 번뇌(오염원)이다. 이런 생각들을 윤회의 근원인 거친 해로운 생각(*vaṭṭamūlaka oḷārika akusala*)이라고 한다. 나머지 6가지 생각은 부드러운 또는 약한 번뇌이다. 그런 생각들을 윤회의 근원인 미세한 해로운 생각(*vaṭṭamūlaka sukhuma akusala*)이라고 한다. 만약 어떤 사람이 처음 3가지 생각을 한다면 해로운 재생 연결심(*akusala paṭisandhi*)으로 다시 태어나는 결과를 가져올 것이다. 나머지 6가지 생각은 다시 태어남으로 이어지지 않지만 해로운 업(*akusala kamma*)이 일어날 때 지지하는 역할을 한다. 그것들은 마지막 결과를 더 나쁘고 혹독하게 만든다.

생각에는 2가지의 본성이 있다.

(a) 한 가지 주제에 초점을 맞춤: 이러한 수행자는 생각(*vitakka*)을 쉽게 제거할 수 있으며 그 생각을 명상 대상으로 바꿀 수 있다. 이러한 종류의 생각은 집중력을 그렇게 많이 저하시키지 않는다.

(b) 여러 가지 생각: 이것은 방황하는 마음이다. 이러한 생각은 통제할 수 없어서 집중력이 현저히 저하된다. 이것은 여러 가지 생각

이 동요하는 일종의 아마라 윅케빠 위딱까이다.

2. 감각적인 생각을 제거하는 방법

부처님이 6년 동안 고행을 했을 때 부처님도 위딱까를 경험했지만 그것을 제거할 수 있었다. 그 후 부처가 되었을 때 위딱까에 대해 생각했다. 위딱까를 제거하는 것에 대한 가르침이 두 개의 경, 『맛지마니까야』의 「위딱까산타나숫따」와 「드웨다위딱까숫따」에서 다음과 같이 언급하고 있다. "사마타를 기반으로 위빳사나를 수행한 비구들은 다음의 5가지 사항을 준수해야 한다."

(1) 만약 수행자가 어떤 사안을 마음속에 담고 있을 때, 탐욕과 증오나 어리석음과 같은 해로운(*akusala*) 생각이 일어나면 유익한(*kusala*) 것과 관련된 것을 생각해야 한다. 그러면 해로운 생각이 사라질 것이다. 예를 들면, 큰 나무못을 제거하기 위해 목수는 큰 못 옆에 작은 못을 망치로 두드려 사이를 벌려야 한다.

① 감각적 쾌락에 대한 생각(*kāma vitakka*)이 일어날 때 그것의 반대 개념인 출리에 대한 생각(*nekkhamma vitakka*)을 해야 한다.

② 악의의 생각(*byāpāda vitakka*)이 일어날 때 그것의 반대 개념인 자애심(*abyāpāda vitakka*)을 상상해야 한다.

③ 잔혹한 생각(*vihiṃsa vitakka*)이 일어날 때 그것의 반대 개념인 잔혹하지 않은 생각(*avihiṃsa vitakka*, 연민)을 상상해야 한다.

이들 3가지의 유익한 생각(출리에 대한 생각, 자애심, 연민)은 수행자에게 고통을 주지 않으며 지혜를 방해하지도 않을 것이다. 오히려 이들 유익한 생각은 수행자로 하여금 지혜를 확장하여 열반으로 이끌어 줄 것이다. 그러므로 이러한 유익한 생각들은 여러 번 상상하더라도 해로운 생각으로 확장되지 않을 것이다. 그러나 수행자가 이러한 생각을 오랫동안 계속하면 몸이 피곤해질 것이다. 몸이 피곤하면 마음이 동요한다. 마음이 동요하면 집중을 얻을 수 없다. 해로운 생각이 일어날 때 그 해로운 생각을 유익한 생각으로 바꾸어라. 마음이 유익한 생각 속으로 가라앉으면 다시 마음을 호흡이 접촉하는 코끝의 한 지점에 집중한다.

(2) 해로운 생각(*akusala vitakka*, 유익하지 않은 생각)이 일어날 때 그것의 나쁜 점을 생각하라. 예를 들면, "이것은 해로운 것이야. 해로운 생각은 오직 나쁜 결과만을 초래할 거야. 이것은 지혜를 방해할 거야. 해로운 생각은 스스로를 파괴하고 다른 것도 파괴할 거야."

예를 들면, 젊은 소년과 소녀가 좋은 옷을 입고 화장을 했다고 가정해 보자. 누군가 그들의 목덜미에 죽은 개를 내던졌다. 죽은 개가 너무 추하고 냄새가 고약해서 그들은 바로 죽은 개를 치웠다. 이것처럼, 해로운 생각이 일어날 때 감각적 쾌락에 대한 생각은 죽은 개처럼 끔찍하기 때문에 바로 제거해야 한다.

(3) 해로운 생각이 일어날 때, 그 생각(*vitakka*)의 근본 원인을 찾아야 한다. 부처님은 한 예를 들었다.

한 남자가 걸어가고 있다가 2-3분 후에 멈춰서서, "내가 왜 서 있을까? 앉아야겠어."라고 생각한다. 그런 다음 앉아 있다. 다시 "왜 내가 앉아 있을까? 누워야겠어."라고 생각한다. 그러고 나서 눕는다. 여기에서 걷는 자세는 서 있거나 앉아 있는 것보다 더 거칠다. 앉아 있는 것은 누워 있는 것보다 더 거칠다. 이처럼 수행자는 마음이 좀 더 부드러운 상태를 찾아서 그 상태를 유지하도록 해야 한다.

예를 들면, 악의의 생각(*byāpāda vitakka*)이 일어날 때, 어떤 사람이, "나는 그 사람을 죽일 거야."라고 생각한다. 이것은 매우 거칠다. 그런 다음에, "왜 내가 그 사람을 죽여야 할까? 만약 그 사람을 죽인다면 나는 벌을 받을 거야. 그렇다면 그 사람을 죽이는 대신에 때려줘야겠어."라고 생각한다. 그는 다시, "왜 내가 그 사람을 때려야 하지? 만약 그 사람을 때린다면 그의 친구가 나를 공격할지도 몰라. 그렇다면 욕설을 퍼부어야겠어. 그런데 왜 그래야만 하지? 그건 부끄러운 짓이야."라고 생각한다. 나중에 다시 생각한다. "그 사람한테 아무것도 하고 싶지 않아." 그렇게 되면 마음이 점점 더 부드럽게 된다. 마음은 단지 판단의 기준일 뿐이다.

부처님의 가르침에 이렇게 설명되어 있다. 해로운 생각(*akusala vitakka*)이나 감각적 쾌락에 대한 생각(*kāma vitakka*)이 일어날 때, 가장 마지막의 대상(마지막으로 한 생각)을 취하라. 하나씩 생각을 되돌려 기억해 보아라. 결국 처음 명상 대상에서 딴 생각으로 향했던 그 생각에 이를 수 있다. 그러면 이러한 종류의 생각을 알아차리고, "다음엔 이런 생각을 해서는 안 돼."라고 생각하라. 매번 딴 생각이 일어날 때마다 그러한 생각을 알아차리고 명상 대상으로 돌아가라.

(4) 유익하지 않은〔해로운〕 생각이 일어날 때, 그 생각을 주시해서도 안 되고 받아들여서도 안 된다. 오히려 그 생각을 차단하고 바로 제거해야 한다. 왜냐하면 이러한 생각은 질이 낮고 마음을 오염시키기 때문이다. 이것은 보고 싶지 않은 것과 마주쳤을 때 바로 고개를 돌리는 것과 같다. 예를 들면, 송아지 한 마리가 다른 농부의 밭에 들어가서 농작물이나 채소를 뜯어먹는다. 그 송아지는 매를 맞던가 아니면 송아지 주인을 상대로 법정소송에 의해 벌금을 받게 될 것이다. 따라서 송아지 주인은 송아지를 때리든가 아니면 달아나서 다른 농부의 채소를 뜯어먹지 못하도록 기둥에 묶어두어야 한다. 이 예에서 보듯이 수행자는 밖으로 향하는 마음을 통제하여 명상 대상에 묶어둬야 한다. 언제든 마음은 밖으로 향할 수 있으며 그럴 때마다 명상 대상으로 다시 돌아와야 한다. 몇 번이고 마음이 밖으로 향할 때마다 돌아오게 하라!

『청정도론』에서 부처님은 이렇게 가르쳤다.

"이 세속에서 미처 날뛰는 송아지를 길들이고 싶은 사람은 기둥에 송아지를 묶는 것처럼 마음을 알아차림으로 대상에 단단히 묶어야 한다." 부처님의 가르침에서처럼, 자기 마음을 길들이고 싶은 비구는 코의 호흡 접촉 지점이라는 기둥에 밖으로 향하는 마음을 알아차림이라는 밧줄로 단단하게 묶어야 한다. 만약 밧줄이 끊긴다면 농부처럼 송아지를 제어할 수 없다. 이처럼, 만약 수행자가 세심한 주의를 기울이지 않는다면 자기 마음을 더 이상 통제할 수 없다.

(5) 아직도 생각(*vitakka*)을 제거할 수 없다면, 혀로 입천장을 밀

어올리고 명상하는 마음으로 밖으로 향하는 마음을 누르거나 불태우기 위해 이를 악물어라. 그러면 해로운 생각이 제거될 것이다. 가끔 부처님의 가르침은 이해를 돕기 위해 자세하게 설명되어 있지 않다. 왜냐하면 부처님의 제자들은 아무런 문제없이 빠르게 이해해서 모든 것을 자세하게 가르칠 필요가 없었기 때문이다. 사리불 존자의 가르침도 서로 직접 연관되어 있지 않아서 이해하기 어렵다. 그래서 우리들 스스로 공부하여 직접적인 연관성을 찾아내야 한다. 하지만 목건련 존자는 좀 더 자세하게 가르쳤다.

부처님이 위딱까를 언급할 때, 그것은 일반적으로 해로운(유익하지 않은) 생각으로 이해해야 한다. 유익한 생각에 대해 설하고자 할 때, 부처님은 '삼마'(*sammā*, 바른)라는 단어를 썼다. 그래서 유익한 생각은 바른 생각(*sammāsaṅkappa*)이며, 해로운 생각은 그릇된 생각(*micchā saṅkappa*)이다. 중도(*Majjhimāpaṭipadā*)에서 부처님은 삼마상까빠를 사용했지만 경전에서는 단지 '위딱까'만을 사용했다.

제6장

집중을 앗아가는 수챗구멍

모든 사람들은 본인이 좋아하는 활동이나 본인이 선택한 것을 즐긴다. 만약 어떤 사람이 좋아하는 것을 하면 행복하기 때문에 그것을 항상 추구하려고 한다면, 그 사람은 좋아하는 행위를 그만 둘 수 없다. 그러면 그 행위를 즐기게 된다. 그렇게 되면 사람들은 결국 나쁜 결과로 이끄는 감각적 쾌락을 탐닉하며 좋아하는 것을 모두 즐기고 싶어 한다. 그러나 계를 지키고 집중을 계발하려고 하는 수행자는 본인이 하고 있는 수행을 꾸준히 진전시켜야 한다. 어떤 종류의 탐닉은 수행을 저하시킨다. 그래서 수행자는 그러한 종류의 탐닉을 삼가야 한다. 수행력을 저하시키는 그러한 종류의 탐닉을 수행력 쇠퇴의 법(*parihāniya dhamma*)이라고 한다. 사리불 존자는 『앙굿따라니까야』의 「밧다까숫따」에서 수행자들을 위하여 수행력 쇠퇴의 법에 대해 다음과 같이 설명했다.

1. 수행 중에 삼가야 할 6가지 탐닉(쇠퇴의 법)

『앙굿따라니까야』에서 수행자가 추구해서는 안 되는 6가지 탐닉이 있다고 설했는데 그 6가지는 다음과 같다.

(1) 세속적인 일에 대한 탐닉(*kammārāmatā*): 수행자는 가능한 한

빨래하고 샤워하고 방을 청소하는 일에만 시간을 할애하고 오직 명상에만 전념해야 한다. 빨래하고 청소 등의 일을 할 때에도 알아차리고 현재에 깨어 있어야 한다. 심지어 걸을 때도 물을 가득 담은 유리잔을 들고 가는 것처럼 신중하게 알아차림을 해야 한다. 만약 수행자가 알아차림 없이 최소한 10분 동안 빨래를 하거나 샤워를 한다면 24시간 명상한 것만큼의 집중력이 저하될 것이다.

(2) 잡담에 대한 탐닉(*bhassārāmatā*): 부처님은 『우다나』 「십빠숫따」에서 비구들이나 수행자들이 서로 만났을 때 할 일은 2가지만 있다고 설했다. "오직 법에 관한 대화나 아니면 침묵하는 것이다. 만약 할 말이 아무것도 없다면 알아차림을 하면서 묵언하라." 그것이 고결한 묵언(noble silence)이다. 명상을 할 때 수행자는 항상 알아차림을 해야 한다. 집중 수행 코스 중에는 말을 하지 않아야 깊은 집중에 들어갈 수 있다. 말하는 것을 일으킨 생각(*vitakka*)과 지속적인 고찰(*vicāra*, 살펴봄)을 일어나게 하는 와찌상카라(*vacīsaṅkhāra*, 말하는 행위; 의식적인 말)라고 한다. 수많은 수행자들의 경험에 의하면, 만약 10분 동안 잡담을 한다면 2시간 수행한 만큼의 집중력이 사라질 것이라고 한다. 그래서 잡담을 삼가야 한다. 잡담은 집중력을 저하시키는 원인이다. 만약 어떤 사람이 하릴없이 잡담을 하려고 한다면, 먼저 얘기할 주제를 찾은 다음 마음을 그 주제로 돌린다. 이 의미는 마음이 2가지 마음작용(*cetasika*)인 일으킨 생각과 지속적인 고찰을 사용한다는 것이다. 그때 일으킨 생각과 지속적인 고찰이 명상 대상을 알아차릴 수 없기 때문에 (잡담을 하는 쪽으로 향하기 때문에) 집중력이 저하된다.

집중력을 계발하는 것은 마치 풍선을 부는 것과 같다. 처음에는 풍선 속에 공기가 없기 때문에 조심스럽게 다룰 필요가 없다. 그러나 풍선에 공기가 가득 차면 바람이 빠져나가지 않도록 조심스럽게 입구를 단단하게 묶어야 한다. 단단하게 묶지 않으면 바람이 다 빠져나갈 것이다. 풍선 안에 바람이 많으면 많을수록 좀 더 세게 묶어야 한다. 더 세게 묶으면 묶을수록 좀 더 안전하게 풍선 안에 바람을 유지할 수 있다. 이처럼 수행자도 명상을 마쳤을 때 항상 호흡이 접촉하는 지점을 주시하면서 집중력을 계속 유지해야 한다. 그러므로 수행자는 집중 상태를 유지하기 위해 묵언해야 한다. 여기서 묵언한다는 것은 2가지 유형이 있다.

① 첫 번째 유형은 세상 사람들의 침묵이나 부처님의 가르침과 연관이 없는 어떤 특별한 수행을 하는 사람들의 방법이다. 그들이 묵언하는 방법은 할 말이 많음에도 불구하고 입을 다물고 말을 하지 않는 것뿐이다. 그들은 말하고 싶은 욕망을 억누를 수 없다. 그래서 손을 흔든다거나 고개를 끄덕이는 것과 같은 몸짓을 사용해서 대화를 한다. 이러한 유형의 침묵은 부처님의 방법이 아니다.

② 두 번째 유형은 부처님의 방법이다. 그것은 '고귀한 묵언'이다. 고귀한 묵언이란 비구들이나 수행자들처럼 묵언하는 것이다. 이런 사람들은 항상 명상 대상에 주의를 기울인다. 따라서 이 사람들에게는 말하고 싶은 욕망이나 말할 주제가 없다. 그들은 말을 하지 않고 침묵 상태에 머문다. 수행자는 항상 고귀한 묵언을 해야 한다.

(3) 수면에 대한 탐닉(*niddārāmatā*): 건강을 유지하기 위해 사람들은 충분한 수면을 취해야 한다. 그러나 몇몇 수행자들은 항상 졸리

기 때문에 잠에 취해 있다. 그렇게 되면 수면을 탐닉하게 된다. 수면 부족은 수행자로 하여금 오랫동안 깊은 명상을 할 수 없게 만든다. 그런 수행자는 5분 명상 시간이 1시간 동안 명상하는 것처럼 느낀다. 수면을 탐닉하는 수행자도 졸음과 무기력함이 항상 그를 괴롭히기 때문에 깊은 집중 상태에 들어갈 수 없다. 따라서 적당한 수면은 오랜 시간 동안 어려움 없이 편안하게 앉아서 명상에 집중할 수 있도록 도와준다. 수면이 부족한 수행자는 심지어 1분도 편안히 앉아 있기 힘들다. 그러므로 점심 식사 후에는 명상 중에 깊은 잠에 빠지는 것을 피하기 위해 잠깐 낮잠을 자는 것이 좋다. 일반적으로 수행자에게 6시간의 수면이 가장 바람직하다. 집중이 잘된 수행자일수록 졸음이 덜 온다. 낮에 수행하는 동안에, 깊은 집중 상태에 있는 수행자는 결코 졸리지 않을 것이다.

유명한 아라한인 한 사야도가 말했다. "만약 수행자가 졸립다면 졸리지 않은 곳으로 가야 한다." 만약 누군가 '졸리지 않은 곳'이라는 소리를 듣는다면 농담이라고 생각할 것이다. 그러나 실제로 '졸리지 않은 곳'이 있다. 마음의 동요 없이 맹렬하게 수행한다면 항상 명상 대상에 마음의 초점을 맞출 수 있다. 그렇게 되면 마음이 장애로부터 맑고 투명해져서 평온하고 고요해진다. 그러면 명상에 대한 희열이 일어난다. 이러한 희열을 5가지 장애를 극복함으로써 일어난 기쁨인 위웨까자 삐띠(*vivekaja pīti*, 투명한 마음에서 생긴 희열)라고 한다. 그때부터 수행자는 결코 졸리지 않을 수도 있다. 아무리 많은 시간을 명상해도 결코 졸음을 느끼지 않을 것이다. 두세 시간 또는 전혀 잠을 자지 않아도 졸리지 않을 것이다. 그런 상태가 되면 잠을 자지 않아도 건강에 해롭지 않다. 수행자는 잠을 자지 않고도 수행할 수 있는 경지에 도달하도록 용맹정진하기를 권장한다. 부처님 당시에 사리불 존자는 35년 동안 잠을 자지 않았고 마하 깟사빠 존자는 일생 동안 잠을 자지 않았다. 다른 많은 스님들도 수행을 하면서 여러 해 동안 잠을 자지 않고도 생존했다.

(4) 동반자나 도반에 대한 탐닉(*saṅgaṇikārāmatā*): 수행자는 어떤 동반자나 도반 없이 홀로 명상해야 한다. 만약 명상을 함께 할 누군가를 찾는다면 그 수행자는 깊게 집중할 수 없다. 오직 속세를 떠나 은둔한 수행자만이 깊은 집중을 얻을 수 있다.

(5) 사람들 간의 교제와 사교적인 행사에 대한 탐닉(*saṃsaggārāmatā*): 만약 은둔 수행자가 다른 사람들이나 가족들을 만나야 한다면 그들과 어울려 교제를 해서는 안 되며, 너무 많은 시간을 함께 보내서도 안 된다. 볼 일을 재빨리 마무리하고 계속 수행에 전념해야 한다. 만약 어떤 문제에 대해 대화를 나눈다면 다시 돌아와 수행을 시작할 때 명상 대상을 주시하기가 어렵다. 대신에 함께 나누었던 얘기나 사람들이 말했던 내용을 생각할 것이다. 만약 나쁜 소식을 들었다면 명상하기 위해 앉아있기 힘들다. 세상 사람들의 사교적인 행사에 관심을 두지 마라. 만약 세속적인 일에 관심을 두면 갈애가 일어날 것이다.

(6) 불필요한 생각의 확장에 대한 탐닉(*papañcārāmatā*, 탐욕이나 분노 등으로 생각을 확장시킴): 어떤 수행자들은 명상을 하면서 사업에 대해 생각한다. 명상 도중에 미래 사업에 대한 계획을 세우기도 한다. 그들에게 명상 시간은 새로운 사업 아이디어를 구상하는 시간이

다. 이런 사람들은 명상을 하지 않는 시간에는 일에 대해 생각하지 않는다. 하지만 명상을 하려고 앉자마자 사업에 대해 생각한다. 그들의 마음속에는 온통 사업 생각뿐이다. 이러한 수행자는 결코 집중하지 못한다. 불필요한 생각의 확장을 즐기는 데는 3가지 원인이 있다.

(a) 탐욕 - 명상을 마치고 무엇을 할 것인가에 대한 생각

(b) 자만 - "내가 최고야." "내 명상이 최고야."라는 자만심

(c) 잘못된 견해 - 이것은 '나'와 '나의 것'이라는 허영심

수행자는 이 3가지 요인으로 헛된 생각을 만들어낸다. 만약 이 중에 한 가지라도 일어나면 3가지 요인으로 늘어날 것이다.

그렇다면 수행자는 어떤 종류의 일을 탐닉해야 하는가? 그것은 명상에 대한 탐닉이다. 이런 탐닉을 수행계발의 즐거움(*bhāvanārāmatā*)이라고 한다. 오직 이런 종류의 탐닉만이 수행자의 명상을 승화시킬 것이다. 그래서 열반을 성취하려고 하는 수행자는 위의 6가지 쇠퇴의 법을 삼가고 수행계발의 즐거움을 확장시켜야 한다.

2. 당신이 쓰고 있는 녹색 선글라스

사람은 제각기 자기 자신의 선택에 의해 인생을 살고 있다. 이러한 선택은 모든 사람들에게 같은 것은 아니다. 일반적으로 세속적인 사람들의 선택과 성인(*ariya*)들의 선택 사이에는 큰 차이가 있다. 그들

의 선택은 같지 않다. 세상 사람들은 감각적인 쾌락에 따라 어떤 것이 가장 좋은 선택인지를 가늠한다. 감각적 쾌락을 더 많이 느끼면 느낄수록 사람들은 그것을 더 좋아한다. 반면에 성인들은 감각적인 쾌락을 선택하지 않는다. 성인들의 선택은 일반인들의 선택과 완전히 다르지만 그들의 선택이 옳은 것이다. 그러나 세상 사람들은 성인들이나 부처님의 선택을 좋아하지 않는다. 그 이유는 세상 사람들의 지혜가 왜곡(*vipallāsa*, 전도)으로 가려져 있기 때문에 감각적 쾌락을 좋아한다. 마음이 왜곡된 인식으로 가려져 있으면 진실을 분명하게 볼 수 없다는 의미이다. 이것은 심각한 무명(*avijjā*) 때문이다.

제2차 세계대전 중 버마에서는 말 주인들이 말을 이용해서 달구지를 끌었다. 그 당시에는 말먹이로 줄 신선한 목초가 충분하지 않았다. 그래서 말 주인은 마른 풀(건초)만 구할 수 있었다. 말 주인은 건초를 먹이기 위해 먼저 녹색 선글라스를 말에게 씌운다. 그런 후, 건초를 신선한 풀처럼 보이기 위해 물을 조금 뿌린다. 말은 녹색 선글라스를 쓰고 있기 때문에 건초를 보면서 신선한 풀이라고 생각한다. 그래서 말은 건초를 기분 좋게 먹는다. 왜곡이란 정확하게 말이 쓴 녹색 선글라스와 같다.

12가지 왜곡이 있다.

왜곡은 다음 3가지 요인 때문에 생긴다. 그 3가지는 인식(*saññā*)과 마음(*citta*)과 잘못된 견해(*diṭṭhi*)이다. 우리들의 주위에서 일어난 세상살이를 이해하려고 할 때, 우리는 잘못된 판단 때문에 여러 가지 측면에서 심각한 실수를 저지른다. 그 결과 모든 형성된 현상의 3

가지 중요한 특성인 무상·고·무아를 정확하게 보지 못한다. 왜곡은 무명(*avijjā*)을 근간으로 일어나며 다시 태어남의 근본적인 원인이다. 왜곡된 마음은 다음 3가지 단계로 진행된다.

(1) 인식의 왜곡(*saññā vipallāsa*)은 감각의 문을 통해 들어온 정보를 잘못 인식하게 한다.

(2) 마음의 왜곡(*citta vipallāsa*)은 세상 사람들이 마음의 한 대상에 집중하고 있을 때 그 마음에 일어나는 두 번째 단계의 왜곡(첫 번째는 인식의 왜곡)이다. 마음은 이러한 생각의 패턴으로 잘못 인식한 정보를 잘 포장하는 경향이 있으며, 우리의 생각이 그런 전도된 인식에 바탕을 둘 때 그 생각은 왜곡된다.

(3) 견해의 왜곡(*diṭṭhi vipallāsa*): 이러한 생각의 패턴은 습관이 될 수 있으며 왜곡된 견해로 발전할 수 있다.

위의 3가지 각각의 왜곡에는 4가지 유형이 있다.

① 무상(*anicca*)을 영원한 것(*nicca*)으로 받아들인다.

② 고통이나 불만족(*dukkha*)을 행복이나 만족(*sukha*)으로 받아들인다.

③ 무아(*anatta*)를 자아(*atta*)로 받아들인다.

④ 불쾌한 것(*asubha*)을 유쾌한 것(*subha*)으로 받아들인다.

모두 합쳐 12 (3×4=12)가지이다. 이들 12가지 때문에 세상 사람들은 죽을 때까지 진실을 정확하게 볼 수 없다.

부처님의 관점(실재)에 의한 기준에 따르면, 모든 수행자들은 지금 다음과 같은 상황에 머물고 있다고 한다.

① 최고의 시대

② 최상의 영역

③ 최고의 대륙 또는 최고의 장소

④ 최고의 시간과 최고의 시기

1) 우리는 왜 최고의 시대에 있는가?

겁(*kappa*, 고대 인도에서 우주의 시간을 재는 단위)의 세월이 불과 물과 바람에 의해 파괴되어 완전히 훼손될 때까지 헤아릴 수 없는 막대한 세월이 걸렸다. 그 파괴의 현장은 셀 수 없는 많은 세월 동안 계속 유지되었다. 그런 후 산과 숲과 지구와 같은 모든 것들이 재형성되기 시작했으며 다시 복구되기까지 셀 수 없는 세월이 걸렸다. 세계가 완벽한 모습을 갖춘 후 셀 수 없는 수많은 세월 동안 유지하고 있었다.

이 시기에 살아있는 모든 생명체들이 태어났다. 이 기간 동안에 도덕성이 완벽하게 확립되었으며 모든 사람들이 계를 지켜서 확고하게 존재했다. 그것은 4개의 다리가 모두 달린 네 발 책상(정법의 시대)과 같다. 고따마 뿌라나(*Gotama purana*, 찻타상가야나 삼장 사전-17권)에서 이러한 시기를 까따 유가(*Kata yuga*)라고 한다. 이 시대는 1,728,400(432,100×4)년 동안 계속되었다.

네 발 달린 책상과 같이 완전한 도덕성이 확고하게 실현된 시기가 붕괴된 후 세 발 달린 도덕성의 시대가 도래했다. 이러한 시기를 뜨레따 유가(*Treta yuga*)라고 한다. 이 유가는 1,296,300(432,100×

3)년 동안 존속했다. 그런 후 네 발 달린 책상과 같이 견고한 도덕성이 훨씬 더 심각하게 붕괴되어 결국 두 발만 남게 되었다. 이 시기에는 문란하고 부도덕한 풍조가 세계를 장악했다. 이 시대를 864,200(432,100×2)년 동안 지속된 드와빠라 유가(*Dvāpara yuga*)라고 한다. 그 후 결국 한 발 달린 깔리 유가(*Kali yuga*)가 도래했다. 이 시기는 도덕성이 완전히 무너진 시대로 온 세상에 부도덕한 행위가 만연했다. 432,100년 동안 지속된 이 시기에 모든 사람들은 사악했다. 고따마 뿌라나에 의하면 부처님은 깔리 유가 2,570년째에 출현했다.

사실상 우리는 세계 주기에서 가장 최악인 깔리 유가 초기 단계에 살고 있다. 세상의 이치에 따르면 우리 모두는 사악한 사람들이 될 수도 있다. 그러나 다행히도 우리는 가장 최악 중의 최악의 시대에서 최고의 기간 중 최상의 시점에 있다. 왜냐하면 일체지를 성취한 부처님이 출현했고 부처님의 가르침과 법(*Dhamma*)이 최고 전성기에 있기 때문이다. 그런 연유로 우리는 부처님의 법을 들을 수 있고 위빳사나 수행을 할 수 있는 것이다. 부처님이 현존한 기간을 제외하고 부처님 법은 그 어느 시대에도 없었다. 실제적으로 우리는 도덕성이 사라진 8번의 불행한 시대를 지나 부처님의 가르침이 있는 9번째 시대에 있다. 그러므로 우리는 최고의 시대에 최고의 기간에 존재하고 있는 것이다.

우리는 이 시대의 이곳에 우연히 태어난 것이 아니다. 정확하게 우리는 전생의 업(선업의 결과) 때문에 태어났으며, 이제 위빳사나 수행을 하여 전생 업의 에너지가 도의 지혜를 성취할 만큼 충분히 무르익었다. 그러므로 열반을 성취할 수 있는 황금의 기회가 우리 손안에 있다. 그렇기 때문에 우리 모두는 바로 금생에서 열반을 성취하기 위해 맹렬하게 위빳사나 수행을 해야 한다.

2) 우리는 왜 최고의 영역에 있는가?

우리 인간들은 천신(*devā*)이 거주하는 곳이 사후 최상의 목적지이며 인간계보다 더 좋다고 믿는다. 천신들의 말에 의하면, 천신들의 최고 목적지는 바로 이 인간계라고 『쿳다까니까야』의 「빤짜쁩바니밋따숫따」에서 밝히고 있다. 인간 세상에 살고 있는 한 우리는 천신계에 다시 태어날 수 있기 때문이다. 게다가 오직 인간만이 부처가 될 수 있다. 천신의 존재들이 부처가 된 경우는 없다. 우리 사람들은 인간 세상에서 수행을 할 수 있지만 천신들이 사는 곳은 감각적 쾌락이 만연하기 때문에 수행할 수 없다. 심지어 천신들은 계를 지킬 수도 없다.

「빤짜쁩바니밋따숫따」에 따르면, 천신들은 죽음에 임박했을 때 다음의 5가지 증상이 확연히 나타난다고 한다.

① 더 이상 빛을 발하지 않는다.

② 땀을 흘린다.

③ 꽃이 빛나지 않는다.

④ 옷이 빛나지 않는다.

⑤ 죽음 직전에 행복하지 않다.

이들 5가지 증상으로 동료 천신들은 그의 죽음이 임박했음을 알아차린다. 동료 천신들은 그의 죽음을 기다리며 죽어가는 천신을 격려한다. "좋은 곳에 태어나시게. 좋은 공덕을 쌓아서 그 선업을 굳게 간직하여 이곳으로 다시 돌아오시게."

부처님은 설했다. "다시 태어날 최상의 목적지는 인간 세상이다." 좋은 공덕은 부처님과 법과 승가에 대한 믿음이다. '그 선업을 굳게 간직하라.'의 의미는 성인(*ariya*)이 되기 위해 열심히 수행하여 그 수행의 선업을 간직하라는 뜻이다. 예류자(*sotāpanna*, 수다원: 성인의 흐름에 든 자)는 윤회의 세상(*saṃsāra*)에 오직 7번만 태어난다. 『상윳따니까야』의 「가핫타완다나숫따」에서 다음과 같은 예화를 들었다.

어느 날 모든 천신들의 왕인 제석(Sakka)이 마차를 타고 여행을 가기 전에 4방위(앞, 뒤, 오른쪽, 왼쪽)의 신과 땅의 신에게 예경 올렸다. 천신들과 제석의 마부 마딸리가 왕에게 물었다. "왕이시여, 당신은 우리의 왕이시기에 우리는 당신께 예경 올립니다. 당신은 누구에게 예경 올립니까?" 그러자 천신들의 왕이 대답했다. "계를 지키면서 부모님을 돌보고 법적 생계 수단으로 가족을 책임지고 있는 많은 인간들이 있다. 나는 그런 인간들에게 예경 올린다."

따라서 9계를 지키고 위빳사나 수행을 하고 있는 여러분은 천신의 왕으로부터 예경 받을 자격이 있는 것이다. 그런 연유로 여러분은 지금 최고의 영역인 인간계에 태어났다. 인간계가 천신계보다 더 나은 3가지 이유가 있다.

① 용감함(*sūrā*): 예를 들면, 인간들은 법을 수행하는 데 용감하다. 부처님이 될 분은 모든 재산을 버렸고, 바라밀을 수행하고 있을 때는 심지어 목숨까지도 희생했다.

② 확고한 알아차림(*satimanta*): 우리는 인간 세상에서만 알아

차림을 할 수 있다. 부처님은 오직 인간 세상에서만 알아차림에 대해 설했다. 그래서 우리는 이 인간 세상에 살고 있을 때 알아차림 확립 수행(*satipaṭṭhāna*)을 해야 한다.

③ 천신계에는 수행할 명상이 없다.

인간 세상에서는 바라밀을 완성하기 위해 용맹정진할 수 있다. 무엇이든 원하는 것을 모두 할 수 있다. 천신계에 태어날 수도 있고 범천이 될 수도 있고 마지막으로 열심히 수행한다면 부처도 될 수 있다. 그래서 인간 세상이 최고로 좋은 곳이다. 지금 이곳 인간 세상에 부처님의 가르침이 만개하고 있기 때문에 '지금'이 최고의 시대이고 지금 이곳이 최고의 영역이다.

3) 우리는 왜 최고의 시간에 있는가?

지금 여러분은 모든 선행 중에 최상인 위빳사나를 수행하고 있다. 이것은 바로 금생에서 아라한 도의 지혜를 성취할 수 있는 결과로 나타날 것이다. 설령 이 기회를 놓친다 하더라도 최소한 예류도를 얻어서 대 예류자(*mahā sotāpanna*, 수다원)가 될 것이다. 그러면 오직 7번만 미래 생에 다시 태어나게 될 것이다. 마지막 7번 째 생에서 아라한(아라한 도의 지혜를 성취한 자)이 되어 완전한 열반(*Parinibbāna*)에 들 것이다. 그렇게 되면, 소위 '당신'이라는 마음(*nāma*)과 물질이 완전히 소멸한다〔인간은 단지 마음과 물질의 복합체일 뿐이다〕. 재탄생의 굴레인 윤회의 소용돌이가 완전히 끝날 것이다. 불행하게 이 기회를 놓치더라도 위빳사나 수행의 이익은 지금 이번 생과 일천억년의 겁

사이에 그 결과를 낳을 것이다. 그래서 미래의 어느 한 생에서 이러한 기회를 얻을 수도 있다. 그러므로 여러분은 정말로 최고의 시대에, 최고의 영역에, 최고의 시간에 살고 있는 것이다.

3. 부처님께 올리는 최고의 보시 방법

석가모니 부처님 전생에서 고행자 수메다가 연등불(*Dīpankarā Buddha*)을 만났을 때 그는 신통력(*abhiññā*)을 얻어 업력을 믿게 되었다. 그때 연등불은 만약 수메다가 수행 지침을 받아 열심히 수행한다면 그는 아라한이 되어 윤회의 굴레에서 벗어난다는 것을 알았다. 그래서 연등불은 수메다에게 부처가 되리라는 수기授記를 준 최초의 부처님이 되었다. 수메다는 그의 손 안에 윤회에서 자유로워질 수 있는 기회가 있었지만 그는 이 길을 취하지 않았다. 대신에 살아있는 모든 존재들을 구제하기 위한 부처가 되고자 연등불께 기도했다. 수메다는 미래에 부처가 될 것을 알고 있었고, 셀 수 없이 수많은 영겁의 세월 동안 바라밀을 완성한다는 것이 매우 어려웠음에도 불구하고 살아있는 모든 존재들을 위하여 이 방법을 선택했다. 일체지를 성취하여 부처가 되는 것은 단지 자신을 위해서가 아니라 모든 존재들을 위한 구원자가 되기 위함이다.

그래서 수메다는 쉬운 길로 가는 이점을 취하지 않고 어려운 길을 선택했다. 이것이 살아있는 모든 존재들을 위한 부처님의 대자비의 증거이다. 그런 이유 때문에 수메다는 부처가 되려고 노력했으며, 부처가 되었을 때 살아있는 모든 존재들을 위해 그의 목숨을 바쳤다. 45년의 긴 세월 동안 부처님은 쉼 없이 밤낮으로 법을 설했다. 부처님이 거의 완전한 열반(죽음)에 임박했을 때 다른 종파의 비구인 금욕 방랑수행자(*paribbajaka*) 수밧다에게 설법을 한 후, 거의 완전한 열반이 가까워 왔음에도 불구하고 그를 마지막 제자로 삼아 윤회의 비참함에서 구원했다. 그리고 마지막으로 부처님은 제자들에게 아라한 도를 성취할 때까지 수행할 것을 당부했다. 『디가니까야』의 「마하빠리닙바나숫따」에 나타난 부처님의 마지막 유훈은 다음과 같다.

"자, 비구들이여! 이것이 내가 너희들에게 남기는 마지막 나의 충고이니라. 형성된 모든 것들은 변하기 마련이다. 부지런히 정진하라." 이것은 '도의 지혜를 완성하기 위한 알아차림을 하라'는 의미이다.

부처님은 마지막 순간까지 살아있는 존재들을 구원하기 위해 그의 몸을 활용했다. 다른 부처님들과 다르게 고따마 부처님은 모든 생명체들을 위하여 그의 몸을 사리로 만들기로 결심했다. 부처님은 살아있는 모든 존재들이 부처님을 더 이상 만날 수 없기 때문에 마지막 기회로 사리에 예경 올림으로써 좋은 곳에 다시 태어나게 하려는 의도였다. 이것 또한 살아있는 존재들을 위한 부처님의 대자비를 증명하는 것이다. 지금 우리는 인간으로 다시 태어나서 부처님의 가르침을 들을 수 있고 수행할 수 있다. 부처님의 가르침을 듣고 수행하는 것이 부처님께 대한 감사의 표시이다. 부처님 자신도 『맛지마니까야』의 「담마다야다숫따」에서 다음과 같이 여러 번 언급했다.

"오, 비구들이여! 너희들은 재물의 상속자가 되어서는 안 된다. 나의 법의 상속자가 되어야 한다. 나는 항상 너희들을 위해 측은지심을 낼 것이다. 이것이 너희들이 재물의 상속자가 아니라 내 법의 상속자가 되어야 하는 이유이다."

이것이 부처님의 측은지심이다. 이것은 부처님으로부터 법(*Dhamma*)을 상속 받아 윤회에서 자유로워지려는 비구를 위한 유일한 길임을 의미한다. 부처님의 측은지심은 살아있는 모든 존재들이 오직 윤회로부터 자유로워지는 것이다. 이러한 측은지심으로 부처님은 부처가 되려고 했으며 부처로서 머물렀다. 그러므로 부처님은 비할 데 없는 우리들의 정신적인 후원자이다.

그렇다면 불교도로서 부처님의 감사함에 어떻게 보답할 수 있을까? 세속적인 방법으로 부처님께 보답하는 방법은 그 값어치에 상당한 것만큼 돌려주는 것이다. 그러나 물질적인 방법은 부처님께 통용될 수 없다. 부처님은 그러한 종류의 보답을 좋아하지 않는다. 부처님은 중생들이 윤회로부터 자유로워지는 것을 제외하고 바라는 것이 아무것도 없다. 그러므로 부처님께 보답하는 길은 중생들의 해탈을 위해서 셀 수 없는 억겁의 세월 동안 자신의 목숨을 희생함으로써 성취한 법을 수행하는 것이다. 이것이 부처님 자신이 생의 마지막 순간에 당부한 것이었다.

부처님은 말라(Malla) 왕의 정원에 있는 한 쌍의 사라 수 사이에 머리를 북쪽으로 향하고 서쪽을 바라보며 침상에 오른쪽으로 누워 있었다. 그때 온 우주에 있는 모든 범천들과 천신들이 부처님이 곧 완전한 열반에 들 것을 알았다. 그들은 공양을 올리고 갖가지 향수를 뿌렸다. 요정들도 천상의 악기를 연주하고 있었다. 의식이 없는 나무마저도 꽃을 피워 부처님 몸 위로 그 꽃잎이 흩날렸다. 온 정원이 환희에 가득 차 빛났다. 그때 아난다 존자는 부처님이 마지막 순간에 인간들과 천신들로부터 최상의 공양의식(*pūjā*, 꽃, 차, 향, 과일 등을 부처님께 바치는 의식)을 받았다고 생각했다. 아난다 존자의 생각을 알아차린 부처님이 『디가니까야』의 「마하빠리닙바나숫따」에서 이렇게 말했다.

"아난다여! 이와 같은 공양은 나를 존경하는 것도 아니고 나를 공경하는 것도 아니며 나를 좋아하는 것도 아니다. 이것은 나를 위한 최고의 공양이 아니다."

"아난다여! 비구, 비구니여! 남녀 재가자여! 법을 수행하면서 생활하라. 도의 지혜를 얻기 위해 항상 법을 수행하라. 그런 사람이 나를 존경하는 사람이며 나를 공경하는 사람이며 나를 사랑하는 사람이며 나에 대한 최상의 공양이다."

그러므로 감사에 보답하는 2가지 방법(물질적인 방법과 부처님의 법을 수행하는 방법) 중에 부처님은 수행을 함으로써 보답하는 방법을 좋아한다. 거의 대부분의 수행자들은 단지 윤회로부터 자유로워질 수 있도록 자기 자신을 위해 수행할 뿐이다. 대부분의 수행자들이 그들 자신의 이익을 위해 수행한다 하더라도 그 수행 또한 부처님에 대한 공양이다. 부처님께 올리는 최고의 공양은 부처님 자신의 삶을 희생하면서까지 목숨 바쳐 어렵게 성취한 법을 수행하는 것이다. 그래서 수행자들은 부처님이 하신 아나빠나삿띠를 수행하는 것이 부처님께 올리는 공양이라는 것을 알아야 한다. 사실 우리는 부처님이 가장 좋아하는 것을 공양올리고 있는 것이다. 따라서 수행자들은 해탈에 대한 서원을 하고, 위빳사나 수행을 하는 매 순간에 '부처님이 가장 좋아하는 방법으로 공양올리고 있음'을 알아차리면서 좀 더 존경하는 마음으로 수행해야 한다.

제7장

깨달음에 관련된 37가지 요소와 7가지 깨달음의 요소

깨달음에 관련된 37가지 법(*Bodhipakkhiya Dhamma*) 또는 37가지 깨달음의 요소는 부처님의 전체 가르침을 구성하고 있다. 이것을 보리분법(37가지 깨달음 편에 있는 법들) 또는 조도품(37가지 깨달음의 길)이라고 하며, 도의 지혜를 얻기 위한 지도와 같다. 위빳사나 수행은 도의 지혜를 성취하기 위한 수행이다.

우선 불선한 마음작용(*akusala cetasika*)을 억제한 후, 마음에서부터 불선한 마음작용을 제거하고 뿌리까지 완전히 근절한다. 불선한 마음작용이 마음을 조종할 수 없을 때, 모든 선한 마음작용(*kusala cetasika*)이 강력해져서 통찰의 지혜(*paññā*, 높은 경지의 지혜)가 있는 그대로의 실재를 정확하게 파악한다. 그렇게 되면 통찰의 지혜가 점점 더 높아진다. 고도로 집중되면 될수록 통찰의 지혜로 실재를 더 명확하게 파악할 수 있다. 마지막으로 어리석음 없음의 마음작용(*amoha cetasika*)이 도의 지혜가 된다. 간략한 위빳사나의 과정은 다음과 같다.

① 불선한 마음작용을 억제한다.

② 마음에서부터 불선한 마음작용을 멀리한다.

③ 불선한 마음작용이 마음의 지배하에 있을 때 모든 선한 마

음작용이 강력해진다.

④ 한 점에 집중된 마음(*ekaggatā*)이 강력해진다.

⑤ 통찰의 지혜가 실재를 분명하게 파악한다.

⑥ 도의 지혜를 성취한다.

⑦ 불선한 마음작용을 뿌리째 뽑는다.

위빳사나 수행을 통해서 37가지의 모든 요소가 각각의 연관된 그룹 안에서 단계적으로 완성되어 아라한 도가 일어날 때 모든 요소가 충족된다. 깨달음을 얻기 위한 37가지 깨달음의 요소는 다음과 같다.

(1) 4가지 알아차림의 확립(*Cattāro satipaṭṭhāna*, 사념처 수행)

① 몸에 대한 알아차림(*kāyānupassanā satipaṭṭhāna*, 신념처): 알아차림(*sati*)

② 느낌에 대한 알아차림(*vedanānupassanā satipaṭṭhāna*, 수념처): 알아차림(*sati*)

③ 마음에 대한 알아차림(*cittānupassanā satipaṭṭhāna*, 심념처): 알아차림(*sati*)

④ 법에 대한 알아차림(*dhammānupassanā satipaṭṭhāna*, 법념처): 알아차림(*sati*)

(2) 4가지 바른 노력(*Cattāro sammappadhāna vīriya*, 사정근)

① 아직 일어나지 않은 불선한 법(*akusala dhamma*)을 막기 위한 노력: 정진(*vīriya*)

② 이미 일어난 불선한 법을 제거하기 위한 노력: 정진(*vīriya*)

③ 이미 일어난 선한 법(*kusala dhamma*)을 더욱 확장하는 노력: 정진(*vīriya*)

④ 아직 일어나지 않은 선한 법을 계발하는 노력: 정진(*vīriya*)

(3) 4가지 신통을 달성하기 위한 토대(*Cattāro iddhipāda*, 사신족)

① 열의의 신통(*chanda iddhipāda*): 강한 열의로 수행이 잘 됨.

② 정진의 신통(*vīriya iddhipāda*): 정진이 저절로 잘 됨.

③ 마음의 신통(*citta iddhipāda*): 마음이 올바르게 잘 유지됨.

④ 통찰 지혜의 신통(*paññā / vīmaṁsā iddhipāda*): 신통을 얻기 위한 지혜의 달성.

(4) 5가지 기능 또는 5가지 지배 요소(*Pañca indriyāni*, 오근)

① 믿음의 기능(*saddhindriya*): 믿음

② 정진의 기능(*vīriyindriya*): 정진

③ 알아차림의 기능(*satindriya*): 알아차림

④ 삼매의 기능(*samādhindriya*): 집중

⑤ 통찰 지혜의 기능(*paññindriya*): 지혜

(5) 5가지 힘(*Pañca balāni*, 오력): 장애와 방해물을 억누르는 확고한 힘

① 믿음의 힘(*saddhā bala*): 확신(갈애를 제거한다)

② 정진의 힘(*vīriya bala*): 노력(나태함을 제거한다)

③ 알아차림의 힘(*sati bala*): 알아차림(산만함이나 부주의함을 제거한다)

④ 삼매의 힘(*samādhi bala*): 집중(마음의 동요를 제거한다)

⑤ 통찰 지혜의 힘(*paññā bala*): 지혜(어리석음을 제거한다)

(6) 7가지 깨달음의 요소(*bojjhaṅga* 또는 *sambojjhaṅga*, 칠각지)

① 알아차림의 깨달음의 요소(*sati sambojjhaṅga*): 본래 요소는 알아차림(*sati*)이다. 현상이나 실재로서의 법을 알고 기억하는 것이다.

② 법(지혜)의 깨달음의 요소(*Dhammavicaya sambojjhaṅga*): 본래 요소는 통찰의 지혜(*paññā*, 법에 대한 검토)이다. 법에 대한 예리한 관찰이다.

③ 정진의 깨달음의 요소(*vīriya sambojjhaṅg*): 본래 요소는 정진(*vīriya*)이다.

④ 희열의 깨달음의 요소(*pīti sambojjhaṅga*): 본래 요소는 희열(*pīti*)이다.

⑤ 고요함의 깨달음의 요소(*passaddhi sambojjhaṅga*): 본래 요소는 고요함(*passaddhi*)이다. 몸과 마음의 편안함이다.

⑥ 삼매의 깨달음의 요소(*samādhi sambojjhaṅga*): 본래 요소는 삼매(*samādhi*)이다. 마음이 동요없이 한 점에 집중된 상태이다.

⑦ 평정의 깨달음의 요소(*upekkhā sambojjhaṅga*): 본래 요소는 평정(*upekkhā*)이다. 모든 현상을 평정하게 치우침 없는 마음으로 완전하게 알아차리는 것이다.

(7) 팔정도(*Ariya aṭṭhaṅgika magga*)

① 바른 견해(*sammā diṭṭhi*): 정견

② 바른 생각(*sammā saṅkappa*): 정사유

③ 바른 말(*sammā vācā*): 정어

④ 바른 행동(*sammā kammanta*): 정업

⑤ 바른 생계(*sammā ājīva*): 정명

⑥ 바른 노력(*sammā vāyāma*): 정근

⑦ 바른 알아차림(*sammā sati*): 정념

⑧ 바른 삼매(*sammā samādhi*): 정정

이들 37가지 깨달음의 요소는 25가지 유익한 마음작용 중에 14가지 유익한 마음작용으로 구성되어 있다. 각각의 임무와 그 기능에 따라 부처님은 그것에 부합하는 이름을 지었다. 이들 37가지 법에서 알아차림(*sati*)을 각각 다른 이름으로 8번 포함했고, 정진(*vīriya*)을 역시 다른 이름으로 9번 언급했다. 다른 요소들은 5번, 4번, 2번 그리고 한 번 언급했다. 37가지 깨달음의 요소에는 단지 14가지의 유익한 마음작용을 포함하고 있으며, 모두 14가지의 반대되는 불선한 마음작용도 있다. 그 불선한 마음작용은 탐욕(*lobha*), 분노(*dosa*), 어리석음(*moha*), 자만(*māna*), 그릇된 견해(*diṭṭhi*), 의심(*vicikicchā*), 산만함 또는 들뜸(*uddhacca*), 후회(*kukkucca*), 나태(*thina*), 무기력(*middha*), 질투(*issā*), 인색(*macchariya*), 그릇된 행위에 대해 수치심 없음(*ahirīka*), 그릇된 행위에 대해 두려움 없음(*anottappa*)이다. 위빳사나 수행을 함으로서 수행자는 이들 14가지 불선한 마음작용을 뿌리부터 제거할 수 있다. 이들 14가지 모든 불선한 마음작용이 완벽하게 제거된 수행자를 아라한이라고 부른다. 그러므로 4가지 알아차림의 확립(*satipaṭṭhāna*)과 7가지 깨달음의 요소(*bojjhaṅga*, 칠각지)를 분리해서 수행해서는 안 된다.

첫째, 아나빠나삿띠를 수행해서 니밋따(심상 또는 표상)를 얻으면, 일반적으로 7가지의 유익한 마음작용, 즉 알아차림, 정진, 통찰의 지혜, 희열, 고요함, 삼매와 평정이 일어나서 굳게 자리 잡으며, 특히 이때의 확고한 알아차림이 사띠빳타나(*satipaṭṭhāna*, 알아차림의 확립)가 된다. 계속해서 수행을 함으로서 닮은 표상(*paṭibhāga nimitta*)이 떠오르면 이들 7가지 유익한 마음작용이 지배적인 기능(*indriya*)이 된다. 그때의 알아차림을 사띠인드리야(*satindriya*, 알아차림의 기능)라고 한다.

둘째, 위빳사나 수행으로 전환한 후 꾸준히 수행하면, 약한 우다얍바야 냐나(마음과 물질의 일어남과 사라짐을 아는 지혜)가 일어날 것이다. 그때 7가지 선한 마음작용이 7가지 깨달음의 요소가 된다. 이 단계에서의 알아차림을 사띠삼보장가(*sati sambojjhaṅga*, 깨달음의 요소로서의 알아차림)라고 한다. 나머지 6가지 요소도 깨달음의 요소가 된다. 이때 어리석음 없음의 마음작용(*amoha cetasika*, 통찰의 지혜)이 나마(마음)와 루빠(물질)의 일어남과 사라짐을 보고 알기 시작한다. 일반적으로 이것을 사성제(*ariyā sacca*)로 간주한다. 그 순간에 7가지 마음작용은 평정을 유지하면서 각각 쌍(지혜와 믿음, 정진과 집중)을 이룬다. 수행자가 올바른 수행을 하고 있을 때, 위빳사나 지혜가 최고조에 이르러 마침내 지견智見청정(*ñāṇadassana visuddhi*)인 도의 지혜를 성취한다. 수행자는 마음(*nāma*)과 물질(*rūpa*)의 소멸을 철견하고 통찰하여 성인(*ariya*, 출세간의 지혜인 도의 지혜를 성취한 사람)의 반열에 오른다.

● 7가지 깨달음의 요소(보장가 또는 삼보장가)

'보장가'(*bojjhaṅga*)라는 용어는 보디(*bodhi*) + 앙가(*aṅga*)이다. 보디는 통찰의 지혜(*paññā*), 깨달음, 사성제, 법 또는 법을 아는 사람을 의미한다. 앙가는 그 깨달음(*bodhi*)의 요소를 뜻한다. 따라서 삼보장가(*sambojjhaṅga*)는 깨달음(*bodhi*)의 일부이며, 통찰지혜(*paññā*)의 일부이며 도(*magga*)의 일부라고 『상윳따니까야』 주석서에서 설명하고 있다. 모든 7가지 깨달음의 요소의 본래 요인은 그것들 자체의 이름이다(예를 들면, 알아차림의 깨달음의 요소의 본래 요인은 알아차림이다).

수행 초기 단계에서의 알아차림(*sati*)은 단지 알아차림이다. 이때의 알아차림은 깨달음의 요소(*sambojjhaṅga*)라고 할 수 없으며 깨달음의 요소가 되지 못한다. 수행자가 사성제를 이해하기 시작할 때 비로소 깨달음의 요소가 된다. 깨달음의 요소가 되는 이들 7가지 유익한 마음작용이 없다면 도의 지혜를 성취할 수 없다. 그래서 부처님은 깨달음의 요소가 가장 중요하다고 설했다. 사성제를 알지 못하는 한 유익한 마음작용은 깨달음의 요소(*bojjhaṅga*)가 되지 못한다.

『디가니까야』의 「대념처경」 주석서에서, 오직 약한 우다얍바야 냐나(*Udayabbaya ñāṇa*)를 얻었을 때만이 이들 7가지 요소가 깨달음의 요소로 된다고 언급했다. 7가지 깨달음의 요소는 다음과 같다.

(1) 알아차림의 깨달음의 요소(*sati sambojjhaṅga*)

알아차림의 깨달음의 요소의 본래 요인은 알아차림(*sati*)이다. 45년 동안 설한 부처님의 모든 가르침은 삼장(*Tipiṭaka*, 율, 경, 아비담마)

으로 나누어진다. 여기에서 '장(*piṭaka*)'이란 '구분' 또는 '바구니'(보물이나 물건을 담는 바구니; 율장, 경장, 논장으로 구분하여 담은 바구니)를 의미한다. 삼장의 핵심은 37가지 깨달음의 구성요소이며, 37가지 요소의 핵심은 알아차림(*sati*)이다. 모든 법은 이 알아차림 없이 결코 완성될 수 없다. 알아차림이 없다면 수행의 어떤 결과도 기대할 수 없다.

알아차림(사띠)이란 기억하는 것이며 대상을 좀 더 분명하게 하는 것이다. 이것이 알아차림이 37가지 요소 중에서 8번이나 언급된 이유이다. 알아차림은 부처님의 가르침과 모든 명상에 포함되어 있으며 중요도 면에서 우위를 차지하고 있다.

알아차림의 특성은 '떠돌아다니지 않는' 것이며 그 의미는 '결코 밖으로 향하지 않는 것'이다. 알아차림은 항상 그 대상 안에 깊이 침잠해야 한다. 그러므로 알아차림은 밖이 아닌 내면을 기억하는 것이다. 한 대상을 알아차림으로 취할 때 수행자의 마음은 그 대상에 빠져든다. 수행자가 통찰의 지혜(*paññā*)를 얻을 때마다 좀 더 자세히 대상을 볼 수 있다. 알아차림의 기능은 '잊지 않는 것'이며, 번뇌(*kilesa*)가 마음속으로 들어오는 것을 막아줌으로써 마음을 보호한다. 선한 법을 기억하는 것은 사띠라고 할 수 있다. 그러나 불선한 법을 기억하는 것은 사띠라고 할 수 없다. 따라서 알아차림 없이 일어나는 선한 법은 없다. 법을 수행하는 것은 선한 법을 계발하는 것이기 때문에 알아차림은 법의 핵심이다. 부처님은 삼장에서 알아차림에 관해 강조했다.

결국 모든 수행은 알아차림에 의해 인도된다. 오직 알아차림을 했을 때만이 법의 수행(명상)을 시작할 수 있다. 어떤 사람이나 무엇인가를 기억하고 그리워하는 것은 사띠가 아니다. 그것은 단지 감각적인 생각(*kāma vitakka*)일 뿐이며 이익이 되지 않는 생각이다. 「대념처경」 주석서에서 "사띠는 소금과 같다."라고 말했다. 소금은 요리의 주요한 재료이며, 소금이 없다면 맛을 낼 수 없다. 『디가니까야』의 「대념처경」 주석서에 기록된 다른 예를 들자면, 사띠는 국무총리와 같다. 왜냐하면 국무총리의 도움 없이 대통령은 업무를 원활히 볼 수 없기 때문이다.

알아차림의 깨달음의 요소는 알아차리는 것이다. 명상을 하고 있을 때 마음은 항상 하나의 대상을 취한다. 마음이 밖으로 향하지 않으면 강해진다(집중된다). 그런 알아차림(*sati*)이 사띠빳타나(*satipaṭṭhāna*, 알아차림의 확립)이다. 만약 좀 더 수행을 하면 결코 마음이 밖으로 향하지 않게 되어 더 깊은 집중을 얻게 될 것이다. 그런 마음은 결코 동요하지 않는다. 그때의 알아차림이 사띠인드리야(*satindriya*, 알아차림의 기능)가 된다. 이것은 도의 지혜에 거의 가까이 다가선 것이다. 도의 지혜를 완전하게 성취하기 위해서는 모든 법들이 깨달음의 7가지 요소로써 강력해져야 한다. 오직 그럴 때만이 도의 지혜를 완벽하게 성취할 수 있다. 이것이 마지막 단계이다. 사띠(알아차림) ⇨ 사띠빳타나(알아차림의 확립) ⇨ 사띠인드리야(알아차림의 기능) ⇨ 사띠 삼보장가(알아차림의 깨달음의 요소).

알아차림의 깨달음의 요소를 계발하기 위해서 『상윳따니까야』의 「까야숫따」에 따르면 다음과 같다.

① 만약 알아차림의 깨달음의 요소를 갖지 못했다면(어떤 법도 기억

하지 못하는 것을 의미한다), 알아차림의 깨달음의 요소를 갖지 못했음을 알아야 한다.

② 만약 알아차림의 깨달음의 요소를 가졌으면, "알아차림의 깨달음의 요소를 가졌구나."라고 알아야 한다.

③ 만약 알아차림의 깨달음의 요소를 갖지 못했는데 알아차림의 깨달음의 요소가 일어나면 그것이 일어난 원인을 알아야 한다.

④ 만약 알아차림의 깨달음의 요소가 일어나서 충족되면 그것을 알아야 한다.

「대념처경」 주석서에 따르면 알아차림의 깨달음의 요소를 계발하기 위한 방법은 다음과 같다.

알아차림의 깨달음의 요소를 계발하기 위해서는 분명한 앎과 함께 한 알아차림(*sati sampajañña*)을 해야 한다. 삼빠잔냐는 지속적인 알아차림으로 얻게 된 분명한 앎이며 통찰의 지혜(*paññā*)이다. 여기에서 사용된 통찰의 지혜는 대상의 특성과 차이에 대한 완벽한 앎을 의미하는 식별의 지혜이다. 무엇인가를 원할 때 수행자는 알아차림으로 심사숙고해야 하며 그것을 해야 하는지 하지 말아야 하는지 또는 이익이 있는지 없는지, 좋은지 좋지 않은지 등을 알아야 한다. 이것이 분명한 앎이며, 알아차림은 항상 분명한 앎(*sampajañña*)이 따라야 한다. 마음으로, 말로, 또는 몸으로 어떤 행동을 할 때마다 항상 이런 식으로 알아차림과 분명한 앎이 뒤따라야 한다. 『디가니까야』의 「사만냐팔라숫따」에 의하면 4가지의 분명한 앎이 있다.

(a) 목적에 대한 분명한 앎(*sātthaka sampajañña*): 어떤 것이 유익

한지 유익하지 않은지에 대한 분명한 식별이다. 여기서 '유익'이란 수행에 대한 적합성과 선·불선한 행위에 대한 이익을 의미한다. 수행에 유익하지 않은 행위를 삼가는 것이다.

(b) 적합함에 대한 분명한 앎(*sappāya sampajañña*): 적절한 시기, 적합한 장소 또는 적합한 방법에 대한 분명한 식별이며, 언제, 어디서, 어떻게에 대해 생각하는 것이다. 바른 장소, 바른 시기, 바른 방법 등의 선택이 중요하기 때문에 위엄과 신중한 태도로 행동하는 것이다.

(c) 수행 대상 또는 영역에 대한 분명한 앎(*gocara sampajañña*): 항상 분명한 앎과 함께 한 알아차림(*sati sampajañña*)으로 대상에 대해 완벽한 알아차림을 하면서 명상하는 것이며, 명상하지 않은 동안에도 분명한 앎을 유지하는 것이다. 시종일관 알아차림으로 감각기관을 단속하는 것이다.

(d) 어리석음이 없는 분명한 앎(*asammoha sampajañña*): 이것이 어리석음 없이 진리를 볼 수 있는 진실한 통찰의 지혜(*paññā*)이다('내가 먹는다', '내가 걷는다'라고 아는 것이 아니라 먹고 걷는 것은 물질이며 그것을 아는 것은 마음이라고 아는 것이다).

수행자는 처음 3가지의 분명한 앎을 수행한 후에, 어리석음이 없는 분명한 앎을 체득하게 될 것이다. 이제 수행자는 한 인간으로서의 '나'란 없다는 것을 깨닫는다. 대신에 오직 마음과 물질(*nāma, rūpa*, 名色)과 어떤 동작을 실행하는 4가지 요소만 있다는 것을 알게 된다. 마침내 수행자는 도의 지혜를 얻게 된다. 분명한 앎과 함께 한 알아차림(*sati sampajañña*)이 되기 위해 다음 지시사항을 준수해야 한다.

① 앞뒤로 발걸음을 떼어놓을 때 분명한 앎(*sampajañña*)으로 움직인다.

② 위아래를 볼 때 분명한 앎으로 움직인다.

③ 양손을 움직일 때 분명한 앎으로 움직인다.

④ 식사를 할 때 분명한 앎으로 먹는다.

⑤ 물건을 다룰 때 분명한 앎으로 다룬다.

⑥ 배변을 할 때 분명한 앎으로 한다.

⑦ 누워 있고, 앉아 있고, 서 있고, 걷고, 말하거나 침묵할 때 분명한 앎으로 행동한다.

(2) 법에 대한 고찰의 깨달음의 요소(*Dhammavicaya sambojjhaṅga*, 마음과 물질에 대해 조사하는 깨달음의 요소): 이것이 진정한 통찰의 지혜(*paññā*)인 어리석음 없는 마음작용(*amoha cetasika*)이다. 이것은 사마타에 속하지 않는다. 통찰의 지혜는 오직 위빳사나 단계에만 필요하다. 법에 대한 고찰의 깨달음의 요소는 부처님의 가르침에 따라 존재에 대한 본성이나 자연 현상(마음과 물질의 일어남과 사라짐)으로 조사하는 것이다.

(3) 정진의 깨달음의 요소(*vīriya sambojjhaṅga*): 정진의 깨달음의 요소는 정진의 마음작용(*vīriya cetasika*)이다. 본래 요인은 정진(*vīriya*)이다. 깨달음을 탐구하기 위해서는 지칠 줄 모르는 강인함과 열정적인 노력이 필요하다.

말 그대로 정진은 번뇌를 태우는 것(*ātāpa*)이다. 정진이 부족하면 나태와 무기력에 빠진다. 나태와 무기력함에 빠져 있을 때 노력을 하면 버터 덩어리가 열에 녹는 것처럼 나태와 무기력이 사라진다. 그러나 너무 지나친 노력을 쏟으면 마음이 동요하여 하나의 대상에 머물 수 없게 된다. 정진의 기능은 마음을 북돋아주고 지탱해줌으로써 대상에서 마음이 멀어지지 않게 하는 것이다. 정진은 마음(*citta*)과 마음작용과 물질(*rūpa*)이 대상을 취할 수 있도록 지원한다. 정진이 없으면 대상을 취할 수 없다. 정진의 특성은 시도 또는 애씀이며, 어떤 행위에서도 다 필요하다. 3단계의 정진이 있다(3단계의 정진에 대한 자세한 것은 제 4장 수행의 장애는 무엇인가?를 참조하라).

① 초기 정진(*ārambha vīriya*): 혼신의 힘을 쏟음

② 재 정진(*nikkama vīriya*): 나태함을 극복하기 위하여 다시 노력함

③ 용맹정진(*parakkama vīriya*): 성취하기 위한 노력

「까야숫따」에 따르면 정진의 깨달음의 요소를 계발하기 위한 방법은 다음과 같다.

① 만약 정진의 깨달음의 요소를 가지고 있다면, "내가 정진의 깨달음의 요소를 가지고 있구나."라고 알아야 한다.

② 만약 정진의 깨달음의 요소를 가지고 있지 않으면, 가지고 있지 않다는 사실을 알아야 한다.

③ 만약 정진의 깨달음의 요소를 가지고 있지 않은데 정진의 깨달음의 요소가 일어나면, 정진의 깨달음의 요소가 일어난

원인을 알아야 한다.

④ 정진의 깨달음의 요소가 일어나서 완성될 때, 그것을 알아야 한다.

도의 지혜가 일어날 때 37가지의 모든 깨달음의 요소(*bodhipakkhiya*)가 완성된다. 그런 후에, 만약 마음과 물질 대상(*saṅkhāra*, 조건에 의해 형성된 것들)을 취한다면 몇 가지 깨달음의 요소들이 줄어든다. 오직 아라한 도가 일어날 때만이 37가지 모든 깨달음의 요소가 완전하게 실현된다.

「대념처경」 주석서에 따르면 정진의 깨달음의 요소를 계발하기 위한 방법은 다음과 같다.

(a) 악처의 두려움에 대한 관찰(*apāyabhaya paccavekkhaṇā*): 4가지 악처(*apāya*)의 위험에 대한 관찰이다. 4가지 악처는 ① 지옥, ② 축생계, ③ 아귀 계, ④ 아수라 계(*asurakāya*)이다. ①, ②, ③은 불선의 결과이며 ④는 선과 불선의 혼합 결과이다. 예를 들면 아수라의 몸을 가진 무리들은 낮에는 선의 결과로 존재하며 밤에는 불선의 결과로 존재한다. 그들은 고통을 겪는 반면에 천신으로서의 존재를 즐긴다. 악처의 두려움에 대한 관찰이란, "만약 내가 정진을 하지 않아서 도의 지혜를 얻지 못한다면, 나는 이들 위험한 곳 중에 한 곳에 태어날 수 있으니 열심히 수행해야 한다."라는 의미이다.

(b) 가는 여정에 대한 관찰(*gamana vīthi paccavekkhaṇā*): 열반에 들어가는 길에 대한 관찰이다. 이것은 맹렬한 노력으로 깨달음의 지

혜(*Bodhi ñāṇa*)를 얻은 부처님과 아라한들의 길이다. 게으른 사람에게는 자격이 없다. 이제 수행자는 스스로 정진할 수 있도록 다음과 같이 해야 한다. "나는 그 길에 들어섰다. 나는 이 길에 들어설 자격이 있기 때문에 성실하게 정진해야 한다."

(c) 수행 결과에 대한 관찰(*ānisaṃsa dassāvitā*): 수행 결과를 관찰하는 것이다. 일상생활에서 만약 사람들이 재산에 투자를 한다면 극히 적은 이익을 볼 것이다. 그러나 수행에 투자를 한다면 그 이익은 가늠할 수 없을 것이다. "만약 내가 좌선 중에 오는 고통만 참아낸다면 그 어떤 것과도 비교될 수 없는 열반을 증득할 거야. 열반은 분명히 물질적인 투자보다 훨씬 더 이익이 클 거야. 부처님조차도 열반을 경험하게 해줄 수 없어. 내 스스로 노력이라는 투자를 해서 명상을 함으로써 열반을 성취할 수 있어. 그래서 열심히 수행해야 해."

(d) 탁발 식食에 대한 회상(*piṇḍapātapacayanatā*): 특히 스님들에게 음식, 가사, 약과 수행처를 보시한 후원자들에게 대한 감사의 회상이다. 후원자들이 이러한 성스런 공양물을 보시할 때 스님들은 후원자들이 어떤 이익을 기대할 것이라고 생각해서는 안 된다. 스님은 그들의 아버지도 아니고 어머니도 아니며 친척도 아니다. 후원자들은 스님으로부터 어떤 것을 얻을 의도가 없다. 그러나 후원자들은 그들의 공양물로 열반을 성취할 수도 있을 것이다. 그래서 공양물을 받은 스님은 이런 공덕을 후원자들이 얻을 수 있도록 되돌려주어야 한다. 만약 이러한 공덕이 후원자들에게 어떤 결과를 낼 수 없다면, 그들이 공덕을 얻을 수 있도록 부단히 정진해야 한다. 스님들은 위에 언급한 공양물의 결과를 항상 염두에 두어야 한다.

「대념처경」 주석서에 한 예화가 있다.

스리랑카에서 부처님의 가르침이 급속도로 퍼지고 있었다. 어떤 마을 근처 동굴에서 수행중인 한 스님이 있었다. 그 마을에는 한 과부와 딸이 살고 있었다. 아이야밋뗀이라는 스님이 항상 탁발을 하러 그 과부 집으로 갔다. 과부는 스님을 자신의 아들처럼 정성을 다해 챙겼다. 과부의 딸 역시 스님을 오빠처럼 따랐다. 그들은 항상 스님에게 음식을 공양했다. 어느 날 그 스님은 평상시보다 더 일찍 그들의 집으로 갔다. 과부가 숲속 사원으로 수행을 떠나기 전에 스님이 집 근처에 당도했다. 이른 아침 과부는 떠나기 전에 딸에게 당부했다. "봉지에 좋은 쌀이 있으니 스님에게 공양 올릴 때 이 쌀로 밥을 지어라. 나는 어제 밤에 남은 식은 밥을 먹었다. 너도 새로 지은 밥을 먹어라." 그러고 나서 과부는 집을 나섰다.

스님은 과부가 당부한 말을 우연히 엿듣고 생각했다. "번뇌로 가득한 내가 이런 좋은 음식을 먹어서는 안 돼. 지금 나는 이 음식을 먹을 자격이 없어. 나는 단지 범부(*puthujjana*, 보통 사람)에 지나지 않아." 그런 후 스님은 동굴로 되돌아갔다. 스님은 용맹정진하여 12시가 되기 전에 아라한이 되었다. 그는 과부의 집으로 다시 가서 아라한으로서 음식을 공양 받았다. 이제 스님은 음식을 공양받을 자격이 있는 것이다. 이 이야기에서 공양 올리는 과부의 의도는 매우 순수하다. 그래서 스님은 범부로서 음식 공양을 받는 것에 두려움을 느꼈다. 그는 순수한 마음으로 음식을 받아야만 했다. 스님의 두려움은 그로 하여금 도의 지혜를 얻을 수 있도록 북돋아주었다. 자신이 아라한이 됨으로써 스님은 범부인 자신에게 공양물을 올리는 것보다 셀 수 없을 만큼 훨씬 더 큰 공양물의 결과를 낳게 했다.

(e) 스승의 위대함에 대한 회상(*sātthamahatta paccavekkhaṇā*): 스승의 위대함과 그의 위상에 대한 회상이다. 사실 수행자의 실제 스승은 부처님이다. 왜냐하면 명상 스승도 스스로 법을 알 수 없기 때문이다. 그는 부처님의 가르침을 읽음으로써 법을 알 수 있다. 그러므로 실제 스승은 부처님이다. 부처님은 절대적으로 비할 데 없는 지존이다. 그래서 부처님의 제자인 수행자는 게으름 피우지 말고 열성적인 노력을 기울여 수행해야 한다.

(f) 위대한 유산 상속에 대한 회상(*dāyajjamahatta paccavekkhaṇā*): 부처님의 가르침인 유산을 받을 고귀한 상속자에 대한 회상이다. 수행자는 이러한 종류의 유산을 상속받기 위해서 노력해야 한다. 노력 없이 이러한 유산을 받을 수 없다. 따라서 온 힘을 다해 정진에 힘써야 한다.

(g) 위대한 혈통에 대한 회상(*jātimahatta paccavekkhaṇā*): 승려 신분의 혈통에 대한 회상이다. 승려가 되는 사람은 누구든지 그가 아무리 가난한 사람일지라도 그의 신분은 높다. 승려는 부처님의 아들과 같은 신분이다. 이러한 사실을 확인하기 위해 열심히 정진해야 한다.

(h) 위대한 도반에 대한 회상(*sahadhammika mahatta paccavekkhaṇā*): 부처님 당시의 승려와 같은 도반에 대한 회상이다. 승려인 우리는 부처님 시대의 승려와 같다. 그들은 우리의 도반이다. 그들은 매우 열심히 수행한 사람들이며 우리는 그들의 친구이다. 그래서 우리는 수행에 정진해야 한다.

(i) 노력하는 성향(*tadadhimuttatā*): 항상 정진하는 것을 생각하라. 수행자는 항상 정진을 확장시키는 쪽으로 마음을 기울여야 한다.

사실상 부처님은 (e), (f), (g), (h)와 (i)는 승려들에게만 가르쳤다.

(4) 희열의 깨달음의 요소(*pīti sambojjhaṅga*): 본래 요인은 희열이다. 희열의 마음작용(*pīti cetasika*)은 선한 행위와 불선한 행위 둘 다 포함한다. 법을 제외하고 감각적 쾌락과 관련된 모든 것은 불선이다. 수행을 함으로써 희열이 생기면 곧 집중을 얻게 된다. 마음이 번뇌 없이 하나의 명상 대상을 취할 수 있을 때만이, 마음이 번뇌가 없음을 즐기기 때문에 희열이 저절로 일어난다. 이것은 자연의 법칙이다. 그렇게 되면 명상이 점점 강해진다. 희열이 생기면 고요함(*passaddhi*, 편안함)과 행복(*sukha*)이 따라온다. 또한 고요함과 행복과 다른 모든 선한 마음작용이 일어난다. 희열은 사마타 수행을 할 때 집중을 얻는데 아주 중요한 요인이다.

「까야숫따」에 따르면 희열의 깨달음의 요소를 계발하는 방법은 다음과 같다.

희열의 깨달음의 요소를 계발하기 위한 방법은 알아차림의 깨달음의 요소와 정진의 깨달음의 요소와 같다. 초기의 희열은 뒤에 생길 희열의 원인이다. 지금 여러분에게 희열이 조금 생겼다면, 그것은 나중에 생길 희열의 원인이다. 나중에 생길 희열을 느끼고 싶다면 이 희열의 원인을 활용해야 한다. 그래서 희열 자체는 하나의 원인이다. 이것은 수행자 스스로 희열을 계발할 수 있다는 의미이다.

희열을 느낄 때, 그것을 계발하면 희열이 더 오래 지속될 수 있다. '계발한다'는 것은 온 마음을 그 희열에 초점을 맞추고 그것을 계속적으로 느끼는 것이다. '계속'이란 마음을 편안하게 하고 다른 대상을 주시하지 않으며 점점 더 분명해지는 감각을 느끼는 것이다. 번뇌가 없음으로서 생긴 첫 번째 희열을 떨쳐버림으로 생긴 희열(*vivekaja pīti*)이라고 한다. 일반적으로 2가지의 떨쳐버림(*viveka*, 세속적인 집착으로부터 벗어남)이 있는데 하나 더 덧붙여 3가지로 말하기도 한다. 그것은 까야 위웨까(*kāya viveka*), 찟따 위웨까(*citta viveka*)와 우빠디(*upadhi*, 존재나 재탄생의 토대) 위웨까(*viveka*)이다.

① 까야 위웨까: 감각적인 대상으로부터 벗어남

② 찟따 위웨까: 오염원인 번뇌로부터 벗어남; 8과의 증득(*phala samāpatti*)

③ 우빠디 위웨까(열반): 4가지 윤회의 뿌리(*upadhi*, 오온, 5가지 감각적 대상, 번뇌와 업)에서 벗어남

감각적인 대상으로부터 자유로운(*kāya viveka*) 상태에 있다 하더라도 번뇌로부터 자유롭지(*citta viveka*) 못할 수도 있는데, 그것은 감각적인 대상으로부터의 자유가 항상 번뇌로부터 자유로울 수 없기 때문이다. 오직 명상만이 번뇌로부터 자유로운 상태(*citta viveka*)로 이끌 수 있다. 부처님은 '수행자란 친구와 함께 살아서는 안 된다'고 했다. 여기서 친구란 갈애(*taṇhā*, 아무리 채워도 풀리지 않는 인간의 근원적인 목마름)이다. 갈애는 수행자의 최악의 친구이다. 갈애 때문에 마음이 번뇌에서 자유로워질 수 없기 때문이다. 모든 번뇌는 냄새 말

고(향), 보고(색), 듣고(성), 만지고,(촉) 맛봄(미)으로써 생기는 감각적 쾌락에서 기인한다.

「대념처경」 주석서에 따르면 희열의 깨달음의 요소를 계발하기 위한 방법은 다음과 같다.

(a) 부처님에 대해 회상(*Buddhānussati*, 불수념)하라.

(b) 법에 대해 회상(*Dhammānussati*, 법수념)하라: 6가지 법의 공덕을 회상하는 것이다.

① 세존께서 설한 위없는 법(*Svākkhāto Bhagavatā Dhammo*): 『청정도론』에 의하면 첫 번째 법의 공덕에서는 경전을 포함한 10가지 공덕을 언급하고 있다. 그 10가지는 4가지 도의 지혜와 4가지 과의 지혜와 열반과 삼장〔*Tipiṭaka*: 3개의 광주리, 즉 율장(*Vinaya piṭaka*), 경장(*Suttanta piṭaka*)과 아비담마 논장(*Abhidhamma piṭaka*)〕으로 구성된 법이며, 이를 세존께서 잘 설했다.

② 바로 이익을 얻을 수 있는 법(*Sandiṭṭhika*): 4가지 도의 지혜와 4가지 과의 지혜와 열반으로 구성되어 있는 9가지 출세간법은 열심히 수행만 한다면 직접 확인할 수 있으며, 다른 사람을 통해서가 아니라 수행자 스스로 생생하게 깨달을 수 있다. 탐욕이나 그릇된 견해 등을 버린 성인聖人은 스스로 법을 볼 수 있다. 이것이 지금 여기서 이익이 되는 법이다.

③ 지체 없이 이익과 효과를 바로 볼 수 있는 법(*Akālika*): 즉각적으로 도움이 되고 좋은 결과를 가져오는 법이다. 이 법은

수행하는 사람들에게 바로 좋은 결과를 가져다주는 법이다.

④ 누구든 수행할 수 있는 법(*Ehipassika*): 수행을 계속해서 법을 본 사람들은 존경받을 가치가 있으며, 언제나 다른 사람들에게 수행할 것을 권유할 수 있으며, 그들 스스로 법을 볼 수 있다.

⑤ 손님처럼 존귀하게 공양 받을 만한 법(*Opāneyyika*): 4가지 도의 지혜와 4가지 과의 지혜와 열반으로 구성된 법을 단 한 번이라도 마음속에서 깨달을 때 모든 악처와 윤회의 화염을 끌 수 있다. 그래서 우리는 옷이 불에 타고, 머리카락이 화염에 휩싸이는 상황에서조차도 이러한 출세간법을 얻기 위해 수행해야 한다. 이들 출세간법은 영원히 마음속에 간직할 가치 있는 법이다.

⑥ 지혜로운 사람만이 경험하고 즐길 수 있는 법(*Paccattaṃ veditabbo viññūhi*): 이것은 현명한 사람만이 경험할 수 있는 법이다.

(c) 승가의 공덕을 회상(*Saṁghānussati*, 승수념)하라.

① 올바른 도道를 실천하는 승가(*Suppaṭipanno Bhagavato sāvakasaṅgho*): 숩빠띠빤노란 올바른 도(*suppaṭipanna*, 팔정도)를 실천하는 자이다. 존귀하신 분(*Bhagavā*)의 제자인 성인들은 계율(계), 삼매(정), 통찰의 지혜(혜)의 3가지 수련(삼학三學)을 부지런히 수행한다.

② 정직하게 수행하는 승가(*Ujuppaṭipanno Bhagavato sāvakasaṅgho*): 존귀하신 분의 제자인 성인들은 계율, 삼매, 통찰의

지혜의 3가지 수련을 정직하게 그리고 바르게 실천한다.

③ 참되고 올바르게 수행하는 승가(*Ñāyappaṭipanno Bhagavato sāvakasaṅgho*): 존귀하신 분의 제자인 성인들은 열반을 깨닫겠다는 유일한 목적을 가지고 계율, 삼매, 통찰의 지혜의 3가지 수련을 실천한다.

④ 합당하게 실천하는 승가(*Sāmīcippaṭipanno Bhagavato sāvakasaṅgho*): 존귀하신 분의 제자인 성인들은 범부와 천신과 범천들로부터 존경과 경외와 예경을 받을 만큼 고귀한 수행을 실천한다.

『앙굿따라니까야』의 「기히숫따」에서 "부처님의 제자들은 4쌍의 사람들(4쌍)이며 여덟 부류의 성인들(8배)이다'라고 설했다. 그 네 쌍은 첫 번째 도道와 첫 번째 과果가 한 쌍이다. 그래서 4가지 도와 4가지 과를 합쳐서 4쌍의 성인들이다.

(i) 예류도(*sotāpatti maggaṭṭha*) - 예류과(*sotāpatti phalaṭṭha*): 첫 번째 도의 지혜와 첫 번째 과의 지혜를 얻은 성인: 수다원

(ii) 일래도(*sakadāgāmi maggaṭṭha*) - 일래과(*sakadāgāmi phalaṭṭha*): 사다함

(iii) 불환도(*anāgāmi maggaṭṭha*) - 불환과(*anāgāmi phalaṭṭha*) : 아나함

(iv) 아라한도(*arahatta maggaṭṭha*) - 아라한과(*arahatta phalaṭṭha*): 아라한

⑤ 공양 받을 만한 승가(*Āhuneyya*): 존귀하신 분의 제자인 성

인들은 심지어 멀리서 가져온 보시도 받아 마땅하다.

⑥ 손님으로 대접 받을 만한 승가(*Pāhuneyya*): 존귀하신 분의 제자인 성인들은 특별한 손님으로 대접 받아 마땅하다.

⑦ 다음 생의 이익을 기대하고 올리는 공양물을 받을 만한 승가(*Dakkhiṇeyya*): 존귀하신 분의 제자인 성인들은 다음 생의 덕을 쌓기 위해 보시한 공양물을 대접 받아 마땅하다.

⑧ 예경 받을 만한 승가(*Añjalikaraṇīya*): 존귀하신 분의 제자인 성인들은 전 세계적으로 합장 공경 받아 마땅하다.

⑨ 위없는 복의 밭인 승가(*Anuttaraṃ puññakkhettaṃ lokassā*): 존귀하신 분의 제자인 성인들은 모든 사람들을 위해 공덕의 씨앗을 뿌릴 밭을 기름지게 했다. 이것이 가장 중요한 승가의 공덕이다. 간단하게 말하면, 승가는 공덕의 밭이다.

(d) 계율에 대해 회상(*Sīlanussati*, 계수념)하라: 계에 대한 숙고이다. 승려는 항상 계율을 숙고해야 한다. 만약 계율을 지킴에 있어서 어떤 오점도 없다면 승려는 수행하는 것을 즐김으로써 힘을 얻는다.

(e) 천신들에 대해 회상(*Devātānussati*, 천수념)하라: 천신들은 그들의 계와 공덕 때문에 천신계에 태어났다. 이렇게 명상하라. “나 또한 천신들과 같다. 왜냐하면 나도 천신들이 갖고 있는 계와 공덕을 가지고 있기 때문이다.”

(f) 열반의 고요함에 대해 회상(*Upasamānussati*, 적지수념: 간접적으로 열반을 의미함)하라: 열반의 궁극적인 적정寂靜의 경지에 대한 회상이다. 수행자는 처음 명상했을 때와 나중에 명상했을

때를 비교할 수 있다. 명상 후에 굉장히 많은 번뇌가 제거된 것을 알 수 있다. 이렇게 함으로써 번뇌가 없어진 자신의 상태를 관찰한다.

(g) 부처님의 가르침에 대해 재미있는 이야기를 듣거나 읽어라.

『담마상가니』의 주석서인 「앗타살리니」에 의하면, 스리랑카에서 한 승려가 보드가야에 있는 4곳의 성지에 예경을 올리기 위해 떠났다. 그는 보드가야까지 가기 위해 거친 바다를 건너야 했다. 항해 중에 그는 거대한 파도가 일어나는 것을 보았다. 파도가 굉장히 거대하지만 곧 끝날 것이라고 생각했다. 그 승려는 "부처님의 빳타나(*Paṭṭhāna*, 발취론: 아비담마 7번째 논서; 마음과 물질의 원인과 결과와 그것들의 관계와 결과의 방식에 대한 가르침)는 한계도 없고 끝도 없다. 빳타나는 부처님이 가르쳤다. 그래서 부처님의 일체지는 무한하다."라고 생각했다. 부처님의 일체지를 회상했을 때 환희심이 생겨서 계속 위빳사나를 수행했다. 마침내 그는 아라한 도를 성취했다. 이 일화에서 보듯이 부처님의 일체지를 회상함으로써 생긴 희열은 굉장히 강력한 힘을 가지고 있다.

희열은 강력한 힘을 가지고 있기 때문에 보시 같은 선한 행위를 할 때 기쁜 마음으로 해야 한다. 무엇을 하든지 결과를 기대하지 마라. 다만 기쁜 마음으로 하라. 희열은 우리 몸을 공중으로 날아오르게 할 만큼 강한 힘을 가지고 있다.

「앗타살리니」에 다른 예화가 있다.

스리랑카의 한 마을에 모녀가 함께 살고 있었다. 그 마을은 언덕 가까이에 있었는데 언덕 꼭대기에 탑이 하나 있었다. 보름달이 뜬 어느 날, 어머니는 불탑에 예경을 올리러 가려고 했다. 딸도 어머니와 함께 불탑에 가고 싶었지만 임신 중이어서 갈 수가 없었다. 딸은 어머니와 함께 너무 가고 싶었기 때문에 집 앞에 앉아서 불탑에 가고 싶다는 열망과 희열을 일으키면서 깊이 사유했다. 그때 갑자기 그녀의 몸이 공중으로 뜨면서 탑을 향해 날아갔다.

이것은 희열의 결과였다. 희열이 일어난 순간에는 마음 또한 매우 강하다. 강한 마음은 강력한 결과를 초래할 수 있다. 마음은 마음과 정에서 일어난다. 마음이 일어날 때마다 의도 또한 함께 일어난다. 마음이 강해질 때마다 의도(*cetanā*) 역시 강해진다. 그래서 마음이 기쁠 때 그 마음도 강하다. 기쁜 마음으로 선한 행위를 할 때, 의도가 자와나 찟따(*javana citta*, 일곱 번 찰나의 순간적인 마음; 속행)와 함께 항상 일어난다. 이 마음(*citta*)은 의도 때문에 그 결과를 낳는다.

부처님은 『맛지마니까야』의 「닥키나위방가숫따」에서 설했다. "작은 새 한 마리에게 단 한 번 먹이를 주었다 하더라도 그 100배의 결과를 얻을 것이다." 보시는 공양물 때문이 아니라 의도 때문에 결과를 낳는다. 좋은 의도는 좋은 결과를 만든다.

(5) 고요함의 깨달음의 요소(*passaddhi sambojjhaṅga*): 희열의 깨달음의 요소(*pīti sambojjhaṅga*)와 고요함의 깨달음의 요소가 일어난 후, 고요함의 깨달음의 요소가 강력한 고요함의 마음작용(*passaddhi cetasika*)이 된다(고요함의 마음작용이 강력하게 되었을 때 고요함의 깨달음의 요소가 된다는 의미이다). 빳사디는 고요함을 의미한다. 고요함은

번뇌의 열기를 가라앉힌다. 2종류의 고요함이 있는데, 그것은 몸의 고요함과 마음의 고요함이다.

(a) 몸의 고요함(*kāya passaddhi*): 여기서 '까야'는 모든 마음작용의 무리를 의미한다. 몸의 고요함이란 모든 마음작용이 편안함을 뜻한다.

(b) 마음의 고요함(*citta passaddhi*): 만약 마음의 고요함과 몸(마음작용 자체)의 고요함이 일어나면 몸(육체적인 몸)이 고요해지며, 마음과 모든 마음작용이 편안해진다. 육체적인 몸(*kāya*) 또한 편안해지고 고요해진다. 마음과 몸이 고요해지면 다음 5쌍의 선한 마음작용이 일어난다. 이들 마음작용은 모든 반대되는 불선한 마음작용을 파괴한다. 5쌍은 다음과 같다.

① 가벼움(*lahutā*): 몸의 가벼움(*kāya lahutā*)과 마음의 가벼움(*citta lahutā*): 라후따는 가벼움이다. 가벼움의 기능은 무거운 번뇌를 파괴하는 것이다.

② 부드러움(*mudutā*): 몸의 부드러움(*kāya mudutā*)과 마음의 부드러움(*citta mudutā*): 무두따는 부드러움이다. 부드러움의 기능은 거친 번뇌를 파괴하는 것이다.

③ 적합함(*kammaññatā*): 몸의 적합함(*kāya kammaññatā*)과 마음의 적합함(*citta kammaññatā*)이다. 깜만냐따는 적합함이다. 적합함의 기능은 부적합함을 파괴하는 것이다.

④ 능숙함(*pāguññatā*): 몸의 능숙함(*kāya pāguññatā*)과 마음의 능숙함(*citta pāguññatā*)이다. 빠군냐따는 능숙함이다. 능숙함의 기능은 미숙함을 파괴하는 것이다.

⑤ 반듯함(*ujukatā*): 몸의 반듯함(*kāya ujukatā*)과 마음의 반듯함(*citta ujukatā*)이다. 우주까따는 반듯함(청렴)을 의미한다. 반듯함의 기능은 부정한 행위를 파괴하는 것이다.

마음과 마음작용이 고요하면 물질(*rūpa*)인 몸도 고요해진다. 마음과 마음작용은 부드럽거나 가볍거나 능숙하거나 반듯한 조건 하에서 매우 강력해진다. 그때 수행자는 굉장히 정직해진다. 이러한 조건들로 인하여 이들 마음작용을 가벼운 마음작용이라고 한다. 본래부터 가벼운 마음작용을 가지고 태어난 사람은 아무도 없다. 그것은 조건에 의해서 생겨난다. 만약 그런 마음작용이 애초부터 생겨난다면 명상을 할 필요가 없다. 수행자는 오직 이런 마음작용을 계발해야 한다.

「까야숫따」에 따르면, 고요함의 깨달음의 요소를 계발하는 방법은 다른 깨달음의 요소와 같다. 고요함의 깨달음의 요소를 계발하기 위하여 「대념처경」 주석서에 다음 7가지를 언급하고 있다.

① 건강에 좋은 음식(*paṇīta bhojana*): 건강에 좋은 음식은 수행자로 하여금 고요함(*passaddhi*, 편안함)을 얻게 한다. 만약 매운 고추 한 사발을 먹었다면 고추가 너무 맵기 때문에 제대로 수행하기 어렵다.

『맛지마니까야』의 「마하뿐나마숫따」에 한 일화가 있다.

부처님 당시에 60명의 승려가 명상에 대해 부처님께 여쭤봤다. 그런 후 히말라야 산맥 근처 숲속으로 명상할 곳을 찾으러 갔다. 그때 마을의 한 여자가 그들을 만나기 위해 와서 물었다. "여기서 무엇을 하세요?" 그들이 "우리는 수행할 장소를 찾고 있소."라고 말했다. 그 여자는 "우리가 여기 이곳에 스님들을 위한 사원을 짓겠습니다. 우리가 스님들을 후원하겠습니다."라고 간청했다. 그녀는 사원을 짓겠다고 약속했고 모든 마을 사람들이 스님들을 후원했다.

어느 날 그 여자가 사원을 찾아 왔는데 사원 안에 스님들이 한 명도 없었다. 스님들은 사원 밖 숲속에서 수행하고 있었다. 나중에 스님들이 사원으로 돌아왔지만 그들은 서로 말을 하지 않았다. 그 여자는 "스님들, 서로 말다툼했어요?"라고 물었다. 그들은 법을 수행하고 있다고 대답했다. 그 여자는 간청했다. "제발, 스님들이 수행하고 있는 법을 저에게도 가르쳐주세요. 저도 수행하고 싶어요." 스님들은 그 여자에게 몸의 32부분에 대한 알아차림 수행(*kāyagatāsati*)을 가르쳐주었다(32가지는 머리털, 몸털, 손톱, 발톱, 이, 살갗, 살, 힘줄, 뼈, 골수, 콩팥, 염통, 간, 근막, 지라, 허파, 창자, 장간막, 위 속의 음식, 똥, 쓸개즙, 가래, 고름, 피, 땀, 굳기름, 눈물, 피부의 기름기, 침, 콧물, 관절 활액, 오줌). 그 여자는 며칠을 수행한 후 불환자(*anāgāmī*, 인간 세상에 다시 돌아오지 않는 성인)가 되었으며 선정에 들어 초능력을 갖게 되었다. 그래서 그 여자는 자기 스승인 스님들 또한 초능력을 가졌다고 생각했다. 그녀는 초능력으로 스님들을 깊이 사유한 결과 스님들은 아직 초능력을 얻지 못했다는 사실을 알았다. 다시 그녀는 왜 스님들이 아직 도의 지혜(*Magga ñāṇa*)를 얻지 못했는지 알아봤다. 마침내 스님들은 적합한 음식을 섭취하지 못했기 때문에 지혜를 얻지 못했다는 것을 알게 되었다. 그래서 각각의 스님께 적합한 음식을 대접했다. 그 후 스님들은 아라한이 되었다. 여기서 적합한 음식이란 비싼 고급 음식이 아니다. 적합한 음식이란 생물학적으로 몸을 건강하게 유지하기 위해 필요한 음식이다.

② 적합한 온도(*sappāya utu*): 명상을 시작한 초기에는 편안한 날씨가 필요하다. 너무 덥거나 너무 추운 곳에서는 집중을 얻기 힘들다.

③ 적합한 자세(*sukha iriyāpatha*): 편안한 자세(경행, 입선, 좌선, 와선)로 수행한다.

④ 온건한 마음을 가져라. 어떤 경우든 서둘지 말고 초조해하지 마라. 어떤 것에 대해서도 걱정하지 마라.

⑤ 초조해하는 사람과 뭔가를 걱정하는 사람을 멀리하라.

⑥ 고요한 마음을 가진 친구를 사귀어라.

⑦ 항상 고요함이 일어난 쪽으로 마음을 기울여라.

(6) 삼매의 깨달음의 요소(*samādhi sambojjhaṅga*): 삼매의 깨달음의 요소의 본래 요인은 삼매(*samādhi*)이다. 삼매란 한 점에 집중된 마음작용(*ekaggatā cetasika*)이며, 선한 마음이 한 점에 집중된 것이다. 다시 말하면 삼매란 마음의 청정함이다. 그러므로 삼매를 얻기 위해서는 다음의 사항을 계발해야 한다.

① 부동의 특징(*avyagga nimitta*): 흔들리지 않는 마음을 일으

키는 대상

② 고요함의 특징(*samatha nimitta*): 고요함을 일으키는 대상

삼매(*samādhi; ekaggatā cetasika*, 한 점에 집중된 마음작용)는 2가지 특성을 가진다. 흩어지지 않는 특성(*avisāra lakkhaṇā*)과 흔들리지 않는 특성(*avikkhepa lakkhaṇā*)이다.

a) 흩어지지 않는 특성: 다른 대상으로 옮기지 않는 특성이다. 한 점에 집중된 마음작용은 다른 대상으로 옮기지 않는다.

b) 흔들리지 않는 특성: 동요하지 않는 특성이며, 함께 일어난 마음작용과 마음이 흔들리지 않는 것이다. 다시 말해서 다른 마음작용(삼매를 제외한 다른 마음작용)과 삼매와 함께 일어난 마음이 동요하지 않음을 의미한다.

삼매의 기능은 집중하는 것이며, 함께 일어난 마음작용들을 동요하지 않게 하는 것이다. 한 점에 집중된 마음을 갖기 위해서는 하나의 대상을 오랫동안 주시하며 알아차려야 한다. 알아차림이 없다면 그 대상에 머물 수 없다. 그 대상에 오래 알아차림을 하는 한, 마음은 오랫동안 그 대상을 취할 수 있으며 한 점에 집중된 단계에 이를 수 있다. 이러한 이유로 삼매를 얻기 위해서는 알아차림이 따라야 한다. 수행자는 알아차림 없이 집중할 수 없다. 집중하기 위해서는 고요함을 유지해야 한다. 다른 무엇보다 먼저 수행자는 고요함과 침착함이 필요하다. 고요함이 없다면 마음이 동요할 것이다.

삼매를 계발하기 위해(집중을 얻기 위해) 수행자는 오직 명상 대상

만을 주시해야 한다. 그 명상 대상만을 주시하기 위해 필사적으로 있는 힘껏 알아차림을 해야 한다. 오직 확고한 알아차림만이 완전하게 한 대상을 취할 수 있다. 알아차림을 하고 있는 한 마음은 동요하지 않고 오랫동안 그 대상을 취할 수 있다. 그렇게 되면 삼매를 얻게 될 것이다. 알아차림을 하기 위해서 고요함과 편안함이 필요하다. 따라서 알아차림은 삼매를 얻기 위한 기본적인 토대이다. 삼매는 항상 알아차림이 따른다. 알아차림을 오래 유지하면 할수록 더 강한 집중을 얻는다.

『상윳따니까야』의 「까야숫따」에 따르면, 삼매의 깨달음의 요소를 계발하는 것은 다른 깨달음의 요소들과 동일하다.

「대념처경」 주석서에 따르면, 삼매의 깨달음의 요소를 계발하기 위한 방법은 다음과 같다.

(a) 장소 청소하기(*vatthuvisadakiriyā*): 외부 청결(집, 방, 몸 등)과 몸 안에 질병이 없도록 내부 청결을 유지한다.

(b) 삼매의 깨달음의 요소를 계발하기 위해서 수행자는 5가지 기능(*indriyasamattapāṭipādanā*)의 균형을 잘 조절해야 한다.

(c) 명상 대상에 대해 숙달하라. 무슨 생각이 일어날 때, 번뇌가 생기지 않도록 그것을 혐오스러운 대상으로 생각하라.

(d) 수행자는 항상 마음을 기쁘게 가져야 한다. 지혜가 부족하면 마음이 무뎌지고 괴롭다. 이때 늙고 병들어 죽어감을 사유하고 4악처에 태어남으로 인한 전생의 괴로움을 생각하며, 내생의 괴로움과 현생의 괴로움을 숙고함으로써 마음에 용기를

줄 필요가 있다. 윤회함으로써 생기는 8가지 두려움의 대상이 있다. 그것은 태어남, 늙음, 병듦, 죽음, 악처의 비참함, 과거의 괴로움, 현재의 괴로움, 미래의 괴로움이다. 이들 8가지를 윤회에 대한 두려움의 토대(*saṃvega vatthu*)라고 한다. 기쁜 마음으로 명상을 할 수 없을 때 이 두려움의 토대를 숙고하라.

(e) 명상을 하는 동안에 마음이 너무 예민하거나 또는 심하게 동요할 때, 그 마음을 눌러야 한다. 이것을 적절한 때에 마음을 절제함(*samaye cittassa niggaṇhanatā*)이라고 한다. 마음에 의욕이 넘쳐나면 그 마음을 고요하게 진정시키고 집중함으로써 평정을 유지해야 한다.

(f) 마음이 약해지고 무뎌지면 마음을 고취시켜라. 엄청난 노력을 쏟아 붓고 대상에 철저하게 초점을 맞추며 마음을 기쁘게 하라.

(g) 그렇게 함으로써 평정한 마음 상태를 유지해야 한다. 그럴 때 수행자는 올바른 길에 들어선 것이다. 수행자는 평정을 유지하기 위해 계속 균형을 조절해야 한다.

(h) 집중하지 못하는 사람을 멀리하라.

(i) 집중하는 사람을 친구로 삼아라.

(j) 본인이 경험했던 선정을 반조하라.

(k) 마음을 항상 집중하는 쪽으로 기울여라.

(7) 평정의 깨달음의 요소(*upekkhā sambojjhaṅga*): 평정이란 마음의 평등이며 흔들림 없는 마음의 자유로움 또는 마음의 평온함이다.

본래 요인은 평정하고 중립적인 마음을 의미하는 중립의 마음작용(*tatramajjhattatā cetasika*)이다. 이 마음작용은 모든 선한 마음과 함께 일어날 수 있지만 그때의 마음을 평정(*upekkhā*)이라고 할 수 없다. 어떤 사람이 모든 존재들은 자신의 업의 지배를 받으며 아무도 그 업을 멈출 수 없다는 것을 깨닫게 된다. 이때 그 마음과 함께 일어난 중립적인 마음작용을 우뻬카(평정)라고 한다. 『청정도론』에서는 10가지의 평정에 대해 언급하고 있다.

① 6가지 감각기관의 평정(*chalaṅgupekkhā*): 이것은 아라한들에게 일어난다. 아라한들은 항상 '좋아하고 싫어하는 느낌'이나 '행복하거나 행복하지 않은 감정'을 6가지 감각의 문을 통해 느낄 때마다 평정한 마음으로 알아차린다.

② 거룩한 마음의 평정(*brahmavihārupekkhā*): 이것은 자애(*mettā*), 연민(*karuṇā*), 같이 기뻐함(*muditā*), 평정(*upekkhā*)과 같은 4가지의 거룩한 마음, 즉 사무량심(*Brahma vihāra*)에 포함된 평정이다. 이 평정을 거룩한 마음의 평정이라고 한다. 여기서 이 거룩한 마음의 평정이 본래 요인이다.

③ 깨달음의 요소의 평정(*bojjhaṅgupekkhā*): 이것은 평정의 깨달음의 요소(*upekkhā sambojjhaṅga*)의 본래 요인이다. 명상의 깊이가 도(*magga*)의 일부가 될 만큼 깊어지고 5가지 기능이 쌍으로 균형을 이루면 평정의 깨달음의 요소가 일어난다.

④ 정진의 평정(*vīriyupekkhā*): 이것은 위빳사나 평정(*vipassanā upekkhā*)이 일어날 때 생기는 정진이다(너무 필사적이지도 않고 너무 느슨하지도 않은 정진이다).

⑤ 통찰의 평정(*vipassanupekkhā*): 이것은 일어남과 사라짐을 아는 지혜(*Udayabbaya ñāṇa*) 전에 일어난다〔위빳사나 지혜로 무상·고·무아의 특성을 관찰할 때 치우침 없는 평정이다〕.

⑥ 형성된 것들(*saṅkhāra*)의 평정(*saṅkhārupekkhā*): 이것은 위빳사나 지혜이다〔무상·고·무아를 통해 상카라에 집착하는 마음의 평정이다〕.

⑦ 느낌에 대한 평정(*vedanupekkhā*): 이것은 즐겁지(*sukha*)도 괴롭지(*dukkha*)도 않은 공평한 느낌이다.

⑧ 특정한 중립의 평정(*tatramajjhattupekkhā*): 이것은 일어남과 사라짐을 아는 지혜 전에 일어나는 위빳사나 평정이다〔대상에 대해 한쪽으로 치우치지 않은 완전한 중립의 평정이다〕.

⑨ 선정의 평정(*jhānupekkhā*): 이것은 최고의 선정 상태인 사선정이나 오선정에서 일어나는 평정이다. 이것을 선정의 평정이라고 한다.

⑩ 청정의 평정(*pārisuddhupekkhā*): 이것은 모든 반대의 법으로부터 청정해진 평정이다.

여기에서 ①번과 ②, ③, ⑧, ⑨, ⑩번은 동일한 본래 요인(*tatramajjhattupekkhā*, 특정한 중립의 평정)을 갖는다.

「대념처경」 주석서에 따르면 평정의 깨달음의 요소를 계발하기 위한 방법은 다음과 같다.

(a) 집착이나 분노(*dosa*)하는 마음 없이 모든 중생들에게 공평한 태도를 가져라.

(b) 항상 평정심을 유지하라(가난하거나 부자거나 또는 행복하거나 행복하지 않거나 평등하게).

(c) 물질에 대해서나 살아있는 것들에 대해 평정한 마음을 유지하라.

(d) 물질적인 것과 살아있는 것들에 대해 너무 집착하는 사람을 멀리하라.

(e) 평정한 마음을 가진 지혜로운 친구와 함께 하라.

(f) 마음이 항상 평정함 쪽으로 기울게 하라.

위빳사나 수행을 해서 도의 지혜를 성취하면 4가지 알아차림의 확립(*Satipaṭṭhāna*)과, 5가지의 기능(*indriya*)과 7가지 깨달음의 요소(*bojjhaṅga*)가 실현된다. 순수 위빳사나 수행자는 위빳사나를 시작할 때, 항상 대상을 알아차리며 일어나는 모든 대상을 알아차린다. 처음에는 모든 마음작용들이 일반적이며 강하지 않다. 4가지 알아차림의 확립과 5가지 기능 등은 단지 그것들의 이름이 갖는 기능만 갖는다. 예를 들면, 알아차림(*sati*)은 알아차림이며, 삼매(*samādhi*)는 삼매이다. 수행에 가속도가 붙으면 그 마음작용들이 강해진다. 알아차림이 충분히 강해져서 모든 대상들을 아주 면밀히 강하게 알아차리지 않아도 될 때, 알아차림은 빳타나 사띠(*paṭṭhāna sati*, 알아차림을 확립하는 것: 항상 대상을 알아차릴 수 있는 상태)가 된다. 그것을 사띠빳타나(알아차림의 확립)라고 한다.

명상이 계속 더 깊어지면 알아차림과 다른 마음작용들은 번뇌로 인해 동요하지 않는다. 알아차림과 다른 마음작용들이 자신의 기능을 완전하게 수행할 때, 그것을 사띠인드리야(*satindriya*, 알아차림의 기능)라고 한다. 그때의 정진(*vīriya*)을 위리야인드리야(*vīriyindriya*, 정진의 기능)라고 한다. 수행자가 약한 일어남과 사라짐의 지혜를 얻으면, 무상·고·무아를 이해한 다음 진리(*sacca*)를 이해하기 시작한다.

그때 마음작용은 깨달음(*bodhi*)의 일부가 되어 깨달음의 요소가 된다. 그것들을 보장가라고 하며, 알아차림의 깨달음의 요소(*sati sambojjhaṅga*), 정진의 깨달음의 요소(*vīriya sambojjhaṅga*), 삼매의 깨달음의 요소(*samādhi sambojjhaṅga*) 등과 같이 부른다. 이 시점에서, 7가지의 모든 마음작용들이 깨달음의 요소 담마(*bojjhaṅga dhamma*)가 된다. 이들 7가지 마음작용들이 평정의 상태에 머물며 강력해짐으로써 명상이 올바른 궤도에 오르게 된다. 이제 수행자는 더 높은 위빳사나 지혜를 성취할 준비가 되었으며, 결국 위빳사나 지혜를 얻게 될 것이다.

제8장

5가지 명상 요소 기능의 균형

부처님이 일체지를 성취하자마자 14가지의 특별한 지혜(*ñāṇa*)가 모두 완성되었다. 14가지 중에 아라한들은 8가지 지혜(사성제와 4가지 도의 지혜)를 얻는다. 부처님의 제자들(아라한들)이 성취할 수 없는 부처님의 6가지 지혜가 있다. 그 지혜를 부처님만 가질 수 있는 견줄 수 없는 6가지의 지혜(*Cha asādhāraṇa ñāṇa*, 육불공지)라고 한다. 오직 부처님에게만 있는 6가지 지혜는 다음과 같다.

(1) 일체를 아는 지혜(*Sabbaññuta ñāṇa*, 일체지): 알아야 할 모든 법을 완벽하게 아는 지혜이다. 이 지혜를 통해서 부처님은 모든 것을 정확하게 파악하고 있으며, 이 우주에 이해하지 못하는 것은 아무것도 없다. 과거, 현재, 미래에 걸친 모든 것을 어리석음 없이 번뇌를 일으키지 않고 지혜롭게 이해한다.

(2) 걸림 없는 지혜(*Anāvaraṇa ñāṇa*): 아나와라나는 '장애로부터 자유로운' 또는 '장애 없는'의 의미이다. 일체를 아는 지혜로 모든 것의 진정한 성품을 걸림 없이 꿰뚫어 보기 때문에 걸림 없는 지혜라고 한다.

(3) 대연민 삼매의 지혜(*Mahākaruṇāsamāpatti ñāṇa*): 차별 없이 모든 생명체가 고통에서 자유롭기를 바라는 비길 수 없는 대연민의 지혜이다. 부처님의 연민은 무한하며 다른 스승들의 연민과는 비길 수

없이 모든 존재에 대해 똑같다. 부처님은 차별을 두지 않고 똑같은 연민의 마음으로 하루에 2번씩 삼매에 들어 전 우주를 관망했다.

(4) 쌍신변의 지혜(*Yamakapāṭihāriya ñāṇa*): 쌍으로 기적을 행하는 지혜(정반대되는 쌍: 흔히 물과 불로 설명됨)이다. 온몸에서 심지어 털구멍에서까지 물과 불을 교대로 뿜어냄으로써 쌍을 이룬 신통을 보여주는 초월적인 능력이다. 아주 드물게 부처님은 정직하지 못하고 자만하며 의심 많은 그의 친척들에게, 또 선정의 힘으로 부처님과 겨뤄보겠다고 공공연하게 선포한 이교도들에게 입증하기 위해 선정의 힘을 통해 이러한 기적을 행했다. 입증해 보이기 위해 부처님은 기적을 행하지 않을 수 없었다. 그러나 부처님은 비구들에게 이교도들을 개종시키기 위해 기적을 보여주지 말라고 했으며, 부처님의 가르침의 우수성을 증명하기 위해서 제자들이 기적을 행하는 것을 적극적으로 만류했다. 부처님은 45년간 설법을 하는 동안 이 기적을 오직 4번만 보여주었다.

(5) 개인의 기질과 잠재적인 성향을 아는 지혜(*Āsayānusaya ñāṇa*): 개인의 4가지 기질, 즉 견해(*diṭṭhi*, 여기서는 그릇된 견해를 말함), 의심(*vicikicchā*), 통찰의 지혜(*Vipassanā ñāṇa*)와 도의 지혜와 7가지 잠재적인 성향(감각적 욕망, 적의, 자만, 무명, 의심, 그릇된 견해, 존재에 대한 욕망)을 아는 지혜이다. 개인의 기질과 잠재된 성향을 아는 지혜는 생명이 있는 모든 존재들이 사견 쪽으로 기우는지 바른 견해(통찰의 지혜와 도의 지혜) 쪽으로 기우는지를 아는 지혜이다. 설법을 펴기 전에 부처님은 중생들의 정신적인 근기와 이해력과 정신적인 기질과 장애와 수행력과 법을 이해하는 능력과 윤회를 통해 전생부터 가지

고 나온 성향 및 습관을 분석하고 이해했다.

(6) 근기의 성숙도를 아는 지혜(*Indriyaparopariyātta ñāṇa*): 각기 다른 감각기능의 성숙도를 아는 지혜이다. 이것은 믿음, 정진, 알아차림, 삼매와 통찰의 지혜와 같은 5가지 감각기능의 성숙도를 자세히 파악하여 모든 존재들이 도의 지혜를 성취할 수 있는 능력(*neyya puggala*, 전력을 다해 수행해야만 도의 지혜를 얻을 수 있는 사람)에 대한 완벽한 앎이다. 이러한 모든 기능에 대한 지혜는 부처님으로 하여금 중생들의 청정함과 부정不淨함을 알 수 있게 해주며, 중생들의 이익을 위해 법을 설할 수 있도록 해준다.

부처님은 어떤 사람에게 도의 지혜를 성취할 수 있도록 가르칠 때, 먼저 도의 지혜를 성취하기 위해서 5가지 기능이 성숙한지 아닌지를 결정하기 위해 근기의 성숙도를 아는 지혜를 통해 그 사람의 마음을 살펴보았다. 5가지 기능이란, 각각 관련된 기능을 완벽하게 행사하는 단계에 있는 명상 요소를 말한다. 수행자는 5가지 기능을 강하고 힘 있게 해야 하며 균형을 유지해야 한다. 5가지 기능은 다음과 같다.

① 믿음의 기능(*saddhindriya*, 바른 이해를 바탕으로 한 확고하고 강한 확신): 믿음의 기능은 그릇된 견해에 의해 흔들릴 수 없는 확신의 단계를 의미한다. 확신(*saddhā*)은 그릇된 견해를 제거한다.

② 정진의 기능(*vīriyindriya*, 수행에 대한 강력하고 꾸준한 노력): 정진의 기능은 게으름 때문에 동요되지 않는 정진(*vīriya*)의

단계를 의미한다. 정진은 게으름을 제거한다.

③ 알아차림의 기능(*satindriya*, 지속되어 끊이지 않는 알아차림): 알아차림의 기능은 잊어버림으로 인해 흔들리지 않는 알아차림(*sati*)의 단계를 의미한다. 알아차림은 부주의함을 제거한다.

④ 삼매의 기능(*samādhindriya*, 깊은 집중): 삼매의 기능은 마음이 동요하여 흔들리지 않는 삼매(*samādhi*)의 단계이다. 삼매는 산만함을 제거한다.

⑤ 통찰지의 기능(*paññindriya*, 꿰뚫어 보는 지혜; 통찰): 통찰지의 기능은 어리석음에 의해 흔들리지 않는 지혜의 단계이다. 통찰의 지혜는 어리석음을 제거한다.

도의 지혜를 얻기 위해 이들 5가지 기능의 균형을 잡아야 한다. 5가지 기능 중에 4가지는 반대되는 특성을 가진 두 쌍이다. 즉 믿음과 지혜, 정진과 삼매〔집중〕이다. 믿음은 지혜와 균형을 잡아야 하며, 정진은 삼매와 쌍을 이뤄야 한다. 알아차림은 다른 기능들과 균형을 맞출 필요가 없다. 알아차림은 다른 4가지 기능의 균형을 점검하는 가장 중요한 기능이다. 따라서 수행자는 각 쌍의 균형을 맞춰야 한다. 이것을 5가지 기능의 균형이라고 한다. 이것은 "믿음 등과 같은 기능의 특성에 대해 균형을 조절하는 것"이라고 『청정도론』의 복주서 「사랏타디빠니띠까」에서 설명한다.

집중을 얻고 힘의 균형을 맞추기 위해 각 쌍의 기능을 동등하게 유지해야 한다. 알아차림은 각 쌍을 관찰하고 동등한 균형을 잡기 위해 한 쌍의 각각의 기능을 조절하는 데 필요한 방도를 알아내는 주요한 요소이다. 알아차림은 절대로 너무 많다고 말할 수 없다. 왜냐하면 알아차림은 많으면 많을수록 더 좋기 때문이다. 알아차리고 있을 때만이 어떤 기능이 너무 강하고 어떤 기능이 약한지를 정확하게 판단할 수 있다. 알아차림을 통해 각 쌍의 기능을 점검하고 항상 4가지 기능이 균형을 잡게 해야 한다.

『청정도론』의 「사랏타디빠니띠카」에, "믿음의 기능(*saddhindriya*)이 너무 강해지면 다른 기능들이 더 약해지고, 통찰의 지혜(*paññā*)로 어떤 것도 조사할 수 없게 된다. 정진(*vīriya*)도 제대로 역할을 하지 못한다. 삼매(*samādhi*, 집중)도 동요하지(고요함을 유지) 않을 수 없다. 알아차림(*sati*)도 알아차림을 할 수 없다."라고 명기되어 있다. 한 쌍에서 만약 하나의 기능이 더 강해지면 다른 기능은 더 약해지게 된다.

「대념처경」 주석서에 의하면, "믿음과 지혜(통찰의 지혜)는 영적인 삶(명상)에서 감성적(믿음)이고 지적(지혜)인 측면의 균형을 맞추는 한 쌍이다." 믿음이 지나치게 강해지면 지혜가 약해져서 믿음이 진가를 발휘하지 못한다. 이때 수행자는 위빳사나 수행을 종교적인 의식으로 생각하며, 위빳사나 감각을 상실하여 있는 그대로의 현상을 제대로 보지 못한다. 이 믿음과 지혜의 쌍에서는 믿음이 주된 기능이 되어야 하며, 어떤 것이 가치 있는 것인지 아닌지를 판단하며 그 사물을 관찰한다. 만약 그것이 믿을 수 있는 것이라면 깊이 믿는다. 그러나 믿음이 지혜보다 더 강할 때 지혜로써 사물을 관찰하여 판단할 수 없는 상황인데도 수행자는 그것을 깊이 믿는다. 이러한 경우에 수행자는 스스로 속아서 그릇된 견해에 빠져 악처에 태어나게 될 것이다. 「대념처경」 주석서에서 지혜가 너무 강하면 믿음이 약해져서 어둡고 사악한 곳에 빠질 것이라고 밝히고 있다.

이러한 불균형은 약물 과다복용으로 인한 질병과 같다. 약물은 병을 치료하기 위해 복용하지만 약물에 의한 질병은 치료약이 없다. 지나친 지혜로 인한 불균형은 그 어떤 것으로도 치료될 수 없다. 이러한 수행자는 뇌물을 받은 판사와 같다. 판사는 피의자로부터 뇌물을 받았기 때문에 잘못된 판결을 내릴 것이다. 결국 판사는 피의자를 석방함으로써 증인이 증언한 사실을 받아들이지 않는다. 판사는 믿을 만한 사실을 인정하지 않은 것이다. 이것은 부정이며 악의이다.

두 번째 쌍은 수행을 할 때 활성화해야 할 측면(*vīriya*)과 단속해야 할 측면(*samādhi*)의 균형을 맞추는 정진(노력)과 집중이다. 「대념처경」 주석서에서 "정진이 지나치면 집중이 약해져서 정진이 동요하는 쪽으로 기울어 들뜸이 마음을 장악한다."라고 말한다. 이렇게 되면 명상하는 순간에 일어나는 현상을 알아차리지 못하게 될 것이다. 정진의 본성이 한 대상에 머물지 못하고 항상 새롭게 할 무엇인가를 끊임없이 생각하기 때문이다. 만약 어떤 것이 용이하지 않다면 다른 방법을 찾을 것이다. 따라서 마음이 고요해질 수 없으며 집중할 수 없다.

"만약 집중이 지나치면 정진력은 더 약해진다. 집중을 게을리 하면 마음이 나태함에 휩싸이게 될 것이다."라고 설명했다. 이렇게 되면 수행자는 게으름에 빠진다. 왜냐하면, 집중이 한 점에 초점만 맞추고 있어서 다른 대상에 동요되지 않지만 마음은 알아차림을 하지 못하고 항상 같은 대상만 보고 있기 때문이다. 그러면 집중은 흐려진다. 그때 정진이 부족해서 나태와 무기력함이 생겨 결국 졸리게 되고 잠에 빠진다. 가끔 수행자는 몸속에서 본 광경을 즐기면서 위빳사나 과정을 알아차리지 못한다. 두 마리 황소가 끄는 달구지를 예로 들어보자. 만약 오른쪽 소가 느릿느릿 질질 끌면서 걸어가서 왼쪽 소가 멈추면 달구지가 왼쪽으로 기울어져서 가파른 언덕으로 떨어질 것이다. 이와 같이 만약 왼쪽 소가 힘겹게 질질 끌면서 간다면 달구지는 오른쪽으로 굴러 떨어질 것이다. 두 마리의 소가 똑같이 균형을 맞춰서 달구지를 끌 때만이 그 달구지가 옳은 길로 아무 문제없이 달릴 것이다.

이처럼 수행자는 두 쌍의 기능을 잘 조절해야 한다. 알아차림으로 대상을 주시하면서, ① 믿음과 지혜, ② 삼매(집중)와 정진(노력)의 균형을 동등하게 잡아야 한다. 알아차림은 항상 완전하게 깨어 있어야 한다. 알아차림은 언제나 충분한 주의를 기울이는 것이 최상이며, 결코 너무 많은 알아차림이란 있을 수 없다. 알아차림이 강하면 강할수록 집중이 더 깊어진다.

사마타 수행에서는 더 강한 믿음이 더 강한 집중으로 빠르게 이끌어줄 것이다. 통찰의 지혜는 오직 위빳사나에만 적용된다. 마음이 동요할 때는 노력이 너무 지나치다는 것을 알아차리고 노력하는 것을 줄여라. 마음을 고요히 하고 편안한 마음으로 집중하라. 대상, 즉 호흡이 접촉하는 점에 초점을 맞춰라. 만약 졸리면 노력에 박차를 가하고 심혈을 기울여 호흡이 접촉하는 지점에 초점을 맞춰라. 이렇게 조절함으로써 집중할 수 있다.

지나친 지혜 때문에 사악하게 되어 죽음을 당한 고집 센 한 의사에 대한 일화가 있다. 그 일화는 부처님 사후 2,400년이 지난 1871년 제5차 결집의 후원자인 버마 민돈 왕 당시였다. 민돈 왕은 불심이 매우 강해서 승가를 존중했다. 그는 부처님의 가르침을 배우는 교학(*pariyatti*) 시험을 시행했다. 처음에는 스님 응시자들에게 생쌀을 보시했지만 나중에는 쌀을 거둬들이는 어려움 때문에 돈으로 대체하여 보시했다. 그래서 많은 스님들이 돈을 축적했다. 스님들은 돈을 부적절한 방법으로 사용했으며 많은 스님들이 환속했다. 그 당시 재가자들은 스님을 존경하지 않았다.

버마(미얀마)의 한 마을에서 온 민간요법 의사도 그 재가자들 무리에 속한 사람이었다. 그는 빨리 어를 조금 배웠다. 그리고 빨리 문헌에 수록된 약물치료에 대해 공부하여 그 문헌에 기록된 대로 환자를 치료해서 유명인사가 되었다. 그 의사는 네피도(현재 미얀마 수도), 만달레이 등으로 옮겨 다니면서 환자를 치료해서 많은 사람들로부터 존경받았다. 그러나 자기의 추종자들과 환자들에게 스님들 험담을 했다.

어느 날 왕궁 가까이에 있는 거리에서 음악 공연이 열렸다. 의사는 그곳으로 가서 큰소리로 스님들의 잘못을 들추어내며 요즘 스님들은 옛날 같은 진정한 승가(*Saṁgha*)가 아니라고 말했다. "스님들에게 예경 올리지 마세요. 존경하지도 마세요. 그 사람들에게 공양 올려 봤자 아무 이득도 못 봐요."라고 소리쳤다. 의사는 빨리 문헌에서 말한 대로 그 이유를 들어 지적했다. "부처님은 아난다에게 말씀하셨소. 여자들이 비구니(*bhikkhunī*)가 되기 때문에 부처님의 가르침은 오직 1,000년만 지속될 것이라고 하셨소. 그러나 지금 부처님의 가르침은 2,400년 이상 동안 지속되고 있소. 부처님의 말씀(『율장』「비구니 칸다까」의 마하빠자빠띠 고따미 스토리)에 의하면, 오늘날의 가르침은 순수한 것이 아니요. 그래서 오늘날의 비구들은 진정한 승가가 아니라고 하셨소." 한 교육받은 비구니가 의사에게 반박했다. "그런 식으로 말하지 마시오. 그것은 다섯 개의 주석서에서 근거한 것이요. 부처님의 가르침은 5,000년 동안 존재할 것이오." 그러나 의사는 그것을 받아들이지 않았다. 그는 스님들을 싫어했기 때문에 빨리 문헌을 인용하면서 자기 입장을 고수하려고 했다.

그는 모든 사실을 부인하면서 빨리 문헌을 움켜쥐고 스님들을 맹렬히 비난했다. 결국 그는 당국에 고발되어 체포되었다. 심문을 받은 후 그는 법정에 섰다. 판사는 모든 스님들이 진정한 승가가 아니기 때문에 아무것도 보시할 필요가 없다는 잘못된 믿음을 버리라고 설득했다. 의사는 스님들에 대한 믿음이 없었기 때문에 판사의 설득을 거절했으며 빨리 문헌만을 신뢰했다. 이 경우 그의 마음속에 지혜가 너무 치우쳐있어서 승가를 비난하는 잘못된 행위를 저지른 것이다. 그래서 판사가 설명한 모든 진실을 외면했다. 결국 그는 사형을 당했다.

제9장

니밋따란 무엇인가?

『빠띠삼비다막가』의 「아나빠나삿띠사마디까타」에 의하면, 니밋따는 가끔 아나빠나삿띠(*ānāpānassati*)라고 언급되기도 하고 때론 호흡이 접촉하는 점으로 언급되기도 한다. 아나빠나삿띠에서 알아차림이란 마음을 명상 대상에 묶어 놓는 것이기 때문에 우빠니반다나(*upanibandhana*, ~와 밀접하게 연결된 또는 밀접한 관계)이다. 그래서 호흡하는 바람이 닿는 윗입술 위 콧구멍 주위와 코끝을 우빠니반다나 니밋따(*upanibandhana nimitta*)라고 한다.

『앙굿따라니까야』의 「니밋따숫따」에 따르면, 니밋따는 '명상에 관하여'라는 의미이다. 그것은 니밋따로 관찰하거나 판단함으로써 수행자 본인이 도달한 명상의 단계를 가늠할 수 있다는 의미이다. 명상하는 동안에 충분히 집중하면, 마음의 눈으로 빛을 보거나 어떤 것(마음의 이미지)을 볼 것이다. 그것은 명상할 때 계속해서 마음을 집중한 결과이며, 그것을 명상의 신호, 즉 니밋따라고 한다. 그래서 니밋따는 집중을 가늠하는 척도이다. 그러나 니밋따는 물질(*rūpa*, 色)도 아니고 마음(*nāma*, 名)도 아니며, 비물질(*arūpa*, 無色)도 아니고 선한 것도 아니며, 선정도 아니다. 니밋따는 실재가 아니며 나마도 아니고 루빠도 아니다.

『청정도론』에 니밋따는 분류할 수 없는 것(*navattabbārammaṇa*)

이라고 설명한다. 이것은 니밋따는 어떤 것으로도 말할 수 없고 어떤 것에도 존재하지 않는다는 의미이다. 그러나 세상에 존재하지 않는 것으로 인해 일어나는 것은 아무것도 없다. 『청정도론』의 복주서 「마하띠까」에서 "원인 없이 일어나는 것은 아무것도 없다."라고 했다. 니밋따는 실제로 명상 방법 2의 단계에서 일어난다. 그래서 니밋따는 반드시 원인을 가져야 한다. 니밋따의 원인은 무엇일까? 『청정도론』에서, "니밋따는 깊은 집중 상태에 있는 수행자의 명상에 대한 인식(*bhāvanā saññā*)의 결과 떠오른 것(*upaṭṭhānākāramattaṃ*)이다. 그러므로 니밋따의 원인은 바와나 산냐이다."라고 언급했다.

그렇다면, 니밋따란 무엇인가? 아나빠나삿띠를 시작할 때, 수행자는 콧구멍 주위의 한 점(*nāsikagga* 또는 *mukhanimitta*: 콧구멍 사이 살점 끝이나 윗입술 위 콧구멍 주위)을 접촉하는 바람을 바라본다. 나중에 집중이 강해지면, 코앞에서 무엇인가 들어오고 나가는 것을 본다고 생각한다. 만약 집중이 더욱 더 강해지면 앞에서 보았던 것이 굉장히 분명해진 것을 보게 된다. 그것은 명상에 대한 인식 때문에 생긴 것이다. 수행자가 본 것이 니밋따이다(어떤 수행자는 니밋따가 나타나기 전에 먼저 빛을 보기도 하고, 어떤 수행자는 빛을 보지 않고 바로 니밋따가 나타나기도 한다). 니밋따는 수행자의 호흡에 대한 인식수행의 결과로 일어난다. 이 단계에서 일반적으로 거의 모든 수행자들은 니밋따를 얻는다. 니밋따는 마음으로 보는 것이지만 실제 눈으로 보는 것처럼 본다. 그래서 『아비담맛타상가하』에서 니밋따를 "육안으로 보는 것처럼 마음으로 보는 것"이라고 언급했다. 이것은 전에 본 이미지(관상)나 생각과는 같지 않다(예를 들면 명상 중에는 폭포를 보았는데 니밋따는 폭포가 아니라 다른 것으로 보인다는 것이다). 수행자는 니밋따를 굉장히 분명하게 볼 수 있다.

니밋따의 모양은 각각의 수행자마다 다 같지 않다. 만약 백 명의 수행자가 있다면 100가지의 니밋따가 있을 수 있다. 그것은 수행자마다 호흡에 대한 인식이 다르기 때문이다. 『청정도론』 복주서에서는 명상할 때 생기는 14종류의 각기 다른 모양의 니밋따가 있다고 언급하고 있다. 14가지는 목화솜, 구름, 진주 목걸이, 루비 목걸이, 지푸라기, 나무 막대기, 불꽃, 연꽃, 왕의 황금 보석, 거미줄, 수레바퀴, 보름달, 태양과 바람 등이다. 이것들을 간단하게 말하면 2종류의 니밋따로 나눌 수 있다. ① 불꽃이나 반짝이는 별과 같은 빛의 니밋따와 ② 구름 같은 바람의 니밋따이다. 수행자는 집중이 더 깊고 강해진 단계에서 니밋따를 경험할 수 있다. 니밋따를 얻는 데는 2가지 유형의 수행자가 있다. 첫 번째 유형의 수행자는 집중 상태가 충분히 깊어졌을 때 니밋따를 얻는다. 두 번째 유형의 수행자는 처음에는 니밋따를 얻지 못하지만 대신에 '빛'을 먼저 본다.

니밋따를 보기 전에 머리 주위에 햇빛이나 달빛을 볼 수 있다. 그러면 수행자는 밝은 햇빛 아래 앉아 있다고 생각한다. 그러나 빛의 형태는 보지 못한다. 그 후 며칠이 지난 후에 니밋따를 얻게 된다. 이것은 숨을 들이쉬고 내쉴 때 바람이 접촉하는 지점을 계속 심혈을 기울여 보지 않았기 때문이다. 그래서 수행할 때마다 바람이 접촉하는 점을 알아차리면서 보려고 해야 한다. 수행자는 바람을 보아야 하고, 보려고 노력해야 한다. 그렇게 할 때만이, 니밋따를 볼 수 있다. 그러나 충분한 삼매에 들었을 때조차 니밋따를 결코 얻지 못하는 수행자들도 있다. 그들은 오로지 눈앞에서 빛만을 본다. 이것은 업의 과보가 부족하기 때문이다.

니밋따는 3가지 단계가 있다.

(1) 준비 표상(*parikamma nimitta*, 준비 단계의 표상): 명상 초기에 사마타 수행자는 알아차림으로 명상 대상을 주의깊게 본다. 수행자가 알아차리고 있는 그 대상이 준비 표상이다. 다른 사마타 수행에도 준비 표상이 있다. 예를 들면, 만약 불(*tejo*)이 대상이라면 수행자는 촛불과 같은 불을 주시한다. 이 촛불이 준비 표상이다. 그러나 아나빠나삿띠에서 수행자는 볼 수 없는 호흡의 바람만을 알아차린다. 그래서 아나빠나삿띠의 준비 표상은 없다. 하지만 다른 명상 지도자들은 첫 번째 단계의 니밋따를 준비 표상으로 간주한다. 수행자가 강한 집중에 들게 되면 니밋따가 생긴다. 칸니 전통 사야도의 설명에 의하면, 이것은 '단지 떠오른 것'(*upaṭṭhānakāramattaṃ*)이라고 언급했다. 약한 집중 상태에 있는 수행자에게 '단지 떠오른 것'은 더 이상 오래 머물지도 않으며 더 밝아지지도 않는다. 단지 떠오른 이것을 준비 표상이라고 한다. 이 니밋따는 먼 곳에 있는 이미지를 보는 데 사용할 수 없다.

(2) 익힌 표상(*uggaha nimitta*, 호흡의 접촉 지점을 계속해서 알아차린 결과 그 대상에 익숙해져서 나타나는 표상): 단지 떠오른 것이 더 밝게 오래 머무를 때 그 니밋따는 먼 거리에 있는 이미지를 보는 데 사용할 수 있다(이것은 익힌 표상이 오래 머물러서 더 강해진 닮은 표상을 의미한다). 이 니밋따 즉 떠오른 상이 더 밝게 오래 머무를 때 생긴 표상을

익힌 표상이라고 한다. 아나빠나삿띠를 수행함으로써 깊은 집중을 얻게 되면 익힌 표상을 얻을 수 있다.

(3) 닮은 표상(*paṭibhāga nimitta*, 밝고 선명한 표상): 집중력이 훨씬 더 강해지고 능숙하게 집중되어 마음이 고요해지면 항상 니밋따를 볼 수 있다. 심지어 명상을 멈춰도 니밋따가 얼굴 앞에 있다. 그때 서원을 세운 후 니밋따를 보내서 먼 곳에 있는 물체를 쉽고 분명하게 볼 수 있다. 그것은 니밋따가 항상 마음을 따라다니기 때문이다. 그 단계에서 수행자의 마음이 장애로부터 청정해진다. 이 니밋따는 익힌 표상과 비슷하지만 훨씬 더 깨끗하고 어떤 불순물도 없이 선명하다. 90%의 수행자들이 닮은 표상이 밝게 빛나는 공 모양이나 둥근 태양이나 보름달 같은 모양을 경험한다. 그러나 몇몇 수행자들은 형체가 아닌 굉장히 밝은 빛을 경험하기도 한다.

이제 수행자의 집중 상태는 근접삼매에 들어서 마음의 청정(*citta visuddhi*, 심청정)을 얻는다. 그때 수행자는 호흡을 알아차릴 수 없고 오직 니밋따만을 알아차린다. 따라서 수행자는 닮은 표상을 얻도록 노력해야 한다. 닮은 표상을 얻을 때만이 명상 방법 2를 계속 수행할 수 있기 때문이다.

제10장

명상 방법 2 - 들숨과 날숨의 길이 알아차리기

「대념처경」에서, "길게 들이쉴 때 길게 들이쉬고 있음을 알아차린다. 길게 내쉴 때 길게 내쉼을 알아차린다. 짧게 들이쉴 때 짧게 들이쉬고 있음을 알아차린다. 짧게 내쉴 때 짧게 내쉬고 있음을 알아차린다."라고 설했다.

첫 번째 명상 방법에서는 단지 호흡이 접촉하는 점만을 알아차렸다. 이제 호흡이 짧은지 긴지 호흡의 길이를 알아차려야 한다. 부처님은 경전을 통해서 니밋따에 대해 언급하지 않았다. 그러나 「대념처경」 주석서에 언급되어 있다. 칸니 전통 수행자는 이 단계에서 니밋따 보내기를 연습해야 한다. 그렇다면 어떻게 니밋따를 보낼 수 있을까? 사실 니밋따를 보낼 수는 없다. 만약 마음속으로 니밋따를 보내야 한다고 생각해서 정말 니밋따를 보내려고 한다면 이 단계를 통과할 수 없을 것이다. 수행자는 오직 호흡을 알아차림으로써 니밋따를 보내야 한다. 보내는 행위를 할 필요는 없다.

명상 방법 2에서 칸니 사야도(칸니 전통 명상법 창시자 우 소비따 사야도)와 명상지도자가 된 그의 제자들은 니밋따를 보는 시기에 대해 의견이 같지 않았다. 사야도는 수행자들에게 이 단계가 끝나기 전까지 니밋따를 얻어야 한다고 가르쳤다. 그러나 다른 제자들은 모든 수행자들이 이 단계의 초기에 이미 니밋따를 얻은 것으로 간주한다. 그래서 이 단계에서 아직 니밋따를 얻지 못한 수행자는 칸니 사야도의 방법을 따라야 한다. 니밋따를 얻기 위해 수행자는 다음 9가지 단계를 숙지해야 한다.

명상 방법 2에서 칸니 사야도는 길게 숨을 내쉬라고 가르쳤다. 왜냐하면 일반적으로 사람들은 다른 생명체에 비해 길게 호흡하기 때문이라고 설명했다. 따라서 명상 방법 2에서는 항상 날숨과 들숨을 길게 하면서 수행한다. 『빠띠삼비다막가』에서 9가지 단계를 수행하기 위해서 다음 3가지 범주를 언급했다.

① 들숨과 날숨의 길이를 알아차리는 단계(*addhānākāra*)

② 선한 열의가 일어나는 단계(*chandavasākāra*)

③ 희열이 일어나는 단계(*pāmojjavasākāra*)

수행자는 이 세 3가지 범주를 모두 경험하기 위해 수행해야 한다. 그런 후 다음의 9가지 단계를 경험해야 한다.

(1) 몇몇 수행자들은 오직 날숨만 알아차린다.

(2) 몇몇 수행자들은 오직 들숨만 알아차린다.

(3) 몇몇 수행자들은 날숨과 들숨을 알아차린다. 모든 수행자들은 들이쉬고 내쉼을 알기 위해 수행해야 한다. 여기서 '안다'는 것은 호흡을 아는 것이며, 콧구멍에 호흡이 접촉하는 바람을 본다는 의미이다.

(4) 들숨과 날숨을 모두 알아차리면 나중에는 호흡이 아주 미

세해진다. 이것을 수쿠마(*sukhuma*, 미세한)라고 한다.

(5) 마음이 밖으로 향하지 않으면 수행을 잘 해낼 수 있다. 그래서 수행에 희열을 느껴서 계속 수행하고 싶어진다. 이것을 선한 열의가 일어나는 단계(*chandavasākāra*)라고 한다.

(6) 이렇게 되면 계속 수행에 전념한다. 호흡이 좀 더 미세해진다. 이것을 호흡이 미세한 단계(*sukhumatara*)라고 한다.

(7) 걱정, 분노, 슬픔 등과 같은 모든 정신적인 감정과 육체적인 흥분이 고요해진다. 이제 명상이 옳은 궤도에 진입한다.

(8) 기쁨이 일어난다. 이것을 희열이 일어나는 단계(*pāmojjavasākāra*)라고 한다.

(9) 그런 다음에 니밋따가 나타난다. 수행자는 이 니밋따를 마음(*manodvāra*, 마음의 문)으로 볼 것이다. 그러나 "마치 니밋따를 육안(*cakkhu viññāṇa*, 안식)으로 보는 것처럼 본다. 마음의 문에 들어온 그것을 익힌 표상이라고 한다."고 『아비담맛타상가하』에서 언급했다.

명상 방법 2의 초기에 니밋따를 아직도 얻지 못했다면 위 단계에 따라 수행해야 한다. 우선 수행자는 그가 어느 단계에 도달했는지 알아야 하며, 다른 단계를 완성하기 위한 수행을 계속해야 하는지 알아야 한다.

1. 니밋따 보내기

니밋따를 보낼 수 없지만 칸니 전통에서는 어떤 곳으로 니밋따를 이동시키는 기술을 연습한다. 수행자는 기쁜 마음으로 연습해야 하며, 빨리 경전을 근본으로 연습해야 한다. 그것은 호흡하는 바람을 지켜보는 것이다. 니밋따 보내기를 연습하기 위해서 벽에 코와 같은 높이에 '과녁'을 그린 후 벽 앞 한쪽 팔 길이만큼 떨어진 거리에 과녁을 보고 앉는다. 등을 곧게 펴고 몸을 편안하게 한다. "나는 과녁이 있는 곳까지 호흡을 보낼 것이다."라고 생각하면서 벽에 있는 과녁을 마음으로 겨냥한다. 스카프로 눈을 가리고 평소처럼 숨을 들이쉬고 내쉰다. 이때 니밋따는 생각하지 마라. 니밋따의 존재는 완전히 잊어버려라. 심지어 니밋따가 나타나더라도 신경 쓰지 마라.

거의 모든 사야도들은 이 단계에서 '보낸다'라는 단어를 사용했다. 나 역시도 '보낸다'라는 단어를 사용할 것이다. 그러나 니밋따를 보낼 수 없다는 것을 알아야 하며, 보내려고 해서도 안 된다. 아무도 니밋따를 보낼 수 없다. 마음이 고요해지면 니밋따를 이동하는 기술을 연습하기 시작한다. 깊게 숨을 들이쉬고 날숨이 도달할 목적지를 확실히 하기 위해 눈을 감은 채 과녁이 그려진 그 지점을 주시한다. 그런 후 과녁까지 날숨이 바로 도달할 수 있도록 강하게 숨을 내쉰다. 바람이 콧구멍을 빠져나가자마자 날숨이 다 없어질 때까지 바람 흐름의 끝을 주시하고 알아차리면서 바람과 함께 마음을 보낸다. 날숨이 다 없어졌을 때 마음이 과녁에 도달했다고 믿으면서 즉시 마음을 확실하게 그 점에 둔다. 그 과정에서 니밋따를 본다 하더라도 주의를 기울이지 마라. 오직 바람 끝에만 초점을 맞춰라. 2초 정도 기다린 후 눈을 감은 채 그 과녁을 마음으로 주시하라. 만약 마음이 그곳에 도달하면 그 점에서 니밋따를 볼 것이다. 설령 니밋따를 얻었다 하더라도 만약 그 점에서 니밋따를 보지 못한다면 그것은 마음이 그 지점까지 도달하지 못했다는 의미이다. 그러면 숨을 들이마시는 것부터 다시 시작한다.

〈명상 방법 2〉

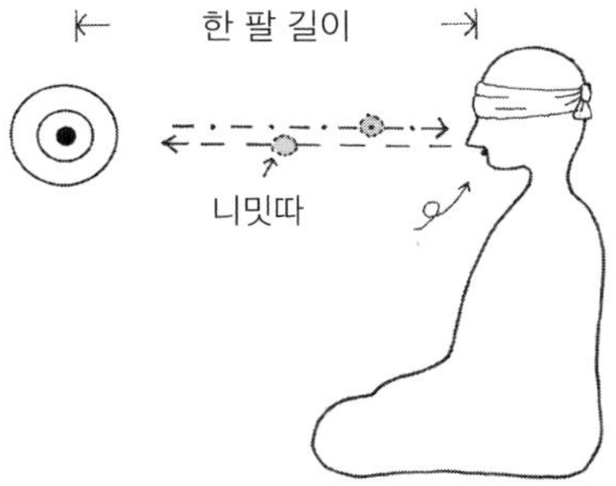

1. 준비가 되면 평소처럼 호흡한다.
2. 천천히 들이쉰다.
3. 눈을 감고 과녁을 본다.
4. 벽에 있는 과녁까지 도달하기 위해 힘껏 내쉰다.
5. 날숨이 곧장 과녁까지 간다고 상상한다.
6. 2, 3초간 기다린 후 눈을 감고 과녁을 본다.
7. 니밋따를 본다.
8. 들이쉬면서 마음을 코로 가져온다.
9. 코에 마음의 초점을 맞춘다.
10. 들이쉬고 내쉴 때마다 마음을 과녁이 있는 곳까지 가는 길에 둔다.

숨을 들이쉬자마자 그 지점(과녁)에서부터 숨을 들이쉰다고 생각하면서 콧구멍으로 들어오는 들숨의 끝을 주시하면서 들숨의 바람과 함께 코로 되돌아온다. 들숨을 다 들이쉬었을 때, 마음이 콧구멍에 도달했다고 생각한다. 마음을 바람이 접촉한 지점에 둔다. 약 2초 정도 기다리며 바람이 접촉한 지점을 알아차린다. 이처럼 니밋따를 '보낼 때'마다 니밋따가 과녁에 도달할 때까지 몇 번이고 반복해서 연습해야 한다.

그러나 니밋따를 얻었는데 수행 도중에 니밋따가 사라진 수행자들도 있다. 또 오직 빛만을 본 수행자들도 있다. 만약 이러한 수행자들이 명상 방법 2를 열심히 수행한다면 곧 니밋따를 볼 수 있을 것이다. 니밋따가 도중에 사라졌거나 오직 빛만을 본 수행자들에게는 명상 방법 2가 명상 방법 1보다 더 도움이 된다. 한 번도 니밋따를 보지 못한 수행자는 명상 방법 1을 계속 수행하는 것이 더 바람직하다.

칸니 명상 전통에서 니밋따를 얻는 것은 매우 중요하다. 명상 방법 2에서 명상 방법 4까지 니밋따를 얻지 못하면 수행을 계속할 수 없다. 니밋따를 얻지 못하면 아지랑이 같은 루빠 깔라빠를 볼 수 없기 때문이다. 이 단계에서 수행자는 니밋따를 이용해서 범천계와 같은 먼 곳을 볼 수도 있다. 불교도로서 이러한 능력을 인정하는 것은 어렵지 않다고 생각한다. 그러나 여타 종교인들에게 이러한 사실은 믿기 어려울 것이다.

15일 동안 아나빠나삿띠를 수행한 후 대부분의 수행자들은 니밋따를 얻는다. 좌선할 때마다 최소한 약 10분 동안 니밋따를 볼 수 있으면 니밋따를 이동하는 수행을 하는 것이 좋다. 이러한 수행은 니밋따가 아니라 마음을 보내는 것이다. 이러한 방법을 연습할 때 니밋따를 어떤 한 곳으로 옮기고 싶어 하지만 니밋따를 보낼 수 없다. 그래서 날숨과 함께 마음을 그곳으로 보내야 한다. 마음이 원하는 곳에 도달하면 니밋따가 그곳에 나타날 것이다. 만약 강한 집중력으로 좋은 니밋따를 얻는다면 마음을 쉽게 보낼 수 있으며 빠르게 니밋따가 그곳에 도달할 것이다. 그러나 마음은 항상 대상을 취하기 때문에 마음 홀로 존재할 수 없다. 따라서 호흡하는 바람을 마음의 대상으로 삼아야 한다.

호흡하는 바람이 닿는 지점을 대상으로 취하자마자(심혈을 기울여 그 지점을 생각한다), 마음이 즉시 그곳에 도달하면 니밋따가 그곳에 나타날 것이다. 따라서 어려움 없이 명상 방법 2를 마치기 위해 좋은 니밋따를 얻어야 한다.

2. 도의 지혜를 얻기 위해 사전에 갖춰야 할 자질

부처님은 도의 지혜를 얻기 위해 수행자가 사전에 갖추어야 할 5가지 자질에 대해 『앙굿따라니까야』의 「빠다니양가숫따」에서 언급했다. 이들 5가지 자질을 정진의 구성요소 법(*padhāniyaṅga dhamma*)이라고 한다. 여기서 '빠다나'(*padhāna*)는 도의 지혜와 위빳사나 지혜를 얻기 위한 확고한 노력(수행)을 의미하며, '빠다니야'(*padhāniya*)는 '도의 지혜를 얻기 위해 노력하는 수행자'를, '앙가'(*aṅga*)는 '노력하는 자질'을 의미한다. 「빠다니양가숫따」에 정진의 구성요소 법에 대한 간단한 일화가 있다.

한때 거대한 궁궐을 건립한 보디라자꾸마라라는 유명한 왕자가 있었다. 궁궐이 완공되었을 때 보디 왕자는 궁전 완공을 기리는 부처님의 가피를 청하고 공양을 대접하기 위해 부처님과 4명의 승려를 초대했다. 보디 왕자는 가피와 행복(*sukha*)을 얻기 위해서 어려움을 견뎌야 한다는 자기 생각을 부처님께 말씀드렸다. 부처님 또한 전에는 보디 왕자와 같은 생각을 가졌기 때문에 그 자리에서 즉시 반박하지 않았다.

부처님은 왕자에게 자기 자신도 일체지를 얻기 위해 육년 동안 거의 죽음에 임박할 때까지 고군분투하는 고행苦行을 했음을「보디라자꾸마라숫따」에서 밝혔다. 과거에도, 현재에도, 미래에도 부처님보다 더 어렵게 수행한 사람은 없다. 그러나 부처님은 그의 고행의 수행 방법이 완전히 틀렸기 때문에 깨달음의 지혜(*Bodhi ñāṇa*)를 성취할 수 없었다. 이런 종류의 수행을 스스로 자진한 고행(*attakilamathānuyoga*)이라고 한다. 이것은 중도(*Majjhimāpaṭipadā*)에 대해 설한「초전법륜경」에 언급되어 있다. 중도는 부처님 가르침의 핵심적인 특성인 8가지 성스러운 도(道; 팔정도)이다. 부처님은 첫 번째 법문인「초전법륜경」에서 팔정도를 설했다. 중도에는 좌 극단과 우 극단이 있다. 중도는 적당한 수행을 의미하는 것이 아니다. 이것은 좌 극단도 아니고 우 극단도 아니기 때문에 중도라고 한다. 좌 극단은 자진 고행이다. 이것은 정말로 스스로를 고문하는 것이 아니다. 어떤 사람이 세상(*loka*)으로부터 자유를 얻기 위해서 고행을 하지만 그 수행은 결코 원하는 결과를 줄 수 없다. 심지어 부처님이 될 분조차도 거의 육년 동안 자진 고행인 압빠나까 자나(*appāṇaka jhāna*, 입과 코로 날숨과 들숨을 규제하여 바람이 밖으로 새어나가거나 들어오지 못하게 함)를 수행했다. 이러한 고행을 하는 사람들은 가시 침대 위에서 잠자기나 땡볕 아래서 장시간 서 있기, 무더운 여름날 불 앞에 바짝 있기 또는 혹한의 겨울 아침 찬물에 다이빙하기 등과 같이 개념 없이 스스로를 고문하는 것과 같다.

지혜를 얻기 위해 어떤 한 가지 방법으로 맹렬하게 수행 정진할 때 만약에 그것이 옳은 방법이 아니라면 그것은 수행자에게 고문일 뿐이다. 수행자의 의도는 스스로를 고문하는 것이 아니라 어떤 수행을 함으로써 지혜를 얻는 것이다. 그러한 수행은 가시 침대 위에서 자거나 먹지 않고 수행하거나 겨울에 찬물에 다이빙하는 것과 같다고 위에서 언급했다. 굶는 것은 일종의 고행이다. 부처님의 가르침에 따라 죽을 때까지 수행하는 것은 고행이 아니다. 잘못된 방법으로 죽어라 수행하는 것이 자진 고행이다. 우 극단은 감각적 욕망을 탐닉하는 것이다. 싯다르타도 어린 왕자였을 때 이것을 경험했다. 그래서 부처님은 옳은 방법으로써 아나빠나삿띠를 수행했다.

『맛지마니까야』 복주서에 따르면, 잘못된 방법으로 전력을 다해 고행을 한 신봉자는 헛된 수행을 했기 때문에 고통(*dukkha*)스럽다. 노력하지 않은 게으른 신봉자는 피곤하지 않기 때문에 행복(*sukha*)하다. 올바른 방법이지만 게으름을 피운 수행자는 수행에 아무런 이익도 얻지 못하기 때문에 괴로워(*dukkha*)한다. 올바른 방법으로 고군분투한 수행자는 수행의 이익을 얻기 때문에 행복(*sukha*)하다.

부처님은 믿음도 없고 건강하지도 않으며, 정직하지도 않고 노력이나 열정도 없으며, 지혜도 부족한 사람을 가르칠 수 있는지 보디 왕자에게 물었다. 전문 코끼리 조련사이며 코끼리 훈련용 꼬챙이를 다루는 데 매우 숙련된 왕자는 부처님이 말씀하신 자질 중에서 5가지 자질이 모두 부족하거나 어느 하나라도 부족한 사람은 가르칠 수 없다고 대답했다. 그러자 부처님은 왕자에게 만약 믿음과 건강과, 충실함과 노력과 지혜가 있는 사람을 가르칠 수 있는지 물었다. 왕자는 비록 5가지 요소 중에 하나만 있더라도 코끼리 조련을 가르칠 수 있을 것이라고 대답했다. 그러자 부처님은 수행자가 갖춰야 할 5가지 자질을 보디 왕자에게 설명했다. 이들 5가지 자질은 도의 지혜를 얻기 위해 위빳사나 수행자가 갖추어야 할 자질이다.

『앙굿따라니까야』의 「보디라자꾸마라숫따」에 따르면 그 5가지 자질은 다음과 같다.

(1) 믿음(*saddhā*, 불법승 삼보에 대한 확신): 삿다는 부처님과 법과 승가와 십이 연기와 팔정도와 수행에 대하여 믿는 마음(*citta*)을 일어나게 한다. 이러한 믿음은 맹목적인 믿음이 아니라 확실한 이유가 있는 확신이다. 믿음이 생기면 마음과 다른 모든 마음작용이 분명해진다.

"법과 승가에 대한 믿음뿐만 아니라 부처님의 일체지와 9가지 덕성에 대한 믿음은 위빳사나 수행과 자신에 대한 확신을 갖기 위해 열의와 함께 지녀야 할 필수 불가결한 것이다." 믿음을 계발함으로써 수행자는 도의 지혜를 얻을 수 있을 것이다. 따라서 이런 믿음은 필수 자질이다.

(2) 건강(*appābādha*, 질병 없음): 건강이란 몸과 마음에 질병이 없음을 말한다. 음식물을 소화시키기 위해 위장의 온도(*tejo*)가 너무 차갑지도 너무 뜨겁지도 않게 적당하게 유지되어야 한다. 육체적인 건강을 위해 적합한 음식을 섭취해야 한다. 수행자가 음식을 잘 소화할 수 있는 한 건강하다고 말할 수 있다. 『앙굿따라니까야』의 「사마야숫따」에서 "수행자의 위장 온도는 뜨거워서도 안 되고 차가워도 안 되며 적당해야 한다."고 언급했다.

(3) 정직(*amāyāvī*, 성실함): 「빠다니양가숫따」에 "수행자는 기만해서도 안 되고 속여서도 안 된다."라고 설했다. 성실함이란 법을 수행하는 과정에 대한 정직함을 의미한다. 정직함은 수행자와 명상지도자 사이의 관계이다. 수행자는 결코 거짓말을 해서는 안 된다. 항상 부처님과 열반의 길로 안내해주는 스승과 도반에게 정직해야 한다. 수행자는 불선한 행위(*akusala*)를 하거나 번뇌가 일어났을 때 또는 본인이 경험한 지혜의 단계 등과 같은 실제 수행 상태에 대해 명상 스승에게 항상 말해야 한다. 이 정직함의 자질은 도의 지혜를 얻고자 하는 수행자에게 훨씬 더 중요하다. 수행자는 또한 결백해야 한다. 여기서 '결백'이란 부적합한 행위(일반적으로 말과 몸으로 저지른 행위)를 저질렀을 때도 스승이나 선배에게 잘못을 자백해야 하며, 앞으로 그런 행위를 삼가겠다고 약속하는 것을 의미한다. 스님들은 이 원칙을 준수해야 하며, 심지어 경미한 위반행위를 저질렀을 때조차도 보름이나 새 달이 시작하는 날에 잘못을 고백해야 한다(미얀마 스님들은 새벽이나 저녁 늦게 두, 세 명이 쭈그리고 앉아 잘못한 것을 고백하고

참회한다〕.

청정한 계(*sīla*)는 모든 명상의 기본적인 토대이며 특히 집중하기 위해 반드시 필요하다. 부처님은 오직 계의 청정함만이 수행을 할 때 행복과 평온한 마음을 일으킬 수 있다고 설했다. 오직 평온한 마음만이 완전한 집중에 이르게 할 수 있고 완전히 집중된 마음만이 있는 그대로의 실재(본성)를 꿰뚫어 볼 수 있다. 계를 준수함에 있어서 진실하지 않은 것을 말하는 것(*musāvāda*)은 거짓말을 금하는 계(*musāvāda sikkhāpada*)를 어기는 가장 쉽고 빠른 길이다. 거짓말은 가벼운 위반처럼 느껴지지만 실제로는 가장 무거운 것이다. 부처님은 아들 라훌라가 7, 8세 되었을 때 다음과 같이 가르쳤다. "라훌라야, 의도적인 거짓말을 하는 것에 대해 수치심이 없는 사람은 저지르지 못할 악행이 없다."

부처님은 다른 사람들에게 쉽게 거짓말을 하는 사람은 말로나 몸으로 작거나 큰 불선한 행위를 저지르는 데 어떤 어려움도 느끼지 않는다고 했다. 그래서 모든 사람들은 심지어 농담이라도 거짓말을 해서는 안 된다. 대부분의 성인(고결한 사람)들은 진실을 듣기 원하고 그것을 판단하기 위하여 진실을 알고 싶어 한다. 그들은 진실을 말함으로써 어떤 해로운 일이나 불이익을 당할지라도 진실하지 않는 말을 하지 않는다. 성인은 진실하지 않는 말을 하는 것을 꺼리며 결코 진실하지 않은 말을 해서는 안 된다.

버마의 탈론 왕의 사야도에 관한 일화가 있다.

승려였던 왕의 사야도(왕의 스승)는 매우 유명했다. 어느 날 한 도둑이 잡혔는데, "나는 통필라 사야도의 조카요."라고 말했다. 그 말을 들은 신하들은 감히 그 도둑을 벌할 수 없었다. 신하들은 사야도에게 가서 도둑이 한 말에 대해 여쭈었다. 그러자 사야도가 대답했다. "누가 그 사람이 내 조카가 아니라고 했느냐?" 신하들은 그 도둑이 정말 사야도의 조카라고 생각해서 그를 풀어주었다. 이 경우에, 그 도둑은 정말 사야도의 조카가 아니었다. 그러나 만약 사야도가 조카라는 사실을 부정했다면 그 도둑은 처벌받았을 것이다. 그래서 사야도는 그가 자기의 조카가 아니라고 말하는 것을 피하면서 그 도둑이 조카라고 거짓말하는 것도 원하지 않았다. 따라서 사야도는 이런 딜레마를 피하기 위해 반문으로 대답했다. 사야도는 거짓말을 하지 않았다. 대신에 직접적으로 대답을 하지 않고 반문으로 그의 뜻을 전했다. 그는 '예' 또는 '아니오'로 대답하지 않았다.

아라한으로 유명한 왕의 사야도(아마 통필라 사야도)에 대한 또 다른 일화가 있다.

왕의 사야도가 도시를 떠나기 전에 왕으로부터 거대한 사원을 보시 받았다. 어느 날 그는 굉장히 유명한 쉐우민 사야도의 숲속 사원을 방문했다. 쉐우민 사야도는 통필라 사야도보다 더 연로했다. 쉐우민 사야도는 항상 숲속에서 기거했다. 사람들은 숲속 사야도 또한 아라한이라고 믿었다. 두 사야도 모두 주석서를 집필했다. 왕의 사야도는 쉐우민 사야도의 주석서에 대해 묻고 싶었다. 왕의 사야도 생각은 사람들이 더 좋은 주석서를 읽기 때문에 누구의 주석서가 더 좋은지 비교해 보고 싶었다.

쉐우민 사야도는 숲속에서 항상 혼자 기거했다. 왕의 사야도가 숲속 사원에 당도했을 때 쉐우민 사야도는 사원에서 마당을 쓸고 있었다. 그러나 왕의 사야도는 많은 호위병사와 신하들을 거느리고 그곳을 방문했다. 왕의 사야도는 사원 밖에서 마당을 쓸고 있는 스님에게 물었다. "사야도는 어디에 계시오?" 왕의 사야도는 그 스님이 나이든 평범한 스님처럼 보였기 때문에 사야도가 아니라고 생각했다. "사야도께서는 사원 안에 계신가요?" 왕의 사야도가 다시 물었다. 마당을 쓸고 있던 쉐우민 사야도가 대답했다. "사원 안으로 가보시오. 사야도가 곧 거기로 갈 것입니다." 그런 후 쉐우민 사야도는 사원 안으로 들어갔다. 왕의 사야도는 쉐우민 사야도에게 많은 것을 보시했다. 쉐우민 사야도는 공양물을 받으면서 말했다. "이것들을 전부 부처님께 올리겠소." 그리고는 공양물을 한쪽에 놓아두었다. 그때, "혼자 사는 것이 두렵지 않으시오?"라고 왕의 사야도가 물었다. 쉐우민 사야도가 "두렵기 때문에 혼자 사는 것이오."라고 대답했다. 쉐우민 사야도에게 혼자 사는 것은 두렵지 않았다. 그러나 쉐우민 사야도는 사람들이 북적거리는 도시에서는 법을 수행할 수 없기 때문에 많은 사람들과 도시에서 사는 것이 정말 두려웠다.

마침내 그들은 주석서에 대해 얘기했다. 왕의 사야도의 주석서는 매우 자세하게 쓰여졌다. 쉐우민 사야도의 주석서는 자세하지는 않았지만 일반 재가자들이 이해할 수 있는 수준이었다. 왕의 사야도는 자신이 쓴 주석서를 사원의 파고다에 넣어두기로 결심했다. 그는 주석서를 출판하지 않았다. 숲속 사야도는 왕의 사야도로 하여금 승려의 본분을 깨닫게 해주었던 것이다. 왕의 사야도는 그의 사원으로 돌아가지 않고 바로 숲속으로 갔다.

(4) 정진(*vīriya*, 노력): 정진은 모든 명상 성과의 뿌리, 즉 근원이다. 수행자는 매 순간 노력해야 하며 번뇌를 제거하기 위해 수행해야 한다. 부처님은 한 경에서, "이미 저지른 불선한 행위를 근절하기 위해 전력을 다해 항상 정진하라. 또한 이미 지은 선행을 계발하기 위해 전력을 다해 정진하라."라고 설했다. 선한 행위를 더 많이 하라.

(5) 통찰의 지혜(*paññā*): 이것은 마음과 물질(*nāma-rūpa*)의 일어남과 사라짐을 아는 지혜(*Udayabbaya ñāṇa*)이다. "마음과 물질의 일어남과 사라짐을 꿰뚫어 보는 완벽한 지혜를 완성하라."라고 『디가니까야』의 「다숫따라숫따」에서 설했다. 만약 수행자가 지혜롭다면 그는 최소한 가장 낮은 도의 지혜인 예류도의 지혜(*Sotāpatti magga ñāṇa*, 수다원도의 지혜)를 성취할 때까지 틀림없이 계속 수행할 것이다. 이것이 첫 번째 깨달음의 단계이다. 부처님은 「보디라자쿠마라숫따」에서 다음과 같이 설했다. "만약 어떤 승려가 이들 5가지 자질을 갖추고 부처님을 스승으로 모신 후 저녁에 가르침을 받는다면 다음날 아침에 도의 지혜를 성취할 것이다. 만약 아침에 가르침을 받으면 그날 저녁에 도의 지혜를 얻을 것이다." 이처럼, 수행자가 5가지 자질을 갖추었을 때만이 도의 지혜를 얻을 수 있다. 여기서 사마타 수행자에게 통찰의 지혜(*paññā*)는 적용되지 않는다. 오직 나머지 4가지 자질만 갖추면 된다.

3. 니밋따 조절하기

니밋따 보내기 연습을 하는 동안에 니밋따가 너무 작으면 과녁까지 갈 수 없으며, 과녁까지 가는 동안에 니밋따가 희미해질 것이다. 니밋따가 너무 커도 과녁에 이르지 못한다. 따라서 니밋따를 적절하게 만들기 위해 크기를 조절해야 한다.

먼저, 평소처럼 앉는다. 한 팔을 뻗을 정도의 거리에 니밋따를 보낸다. 니밋따가 크면 니밋따를 알아차리면서 마음을 모아 더 작아져야 한다고 주문을 한다. 주문은 다음과 같다. "더 작아져라, 더 작아져라…" 그러면 니밋따가 조금씩 줄어들 것이다. 니밋따의 크기를 탁구공만큼 작게 만든다. 니밋따가 탁구공 정도의 크기가 되면 다시 니밋따를 콤팩트 디스크 크기만큼 크게 만들도록 주문한다. 니밋따가 콤팩트 디스크 크기가 되면 탁구공만큼 작게 만들라고 주문한다. 니밋따를 보내기 위해 가장 좋은 크기는 탁구공 크기이다.

니밋따를 더 밝게 또는 더 희미하게, 맑게, 더 맑게 조절할 수 있으며, 바람대로 니밋따를 명령할 수 있다. 원하는 대로 분리해서 한 가지 주문씩 명령해보라. 만약 각기 다른 2가지 작업을 동시에 명령하면 니밋따는 사라질 것이다.

여기서, 범천계까지 니밋따가 도달할 수 있도록 호흡을 사용해 보라. 사실 호흡이 범천계까지 도달할 수 없다. 그러나 코에서 날숨이 사라지자마자 그 바람이 그곳에 도달했다고 상상해야 하며 그것을 믿어야 한다. 바람을 보내기 위해, 날아가는 화살처럼 바람이 단숨에 코로부터 빠져나간다고 마음을 정한다. 이 방법을 연습하기 위해 가까운 곳에서부터 먼 곳까지, 훨씬 더 멀리 떨어진 곳까지 니밋따를 보내는 훈련을 해야 한다.

(a) 니밋따를 한 팔 뻗은 거리까지 보낸 후, 두 팔 거리까지, 세 팔 거리까지, 그리고 방안의 벽까지 보낸다.

(b) 방 밖으로 니밋따를 보낸다.

(c) 집 밖으로 니밋따를 보낸다. 이 단계에 도달할 때까지 그 장소를 보아서는 안 된다. 다만 니밋따만을 알아차린다.

(d) 니밋따를 보낼 때마다, 마지막으로 연습했을 때 니밋따가 어떤 목표 지점에 도달했다면 그 지점이나 도달한 장소 또는 도달한 목표물을 주시한다. 그리고 니밋따를 좀 더 먼 곳까지 또는 멀리 떨어진 마을에 있는 다른 파고다까지 보낸다.

4. 니밋따를 통한 원거리 파고다 순례

이제 니밋따를 보냄으로써 먼 거리에 있는 파고다 성지순례를 시작한다. 앞의 4가지 요소(믿음, 건강, 정직과 정진)를 이미 정진의 요소 법(*padhāniyaṅga dhamma*)에서 언급했다. 첫 번째 요소인 믿음은 이미 확신을 가지고 수행하고 있기 때문에 모든 수행자들은 믿음의 자질을 가지고 있다고 볼 수 있다. 그러나 니밋따를 통한 성지순례를 위해 삼보, 즉 부처님과 법과 승가에 대한 믿음이 더 필요하다. 수행자들은 니밋따를 보내서 마음으로 불탑을 보는 이 수행에 대해 확신을 가져야 한다. 만약 니밋따가 원하는 광경을 볼 수 있게 한다는 것을 믿지 않는다면 이 단계를 통과할 수 없다. 또한 자신에 대해서도 확신을 가져야 한다. 그렇게 되면 니밋따를 통해 멀리 있는 파고다를 볼 수 있다.

성지순례를 하는 방법

① 스카프로 눈을 가리고, 평상시 수행하던 자세로 앉아라.

② 니밋따를 얻으려고 노력하라.

③ 니밋따가 생길 때, 니밋따를 더 강하게 만들기 위해 계속 수행하라.

④ 이제 니밋따에 대해서 생각하지 마라. 니밋따는 무시하라.

⑤ 성지순례를 가고 싶은 장소만 생각하라. 이것은 보고 싶은 곳을 확실하게 하는 것이다.

⑥ 가슴에 바람이 꽉 찰 때까지 숨을 들이쉬어라.

⑦ 마음속으로 목표 지점을 다시 주시하라. 그런 후 바로 그 지점까지 도달하겠다는 의도로 힘껏 숨을 내쉰다.

⑧ 바람을 보내자마자 자기 자신이 바람과 함께 간다고 상상해야 한다. 코나 몸에 대해 신경 쓰지 마라.

⑨ 함께 가고 있는 바람의 끝을 주시하라.

⑩ 날숨의 바람이 없어졌을 때, 목표 지점에 마음이 있다고 믿어라. 마음을 그 지점 위에 두어라.

⑪ 바람을 보내면서(내쉬면서) 니밋따를 본다면, 그것을 무시하고 오직 바람에만 집중하라. 바람이 곧장 목표 지점까지 간다고 믿어라.

⑫ 약 2초 정도 기다려라. 눈을 감은 채 목표 지점을 주시하

라. 마음이 그곳에 있다면 파고다(불탑)를 볼 것이다.

⑬ 파고다가 아주 가까이 있는 것처럼 주시하라.

니밋따를 통한 성지순례

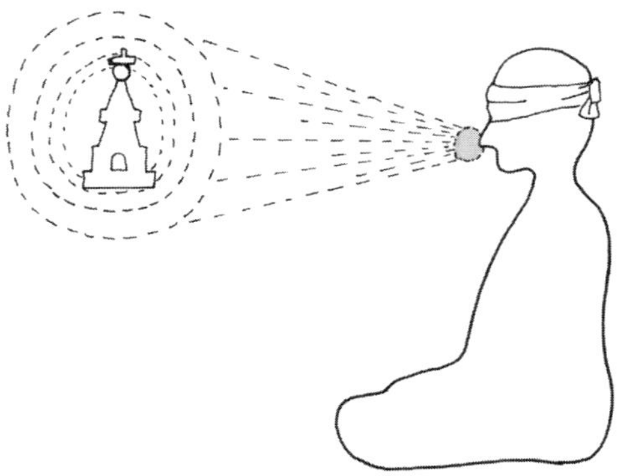

1. 평소 수행하던 대로 앉는다.
2. 니밋따를 얻으려고 노력한다.
3. 보고 싶은 곳에 마음을 보낸다.
4. 숨을 들이쉰다.
5. 마음속으로 목표 지점을 본다.
6. 숨을 힘껏 내쉰다.
7. 마음으로 날숨을 따라간다.
8. 마음을 목표 지점에 둔다.
9. 니밋따가 그 장소를 보여준다.

파고다를 보면서 그것이 무엇인지 알아내려고 하지 마라. 니밋따를 통해 광경을 선명하게 볼 때만 그것을 보아야 한다. 만약 광경이 선명하지 않다면 숨을 들이쉬면서 니밋따를 불러들인 뒤 다시 시도한다. 니밋따를 보내기 전에 보려고 하는 대상이 어떤 종류인지 무은 색깔인지 어디에 있는지 상상하지 마라. 단지 그 목표 지점에 있는 파고다만 주시하라. 몇몇 수행자들은 그 대상을 보지만 원래 색깔과 다르게 본다. 그것은 수행자 본인이 그런 색깔로 보고 싶기 때문이다. 성지순례를 떠나기 전에 파고다의 수호신이나 보고 싶은 곳의 수호신에게 허락을 구해야 한다. 다음과 같이 독송한다.

"부처님과 법과 승가에 대한 확신을 가지고 이제 저는 법을 수행하려고 합니다. 저는 니밋따를 통해 이 파고다로 성지순례를 떠나고 싶습니다. 어떤 소란도 피우지 않겠습니다. 다만 파고다만 보고 싶습니다. 파고다를 볼 수 있도록 허락하여 주세요."

위빳사나 수행을 시작하기 전에 멀리 떨어진 곳의 파고다를 본다면 매우 기쁠 것이다. 이 아나빠나삿띠 명상 방법 2는 실제 성지순례 수행이 아니다. 이것은 길게 날숨을 내쉬었을 때 그 날숨을 긴 숨으로써 알아차리는 부처님의 가르침을 수행하는 것이다. 부처님은 숨을 길게 내쉬었을 때 긴 날숨을 알아차리는지 수행자에게 물었다. 여기, 이 단계에서 바람의 끝 지점을 알아차릴 때까지 숨을 목적지까지 멀리 더 멀리 내쉬기를 연습한다(이것은 날숨이 그 목표 지점에서 없어질 때까지를 의미한다). 수행자는 긴 들숨의 시발점에서부터 날숨 끝 지점까지 알아차리는 연습을 해야 한다. 또한 범천계에 바람이 도달할 때까지 숨을 내쉰 다음 범천계를 시작점으로 숨을 들이 쉰다. 이때 수행자는 니밋따를 갖는다. 만약 마음이 목표 지점에 도달하면, 그곳을 비추는 니밋따 역시 마음의 힘으로 그곳에 도달한다.

이 단계에서 수행자는 위빳사나를 시작할 때까지 몇날 며칠 연습해야 한다. 왜냐하면 파고다를 보게 되면 희열에 차서 명상에 더 강한 힘을 얻기 때문이다. 니밋따를 통해 파고다를 본 수행자와 파고다를 보지 못한 수행자는 매우 다르다. 전자는 위빳사나 수행을 할 때 마음이 대상에 집중되어 아지랑이 같은 물질의 깔라빠를 보게 될 것이다. 그러나 후자의 수행자는 깔라빠를 보지 못할 것이다. 그래서 이 단계는 칸니 위빳사나 수행에 필수적인 단계이다. 니밋따를 통한 성지순례는 수행자를 기쁘게 한다. 이것은 마음의 자양분이다.

5. 니밋따를 다루는 방법

니밋따 보내기 수행을 할 때 『청정도론』에 언급된 가르침을 따라야 한다. 그것은 니밋따비무카 빠띠빠다나따(*nimittābhimukha paṭipādanatā*)라고 명기되어 있는데, '니밋따를 일으키는 쪽으로 이끄는'의 의미이다. 수행자는 다음의 보기처럼 신중하고 지혜롭게 수행해야 한다.

(1) 숲속의 꿀벌
(2) 대나무 통에 식용유 붓기
(3) 내과의사의 제자
(4) 거미줄 모으기

I. 숲속의 꿀벌: 숲속에는 많은 꿀벌이 살고 있다. 어느 여름 날 꽃이 만발했을 때, 꿀벌 한 마리가 다른 꿀벌들이 꿀을 따먹을 수 없도록 꿀을 다 빨아먹을 요량으로 재빨리 온 힘을 다해 날아갔다. 숲속

에 도착했을 때 그 꿀벌은 꽃이 어디에 있는지 알 수 없었다. 꿀벌은 이곳저곳 꽃을 찾아 날아다녔지만 찾지 못했다. 왜냐하면, 벌집을 떠나기 전에 꽃이 피어 있는 장소를 물어보지 않고 꿀을 전부 따겠다는 일념만으로 날아왔기 때문이다. 꿀벌은 꽃이 어디에 있는지 물어보기 위해 다시 벌집으로 되돌아가야만 했다. 그 사이에 다른 꿀벌들은 많은 꿀을 따서 돌아왔다. 오직 꽃이 있는 장소를 알고 꿀을 따러 갔을 때만이 벌은 꿀을 딸 수 있을 것이다. 그러나 먼저 출발했던 이 꿀벌은 이미 늦었고 꿀도 얻지 못했다. 그래서 수행자는 이 꿀벌처럼 니밋따를 보내려고 서둘러서는 안 된다. 우선, 니밋따를 보내기 위해 모든 가능한 기술을 배워야 하며, 니밋따를 목표 지점까지 도달시키지 못하면 어쩌나 하는 걱정을 하지 말고 고요한 마음으로 보내야 한다. 걱정도 일종의 욕심이다. 욕심은 마음을 불편하게 만든다.

Ⅱ. 대나무 통에 식용유 붓기: 옛날에는 식용유를 담아둘 용기가 없었다. 그래서 어떤 사람이 대나무 통에 식용유를 넣으려고 할 때, 처음에 그는 대나무 통에 식용유를 부으려고 서둘렀다. 그러자 식용유가 막대 입구를 완전히 빗나가 쏟아져 내렸다. 다음에 그는 식용유가 막대 밖으로 쏟아지지 않도록 조심하면서 천천히 부었다. 이번에는 식용유가 막대 안으로 들어가지 않고 대나무 막대 가장자리로 흘러서 다시 바닥에 쏟아졌다. 이 예에서 보는 것처럼, 수행자는 과도한 힘을 쏟지 말고 니밋따 보내기를 연습해야 한다. 걱정하는 마음 없이 두려워하지 않고 니밋따를 보내야 한다. 대신에 고요한 마음으로 확신을 가지고 보내야 한다.

Ⅲ. 내과의사의 제자: 옛날에는 내과의사가 의과대학 학생들에게 수술 기법을 가르쳤다. 학생들은 물 위에 떠 있는 연잎의 잎맥 자르기를 배우고 있었다. 학생들은 힘을 주어 잎맥을 잘랐다. 그러자 연잎이 물속으로 가라앉아 버렸다. 다음번에는 거의 힘을 주지 않고 잎맥을 잘랐다. 그래서 잎맥이 잘라지지 않았다. 다음에는 적절한 힘을 가하자 잎맥을 자를 수 있었다. 이 예에서 보는 것처럼, 수행자는 과도한 힘을 가하지 않고 고요하고 조심스럽게 니밋따를 보내야 한다.

Ⅳ. 거미줄 모으기: 어떤 나라의 왕이 자기 백성들에게 상금을 주고 싶었다. 왕은 팔 길이 열 개만큼의 거미줄을 모아오는 사람에게 1 크로를 하사하겠다고 공언했다. 그래서 많은 사람들이 거미줄을 찾기 위해 숲으로 가서 힘껏 거미줄을 잡아당겼다. 그러자 거미줄이 모두 끊어져버렸다. 그런데 한 사람은 거미줄이 끊어지지 않도록 아주 천천히 인내심을 가지고 잡아당겼다. 그때 그 사람이 거미줄을 모을 수 없도록 반대쪽 방향에서 다른 사람이 거미줄을 잡아당겼다. 또 한 사람은 서두르지 않고 조심스럽게 꾸준히 거미줄을 잡아당겨서 결국 상을 받게 되었다. 이 예에서 보는 것처럼, 수행자는 스승의 지시에 따라 서두르지 않고 꾸준히 니밋따를 보내야 한다.

니밋따를 보낼 수 없는 수행자는 위에 언급한 예처럼 연습해야 한다. 성공적으로 니밋따를 보낼 수 있는 수행자는 다음 예처럼 지혜롭게 해야 한다.

『상윳따니까야』의 「수다숫따」(요리사경)에서 부처님은 어떤 왕의 요리사 이야기를 언급했다. 요리사는 왕을 위해 정성스럽게 준비를 한 후 맛있는 요리를 만들었다. 그는 왕에게 음식을 올리고 기다리면서 왕을 지켜보았다. 그 요리사는 왕이 어떤 음식을 좋아하는지 어떤 음식을 싫어하는지 주시하지 않았다. 그저 지켜보기만 했다. 매일 그는 맛있게 요리를 만들어서 왕에게 바칠 뿐이었다. 그래서 그 요리사는 왕이 좋아하는 음식이 무엇인지 알지 못했기 때문에 왕에게 보상금을 받지 못했다. 또 다른 요리사도 세심하게 준비를 마친 후 맛있게 요리를 만들어서 왕에게 바쳤다. 그는 왕이 어떤 음식을 먹지 않고 어떤 음식을 자주 먹는지 관찰했다. 그래서 다음 날 요리사는 왕이 좋아했던 음식만 요리했다. 이렇게 함으로써 왕은 그 요리사가 해준 음식을 먹는 것이 매우 행복했다. 왕은 그 요리사에게 보상금을 주었다.

「수다숫따」에서 언급한 것처럼 사마타와 위빳사나 수행자는 집중력을 얻어서 명상을 잘 했던 그 방식을 따라야 한다. 이 예에서처럼 성공적으로 니밋따를 보낸 수행자는 다른 방식으로 수행하지 말고 본인이 했던 그 옛 방식으로 수행해야 한다. 그 전날 수행했던 것처럼 신중하게 수행하라. 니밋따를 보낼 수 없는 수행자는 다음과 같이 시도해보라. 날숨을 두세 번 나눠서 보낸다. 즉 날숨을 내쉬고 반쯤에서 잠깐 멈추고 나머지 숨을 내쉰다 (잠깐 멈춘 동안에 들이쉬지 말고 단지 멈추기만 한다).

제11장

명상 방법 3 - 전체 호흡주기 알아차리기

「대념처경」에서, "호흡의 전 과정을 분명하게 알아차리기 위해 숨을 들이쉬며 이렇게 수행한다. 전체 호흡(*sabbakāya*)을 분명하게 알아차리기(*paṭisaṃvedī*) 위해 숨을 내쉬며 이렇게 수행한다."라고 설했다. 전체 들숨과 날숨을 알아차린다는 의미는 세 지점의 호흡을 알아차리면서 숨을 내쉬고 들이쉰다는 의미이다. 숨을 들이쉴 때, 시작 호흡과 중간 호흡, 끝부분의 호흡을 알아야 한다. 여기서 삽바까야(전체 호흡)란 '머리(처음)에서부터 발가락(끝)까지'의 뜻이며,

〈명상 방법 3〉

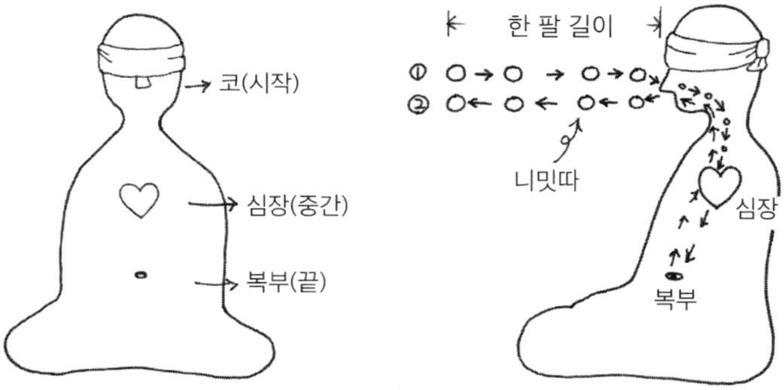

1. 바람이 복부에 이를 때까지 숨을 들이쉰다.
2. 바람이 코 앞 15cm 정도에 도달할 때까지 복부에서 코를 통해 숨을 내쉰다.

빠띠상웨디(*paṭisaṃvedī*)는 전체 호흡(시작 호흡, 중간 호흡, 끝 호흡)을 알아차리는 것을 의미한다.

처음 들숨의 시작 지점은 코이며, 중간 지점은 심장이고, 끝 지점은 복부이다. 날숨의 시작 지점은 복부 가운데이고, 중간 지점은 심장이며 끝 부분은 코이다. 코에서, 심장이나 복부에서 숨을 멈출 필요는 없다. 그러나 끝 지점까지 호흡을 알아차려야 한다.

1. 몸속 위아래로 니밋따 보내기

수행을 시작할 때, 니밋따를 얼굴 앞 15cm의 거리까지 보낸다. 만약 니밋따를 본다면 니밋따가 복부 가운데에 도달할 때까지 니밋따는 상관하지 말고 숨을 들이쉰다. 숨을 내쉴 때 복부 가운데에서 시작하여 코로 내쉰다. 이러한 방법을 더 빨리 연습하면 니밋따가 위아래로 올라갔다 내려갔다 하는 것을 볼 것이다. 니밋따를 따라가지 마라. 호흡을 따라가면서 그 호흡만 주시하라. 그렇게 함으로써 들숨과 날숨의 시작과 중간과 끝 지점을 알게 될 것이다. 이것이 완벽한 빠띠상웨디(아는 것)이다.

다음에는 전체 호흡(*sabbakāya*)을 알아차리기 위해, 얼굴 앞 15cm 정도로 니밋따를 이동한다. 니밋따가 얼굴 앞에 나타나면 그것을 무시한다. 들숨의 바람이 머리까지 도달한다고 가정하면서 숨을 들이쉬고 마음을 머리에 둔다. 니밋따가 머리에 도달할 것이다.

코는 신경 쓰지 말고 바람이 머리에서부터 몸을 관통하여 바닥 또는 발가락까지 내려가는 이미지를 그리면서 숨을 내쉰다. 머리에서부터 발가락까지 위아래로 바람 보내는 연습을 여러 번 한다. 수행자는 호흡하는 바람이 몸속을 통과한다고 생각해야 한다. 더 먼 곳까지 도달하기 위해 몸 밖 땅속까지, 물속까지 하부 공간세계에 도달할 때까지 호흡하는 바람을 더 길게 내려 보낸다.

바람을 위로 보내기 위해, 바람이 공중에 도달할 때까지 더 멀리 하늘까지 올려 보낸다. 몸에서부터 위아래로 같은 거리까지 바람을 보내는 연습을 한다. 호흡을 지켜보면서 수행하는 동안 몸 안에서 빛을 볼 것이다.

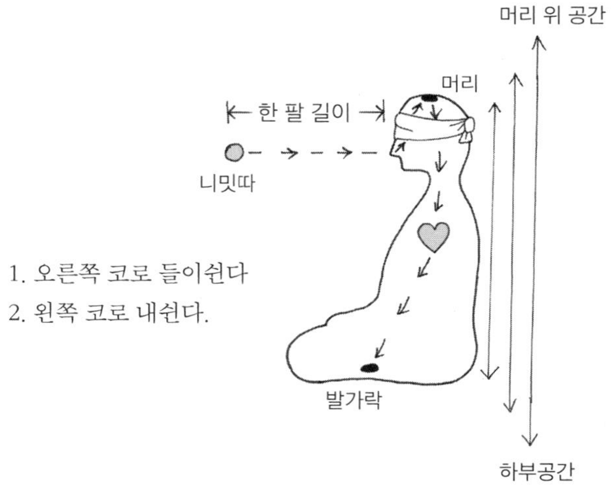

칸니 사야도는 수행자가 보게 되는 3가지 다른 광경을 다음과 같이 이름 붙였다. 수행자는 의무적으로 만달루빠타나와 앗두빠타나를 보기 위해 수행해야 한다.

① 만달루빠타나(*maṇḍalupaṭhāna*): 이것은 니밋따가 위아래로 움직이기 때문에 몸속이 하얀 기둥처럼 보이는 것이다.

② 앗두빠타나(*aḍḍhupaṭhāna*): 이 수행자는 첫 번째 수행자보다 더 집중된 수행자이다. 이 사람은 그의 몸이 두 부분으로 나누어진 것을 볼 것이며, 몸 중간 부분이 마치 폭포처럼 보일 것이다.

③ 사꿀루빠타나(*sakulupaṭhāna*): 이 수행자는 더 강한 집중력을 가지고 있다. 그는 몸 전체를 빛으로 볼 것이다.

몸 안으로 바람을 보내는 수행을 오디(*odhi*, 한계) 또는 만달라(*maṇḍala*)라고 한다. 약 열두 번 팔 길이로 머리 위와 발 아래로 바람을 보내는 수행을 안또디(*antodhi*, 반 한계)라고 한다. 더 먼 거리까지 보내기 위해, 호흡하는 바람을 몸 밖 땅속으로, 물속으로, 허공 속으로, 지하 세계까지 더 길게 내려 보낸다. 위쪽으로 보내기 위해, 하늘에 닿을 때까지, 더 먼 우주 공간에 닿을 때까지 위아래로 같은 거리만큼 더 멀리 호흡의 바람을 보낸다. 이것을 아난또디(*anantodhi*, 광대 또는 무한대) 또는 마하 만달라(*mahā maṇḍala*)라고 한다.

전력을 다해 열심히 수행하면, 용궁에도 도착할 수 있다. 약 15,000피트(4,572미터) 땅속 아래로 니밋따를 보낼 때, 용궁에 도달하게 될 것이다. 몇몇 수행자들은 처음으로 용을 만날 수도 있다. 몇몇 수행자들은 사람의 모습을 한 용을 만날 수도 있다. 그때 용궁 어디에서 부처님께 예경을 올려야 되는지 물어볼 수도 있다. 그들이 길을 안내해 줄 것이며, 그곳까지 데려다 줄 것이다. 이 수행을 하기 전에 어려움 없이 용궁을 방문할 수 있도록 먼저 용에게 자애를 보내야 하며, 그곳을 방문해도 되는지 허락을 구해야 한다. 이것은 종이 비자가 아닌 마음의 비자이다.

2. 몸속으로 니밋따 관통하기

니밋따를 눈으로 귀로 어깨 등으로 그리고 몸 안으로 관통하는 수행이다. 질병을 치료하는 데는 많은 종류의 약이 있다. 몇 가지 약은 효능이 있지만 몇 가지 약은 효과가 없다. 그러나 어떤 약도 수많은 전생에서부터 이어져 온 인간들의 질병을 치유할 약은 없다. 그러한 질병은 오염원들이 쌓인 번뇌 덩어리이다. 어떤 종류의 약도 그런 번뇌의 질병을 치료할 수 없지만 부처님의 약은 그런 질병을 치유할 수 있다. 부처님은 「밀린다왕문경」에서 설했다. "세상에는 온갖 종류의 약이 있지만 그 어떤 약도 담마 약과 같지 않다. 그러니, 비구들이여! 담마 약을 복용하라!" 여기서 비구란 단순히 승려만을 의미하는 것이 아니라 남녀 불자들, 승려, 틸라신(머리를 삭발한 미얀마의 여자 요기), 천신과 범천 같은 부처님 법을 수행하는 모든 사람들을 의미한다. 그들을 모두 비구라고 한다.

부처님은 『쿳다까니까야』의 「마하닛데사」에서 육체적인 질병을 일으키는 8가지 원인을 설했다.

① 몸 안의 바람(풍)의 변화에 의한 질병
② 담즙의 변화에 의한 질병
③ 가래의 변화에 의한 질병
④ 바람, 담즙, 가래의 혼합에 의한 질병
⑤ 온도나 계절의 변화로 인한 질병
⑥ 부적합한 몸 관리로 인한 질병

⑦ 잘못된 노력으로 인한 질병; 나쁜 음식을 먹거나 어떤 것과 부딪친 사고 등과 같은 부적절한 행동으로 인한 질병

⑧ 업의 과보에 의한 질병

업(*kamma*)으로 인한 질병은 치유할 수 없다. 심지어 부처님도 치료할 수 없다. 다른 질병들은 부처님의 약을 복용하면 치유될 수 있다. 니밋따를 몸속으로 관통하는 수행을 통해 '업으로 인한' 질병을 제외한 7가지 질병을 치료할 수 있다고 알려져 있다. 오래 전부터 많은 수행자들의 치유 경험이 기록되어 있다.

● 수행 방법

① 편안히 앉아서 스카프로 눈을 가린다.

② 얼굴 앞 한 팔 길이에 니밋따를 보낸다. 니밋따가 그곳에 생기면 그것을 주시하지 마라. 숨을 들이쉬면서 마음으로 바람을 주시하라.

③ 오른쪽 코로 들이쉬고 머릿속으로 보내라.

④ 왼쪽 코로 내쉬어라.

⑤ 몸 안팎으로 니밋따가 둥글게 원을 그릴 수 있도록 반복해서 호흡하라.

⑥ 다음에는 바람이 오른쪽 귀로 들어가서 왼쪽 귀로 나오게 하라.

⑦ 그런 다음 바람이 오른쪽 어깨, 늑골, 엉덩이 등으로 관통하게 하라.

⑧ 끝으로 바람이 눈에서 시작하여 계속해서 귀, 어깨, 늑골, 엉덩

이 등으로 관통하면서 위아래로 천천히 나선형을 그리게 하라.

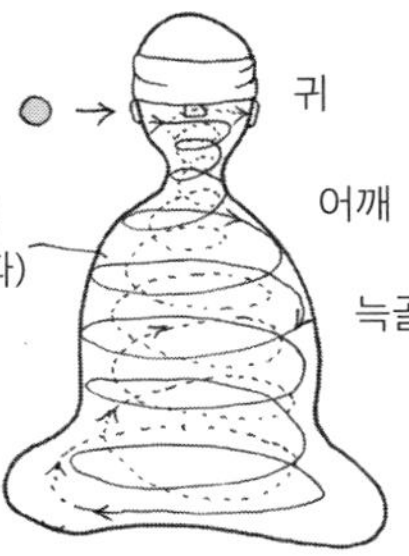

왼쪽 귀, 오른쪽 귀 … 어깨, 늑골 등으로 호흡하라.

호흡하는 바람이 몸 안으로 들어갈 때 수행자는 니밋따를 보게 된다. 그런 후 더 빠르게 연습하면 마침내 니밋따가 빛으로 화해 나선형을 그리게 될 것이다.

3. 몸 안 청소

눈앞 한 팔 길이에 니밋따를 보낼 때 그것을 주시해서는 안 된다. 바람을 위아래로 보내는 수행을 할 때와 같은 방법으로 바람의 가속도를 이용해서 들숨을 머릿속으로 보낸다. 마음속으로 칠판에 한 남자의 그림이 있다고 상상하라. 칠판에 아무것도 남지 않을 때까지 천을 이용하여 그림을 지운다. 이처럼 몸 윗부분에서 아래까지 지그재그를 그리면서 마음을 이동한다. 지그재그 선을 그릴 때 아주 작은 공간이라도 놓치지 않고 채운다.

윗몸 지우기를 마치면 그것을 알아차리면서 머리에서 발가락까지 나머지 부분을 지운다. 그리고 온몸을 평화롭게 바라본다. 수행자는 빛으로 가득하거나 얼음처럼 보이는 몸이나 하얀색 몸을 볼 것이다. 최상의 결과는 빛으로 화한 몸을 보는 것이다. 이 수행을 통해 수행자는 몇 가지 질병을 치유할 기회를 갖는다. 니밋따를 아픈 장기 위에 놓고 여러 번 그 부분을 지운다. 그러면 질병이 치유될 수 있다.

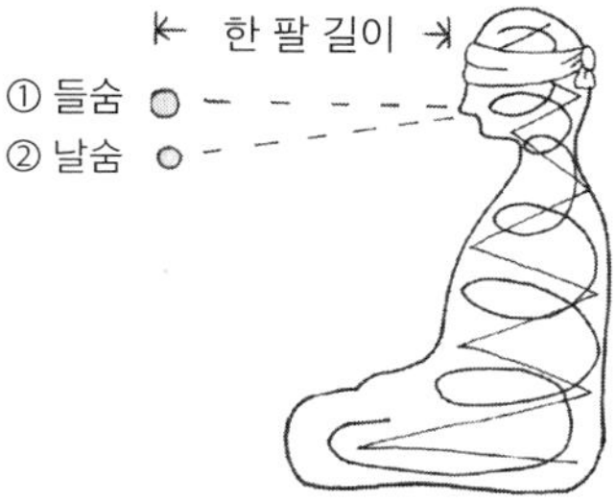

1. 지그재그로 몸을 지운다.
2. 니밋따를 이용해서 온몸을 지운다.
3. 몇 가지 질병이 치유될 수 있다.

마음으로 몸을 청소하는 수행을 하기 전에, 눈을 감고 니밋따의 빛을 이용해서 몸속 모든 장기를 볼 수 있다. 이 수행을 마무리한 후에는 맑고 투명한 몸체를 본다. 만약 집중력이 충분히 강하지 않으면, 하얀색 사람의 형체를 볼 것이다. 이것은 니밋따가 몸속에 안착되었음을 의미한다.

명상 방법 2와 3은 니밋따를 게임처럼 가지고 노는 것이 아니다. 이것은 부처님의 가르침에 따라 수행을 하는 것이다. 「대념처경」

에서 부처님은 설했다. "이것은 외부의 몸(*kāya*)과 내부의 몸을 알아차리는 것이다." 까야는 색신(*rūpakāya*, 물질의 무리: 몸)과 명신(*nāmakāya*, 마음의 무리: 정신)이다. 여기서 니밋따는 물질(*rūpa*)이 아니지만 바람(호흡)의 결과이다. 호흡은 바람의 물질이다. 그래서 니밋따를 바람으로 간주한다. 몸 밖으로 니밋따를 보낼 때, 그것은 외부 물질을 알아차리는 것이다. 니밋따를 몸 안으로 보내는 것은 내부 물질을 알아차리는 것을 의미한다. 그러므로 니밋따를 파고다나 다른 곳으로 보내는 것은 외부 물질을 알아차리는 것이다.

거듭 말하지만, 명상 방법 2에서 '외부로 니밋따를 보내기'는 외부 물질을 알아차리는 것을 의미한다. 명상 방법 3에서 '몸 안으로 니밋따를 보내기'는 내부 물질을 알아차리는 것이다. 이것은 칸니 위빳사나 수행을 위해 니밋따를 몸 안으로 넣는 초기 수행이다.

제12장

명상 방법 4 - 심장토대에 니밋따 안착하기

부처님은 「대념처경」에서 설했다.

"호흡을 고요히 가라앉히기 위해 부드럽게 들이쉬며 수행한다. 호흡을 고요히 가라앉히기 위해 부드럽게 내쉬며 수행한다."

명상 방법 1에서의 수행자는 단지 호흡에 대해서 알아차리려고 노력하는 사또까리(*satokārī*, 뛰어난 알아차림을 한 수행자)이다. 명상 방법 2에서의 수행자는 마음이 대상을 알아차리려고 노력하는 사뚜빳타나 까리(*satupaṭṭhāna kārī*)이다. 이 두 방법에서는 마음이 호흡하는 바람을 따라가야 한다는 의미이다. 명상 방법 3에서의 수행자는 어려운 호흡 수행에 대해 알아차리려고 노력하는 사띠둑까라 까리(*satidukkara kārī*)이다. 이처럼 수행자는 지금까지 매우 열심히 노력했다. 현재 그의 마음과 몸은 동요하고 거칠다. 호흡하는 바람 역시 거칠다.

명상 방법 4에서는 호흡을 고요하게 가라앉히기 위해 수행한다. 이 명상 방법 4는 수행을 함으로써 호흡을 고요하게 가라앉히는 것에 대해 언급한 빨리 경전을 근간으로 한다. 실제적으로 이것은 근접삼매에 든 집중 상태이다. 닮은 표상을 얻은 수행자는 근접삼매에 몰입할 수 있으며, 근접삼매에 들지 못한 수행자는 그들의 삼매 정도에 따라 몰입할 수 있다. 명상 방법 4는 니밋따를 심장토대에 넣는 수행이다. 「대념처경」에 따르면 내부 물질(*ajjhatta kāya*)을 알아차리기 위해서 니밋따를 심장토대에 넣는다. 다시 「대념처경」에서 다음과 같이 언급했다. "내부 물질을 따라가면서 관찰(*kāyānupassī*)하라. 외부 물질을 관찰하고 내부와 외부 물질을 관찰하라." 니밋따는 물질(*rūpa*)이 아니지만 호흡하는 바람에 의해 일어난 것이다. 호흡하는 바람은 바람의 요소이거나 물질 무리(*rūpa kāya*)이다(여기서 까야는 무리를 의미한다). 니밋따는 물질 무리로 간주하며 바람 무리(*kāya*)이다. 그러므로 니밋따를 주시하는 것은 까야(*kāya*)를 알아차리는 것이다. 니밋따를 몸 밖으로 보내는 것은 외부 물질(*bahiddhā kāya*)을 알아차리는 것이다.

명상 방법 4에서는 내부 물질(니밋따)을 관찰하기 위해서 몸 안으로 니밋따를 넣는 방법을 수행한다. 한 가지 중요한 것은 칸니 위빳사나 수행을 하기 위해 반드시 니밋따를 심장토대 안에 넣어야 한다는 점이다. 니밋따가 심장토대에 있을 때만이 칸니 위빳사나 수행이 가능하다. 칸니 수행자는 심장 안에 니밋따를 안착시키지 않고 위빳사나 수행을 할 수 없다. 오직 니밋따가 심장 안에 있을 때만이 위빳사나를 할 때 니밋따의 빛을 이용해서 루빠 깔라빠(*rūpa kalāpa*, 분해할 수 없는 물질의 최소 단위)를 볼 수 있다. 아무리 니밋따가 강해도 니밋따를 심장 안에 넣지 못하면 아지랑이 같은 물질인 루빠 깔라빠를 볼 수 없다. 그러므로 명상 방법 4는 칸니 위빳사나 수행자에게 필수적인 수행이다.

먼저 깊은 집중력을 얻을 때까지 호흡의 숫자를 세면서 호흡 명상을 한다. 니밋따가 생기면 니밋따를 한 팔 거리 앞으로 보내면서 니밋따를 주시한다. 명상 방법 4에서 중요한 것은 항상 니밋따를 주시하며 보고 있어야 한다는 점이다.

수행자는 "내 호흡이 거칠구나. 호흡을 고요하게 가라앉히기 위해 천천히 호흡 해야겠어."라고 알아야 한다. 그런 후 부드럽게 들이쉬고 부드럽게 내쉰다. 그러나 호흡을 부드럽게 하기 위해 조바심내서는 안 된다. 오직 니밋따만 주시한다. 점차적으로 호흡이 고요해지고 니밋따가 희미해지면서 앞으로 가까이 다가온다. 결국 니밋따는 아주 작은 빛이 모아진 것처럼 반짝거린다. 숨을 들이쉴 때 반짝거리는 빛이 콧구멍 안으로 들어온다. 숨을 내쉴 때 반짝거리는 빛이 콧구멍 밖으로 나간다. 그때도 오로지 니밋따만을 주시해야 한다. 어느 한순간 니밋따가 희미해지면서 사라질 것이다. 강한 니밋따를 갖지 못한 사람은 니밋따가 희미해지면서 순식간에 사라져버리기도 한다.

아무리 빨리, 아무리 늦게 니밋따가 사라진다 해도 이제는 마음을 심장에 두고 심장의 중심 부분을 주시해야 한다. 심장토대에서 니밋따를 볼 수도 있고 보지 못할 수도 있다. 니밋따가 심장토대에 안착한 후 명상 방법 1(들숨과 날숨을 알아차리면서 호흡 세기)을 수행해서는 안 된다. 왜냐하면 만약 명상 방법 1을 다시 수행하면 니밋따가 심장에서 빠져나갈 수 있기 때문이다. 항상 심장토대에 초점을 맞춰라. 니밋따가 사라졌다 할지라도 심장을 주시하라. 중요한 것은 고의적으로 니밋따를 심장에 넣지 않는 것이다. 니밋따가 저절로 들어갈 때까지 연습하라.

이 단계에서는 무슨 일이 일어나거나 통증을 느끼더라도 몸의 다른 부분에 주의를 기울이지 마라. 단지 심장토대에 안착한 니밋따만을 주시하라. 이 단계에서는 어떤 생각도 일어나게 해서는 안 된다. 한 점에 집중된 마음으로 심혈을 기울여 니밋따를 주시하라. 할 수 있는 한 오래 그곳에 머물러야 한다. 가끔 몸이 흔들릴 수도 있고 거칠게 동요할 수도 있다. 몸을 안전하게 유지하라. 몸이 동요하거나 흔들리게 하지 마라. 따라서 이 방법을 연습하기 위해 만약 높은 곳에 앉아 있다면 안정된 높이를 찾아 앉아야 한다.

〈명상 방법 4〉

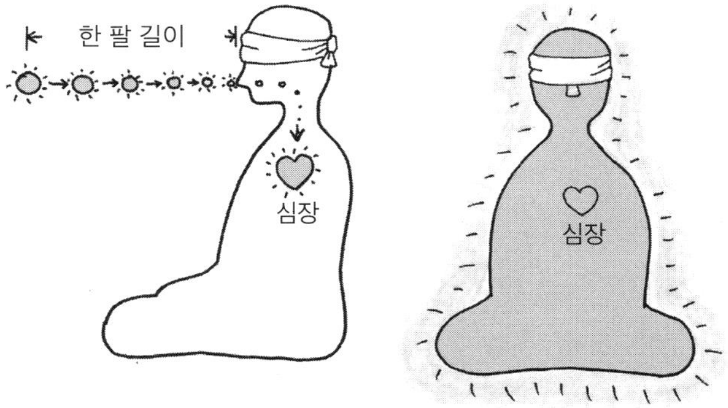

명상 방법 4를 완성하기 위해 다음 과정에 따라 연습한다. 첫째, 니밋따가 생길 때까지 아나빠나삿띠를 수행한다. 이 단계에서 찟따 빠릭가히따(*citta pariggahita*, 마음이 밖으로 향하지 않도록 붙잡음)와 까야 빠릭가히따(*kāya pariggahita*, 몸이 움직이지 않도록 함) 상태를 유지해야 한다. 이것은 마음이 밖으로 향하지 않게 통제하며 몸이 움직이지 않게 한다는 의미이다. 명상 방법 1, 2, 3에서 수행자는 마음과 몸을 통제해야 한다. 그러나 명상 방법 4에서는 몸이 움직이지 않게 하는 것이 더 중요하다. 아나빠나삿띠를 수행할 때 수행자의 몸은 고요하고 호흡 역시 고요하다. 이것을 '고요한, 평온'을 의미하는 산따(*santa*)라고 한다. 수행을 계속하면 점차적으로 완전히 고요해진 적정의 단계에 이른다. 이것을 우빠산따(*upasanta*)라고 한다. 따라서 몸과 호흡을 고요하게 하는 것이 중요하다.

계속 명상을 꾸준히 하면 호흡이 미세해진다. 수행자는 호흡이 멈췄는지 멈추지 않았는지 의아해 할 것이다. 이런 단계를 의아하게 여기는 단계(*vicetabbataṃ*)라고 한다. 그때 수행자는 몸이 마치 좌우로 움직이는 것처럼 느낀다. 가끔 몸이 부풀어 올라 점점 더 커지는 것처럼 느낀다. 가끔 윗몸이 좌우로 흐느적거린다고 느낀다. 가끔은 다리가 점점 길어지거나 점점 작아지는 것처럼 느낀다. 가끔은 몸이 바닥으로 눌리는 것처럼 생각한다. 이런 단계를 루빠 우빠짜라(*rūpa upacāra*)에 도달한 것이라고 한다. 이 단계에 도달하기 위해 몸이 움직이지 않도록 유지해야 한다. 만약 몸이 움직인다면 완전한 집중을 얻을 수 없다.

이 단계에서 다음 8가지 방법으로 몸이 흔들리거나 움직일 가능성이 있다. 이것들을 명상 계발의 불순물이라고 한다.

① 거꾸러짐(*ānamana*): 이것은 '앞으로 거꾸러짐'이라는 의미이다. 수행자의 머리가 앞으로 거꾸러진다. 가끔 이마가 바닥에 닿기도 한다.

② 사방으로 거칠게 움직임(*vinamana*): 몸이 매우 거칠게 사방으로 빙빙 움직인다.

③ 좌우로 강하게 움직임(*sannamana*): 윗몸과 머리가 좌우로 거칠게 움직인다.

④ 머리가 뒤로 세게 젖힘(*paṇamana*): 머리가 벽에 부딪힐 때까지 뒤로 젖혀진다.

위 4가지는 아주 강한 움직임이다.

⑤ 살짝 기움(*iñjana*): 몸이 앞으로 살짝 기운다.

⑥ 사방으로 약간 움직임(*phandana*): 몸이 사방으로 약간 움직인다.

⑦ 좌우로 약간 움직임(*calana*): 몸과 머리가 좌우로 약간 움직인다.

⑧ 뒤로 약간 젖힘(*kampana*): 머리가 뒤로 아주 약간 젖혀진다.

이 단계에서는 강한 집중력을 얻을 때까지 몸을 고요하고 안정되게 유지해야 한다.

아나빠나삿띠를 계발하는 데는 다음 3가지 단계가 있다.

(a) 들숨과 날숨을 알아차리기 위해 노력한다. 들숨과 날숨을 아는 마음을 계발하기 위해 수행한다. 이 단계는 마음(*citta*)을 계발하는 것이다.

(b) 들숨과 날숨을 자각하는 알아차림을 계발한다. 이것은 알아차림(*sati*)을 위한 수행이다.

(c) 알아차림을 함으로써 집중력을 계발한다.

아나빠나삿띠는 이 3가지를 계발하는 것이다. 만약 아나빠나삿띠를 수행하고 있다면 이 3가지를 계발하고 있는 것이다.

니밋따가 심장토대에 안착된 후 수행을 계속하면 몸이 불더미처럼 보일 것이다. 수행자는 본인의 몸을 하나의 형체로 볼 수 없다. 이것은 나마 우빠짜라(*nāma upacāra*)에 도달한 것이다. 이제 수행자는 근접삼매(선정에 근접함)를 성취한다. 근접삼매를 얻으면 어떤 번뇌도 일어나지 않아서 마음의 청정(*citta visuddhi*)을 얻는다. 이 단계 역시 근접삼매라고 한다. 근접삼매를 얻기 위해서 수행자는 우선 나마 우빠짜라와 루빠 우빠짜라(*rūpa upacāra*)를 얻어야 한다. 루빠 우빠짜라는 물질 무더기의 삼매 단계를 의미하며, 나마 우빠짜라는 마음 무더기의 삼매 단계를 의미한다. 오직 마음과 물질 무더기가 모두 삼매 단계에 도달했을 때만이 근접삼매를 얻을 수 있다.

다시 반복 설명하면, 명상 방법 4의 마지막 단계에서 니밋따가 심장토대로 들어간다. 수행자는 몸의 형체가 아닌 불빛이나 불더미로 자기 몸을 본다. 이것을 '나마 우빠짜라에 도달한 것'이라고 한다. 나마 우빠짜라에는 3가지 단계가 있다.

(i) 뼈를 보거나, 심장, 간 등과 같은 내부 장기를 본다. 이 단계를 '혐오감(*asubha*) 단계에 도달한 것'이라고 한다.

(ii) 온몸이 황금색, 하얀색 등과 같은 색깔이 칠해진 형체로 본다. 이 단계를 '색(*vaṇṇa*)의 단계에 도달한 것'이라고 한다.

(iii) 온 몸을 불더미로 본다. 이 단계를 '공(*suññata*, 소멸)의 단계'(*samatha suññata*)라고 한다.

몸이 부풀어 올라 허공으로 날아갈 것처럼 느낄 때 이것을 '루빠 우빠짜라에 도달한 것'이라고 한다. 이런 집중 상태에 이르면, 이제 위빳사나 수행을 시작할 준비가 된 것이다. 이 명상 방법 3과 4는 칸니 위빳사나 수행을 계속하기 위한 필수 수행이다. 니밋따를 심장에 넣었을 때만이 위빳사나 수행을 할 수 있으며 아지랑이 같은 물질 미립자인 루빠 깔라빠를 볼 수 있다. 그렇지 않으면, 대상을 알아차리고 있을 때 니밋따가 마음을 따라와서 그 대상을 덮어버릴 것이다. 그래서 수행자는 루빠 깔라빠를 볼 수 없게 된다.

● 도의 지혜를 성취할 자격이 없는 수행자

부처님은 도의 지혜를 얻기 위해 수행해야 할 모든 방법을 설했으며, 수행 시에 문제점을 풀기 위한 해결책도 제시했다. 따라서 부처님의 가르침에 따라 수행하면, 어렵지 않게 도의 지혜를 성취할 것이다. 그러나 도의 지혜를 성취할 자격이 없는 수행자가 있다.

『쿳다까니까야』의 「아따삐숫따」에서 부처님은 도의 지혜를 얻을 자격이 없는 몇 종류의 수행자에 대해 언급했다. "번뇌를 태우지 못하는 자, 악행을 저지르는 것을 두려워하지 않은 자, 수행을 게을리하는 자, 노력하지 않은 자, 나태와 무기력에 빠진 자, 불선한 행위를 저지르는 것을 부끄러워하지 않은 자, 부처님을 존경하지 않은 자, 이런 사람은 가장 성스러운 열반을 깨달을 자격이 없는 수행자다."

다음 7종류의 수행자는 도의 지혜를 성취하여 열반을 깨달을 자격이 없다.

① 번뇌를 태울 만큼 노력하지 않는 수행자(*anātāpī*): 여기서 아따삐(*ātāpī*)는 번뇌를 불태울 만큼 맹렬한 정진을 의미한다.

② 악행을 두려워하지 않는 수행자(*anottapī*)

③ 더 이상 수행을 하지 않는 게으른 수행자(*kusīta*)

④ 충분히 노력하지 않는 수행자(*hīnavīriya*)

⑤ 나태하고 무기력한 수행자(*thina-middhabahula*)

⑥ 불선한 행위를 부끄러워하지 않는 수행자와 법을 가르쳐준 스승, 특히 부처님께 불선한 행위를 저지르는 것을 수치스럽게 생각하지 않는 수행자(*ahirīka*)

⑦ 부처님의 법을 공경하지 않는 수행자(*anādara*)

참조: 불선한 마음이 일어날 때마다 어리석음(moha)도 항상 함께 일어난다.

열반을 깨달을 자격이 없는 수행자에 대해 좀 더 자세히 알아보자.

(1) 번뇌를 태울 만큼 노력하지 않는 수행자: 번뇌나 장애(*nīvaraṇa*)가 올라올 때마다, 그것을 알아차리면서 강력하게 제거해야 한다. 그러나 이 수행자는 번뇌를 제거하지 않고 번뇌(*kilesa*)가 일어나는 것을 계속 받아들인다. 그런 사람은 열반을 깨달을 자격이 없다.

(2) 불선한 행위를 두려워하지 않는 수행자: 수행자는 모름지기 불선한 행위와 번뇌의 결과에 대해 두려워해야 한다. 불선한 행위를 저지르려고 할 때마다 그 행위의 결과를 생각해야 하며, 불선한 행

위를 두려워해야 한다. 그러나 이런 종류의 수행자는 불선한 행위의 결과에 상관하지 않고 불선한 행위를 저지른다. 이런 사람 또한 열반을 깨달을 자격이 없다.

(3) 게으른 수행자: 수행을 소홀히 하는 게으른 사람이다. 이런 종류의 수행자는 결코 열반을 깨달을 수 없다.

(4) 충분히 노력하지 않는 수행자: 이 사람은 가장 불쌍한 수행자다. 왜냐하면 열심히 수행하고 어떤 잘못도 저지르지 않았기 때문이다. 이 수행자는 불선한 행위를 부끄러워하며 나태하거나 무기력하지도 않다. 또한 도의 지혜를 얻기 위해 아주 조금만 더 노력하면 된다. 예를 들어, 이렇게 생각해보자. 만약 이 수행자가 알아차림 하면서 100시간 좌선을 한다면 그는 도의 지혜를 얻을 것이다. 그러나 이 사람은 99시간 55분 동안만 알아차림 하면서 좌선을 했다. 그는 5분의 정진이 부족해서 도의 지혜를 얻을 수 없다. 그래서 명상할 때는 노력의 한계를 정해서는 안 된다. 도의 지혜를 얻기 전까지 수행을 멈춰서는 안 된다. 완벽하게 노력했을 때만이 도의 지혜를 얻을 수 있다.

(5) 나태하고 무기력한 수행자: 이런 종류의 수행자는 항상 졸린다. 일반적으로 점심 식사 후나 밤에 잠깐 졸리기도 한다. 그러나 이 수행자는 항상 졸리기 때문에 명상에 전념할 수 없다. 이런 사람은 도의 지혜를 얻을 수 없다.

(6) 불선한 행위를 부끄러워하지 않는 수행자: 이런 종류의 수행자는 불선한 행위를 저지르는 것에 대해 부끄럽게 생각하지 않는다. 수행자가 불선한 생각(*akusala vitakka*)이 일어난 것을 받아들이고

계속 그것을 생각하고 있어도, 그것은 아히리까(*ahirīka*)가 될 수 있다. 몇몇 수행자들은 감각적 욕망의 생각(*kāma vitakka*)이 일어난 것을 알아차리지 못하고 계속 그 생각을 한다. 이런 사람은 집중할 수 없다.

(7) 법을 공경하지 않는 수행자: 수행자는 부처님의 법을 존경해야 하며 그것이 가장 우선이 되어야 한다. 따라서 부처님의 법은 공경하는 마음으로 수행해야 한다. 세속에서도 우리는 품위를 지키는 훌륭한 사람에게 공경을 표해야 하는 것은 당연하다. 오직 이 명상만이 수행자를 윤회의 굴레에서 구해줄 수 있기 때문에 가장 유익한 것이다. 그래서 존경하는 마음으로 수행을 해야 한다. 오직 법만이 그 법을 성실하게 수행한 사람에게 좋은 결과를 줄 것이다. 수행을 하기 위해서는 다음 두 가지도 필요하다. 이것도 소중히 여겨야 한다.

(a) 수행 도중에 사용될 물품

(b) 법을 주는 사람

따라서 도의 지혜를 성취하고자 하는 수행자는 이런 7가지 수행자 중 한 사람이 되어서는 안 된다.

제2부

위빳사나 수행

Kannī Meditation

제1장

왜 위빳사나 수행을 해야 하는가?

일반적으로 말해서 위 물음에 대한 답은 부처님이 위빳사나 수행을 권유했기 때문에 우리는 그 권유를 따라야 한다. 누군가 부처님께 수계授戒를 청할 때마다 부처님은 『율장』의 「마하왁가」에서 다음과 같이 설했다. "고통의 끝에 이르기 위해 열심히 수행하라." 여기서 '고통의 끝이란' 둑카(*dukkha*, 고통)의 소멸이다.

『상윳따니까야』의 「사마타위빳사나숫따」에서 부처님은 자문했다. "비구들이여! 무엇이 형성되지 않은 것(*asaṅkhata*)인가?" 이 물음의 답은, "비구들이여! 탐욕(*rāga*)의 소멸, 분노(*dosa*)의 소멸, 어리석음과 무명(*moha, avijjā*)의 소멸이 형성되지 않은 것이다. 이것이 형성되지 않은 것(*asaṅkhata*), 열반이다." 탐욕, 분노, 어리석음은 둑카(고통)이다. 그래서 둑카의 소멸이 아상카따(형성되지 않은 것)인 열반이다. 부처님의 당부에 따라 우리는 열반에 이르기 위해 수행해야 한다.

「사마타위빳사나숫따」에서 부처님은 다시 자문했다. "비구들이여, 무엇이 형성되지 않은 것에 이르는 길인가?" 부처님은 스스로 답했다. "사마타와 위빳사나, 이것이 형성되지 않은 것인 열반으로 가는 길이다." 열반을 실현하는 유일한 길은 사마타와 위빳사나 수행이다. 그러므로 열반을 성취하기 위해 우리는 사마타와 위빳사나 수행을 해야 한다.

그렇다면 우리는 열반과 관련된 위빳사나 수행을 어떻게 할 것인가? 이 질문에 대답하기 위해 처음부터 설명해보자. 전 우주에는 오직 4가지만 존재한다.

① 마음(*citta*)

② 마음작용(*cetasika*, 마음과 함께 일어나는 정신적인 산물; 심리 현상)

③ 물질(*rūpa*)

④ 열반(Nibbāna)

마음(*citta*)과 마음작용을 나마(*nāma*, 마음, 정신)라고 한다. 따라서 간단하게 말하면 전 우주에는 3가지, 즉 나마(*nāma*)와 물질(*rūpa*)과 열반만 있을 뿐이다. 열반은 우리가 성취해야 할 최종 목적지다. 그러므로 온 우주상에는 마음과 물질만 존재한다. 이 2가지를 상카라(*saṅkhāra*)라고 한다.

1. 상카라(형성된 것들)

상카라(*saṅkhāra*)라는 단어는 상(*saṅ*, 접두사 *saṃ*에서 파생됨)과 까라(*kāra*)에서 파생된 것이다. 여기서 상은 '함께', 까라(*kāra*)는 '만든다'라는 뜻이며, 카라(*khāra*)로 변형된 것이다. 그래서 상카라는 '임무를 수행하기 위해 함께 형성된 것들'이라는 뜻이기 때문에 상카라라고 부른다. 『빠띠삼비다막가』 주석서에 따르면, 상카라는 4종류로 분류된다.

① 상카따 상카라(*saṅkhata saṅkhāra*): 원인의 결과로 생긴 모든

결과물(형성된 것)을 의미한다. 우주에 있는 모든 것은 상카따 상카라이다. 이것은 줄여서 상카따라고도 한다.

② 아비상카따 상카라(*abhisaṅkhata saṅkhāra*): 이것은 업에 의해 형성된 모든 마음(*nāma*)과 물질을 의미하며 상카따 상카라에 포함된다.

③ 아비상카라나까 상카라(*abhisaṅkharaṇaka saṅkhāra*): 이것은 모든 선한 행위와 불선한 행위를 의미한다. 이것 또한 상카따 상카라에 포함된다.

④ 빠요가비 상카라(*payogābhisaṅkhāra*): 이것은 마음과 물질과 함께 일어난 노력(*vīriya*)을 의미한다. 이것 또한 상카따 상카라에 포함된다.

우주에 있는 모든 것들은 단지 마음(*nāma*)과 물질(*rūpa*)일 뿐이며, 상카라(원인의 결과로 생긴 것)이다. 마음과 물질이 결과를 가져온다 하더라도, 그것들은 (새로운 결과의) 원인이 되며 결과를 만든다. 그러므로 모든 마음과 물질이 원인으로써 언급될 때, 그런 마음과 물질을 상카라(형성작용)라고 한다. 모든 마음과 물질이 결과로서 언급될 때 그것들을 상카따(형성되어진 것)라고 한다. 마음과 물질은 원인에 의해 일어난다. 그러나 열반은 원인이 없다. 열반은 영원불변한 실재 법이다. 그렇다면 원인 없이 존재하는 것이 있을까? 있다. 그것은 열반이다. 한 예로써, 여기에 불더미가 있다고 가정해 보자. 누군가 불을 붙이면 불이 타오를 것이다. 이것은 불이 일어나는 성질을 가지고 있음을 의미한다. 만약에 소멸의 본성이 없다면 그

불은 온종일 밤낮으로 한 달 내내 또는 일 년 내내 타오를 것이다. 그러나 실제로 불은 소멸의 본성을 가지고 있기 때문에 꺼지게 되어 있다.

여기에서 소멸의 본성이란 다른 것이 아니라 그것의 원인이 소멸하는 것이다. 그래서 원인이 있으면 일어난다. 원인이 소멸하면 일어나지 않는다. 열반은 그와 같다. 모든 마음과 물질은 일어남의 성질을 가지고 있으며 소멸의 성질도 가지고 있다. 열반은 마음과 물질이 완전히 소멸한 것이다. 그러므로 열반은 실재 그 자체이며, 궁극적인 실재이며 원인이 없다. 약 2,600년 전에 부처님이 깨달음을 얻지 못해서 법을 가르치지 못했다 하더라도, 열반은 원인이 없기 때문에 열반 자체는 이미 존재하고 있었다. 열반을 아상카따(*asaṅkhata*, 형성되어지지 않은 것)라고 한다. 여기서 '아(*a*)'는 '없는', '아닌'의 의미이다.

마음(*nāma*)과 물질은 항상 각각의 무리 속에 존재하면서 함께 작용하고 함께 사라진다. 업(*kamma*, 행위), 마음(*citta*), 온도(*utu*)와 영양분(*āhāra*)이 물질(*rūpa*)을 생기게 하는 원인이다. 물질은 창조적인 힘을 가지고 있지 않아서 마음과 물질로 이루어진 '소위' 말하는 인간을 지배할 수 없다. 우리가 어떤 한 가지를 볼 때, 눈의 투명요소(*cakkhu pasada*, 눈 안에 망막을 형성하는 수십억 개의 물질로 이루어진 것)가 보는 대상(영상, 상: 물질)과 부딪쳐서 보는 의식이 일어난다. 이들 대상과 물질과 눈의 투명요소가 함께 만나서(*phassa*, 접촉) 아는 의식이 일어나고 그것이 아름다운지 추한지 등을 조사한다. 이러한 보는 과정에서 보고 싶어 하고, 보고, 그것을 보는 '나'는 없다. 단지 마음과 물질만 있을 뿐이다.

우리가 걸으려고 할 때, 첫째 걷고 싶어 하는 마음이 일어난다. 이 마음이 바람의 요소를 일으키고, 그 바람은 활동하는 물질을 일으킨다. 이들 물질이 일어날 때, 이 물질은 앞에 일어난 물질과 같은 곳에서 일어나지 않는다. 이 물질은 마음(*citta*, 욕구)에서 생긴 바람의 요소로 인해 원래 물질이 일어난 곳에서부터 현미경으로 관찰할 만큼 아주 조금 떨어진 거리에서 일어난다. 물질이 일어날 때 그 앞에 일어난 물질에서 극히 조금 떨어진 곳으로 이동하여 일어난다. 이것을 '감' 또는 '걸음'이라고 한다. 걷는 데에 '나'란 없다. 다만 마음(*nāma*)과 물질(*rūpa*)만 있을 뿐이다. 이들 마음과 물질은 번개보다 더 빠른 속도로 일어나고 사라진다. 새로운 마음과 물질이 일어나서 행위를 마치고 매일, 매달, 일 년 내내 항상 사라진다. 이것이 윤회의 시작이다.

나마(마음)는 주요한 역할을 한다. 나마에는 2가지 종류가 있는데 그것은 마음(*citta*)과 마음작용(*cetasika*, 심리현상)이다. 마음은 창조적인 힘을 가지고 있지만 단지 하나의 대상을 취하고 그 대상을 알 뿐이다. 의도, 느낌, 욕망, 알아차림 등과 같은 마음작용은 마음(*citta*)과 함께 일어나며 그 마음을 조정한다.

인간들에게는 52가지 마음작용이 있는데, 이들 중에 14가지는 불선한 행위를 하며, 25가지는 선한 행위를 한다. 불선한 행위 14가지 중에 어리석음(*moha* 또는 *avijjā*, 무명), 탐욕(*lobha*), 그릇된 견해(*diṭṭhi*)가 가장 나쁘다. 무명(*avijjā*)은 진실을 보지 못하도록 마음을 덮어버리는 것이다. 이것을 고통과 그 고통의 원인에 대한 무명

(*appaṭipatti avijjā*)이라고 한다. 무명은 우리로 하여금 허위를 진실로 받아들이게 한다. 이것을 잘못된 방법과 그 잘못된 방법의 원인에 대한 무명(*micchāpaṭipatti avijjā*)이라고 한다. 탐욕(*lobha*)은 모든 것을 차지하고 싶도록 우리의 마음을 탐욕스럽게 만든다. 그릇된 견해는 우리의 마음이 '나', '나의', '그 사람', '그들'과 같은 잘못된 개념을 갖게 만든다. 이들 3가지 마음작용(탐욕, 그릇된 견해, 무명) 때문에 사람들은 항상 잘못된 행동을 저지른다.

마음 순간에 항상 마음(*citta*)과 함께 일어나는 쩨따나(*cetanā*, 의도)라고 하는 마음작용이 있다. 이 쩨따나는 사라지기 전에 의도라는 에너지를 마음과정에 집어넣는다. 그 에너지가 미래에 결과를 낳는다. 따라서 선한 행위를 하는 동안에 포함된 에너지는 분명히 좋은 곳에 태어날 결과로 이어진다. 불선한 행위는 나쁜 곳에 태어나는 결과로 이어질 것이다.

부처님은 마음이란 엄격히 말해서 현미경으로 관찰할 만큼 빠른 속도로 일어났다 사라진다고 『상윳따니까야』의 「칸다왁가띠까」에서 설했다. "눈 깜짝할 사이에 마음이 계속해서 일조 번 일어난다." 그러나 『아비담마』의 복주서 「물라띠까」에서는 몇 번이라는 숫자가 아니라 셀 수조차 없는 숫자라고 언급했다. 마음은 일반적으로 14번의 마음 순간의 과정에서 일어나며, 그 안에 7번의 자와나(*javana*, 충동적인 마음 순간; 업을 짓는 속행의 마음) 순간이 있다. 이 자와나 마음과 함께 일어나는 쩨따나(의도)가 결과(업)를 낳는다. 십억의 마음 안에 일천 억의 업을 짓는 속행의 마음이 포함된다. 따라서 일천 억의 쩨따나도 함께 일어난다.

『아비담마』의 주석서 「담마상가니」에서 다음과 같이 말했다. "한 번의 쩨따나가 한 번의 수태를 하게 한다." 그래서 눈 깜짝할 사이에 단지 모기 한 마리를 죽이면 이 쩨따나가 수많은 다음 생에 태어남의 결과를 가져 올 것이다. 이 재탄생의 결과는 좋은 곳에 태어나게 되지 않을 것이다. 만약 선한 행위를 하면 좋은 곳에 태어날 것이다. 일천 억이라는 숫자가 너무 많다면 십으로 줄여보자. 만약 모기 한 마리를 죽인다면 열 번 악처에 태어날 것이다. 이것은 최소한이다. 열 번보다 더 적게 줄일 수는 없다. 부처님은 한 경에서 일화 하나를 언급했다.

한 여자가 친구 집을 방문했다. 그 집의 여주인은 손님을 위해 염소 한 마리를 잡으려고 했다. 그러나 그 손님은 친구에게 간청했다. "제발 염소를 죽이지 마. 전생에서 나는 염소 고기를 너무 좋아해서 지옥에 태어났어. 지옥에서 간신히 탈출하여 염소 털만큼 축생으로 태어나 매 생마다 누군가로부터 죽임을 당했어." 손님은 주인 친구에게 자기는 전생을 볼 수 있는 지혜를 가지고 있기 때문에 염소를 죽여서는 안 된다고 말했다.

사람들은 사는 동안 얼마나 많은 모기를 죽였을까? 모든 사람들은 틀림없이 최소한 한 마리의 모기라도 죽였을 것이다. 우리는 불선한 행위에 대한 대가를 치러야만 한다. 살생으로 인한 나쁜 과보 외에도 거짓말한 행위, 주인이 주지 않은 것을 취한 행위, 음주, 잘못된 성행위 등 수없이 많다. 우리는 이 모든 불선한 행위에 대해 얼마나 많은 생에 걸쳐 그 대가를 치러야 할까? 다행히도 우리는 지금 이 좋은 인간계에 태어났다. 하지만 우리는 다음, 다음 생에 최소한 열 번은 나쁜 생에 태어나야 한다. 심지어 좋은 곳에 태어난다 하더라도 우리는 그러한 불선한 행위를 또 다시 저지를 것이다. 그래서 불선의 결과(과보)는 각각의 다음 생에 점점 더 많이 축적될 것이다.

결국, 우리는 틀림없이 나쁜 생(4악처 중 한 곳)에 태어나게 될 것이다. 그렇다면 우리는 악처에서 어떻게 탈출할 수 있을까? 부처님은 「법구경」에서 설했다. "네 곳의 악처(*apāya*: 아수라, 축생계, 아귀계와 지옥)는 우리의 집과 같다." 운 좋게도 우리는 지금 이 좋은 곳(선처)에 태어났다. 이것은 누군가의 집을 방문한 것과 같다. 우리는 언젠가 우리 집으로 돌아가야 한다. 우리 집은 지옥, 아귀계, 축생계나 고통과 쾌락이 한데 얽힌 아수라계 중에 한 곳이다. 좋은 곳에 다시 태어나기는 굉장히 어렵다. 그래서 우리는 이곳에서 우리가 지은 이러한 모든 채무를 갚아야 한다.

1) 나쁜 생에서 지은 수많은 빚을 어떻게 갚을 수 있을까?

여기에 빚을 전부 청산할 유일한 방법 하나가 있다. 그것은 완전한 열반에 드는 것이다. 그것을 무여의열반(*Anupādisesa Nibbāna*, 상카라의 완전 소멸)을 성취한다고 한다. 무여의열반을 성취하기 위해서 먼저 유여의열반(*Saupādisesa Nibbāna*, 완전한 번뇌의 소멸)을 성취해야 한다. 유여의열반은 모든 오염원인 번뇌(어리석음, 분노, 탐욕, 그릇된 견해 등과 같은 불선)를 완벽하게 소멸하는 것이다. 전 우주를 통해 번뇌를 뿌리까지 제거할 수 있는 유일한 방법은 도의 지혜를 성취하는 것이다. 도의 지혜를 얻는 유일한 방법은 위빳사나 수행을 하는 것이다. 위빳사나 수행은 악처에서 탈출하기 위한 특별한 길이기 때문에 우리는 이 선처에 살고 있는 동안 지금 당장 위빳사나 수행을 해야 한다.

2) 완전한 열반에 드는 것과 죽음과의 차이는 무엇인가?

일반적인 관점에서 완전한 열반(*Parinibbāna*)에 드는 것과 죽음은 생명이 멈춘다는 의미에서 같다. 그러나 죽음은 죽은 사람의 마지막 마음 순간이 사라지자마자 바로 계속해서 자궁 안에서 인간으로, 천신계에서 한 번에 완벽한 몸으로, 또는 지옥계 같은 곳에서 새로운 생의 마음과정이 일어난다. 이것이 죽음이다. 완전한 열반에 든다는 것은 마지막 마음 순간에 마음과 물질의 흐름이 사라져서 모든 선과 불선의 에너지가 완전히 소멸한 것이다. 더 이상의 재탄생도, 더 이상의 삶도 없다. 그 사람은 어딘가에 다시 태어났다라고 말할 수 없다. 실제적으로 그는 완전한 열반에 든 것이다. 완전한 열반은 마음과 물질의 흐름이 완전히 멈춘 것이다. 가장 주목해야 하는 것은, 아라한도 없고, 죽은 사람도 없고, 완전한 열반에 든 사람도 없다는 것이다.

2. 위빳사나란 무엇인가?

일반적으로 말해서, 위빳사나(*vipassanā*, 통찰명상)는 위(*vi*) + 빳사나(*passanā*)이다. 위는 '특별하게', 빳사나는 '앎' 또는 '봄'을 뜻한다.

따라서 위빳사나는 '특별하게 봄'을 의미한다. 어떻게 특별하게 본다는 것인가? 모든 사람들은 자신을 본다. 이것은 '나'다. '나'는 젊다. '나'는 괜찮다. 하지만 '나'라는 것은 없다. 단지 소위 '나'라는 것이 있을 뿐이다. 위빳사나는 마음(*nāma*)과 물질(*rūpa*)을 무상한 것, 괴롭고 만족스럽지 않은 것, 무아(자아가 없음)로써 이해하기 위해 상식적인 개념을 잘라버리는 통찰이다.

『빠띠삼비다막가』 주석서에서 다음과 같이 언급하고 있다.

(1) "모든 것을 무상, 불만족(고통), 무아 등으로 주시하는 것. 이것이 위빳사나이다. 빤냐(*paññā*, 통찰의 지혜)가 위빳사나의 이름이다." 설법을 할 때마다, 부처님은 항상 위빳사나를 말하고 싶을 때 빤냐를 사용했다.

위빳사나 수행의 매뉴얼인 『위빳사나디빠니』에서 위빳사나를 다음과 같이 정의했다.

(2) "나, 나의, 나의 것 등과 같은 개념을 제거하고 모든 것을 알아차리는 것. 이것이 위빳사나이다." 이러한 정의는 위빳사나 초기 단계에 적용되며 후기 단계에서는 무상, 고 등으로 모든 것을 알아차리는 것이다. 그러므로 (2)번의 '개념을 제거하는 것'은 낮은 위빳사나 지혜이며 (1)번이 더 높은 지혜이다.

초보 수행자는 처음에 머리, 몸, 나 등과 같은 개념으로 위빳사나 대상을 본다. 나중에 집중력을 얻게 되면, 대상이 일어나고 사라지는 것을 본다. 위빳사나 수행자는 모든 것을 명상 대상으로 알아차려서는 안 된다. 위빳사나 지혜를 성취할 수 있는 오직 하나의 대상만을 취해야 한다. 이러한 것들을 위빳사나 부미(*vipassanā bhūmi*)라고 한다. 이것은 오온(*khandha*, 무더기), 감각기관(*āyatana*), 요소(*dhātu*), 진리(*sacca*, 사성제)와 같은 위빳사나 지혜의 원인이 될 수 있는 법을 의미한다. 다시 말해서, 위빳사나 부미는 알아차림의 씨앗이 자라기 위한 밭이다. 오직 이러한 것들을 명상 대상으로 취하여 알아차릴 때만이 위빳사나 지혜를 얻을 것이다. 이러한 것들을 명상 대상으로 취하고 있을 때는 보고 말하고 먹을 때 등뿐만 아니라 행주좌와行住坐臥의 모든 순간에 현재 일어나고 있는 대상만을 마음으로 취해야 한다.

위빳사나 수행은 굉장히 철저한 자기 성찰(관찰)이다. 위빳사나 수행은 마음(*nāma*)과 몸(*rūpa*)에 초점을 맞추어, 일어나고 있는 현재 순간의 정신적이고 육체적인 과정(몸과 마음에 일어나는 현상)에 철저한 주의를 기울임으로써 직접 경험할 수 있다. 마음과 물질에 대한 집중적인 관찰을 통해 수행자는 끊임없이 변화무쌍한 몸과 마음과정의 흐름을 이해한다. 그래서 위빳사나 수행을 한다는 것은 마음과 몸이 현재 찰나의 순간에 일어나고 사라지는 마음과 물질을 해부하는 것이다. 위빳사나 수행에는 2가지 측면이 있다.

① 대상을 보고, 주시하는 것은 집중의 측면이다.

② 알아차리고 본 것을 아는 것은 위빳사나의 측면이다.

한 점에 집중된 마음으로 온 힘을 다해 알아차리면서 명상을 오래

하면 할수록 더 강력한 집중력을 얻을 수 있다. 그러면 그 대상의 과정을 좀 더 자세하게 알 것이다. 그 대상을 아는 것에 의하여 지혜가 더 높아져서 결국 도의 지혜를 성취하게 된다. 마음이 집중되면, 마음에서 번뇌가 사라지기 시작한다. 그러면 마음이 점점 더 청정해진다.

위빳사나 수행 시 적용하는 집중을 찰나삼매(*khaṇika samādhi*)라고 한다. 찰나삼매란 마음이 오직 한 마음 순간에 하나의 명상 대상만을 취하여 머문다는 뜻이다. 그러나 마음은 끊임없이 새롭게 일어나는 또 다른 대상을 무상한 것으로 항상 취한다. 방해하는 장애도 일어나지 않으며, 마음이 명상 대상이 아닌 것으로 향하지 않는다. 이것은 마음이 오로지 무상한 것으로 한 대상만을 취하는 것과 같다. 이렇게 되면 마음이 선정(*jhāna samādhi*)에서와 같이 동요 없이 확실하게 그 대상에 머문다. 『청정도론』의 복주서 「마하띠까」에 다음과 같이 언급되어 있다.

"마음은 항상 명상 대상으로써 무상을 자각한다. 그러면 계속해서 하나의 대상만을 취하는 것 같다(계속 다른 대상이 찰나 일어났다 사라지고 또 일어났다 사라지지만 수행자는 오직 같은 것처럼 본다). 순간 일어났다 사라지는 대상을 주시하면, 마음은 장시간 몰입삼매(*appanā samādhi*) 또는 선정삼매(*jhāna samādhi*)와 같은 집중 상태에서 위빳사나 대상에만 머물 수 있다."

우선 아나빠나삿띠를 수행한 후 위빳사나(통찰명상)로 옮긴 수행자의 집중력(아나빠나삿띠에서 생긴 집중)은 위빳사나 명상으로 옮기자마자 더 강한 찰나삼매를 얻는 데 도움이 된다. 통찰이란 단순한 지적 이해 수준의 결과가 아니다. 통찰은 수행자 자신의 육체적·정신적인 수행 과정을 통해 스스로 명상적인 관찰을 함으로써 얻어진다. 이렇게 마음을 수행함으로써 집중력을 기를 수 있고 현미경으로만 볼 수 있는 대상을 볼 수 있으며, 그 보는 마음을 통해 통찰의 지혜(*paññā*)를 얻을 수 있다. 이 지혜는 도의 지혜를 얻을 때까지 계발된다.

3. 위빳사나 수행 방법

먼저 계·정·혜를 계발하면서 팔계나 구계를 지키고 마음을 정화시킨다. 이것이 사마타와 위빳사나 수행의 유일한 근본 토대이다. 계를 지키지 않으면 마음을 집중할 수 없다. 이렇게 수행함으로써 명상 도중에 불선한 마음작용(14가지의 마음작용)이 마음속으로 침입할 수 없다.

마음을 집중함으로써 수행자는 극히 초미세한 대상(마음과 물질)을 볼 수 있다. 그러면 통찰의 지혜(*paññā*, *amoha*, 어리석음 없음: 선한 마음작용)가 계발되어 위빳사나 지혜(통찰 지혜)가 된다. 위빳사나 지혜의 최고 정점에서 이 지혜(*paññā*)가 도의 지혜(*Magga ñāṇa*)가 되어 열반(마음과 물질의 그침 또는 소멸)을 깨닫거나 열반을 볼 수 있다. 한편 도의 지혜가 모든 불선한 마음작용을 완전히 제거한다.

마음과정은 오직 열반을 깨닫는 순간에만 멈춘다. 여기서 '마음과정이 멈춘다'는 것은 14가지 불선한 마음작용이 함께 한 세간의 마음이 멈춘다는 의미이다. 그릇된 견해의 마음작용(*diṭṭhi cetasika*),

회의적인 의심의 마음작용(*vicikicchā cetasika*), 질투의 마음작용(*issā cetasika*), 인색함의 마음작용(*macchariya cetasika*)을 제외한 불선한 마음작용들이 열반의 순간을 뒤돌아보는 마음(*paccavekkhaṇā citta*, 반조의 마음)이 일어날 때 다시 일어난다. 이제 수행자는 예류자(*sotāpanna*, 수다원: 성인의 흐름에 든 자)가 된다.

법을 경청하는 것에서부터 일체지를 얻을 때까지 성취 가능한 지혜는 위빳사나 지혜를 포함하여 모두 73가지이다. 사리불 존자의 가르침이 모두 포함된 『빠띠삼비다막가』에 따르면 그 73가지 지혜는 다음과 같다.

(1) 법을 들음으로써 얻은 지혜(*Sutamaya ñāṇa*): 수따(*suta*)는 '들은', 마야(*maya*)는 '~에 의해 성취된'의 뜻이다. 따라서 수따마야는 '들음으로써 성취됨'의 의미이다.

(2) 계를 지킴으로써 얻은 지혜(*Sīlamaya ñāṇa*)

(3) 삼매 수행으로 얻은 지혜(*Samādhibhāvanāmaya ñāṇa*)

(4) 법의 조건에 대한 지혜(*Dhammaṭhiti ñāṇa*) 또는 마음과 물질의 원인과 결과에 대한 지혜(*Paccaya pariggaha ñāṇa*)

(5) 무상·고·무아를 아는 지혜(*Sammasana ñāṇa*)

(6) 마음과 물질의 일어남과 사라짐을 아는 지혜(*Udayabbaya ñāṇa*)

(7) 마음과 물질의 사라짐을 아는 지혜(*Bhaṅga ñāṇa*)

(8) 마음과 물질을 결함으로 여기는 지혜(*Ādīnava ñāṇa*): 두려움에 대한 지혜(*Bhaya ñāṇa*)와 마음과 물질을 지루한 것으로 아는 지혜

(*Nibbidā ñāṇa*)가 포함된다.

(9) 상카라에 대한 평정의 지혜(*Saṅkhārupekkhā ñāṇa*): 마음과 물질을 버리고 싶은 지혜(*Muñcitukamyatā ñāṇa*)와 다시 숙고하는 지혜(*Paṭisaṅkhā ñāṇa*)가 포함된다.

(10) 수순하는 지혜(*Anuloma ñāṇa*): 도의 지혜가 되기 위해 수순隨順하는 지혜

(11) 혈통을 바꾸는 지혜(*Gotrabhū ñāṇa*): 세간 마음에서 출세간 마음으로 바뀌는 지혜 또는 범부에서 성인이 되는 지혜

(12) 도의 지혜(*Magga ñāṇa*): 번뇌를 버리고 소멸함으로써 얻은 지혜

(13) 과의 지혜(*Phala ñāṇa*): 열반에 이르는 도道의 과果를 실현하는 지혜

(14) 반조의 지혜(*Paccavekkhaṇā ñāṇa*, 뒤돌아봄; 사유): 열반을 실현한 순간을 돌아보고, 완전히 제거된 번뇌를 점검하고 아직 남아 있는 번뇌를 점검하는 지혜

.

.

(72) 일체지(*Sabbaññuta ñāṇa*): 부처님의 일체를 아는 지혜

(73) 장애로부터 자유로운 지혜(*Anāvaraṇa ñāṇa*)

이 73가지 성취 가능한 지혜에서 위빳사나 지혜는 삼마사나, 우다얍바야, 방가, 아디나와, 상카루뻬카, 아눌로마, 고뜨라부, 막가, 팔라냐나이다. 그러나 부처님은 73가지 지혜에 위빳사나 지혜라고 따로

명기하지 않았다.

참조: 『앙굿따라니까야』의 「아비산다숫따」에 의하면, 냐나(ñāṇa)는 단지 아는 것을 의미하는 냐땃테나 냐낭(Ñātaṭṭhena ñāṇaṃ)이다. 냐나는 단지 이름이다. 그래서 냐나(지혜)라고 한다. 빤냐(paññā)는 자세히 아는 것을 의미하는 빠자나낫테나 빤냐(pajānanaṭṭhena paññā, 꿰뚫어 아는 통찰의 지혜)이다. 그래서 빤냐는 통찰해서 알고 이해하는 것이다. 그래서 빤냐(통찰지)라고 한다.

제2장

위빳사나 수행을 시작하기 전 예비명상

위빳사나 수행을 시작하기 전에 4가지 예비명상을 해야 한다. 이 예비명상을 뿝바낏짜(*pubbakicca*)라고 한다. 4가지 예비명상은 ① 물질에 대한 식별(*rūpa pariggaha*), ② 마음에 대한 식별(*nāma pariggaha*), ③ 원인과 결과에 대한 식별(*paccaya pariggaha*), ④ 전생과 내생의 원인에 대한 식별(*addhāna pariggaha*)이다.

1. 루빠 빠릭가하(물질에 대한 식별)

루빠(*rūpa*, 물질: 색)는 '물질 대상'을 의미하며, 빠릭가하(*pariggaha*)는 '주변을 모두 주시하는 것'을 뜻한다. 그래서 루빠 빠릭가하(*rūpa pariggaha*)는 '모든 물질을 주시하는 것'이다. 이것은 무엇이 물질이고 무엇이 위빳사나의 대상인지를 알아내는 것이다. 수행자는 위빳사나 수행을 하기 전에 그리고 물질을 대상으로 취하기 전에, 무엇이 루빠(물질)인지를 알아야 한다. 루빠는 끊임없이 변형되는 물질을 의미하는 빨리어이다. 끊임없이 변형된다는 것은 '전에 일어난 물질의 흐름과 지금 일어나는 물질의 흐름이 같지 않게 일어난다'는 뜻이다. 물질은 온도나 압력이나 동작함으로써 경험한 색깔(색), 소리(성), 맛(미), 냄새(향), 촉감(촉)과 같은 오감의 대상을 말한다. 다시 말해서 물질은 일반적으로 지수화풍과 같은 4가지 요소(四大)로 화한 형태이다. '소위' 인간이라고 하는 몸 안에는 항상 끊임없이 변형되는 28가지 물질이 있다. 이 28가지 중에 18가지만이 진정한 물질(*nipphanna rūpa*, 구체적인 물질)이다. 나머지 10가지 물질(*anipphanna rūpa*)은 실재적인 물질이 아니기 때문에 위빳사나 대상으로 취하기에 적합하지 않다. 10가지 물질은 한정 물질 1개, 암시 물질 2개, 변화 물질 3개와 특성 물질 4개이다〔28가지 유형의 물질이 있는데 24가지는 4가지 대 근본물질에서 파생된 것이다. 28가지 중에 18가지 유형의 물질은 구체적인 실재물질이며, 나머지 10가지 물질은 이름뿐인 추상적 물질이다〕. 모든 물질은 끊임없이 변형되는 성질을 똑같이 가지고 있다.

루빠 빠릭가하의 단계에서, 수행자가 끊임없이 변형하는 본성을 이해할 때, 칸니 전통에서는 그의 지혜가 완성되었다고 말할 수 있다. 어떤 것이 뜨겁고(*tejo*), 어떤 것이 단단한지 등으로 분리해서 주시할 필요는 없다. 오직 끊임없이 변형되는 본성을 이해하는 것이 모든 물질을 아는 것이다. 그렇다면 왜 물질이라고 하는지 알아야 한다.

부처님은 「카자니야숫따」에서 자문했다.

"왜 물질이라고 하는가?"

"이것은 끊임없이 변형되기(*ruppati*) 때문에 물질이라고 한다."

"이것은 왜 끊임없이 변형되는가?"

"물질은 차가움에 의해 변형되고, 뜨거움에 의해 변형되고, 배고픔에 의해서도 변형되고, 목마름에 의해서도 변형되고, 더운 바람에 의해서도, 빗물에 의해서도 끊임없이 변형된다."

루빠띠의 의미는 새로 생긴 물질은 전에 생긴 물질의 흐름과 같지 않다는 것이다. 물질이라는 것은 차가움, 더움 등의 변형시키는 조건과 접촉할 때 이미 생긴 루빠와 같지 않은 새로운 루빠가 생성된다. 사람들은 끊임없이 변형되는 성질 때문에 걸을 수 있고, 움직이고, 냄새를 맡고, 볼 수 있다.

예를 들면, 어떤 물체를 볼 때, 보이는 대상이 눈의 투명 물질(*cakkhu pasāda rūpa*, 망막에 있는 미립자)에 부딪히면, 이 투명 물질이 끊임없이 변한다. 변하는 것 때문에 보는 의식이 일어난다. 만약 투명 물질이 계속 그대로 있어서 변형되지 않는다면 그 대상을 볼 수 없다. 듣고 만지고 냄새 맡고 맛보는 것도 이와 같다.

한 가지 알아야 할 것이 있다. 이것이 궁극적 실재(*paramattha*)인지 아닌지 검증하기 위한 4 가지의 분석 요인(*dhamma vavatthāna*, 법으로 분석하여 식별함)이 있다. 마음(*nāma*)과 물질은 궁극적인 실재이기 때문에 4가지 분석 요인으로 검증해볼 수 있다. 이들 4가지 요인은 다음과 같다.

(1) 특성(*lakkhaṇā*): 이것은 불(*tejo*)의 뜨거움과 차가움, 흙(*pathavī*)의 단단함과 부드러움 등과 같은 마음과 물질의 개별적인 고유한 특성이다.

(2) 기능 또는 역할(*rasa*):

(a) 구체적인 역할(*kicca rasa*): 예를 들면, 흙(*pathavī*)은 다른 물질을 존재하게 하는 공간을 만든다.

(b) 목적 달성의 역할(*sampatti rasa*): 역할을 끝냈을 때 그 역

할의 결과이다.

(3) 나타남 또는 발현(*paccupaṭṭhāna*): 결과나 경험을 통해 나타난다.

(a) 마음으로 보는 것(*upaṭṭhānākāra*, 경험)

(b) 결과(*phala*, 발현)

(4) 근접 원인(*padaṭṭhāna*: 그것에 의지해 있는 가장 가까운 조건이다.)

모든 현상(*dhamma*)은 이들 4가지의 특색을 가져야 한다. 열반은 근접 원인을 제외한 3가지의 특색만 가진다. 열반은 원인 없이 단독으로 영원히 존재한다.

일반적으로 물질은 두 그룹으로 나눠진다. 그것은 ① 대 근본물질(*mahābhūta rūpa*: 땅 요소, 물 요소, 불 요소, 바람 요소)과 ② 4가지 대 근본물질에서 파생된 물질(*upādā rūpa*)이다. 파생된 물질은 4가지의 대 근본물질에 의존해서 일어난다.

사람에게는 모두 28가지 물질이 있는데 다음과 같다.

1) 4가지 대 근본물질

① 땅 요소(*pathavī*, 단단함의 요소): 이것의 특성은 견고함(*kakkhaḷatta lakkhaṇā*)이다. 이것의 역할은 함께 존재하는 다른 3가지 대 근본물질을 받쳐주는 토대이다. 이것은 다른 물질이 지탱하고 존재하는 공간이다. 모든 물질은 땅 요소 위에 존재한다. 땅 요소가 없다면 아무

것도 존재할 수 없다. 고형성은 확장하게 만든다. 이 요소 때문에 모든 물질적인 대상이 공간을 차지할 수 있다. 바위 같은 견고함과 반죽 같은 부드러움, 거침, 매끄러움과 물질의 무거움과 가벼움은 고형성의 성질이다. 흙에는 단단함, 부드러움, 거칠음이 현저한 특성이다(땅 요소는 흙처럼 눈에 보이는 물질이 아니라 단단함을 만들어내는 에너지의 흐름이다). 그러나 흙 자체는 땅 요소가 아니다. 그러나 고형성의 요소는 흙속에 굉장히 커다란 비율을 차지하고 있으며 현저하다. 실제적으로 다른 3가지 요소 또한 흙속에 포함되어 있다.

② 물 요소(*āpo*, 점착성 또는 유동성의 요소): 이것의 특성은 점착성이나 응집력(*paggaharaṇa lakkhaṇā*)이다. 이것의 역할은 물질을 증가시키는 것이다. 물의 점착성 때문에 모든 물질을 한데 결합하게 만든다. 물의 요소는 볼 수도 느낄 수도 없다. 오직 지혜로만 알 수 있다. 2가지 물질을 한데 고정할 때 접착시키는 것이 물의 요소이다. 그 점착성을 보거나 느낄 수 없다. 그것의 기능은 단지 흐르며 끈적끈적할 뿐이다. 이것은 물 자체가 아니지만 물에는 물의 요소가 현저하다. 불 요소와 다른 2가지 요소가 물 요소에 포함되어 있다.

③ 불 요소(*tejo*, 열 요소): 이것의 특성은 열기(*uṇhatta lakkhaṇā*)이며, 역할은 연소하는 것(*paripācana*)이다. 이것은 살아있는 모든 존재들과 식물의 생명력을 유지한다. 불 요소는 모든 것들을 일어나게 하는 4가지 원인(업, 마음, 온도, 영양분) 중에 하나이기 때문에 가장 중요하며, 수명이 끝날 때까지 모든 물질과 살아있는 것들에 포함되어 있다. 이것은 모든 것들을 연소하게 하고 부패시키고 파괴하게 만든다. 따라서 불 요소는 모든 것들을 생기게 하지만 동시에 부패

시키고 소멸시킨다. 불 요소로 인해 생긴 것이 무엇이든지간에 부패하는 것을 피할 수 없고, 모든 것은 불 요소 때문에 파괴된다. 그러므로 모든 것들은 부패하고 영원하지 않다. 불 요소는 불 그 자체가 아니지만 불에는 불 요소가 현저하다. 물 요소와 다른 2가지 요소가 불 요소에 포함된다.

④ 바람 요소(*vayo*, 함께 존재하는 물질을 지탱하는 요소): 이것의 특성은 지탱하는 것(*vitthambhana lakkhaṇā*)이며, 그 역할은 움직임과 팽팽함이다. 바람 요소는 바람 자체가 아니지만 바람에는 바람 요소가 현저하다. 땅 요소도 바람 요소에 포함되어 있다. 우리는 바람 요소 때문에 똑바로 서 있을 수 있고, 살아있는 모든 것들이 걷고 움직일 수 있다.

일반적으로 사람들은 땅, 물, 불과 바람이 우주를 형성하는 핵심이라고 말한다. 그러나 사실상 이들 4가지 물질은 기본 단위(실재)가 아니다. 이들 4가지 땅, 물, 불, 바람은 대 근본물질(땅 요소, 물 요소, 불 요소, 바람 요소)에 의해 형성된다. 4가지 대 근본물질은 전 우주에 있는 모든 것들의 실제적인 (극미한 불멸의 핵심 요소) 기본 단위(궁극적인 실재)이다. 이들 4가지 대 근본물질은 모든 물질에 포함되어 있다.

4가지 대 근본물질은 항상 함께 존재하며, 4가지 파생된 물질과 분리될 수 없다. 4가지 파생된 물질은 색(*vaṇṇa*), 냄새(*gandha*), 맛(*rasa*)과 영양분(*ojā*)이다. 이들 8가지를 아위닙보가(*avinibbhoga*, 분리할 수 없는 것; 깔라빠를 이루는 최소의 구성요소)라고 한다. 8가지는 결코 분리되지 않는다. 그래서 이들 8가지 분리될 수 없는 단위는 전 우주에 있는 어떤 살아있는 것이나 물질적인 것에서 볼 수 있다. 살아있는 것(생명체)은 모두 마음과 물질의 조합으로 존재한다. 물질적인 것들은 마음 없이 물질 그 자체로 존재한다.

2) 24가지 파생된 물질

(1) 투명 물질(*pasāda rūpa*, 맑은 물질): 깨끗한 것은 관련 대상이 투명 물질에 접촉했을 때 그것을 비출 수 있으며, 그 투명 물질은 끊임없이 변형된다. 예를 들면, 만약 거울이 먼지로 얼룩져 있다면 상을 반영할 수 없다. 오직 거울이 깨끗할 때만이 영상을 비칠 수 있다. 이것처럼, 투명 물질이 각각의 대상과 접촉할 때 그것들이 변형되어 결과를 낳는다. 예를 들면, 보이는 대상이 눈의 투명 물질(*cakkhu pasāda rūpa*)에 부딪쳤을 때 그것들이 변하여 보이는 결과를 가져온다. 만약 변형되지 않는다면 볼 수 없다. 이것이 원인과 결과의 법칙이다. 원인은 "부딪침"이며 결과는 "보는 것"이다. 그러므로 사람에게는 오직 주체(부딪친 것)와 객체(부딪힘을 받는 것; 대상)와 감각기관의 결과만 있을 뿐이다.

① 눈의 투명요소(*cakkhu pasāda*): 이것의 관련된 대상은 보이는 것이다. 만약 관련된 대상이 눈의 투명요소에 부딪치면 눈의 투명요소가 변형되어 보는 의식이 일어남으로써 반사된다. 여기서 보는 감각기관은 눈이다. 우리는 단지 눈만으로 볼 수 없다. 잘 반사된 투명 물질이 망막 위에 형성되어야 한다. 그 망막은 투명요소의 혼합물

이다.

② 귀의 투명요소(*sota pasāda*): 소리가 투명요소에 부딪쳤을 때 그것이 반사되어 끊임없이 변형되어 들을 수 있도록 한다. 이것은 귀 안에 고리처럼 생긴 외이도 안에 있다.

③ 코의 투명요소(*ghāna pasāda*): 냄새가 투명요소에 부딪쳤을 때 그것이 반사되어 끊임없이 변형되어 냄새를 맡게 한다. 이것은 콧구멍 안에 염소 뒷발굽처럼 생긴 곳에 있다.

④ 혀의 투명요소(*jivhā pasāda*): 맛이 혀의 투명요소에 부딪혔을 때 그것이 반사되어 끊임없이 변형되어 맛을 느낀다. 이것은 혀의 중간 부분에 연잎처럼 생긴 곳에 있다.

⑤ 몸의 투명요소(*kāya pasāda*): 이것은 손톱과 발톱과 머리카락 끝을 제외하고 몸 안과 밖에서 볼 수 있다. 오랫동안 수행하고 있을 때 이들 루빠가 서로 압착하여 수행자는 약간의 고통을 경험한다. 심지어 바람이 피부를 스쳐도 고통을 느낀다.

(2) 대상 물질(*gocara, visaya*):

① 색깔 물질(*vaṇṇa rūpa*, 보이는 물체; 색): 보이는 대상(물체) 때문에 보는 의식이 일어난다. 보는 것은 보이는 대상의 결과이다. 보이는 대상이 보는 의식의 목장(*visaya*)이다.

② 소리 물질(*sadda rūpa*, 성): 소리 물질 때문에 듣는 의식이 일어난다.

③ 냄새 물질(*gandha rūpa*, 향): 냄새 물질 때문에 냄새 맡는 의식이 일어난다.

④ 맛 물질(*rasa rūpa*, 미): 맛 물질 때문에 맛의 의식이 일어난다.

(3) 성 물질(*bhāva rūpa*, 2가지 성):

① 여성 물질(*itthi bhāva*): 여자의 육체적인 특징을 결정한다.

② 남성 물질(*puṃ bhāva*): 남자의 육체적 특징을 결정한다.

여자가 임신을 하면 그때부터 성 물질이 포함된다. 이 물질은 나중에 생기지 않는다. 이것은 모든 생명체의 성性은 그들의 업으로 인해 수태된 그 순간에 여자인지 남자인지 결정된다는 의미이다. 처음 수태된 순간에는 오직 30개의 루빠만 있다. 성 물질 10개, 심장 물질 10개, 몸 물질(*kāya rūpa*) 10개이다. 이 성 물질은 투명 물질과 비슷하다. 이것은 사람의 몸 전체에서 찾아볼 수 있다. 다시 말해서 몸의 안과 밖의 전체에 존재한다. 모든 생명체는 태어나는 생生마다 같은 성(남자 또는 여자, 암컷 또는 수컷)으로 태어난다. 그들의 선한 업과 불선한 업에 따라 예외는 있다. 만약 조건이 충분히 강하다면, 다음 생에 성을 바꿀 수 있다.

(4) 심장 물질(*hadaya rūpa*, 심장토대-*hadaya vatthu*): 모든 마음과 마음작용(마음과정)은 심장 물질에서 일어난다. 심장 물질을 간단하게 심장이라고 생각하지 마라. 매 순간 적은 양의 새로운 피가 심장의 중심 부분에서 생산되면 심장토대가 이 피를 담는다. 심장토대에서 마음과 마음작용이 일어난다. 말을 하거나 어떤 행위를 할 때, 심장토대에서 마음이 일어난다. 그러나 잠을 잘 때는 오직 생명 연속심(*bhavaṅga citta*)만이 일어났다 사라질 뿐이다. 심장토대는 마음이 일어나는 시작점이며 근원지이다. 몸에서 심장은 가장 피곤한 장기이며, 죽는 순간까지 결코 멈추지 않으며 결코 쉬지 않는다.

(5) 생명 물질(*jīvita rūpa*, 생명 현상): 생명 물질은 그것들의 수명(마

음 순간) 동안에 함께 일어나는 다른 물질(루빠)을 유지한다. 생명 물질의 수명은 17번의 마음 순간이다. 생명 물질이 없다면 다른 물질이 살 수 없다. 생명체의 근본적인 루빠 깔라빠(*rūpa kalāpa*)는 8가지의 분리할 수 없는 요소에 생명 물질이 더해진 것이다. 이 생명 물질은 물질적인 것에는 존재하지 않는다.

(6) 영양 물질(*āhāra rūpa*): 어떤 사람이 음식을 먹을 때, 이 영양 물질이 오자(*ojā*, 영양분의 핵심)와 결합해서 새로운 물질을 만든다. 까발리까라 아하라(*kabaḷīkāra āhāra*) 또는 까발린까라 아하라(*kabaḷinkāra āhāra*)는 씹을 수 있는 음식물이나 덩어리로 된 음식물이다. 오자는 영양 물질의 핵심이다.

(7) 한정 물질(*pariccheda rūpa*, 허공): 각각의 물질 사이에는 공간이 있다. 그 공간을 한정 물질이라고 한다. 부처님은 『상윳따니까야』 「페나삔두빠마숫따완나나」에서 설했다. "우리 인간의 몸은 스펀지나 거품과 같다." 스펀지는 요체가 없기 때문에 어떤 것을 만들 수 없다. 인간의 몸 또한 그와 같다. 요체(실체)가 없다. 각각의 물질 사이에 아주 작은 공간에서조차도 아무것도 찾을 수 없다. 이러한 사실 때문에 무아(*anatta*, 나 없음; 자아 없음)이다. '나'는 어디에 있는가? 자아는 어디에 있는가? 모든 사람들은 '나', '나'라고 말한다. 하지만 그것은 단지 생각(마음)일 뿐이다.

(8) 암시 물질(*viññatti rūpa*, 전달 물질; 대화 물질)

① 몸 암시 물질(*kāya viññatti rūpa*): 걷거나 움직일 때 몸 암시 물질이 일어난다(몸을 통한 암시). 평소처럼 앉아 있을 때, 그 앉아 있는 순간에는 단지 물질만 일어난다. 그러나 어떤 사람이 걷고 싶을

때 걷고 싶다는 욕망만으로 동작할 수 없다. 마음이 걸으려는 노력을 할 때, 이 마음은 '마음에서 생긴 바람'을 일으킨다. 그러면 그 바람이 몸 암시 물질을 일으킨다. '마음에서 생긴 바람'이 퍼져서 앞으로 걷는 행위를 일으킨다. 그것을 걷는 것이라고 한다. 사실, 이것은 현미경으로 보아야만 보이는 극히 미세하게 떨어진 다른 곳에서 암시 물질이 일어난 것이다. 물질은 결코 어떤 새로운 곳으로 이동하지 않으며, 같은 장소에서 일어나서 그 자리에서 사라진다(아비담마에서 암시란 사람이 이것을 통해서 몸과 말로 생각이나 의향 등을 전달하는 것이다).

② 말 암시 물질(*vacī viññatti rūpa*): 뭔가를 말하려고 할 때, 말 암시 물질이 일어난다(말을 통한 암시).

(9) 변화 물질(*vikāra rūpa*): 위까라는 '물질의 고유한 상태'이며, 물질의 가벼움이나 부드러움 등이다.

① 물질의 가벼움(*lahutā*): 라후따는 '가벼움' 또는 '신속함'을 의미한다. 이것은 몸의 무거움을 가라앉힌다. 물질이 가벼울 때 몸도 가벼워진다. 어떤 사람이 기쁨을 느낄 때, 가벼운 물질이 일어나기 때문에 가볍다.

② 물질의 부드러움(*mudutā*): 이것은 몸의 경직을 제거한다. 화가 날 때 수행자의 몸은 거칠다. 이러한 경우에는 몸이 부드럽지 않기 때문에 명상할 수 없다. 그러나 기쁨을 느끼면 몸이 부드러워져서 앉아서 명상할 수 있다.

③ 물질의 적합함(*kammaññatā*, 걷고, 앉아 있고, 명상하는 것과 같은 활동에 충분한 건강 상태): 이것은 몸을 지탱할 수 있는 체력을 유지하

며 활동이나 행위를 잘 할 수 있도록 한다.

(10) 특성 물질(*lakkhaṇā rūpa*): 특성 물질은 다음의 특성 과정을 거치는 물질이다. 이 물질은 다음과 같이 4가지 과정을 거친다.

① 생성(*upacaya*): 일어남; 처음 물질이 일어나는 단계

② 흐름(*santati*): 지속 단계

③ 부패(*jaratā*): 노후, 쇠퇴의 단계

④ 무상(*aniccatā*): 소멸; 해체 단계

28가지 모든 물질은 유정(有情: 인간, 천인, 아수라, 축생, 아귀, 지옥중생 등과 같이 마음이 있는 중생)과 무정(無情: 흙, 바람, 물, 불 등과 같이 마음이 없는 것)에서 분리되어 존재하지 않는다. 4가지의 대 근본물질은 항상 4가지의 파생된 물질과 함께 존재한다. 이것들은 결코 분리될 수 없다. 그래서 이들을 아위닙보가(분리할 수 없는 8가지)라고 한다. 8가지 분리할 수 없는 초극미립자 물질 무리를 깔라빠(*kalāpa*)라고 한다. 위빳사나 수행을 하는 동안에 아지랑이 같은 초극미립자 무리를 볼 것이다. 여기에서 초극미립자란 그 크기를 말하는 것이 아니다. 그것은 단지 '시각' 측면이다. 하나의 깔라빠는 나눌 수 없는 물질(*rūpa*)이다. 깔라빠는 다음 4가지 특징을 갖는다.

(a) 하나의 깔라빠에 있는 모든 물질은 함께 일어난다. 분리할 수 없는 물질이다.

(b) 깔라빠는 함께 소멸한다.

(c) 모든 깔라빠는 깔라빠 안에 있는 4가지 대 근본물질에 의존하여 일어난다.

(d) 깔라빠는 너무 완벽하게 혼합되어 있어서 분리될 수 없으며 함께 존재한다.

깔라빠(무리; 기본 단위)는 4가지 대 근본물질과 4가지 파생물질로 구성되어 있다. 이것들은 흙 요소(*pathavī*), 물 요소(*āpo*), 불 요소(*tejo*), 바람 요소(*vāyo*), 색(*vaṇṇa*), 냄새(*gandha*), 맛(*rasa*)과 영양분(*āhāra*)이다. 물질의 특성은 실재이다. 테이블이라는 대상을 예로 들어보자. 견고한 특징은 실재이지만 '테이블'이라는 이름은 실재가 아니다. 마음(*citta*)과 마음작용과 물질(*rūpa*)은 어떤 조건을 만날 때만 일어난다. 따라서 이것들은 형성된 법(*saṅkhāra dhamma*, 유위법)이다.

이들 28가지 물질 중에, 처음 18가지는 업, 마음, 온도와 영양분(음식)에 의해 일어나는 실재 물질이다. 이들 18가지 물질을 구체적인 물질(*nipphanna rūpa*)이라고 한다. 4가지 대 근본물질, 5가지 투명 물질, 4가지 대상 물질, 2가지 성 물질, 한 가지 심장 물질, 한 가지 생명 물질과 한 가지 영양 물질이다. 이들 모두를 땅 요소(*pathavī dhātu*), 불 요소(*tejo dhātu*) 등과 같이 '요소'(*dhātu*)라고 한다. 이들 18가지는 위빳사나 대상이다. 여기에서 '요소'는 '자체의 특성을 가진'의 뜻이다. 그것들의 본성은 결코 변형되지 않는다. 그러므로 땅 요소는 항상 거칠음과 단단함이다. 불 요소는 항상 열기이다. 이들은 부피도 없고, 모양도 형태도 무게도 없지만 물질이 함께 형성될 때, 수십억 개의 물질이 단단하고, 거칠고, 따뜻하고, 혹은 눈에 보이는 것으로 느껴질 수 있다. 수백만 개의 색 물질(*vaṇṇa rūpa*)로 인해 그것들이 한데 형성되어 모양이나 형상으로 볼 수 있는 것이다. 수백만 개의 불 요소로 인해, 그것들이 한데 형성되어 따뜻함을 느낄 수 있다.

사람에게는 4종류의 불 요소가 있다.

① 몸의 고열(*dāha tejo*)

② 소화를 돕는 열(*pācaka tejo*)

③ 부패와 노화를 일으키는 열(*jīraṇa tejo*)

④ 몸을 데우는 열(*santappana tejo*)

이들 18개의 물질이 '소위 말하는' 사람들을 구성하고 있다. 사람의 몸은 단지 마음과 물질의 복합체이다. 이 물질은 일종의 에너지일 뿐이다.

우리는 어떻게 이들 18개의 물질이 일어나는 것을 볼 수 있고 만질 수 있을까? 우리가 눈으로 어떤 사람을 볼 때, 그것은 실제적으로 물질을 보는 것뿐이다. 그러나 위빳사나의 눈으로 볼 때, 실재는 일어났다 사라지는 것이기 때문에 우리는 이들 18개의 물질이 일어나서 사라지는 것만을 보는 것이다. 우리는 생명의 마지막 순간까지, 매 시간마다 매 순간 우리의 몸을 볼 수 있다. 잔잔하게 흐르는 개울처럼, 타고 있는 촛불처럼, 몇 개는 일어나고, 몇 개는 찰나 머물고, 몇 개는 사라진다. 밤에 양초에 불을 붙여 놓으면 다음 날 아침 양초 밑까지 탄 것을 보게 된다. 양초가 타는 매 순간 밀랍과 심지가 서서히 타고 있었고 매 순간 타서 없어지고 매 순간 새로운 부분의 밀랍과 심지와 불이 서로 타고 있었다. 하지만 이 과정이 굉장히 빨라서 보통의 눈에는 보이지 않는다. 그래서 사람들은 그것을 보고 단지 양초 전체가 밤새 타고 있었다고 생각한다. 이처럼 물질은 극미한 찰나에 일어나고 사라지고 늘어난다. 그래서 어릴 때는 아주 적은 물질을 가지고 있지만 자라면서 많은 물질을 갖게 되는 것이다.

모든 물질은 4가지 원인 즉 업, 마음, 온도(*utu*)와 영양분으로 일어난다. 여기에서 온도는 몸 안의 체온(*tejo*)이다. 모든 루빠 깔라빠에는 불 요소가 있으며 이것 때문에 새로운 물질이 일어난다. 그래서 창조자란 없다. 모든 마음이 일어나는 순간에 마음에서 생긴 물질이 일어난다. 모든 마음 순간에 업에서 생긴 물질이 일어난다. 맛 물질(*rasa rūpa*)이 몸 안의 음식물에서 영양분을 취하면 매 순간 영양분에서 생긴 물질이 일어난다. 각각의 물질에는 불 요소(*utu*, 온도)가 있다. 이 온도(*utu*)가 매 마음의 순간에 온도에서 생긴 물질을 일으킨다. 그러므로 물질은 매 마음 순간에 사람의 몸속에서 끊임없이 증가한다.

만약 업이 강하면, 영양분(*āhāra*)의 힘을 더 강하게 만들어 좋은 물질을 일어나게 할 것이다. 그러나 우리의 삶은 업과 노력과 지혜에 달려 있다. 업은 씨앗과 같다. 아무리 열심히 노력을 해도 씨앗이 없으면 노력의 결과를 기대할 수 없다. 내부의 영양분이 음식물을 섭취함으로서 생긴 외부 영양분과 만날 때 그것은 새로운 물질을 일으키는 원인이 된다.

부처님 당시에 천신만큼 강력한 힘을 가진 야차가 있었다. 그 야차가 부처님께 여쭈었다. "만약 창조자가 없다면 어떻게 인간의 태아가 점점 더 커질 수 있습니까? 창조자가 없는데 그것이 어떻게 가능합니까?" 부처님이 『상윳따니까야』의 「인다까숫따」에서 답했다. "처음에는 아주 작은 투명한 방울로 일어난다. 다음에 거품이 되고, 다음에 젤리가 되고, 살이 되고, 머리, 양팔, 양다리가 되고, 나중에 머리카락, 손톱 등이 된다. 인간을 만든 창조자는 없다." 처음에는 보통 사람의 눈으로는 볼 수 없는 굉장히 작은 투명한 방울로 일어난다. 그것은 아주 작고 투명한 액체인데 거품처럼 약간 두꺼워지다가 나중에는 젤리가 된다. 실제적으로 그것이 살이 되고 머리가 되며 나중에 머리카락 등으로 되고 결국에는 전체적인 몸으로 발전된다.

● 수행 방법

간단하게 말해서, 칸니 명상 전통에서는 위빳사나 수행을 하기 위한 대상이 3곳 있다.

① 니밋따의 가장자리(*baharantara*, 위에서부터 아래까지): 이 단계에서는 몸의 형체를 볼 수 없다. 오직 빛이나 니밋따만 볼 수 있다. 명상 방법 4를 마친 후, 니밋따가 심장토대에 안착된다. 명상을 시작할 때, 수행자의 집중 상태에 따라 몸 전체가 불처럼 보일 수 있다. 수행자는 니밋따의 가장자리를 대상으로 취할 수 있는데, 이것은 몸의 윗부분 또는 몸의 아래 부분을 의미한다. 우 소비따 스님의 저서 『요기 빠라구』(*Yogi Pāragū*)에서 이것을 바하란따라라고 언급했다.

② 양 어깨 사이(*bāntara*)

③ 심장토대(*antara*)

처음 두 곳은 정확한 지점을 포착하기에 너무 멀다. 그래서 세 번째 장소를 명상 대상으로 취한다. 안따라는 '중간, 내부'라는 뜻이다〔심장토대가 중간 지점에 위치하기 때문에 이를 안따라로 삼는다〕. 바하란따라는 '멀리 떨어진 가장자리'이다. 반따라는 '가까운 가장자리'이다.

네 번째 아나빠나삿띠 방법을 끝마친 후에, 몸 전체가 매우 작은 아지랑이같은 루빠 깔라빠로 가득한 형체를 볼 것이다. 이런 아지랑이 같은 루빠 깔라빠를 본다면 수행자의 집중력이 가장 높은 단계에 이르렀다는 신호이다. 몇몇 수행자들은 몸 전체를 한 덩어리로 볼 것이다. 이것을 '산디(*sandhi*)'라고 한다. 그러나 수행자는 물질(루빠)을 보기 위해서 마음속으로 몸을 윗부분, 중간 부분 또는 아랫부분으로 나누어야 한다. 물질을 보기 위해서 몸 전체의 각각 부분을 자세히 살펴보려고 노력해야 한다. 이것을 부분 또는 단면의 의미인 '빱바(*pabba*)'라고 한다. 만약 물질을 볼 수 없다면 몸을 아주 작은 단면으로 잘라서 각 부분을 세밀하게 관찰해야 한다. 이것을 '오디(*odhi*)'라고 한다. 그러나 닮은 표상(*paṭibhāga nimitta*)을 얻은 수행자는 자신의 몸이 아지랑이로 가득한 형상을 볼 것이다. 이것이 진정한 물질을 보는 것이다.

위빳사나 수행을 할 때마다, 수행자는 심장 안에 손가락 마디 하나 크기인 심장토대 중간을 알아차려야 한다. 이것은 니밋따가 심장의 중심에 안착했기 때문이다.

수행을 할 때마다, 몸 전체에서 아지랑이(눈에 보이는 아지랑이 같은 초미립자 물질) 같은 루빠 깔라빠를 볼 수 있어야 한다. 그러므로 심장의 중간 부분을 주시해서 밝은 빛이나 눈에 보이는 미립자를 보면, 그 미립자를 알아차리면서 그것이 물질이라는 것을 마음으로 알아차려야 한다. 항상 루빠 깔라빠를 보려고 노력해야 하며, 그것이 단지 조건에 의해 생긴 형성물인 물질이라는 것을 마음속으로 알아야 한다. 동시에 그 의미를 생각하면서, '루빠', '루빠', '루빠'라고 알아차린다.

몸에 가려움이나 뜨거움이나 차가움이나 아픔 등과 같은 고통이나 불편함을 느끼면, 즉시 마음을 그곳으로 옮겨서 그 지점을 포착하여 알아차린다. 그것은 끊임없이 흐르면서 변할 뿐이라는 것을 인지하면서 마음으로 '루빠', '루빠', '루빠'라고 알아차린다. 만약 다른 부분이 아프면 그곳으로 마음을 옮기고 그 부분을 주시한다. 좀 더 정확하게 말하면, 고통은 물질(*rūpa*)이 아니라 느낌(*vedanā*)이다. 수행자는 느낌이 있는 곳을 보면서 주시하지만 그것은 실제 느낌을 주시하는 것이 아니다. 바로 그곳의 끊임없이 변형되고 있는 물질을 주시하고 있는 것이다. 그곳에 있는 물질이 느낌의 원인이다. 왜냐하면 물질이 있는 그곳은 항상 변형되며 그 물질이 투명 물질에 닿기 때문이다. 그 닿음이 느낌(*vedanā*)을 일으킨 것이다. 그래서 수행자는 느낌이 있는 곳이 아니라 느낌의 원인을 주시하고 있는 것이며, 그것은 물질이다. 명상하면서 앉아 있을 때, 몸의 일부분이 바닥에 닿는 부분의 물질은 몸무게나 체온으로 인한 것이며, 그것들은 끊임없이 변형된다. 그 물질이 몸의 투명요소(*kāya pasāda*)와 접촉하면 그것이 느낌을 일으킨다. 따라서 아픈 곳을 보고 주시하는 것은 느낌을 주시하는 것이 아니라 그곳에서 항상 변형되고 있는 본래의 물질을 알아차리는 것이다.

만약 아무런 고통이 없다면 심장 중심부로 마음을 돌리고 그곳을 주시한다. 마음은 수행자가 고통스럽고(열의 물질), 보거나, 느끼고(바람 물질), 듣는(소리 물질; 심장 박동소리) 것을 알아차린다. 마음으로 '루빠', '루빠', '루빠'라고 알아차리면서 그것들은 단지 끊임없이 변형하는 상태에 있는 물질이라는 것을 인지해야 한다.

여기에 중요한 사항 하나가 있다. 주시하고 보는 것은 사마타이다. 즉 이것은 오직 루빠 깔라빠만을 보는 것이다〔사마타는 간단하게 설명하면 마음이 특정한 대상에 집중되어 마음의 고요함을 얻기 위한 수행이다〕. 그것이 물질이라고 아는 것이 위빳사나이다〔위빳사나는 대상을 무상·고·무아로 철견하여 통찰의 지혜를 얻는 수행이다. 물질은 끊임없이 변형되는 특징을 가지고 있기 때문에 무상하다〕. 이 시점에서 수행자는 자기 몸을 자세히 보려고 해야 한다. 그렇게 하면 몸 전체에서 아지랑이 같은 미립자만을 보게 될 것이다. 그러면 이것이 물질이라는 것을 알아야 한다. 위빳사나 수행을 하기 전에 수행자는 그의 몸이 탄탄한 고형 물질이거나 살아있는 존재로 알고 있었지만, 이제 물질이라고 하는 아지랑이 같은 미립자로만 볼 것이다. 그래서 몸은 단지 물질일 뿐이다. 만약 이러한 지혜를 얻는다면 물질을 물질 그대로 이해할 것이다.

수행자는 좌선할 때뿐만 아니라 항상 몸을 움직이는 매 순간 알아차려야 하며, 몸에서 아픔이나 어떤 느낌이 일어나는 곳은 어디든지 알아차려야 한다. 걸을 때, 통증이 있으면 다리가 아프다는 것을 알게 된다. 그러면 그곳을 알아차리고 주시해야 하며, 마음으로 '루빠', '루빠', '루빠'라고 인지하면서 그것이 단지 물질이라는 것을 알아야 한다. 몸을 주시하고 지켜보는 곳 어디서든지 항상 아지랑이 같은 루빠 깔라빠만을 볼 것이다. 예를 들어, 음식을 먹을 때, 음식을 먹고 있음을 알아차리며 입의 한 부분에 아픔이나 압박을 느낀다. 그러면 그곳을 주시하고 지켜본 후 그것이 물질이라는 것을 인지한다.

부처님의 가르침에 의하면, 수행자는 위빳사나 수행을 하는 동안 매 순간에 일어나는 모든 것을 주시해야 한다. 그렇다면 왜 수행자는 물질만을 알아차려야 하는가? 칸니 전통에 따르면 수승한 수행자는 항상 몸 전체에서 극소미립자인 루빠 깔라빠를 보기 때문이다. 『청정도론』에 의하면 그러한 수행자는 물질을 다음의 5가지 예 중에 하나로 보게 될 것이다.

① 겨울에 햇빛이 나면 나무에서 빠르게 녹아내리는 눈처럼

② 잔잔한 호수 위에 막대기 하나를 던졌을 때 생기는 물결처럼

③ 비가 심하게 오는 날 물위에 빗물이 떨어졌다가 빠르게 사라지는 빗방울처럼

④ 빠르게 일어났다 바로 사라지는 번개처럼

⑤ 긴 검의 칼날 위에 겨자씨를 떨어뜨렸을 때 바로 튕겨나가는 겨자씨처럼

수행자는 시종일관 하나의 물질 대상을 취한다. 그래서 이러한 수행자에게 물질은 소리나 냄새나 생각 등과 같은 어떤 다른 대상보다 더 중요하다. 위빳사나 수행자는 어떤 다른 대상보다 좀 더 분명하

게 보이는 그 물질 대상을 주시하고 지켜보아야 한다. 다른 명상 전통 수행자들은 이처럼 물질을 볼 수 없다고 생각한다. 그들은 단지 느낌만을 주시할 뿐이다. 그러나 칸니 전통 수행자들은 항상 몸 전체에서 물질을 보기 때문에 물질을 주시하고 지켜봐야 한다. 그래서 칸니 수행자들은 루빠 깔라빠의 사라짐을 알아차림으로써 어렵지 않게 무상을 이해할 수 있다.

아지랑이처럼 보이는 물질미립자인 루빠 깔라빠를 보지 못하면, 대신에 살점이나 뼈 또는 피부만을 볼 수도 있다. 몸에서 무엇을 보든지 그것은 살점이나 뼈나 피부가 아니라 단지 물질일 뿐이다. 따라서 수행자는 그것이 물질이라는 것을 알아차리면서, 그것이 물질이라는 것을 깨닫게 된다. 몸에 대해 명상할 때마다 '루빠', '루빠', '루빠'라고 마음으로 알아차린다. 이 시점에서 만약 루빠 깔라빠 이외에 다른 어떤 것을 본다면, 집중력이 줄어들었음을 알아야 한다. 그러면 마음의 힘으로 대상에 초점을 맞춤으로써 집중력을 끌어올리려고 노력해야 한다.

마음이 외부의 다른 대상으로 향하지 않게 하라. 대상을 주시하고 지켜볼 때마다 마음의 힘을 활용해야 한다. 마음의 힘으로 대상을 본다는 것은 보통 시각으로 보는 것보다 3,000배 더 강력한 힘을 가진다고 한다.

명상 도중에 울거나 화내거나 크게 웃거나, 심한 근육 운동이나 알아차림 없이 움직이는 것을 삼가야 한다. 만약 이러한 행위 중 어떤 것이라도 한다면, 집중력이 완전히 없어져버릴 수도 있다. 그렇게 되면 다시 집중하기 아주 어렵다. 물질은 몸도 아니고, 덩어리도 아니고, 모양도 없지만, 끊임없이 변형된다는 지혜를 얻을 때까지 루빠 빠릭가하(*rūpa pariggaha*) 수행을 할 때, 수행자는 그의 몸이 단지 끊임없이 변형되는 덩어리에 지나지 않는다는 것을 깨닫게 된다.

2. 나마 빠릭가하(마음에 대한 식별)

나마 빠릭가하(*nāma pariggaha*)는 나마와 빠릭가하를 합쳐놓은 것이다. 나마는 마음〔정신〕을 뜻하며, 빠릭가하는 마음(*nāma*)을 전체적으로 주시하는 것이다. 따라서 나마 빠릭가하는 마음이 무엇인지를 알기 위해 모든 마음을 주시하는 수행이다. 루빠 빠릭가하와 나마 빠릭가하는 물질과 마음을 알기 위한 수행이다. 위빳사나 수행을 하기 전에 수행자는 대상이 무엇인지를 알 필요가 있다.

1) 마음

두 종류의 마음(*nāma*)이 있는데, 하나는 찟따(*citta*, 마음)이고 다른 하나는 쩨따시까(*cetasika*, 마음작용)이다. 우선 나마(*nāma*, 정신)에 대한 2가지 정의를 살펴보자〔마음에 대한 식별에서는 *nāma*를 *citta*(마음)와 구별하기 위해 나마로 표기했다〕.

(i) 나마는 항상 대상을 취하고 그 대상을 취할 준비가 되어 있다. 그래서 나마라고 한다. 이 정의에 따르면 찟따(마음)와 쩨따시까(마음작용)가 나마이다.

(ii) 대상을 취했던 다른 것들(마음과 마음작용)이 그 자체(열반)를 하

나의 대상으로 취하도록 한다.

두 번째 정의에 따르면, 닙바나(열반)를 나마라고 한다. 왜냐하면 열반은 마음과 마음작용이 대상으로써 그 자체(열반)를 취하게 하기 때문이다. 즉 열반을 깨닫는 순간에 도의 마음(*magga citta*)과 과의 마음(*phala citta*)이 대상으로써 열반을 취한다는 것이다. 나마에는 2가지, 즉 마음과 마음작용이 있다.

(1) 마음(*citta*)

마음은 대상을 안다고 해서 마음(*citta*)이라고 한다. 나마(*nāma*)에는 아래와 같이 많은 이름이 있다.

① 윈냐나(*viññāṇa*, 특별하게 아는 것: 識): 윈냐나는 대상과 부딪쳤을 때 그 대상을 특별하게 알아차리는 것(*ārammaṇaṃ vijānātīti*)이다. 그래서 윈냐나(*ārammaṇa vijānātīti viññāṇa*)라고 한다〔6가지 감각기관(안이비설신의)이 6가지 감각대상(색성향미촉법)과 부딪쳐서 일어나는 식(안식, 이식, 비식, 설식, 신식, 의식)〕.

② 마노(*āyātanaṃ manāyatananti mano:* 意): 대상을 아는 감각기관과 그 기능〔감각기관인 '의'(안·이·비·설·신·의)를 통해 감각대상인 '법'(색·성·향·미·촉·법)을 아는 마음〕.

③ 찟따(*ārammaṇaṃ cintetī ti cittaṃ:* 心): 대상을 아는 것이다.

일반적으로 7가지 나마(*nāma*) 또는 식(*viññāṇa*)이 있다.

ⓐ 안식眼識(*cakkhuviññāṇa*): 눈으로 아는 것, 보는 것

ⓑ 이식耳識(*sotaviññāṇa*): 귀로 아는 것, 듣는 것

ⓒ 비식鼻識(*ghānaviññāṇa*): 코로 아는 것, 냄새 맡는 것

ⓓ 설식舌識(*jivhāviññāṇa*): 혀로 아는 것, 맛보는 것

ⓔ 신식身識(*kāyaviññāṇa*): 몸으로 아는 것, 접촉하는 것

ⓕ 마노의 요소(*manodhātu*): 오문 전향의 마음과 2가지 (대상을) 받아들이는 마음이다.

ⓖ 의식意識(*manoviññāṇa*): 분별하여 특별하게 아는 마음이다. 어떤 색깔이고, 누구인지, 이름은 무엇인지 등과 같이 자세하게 아는 것이다. 모든 인간들은 마노 윈냐나 때문에 윤회의 소용돌이 속으로 끌려들어간다. 이 마음은 다른 인식(*saññā*)이나, 탐욕(*lobha*), 분노(*dosa*)의 결과를 통해 아는 것이며, 그 결과 많은 다른 방법으로 아는 것이다〔예를 들면 이것은 루빠인데 펜으로 본다〕.

마음은 89가지이지만 이것은 마음의 숫자가 아니라 마음의 상태를 말하는 것이다. 마음이 선한 마음작용이나 불선한 마음작용, 선정의 마음작용(*jhāna cetasika*)으로 구분될 때, 마음은 간단하게 89가지이며 자세히 하면 121가지이다. 일반적으로 마음은 다음과 같이 일어난다: ① 선한 마음(*kusala*), ② 불선한 마음(*akusala*), ③ 행복한 마음(*sukha*), ④ 괴로운 마음(*dukkha*), ⑤ 작용(*kriyā*)만 하는 마음.

(1) 선한 마음은 불선한 마음을 제거할 수 있다. 이 마음은 만족(*sukha*)한 결과를 낳는다. 선한 마음이 불선한 마음을 제거할 수 있다 하더라도, 오직 도의 지혜만이 불선한 마음을 뿌리째 제거할 수 있다.

(2) 불선한 마음은 항상 선한 마음의 반대이다. 불선한 마음은 바람직하지 않으며 나쁜 결과를 가져오기 때문에 결함이다. 하지만 아라한 도(*arahatta magga*)가 일어나면 불선한 마음은 근절될 수 있다. 다행히도 불선한 마음은 선한 마음을 제거할 수 없다.

(3) 행복한 마음: 마음이 원하는 대상과 마주칠 때, 행복한 마음이 일어난다. 행복한 마음은 육체적으로 정신적으로 몸과 마음에 동기부여를 해서 행복을 느끼게 하기 때문에 바람직하다.

(4) 괴로운 마음: 마음이 원하지 않는 대상과 마주할 때, 괴로운 마음이 일어난다. 괴로운 마음은 마음과 몸에 의욕을 저하시켜서 불행하게 만든다.

(5) 작용만 하는 마음: 이 마음은 의도(*cetanā*) 없이 일어나며, 오직 부처님이나 아라한들에게만 일어나는 마음이다.

선한 마음은 8가지이며, 불선한 마음은 12가지이다.

(i) 8가지 선한 마음(*kusala*):

① 쾌락에 자극받지 않고, 지혜로운 마음

② 쾌락에 자극받고, 지혜로운 마음

③ 쾌락에 자극받지 않으며, 지혜롭지 않은 마음

④ 쾌락에 자극받고, 지혜롭지 않은 마음

⑤ 평정(중립의 마음)에 자극받지 않고, 지혜로운 마음

⑥ 평정에 자극받고, 지혜로운 마음

⑦ 평정에 자극받지 않고, 지혜롭지 않은 마음

⑧ 평정에 자극받고, 지혜롭지 않은 마음

(ii) 12가지 불선한 마음(*akusala*): 8가지는 탐욕(*lobha*)에 뿌리박고, 2가지는 분노(*dosa*)에, 2가지는 어리석음(*moha*)에 뿌리박은 마음이다.

(a) 탐욕에 뿌리박은 8가지 마음:

① 쾌락에 자극받지 않고, 그릇된 견해를 가진 마음

② 쾌락에 자극받고, 그릇된 견해를 가진 마음

③ 쾌락에 자극받지 않고, 그릇된 견해를 갖지 않은 마음

④ 쾌락에 자극받고, 그릇된 견해를 갖지 않은 마음

⑤ 평정에 자극받지 않고, 그릇된 견해를 가진 마음

⑥ 평정에 자극받고, 그릇된 견해를 가진 마음

⑦ 평정에 자극받지 않고, 그릇된 견해를 갖지 않는 마음

⑧ 평정에 자극받고, 그릇된 견해를 갖지 않는 마음

(b) 분노에 뿌리박은 2가지 마음:

① 불만에 자극받지 않고, 화난 마음

② 불만에 자극받고, 화난 마음

(c) 어리석음에 뿌리박은 2가지 마음:

① 평정하고, 의심을 가진 마음

② 평정하고, 들떠 있는 마음(*uddhacca*)

탐욕, 분노, 자만(*māna*), 그릇된 견해와 같은 불선한 마음을 일으키는 원인은 선한 마음을 일으키는 원인보다 더 많기 때문에 마음은 항상 불선한 행위를 즐긴다. 부처님도 「법구경」의 「빠빠왁가」에서 "마음은 불선한 행위를 즐긴다."라고 설했다. 마음은 항상 불선 쪽으

로 기우는 경향이 있다.

선한 행위와 불선한 행위의 차이점은 다음과 같다.

① 선한 행위를 한 후에는 행복을 느낀다.

② 불선한 행위를 한 후에는 불쾌감을 느낀다.

③ 선한 행위는 허물(결함)이 될 수 없다.

④ 불선한 행위는 허물이다.

⑤ 선한 행위는 행운을 가져온다.

⑥ 불선한 행위는 불운을 가져온다.

(2) 마음작용

찌따시까(*cetasika*)에서 찌따(*ceta*)는 '마음'을, 시까(*sika*)는 '함께 일어나다'의 의미이다. 마음작용(*cetasika*)의 정의는 다음과 같다.

① 마음(*citta*)에 의존하여 일어난다.

② 마음에서 일어나기 때문에 찌따시까라고 한다.

③ 마음과 함께 쌍으로 일어나기 때문에 찌따시까라고 한다. 마음이 일어날 때마다 마음작용도 일어난다. 마음과 마음작용은 서로 떨어질 수 없다.

마음작용(심리작용)의 특성은 다음과 같다.

① 항상 마음과 함께 일어난다.

② 항상 마음과 같은 대상을 취한다.

③ 항상 마음과 함께 소멸한다.

④ 마음을 조정하며 마음과 같은 토대에 존재한다.

⑤ 마음과 결합한다. 마음작용은 '마음의 행위'라고 할 수 있다.

사람에게는 모두 52가지의 마음작용이 있다. 마음작용이 일어날 때, 52가지 모든 마음작용이 마음과 함께 일어나며 마음과 함께 사라진다. 이것은 마음에 의존하여 마음과 같은 대상을 취한다. 마음작용은 다음과 같이 나눠진다.

① 모든 마음에 공통되는 7가지 마음작용(*sabbacittasādhārana cetasika*): 잠잘 때를 제외하고 항상 마음과 함께 일어난다.

② 때로는 선한 마음과, 때로는 불선한 마음과 함께 하는 6가지 때때로 일어나는 마음작용(*pakiṇṇaka cetasika*): 선한 마음작용과 함께 하면 선한 기능을 하고, 불선한 마음작용과 함께 하면 불선한 기능을 한다.

③ 14가지 불선한 마음작용(*akusala cetasika*)

④ 25가지 선한 마음작용(*kusala cetasika*)

(가) 모든 마음에 공통되는 7가지 마음작용

모든 마음에 공통적으로 일어나는 7가지 마음작용은 다음과 같다. ① 접촉(*phassa*), ② 느낌(*vedanā*), ③ 인식(*saññā*), ④ 의도(*cetanā*), ⑤ 한 점에 집중된 마음 (*ekaggatā*: 이것은 삼매이다), ⑥ 생명 기능(*jīvita nāma*, 생명 유지: 원래는 *jīvitindriya*이지만 여기에서는 *nāma pariggaha*이기 때문에 *jīvita nāma*로 표기함), ⑦ 주의 기울임(*manasikāra*)이다. 어떤 순간에도 이 마음작용들은 항상 마음과 함께 일어난다.

(1) 접촉(*phassa*): 대상과 마음의 부딪침. 예를 들면, 눈에 보이는 대상이 들어왔을 때, 안식이 일어난다. 이 3가지가 합쳐진 것을 감각접촉이라고 한다. 접촉이 없으면 마음과정이 계속해서 일어날 수 없다.

(2) 느낌(*vedanā*): 육체적이고 정신적인 모든 종류의 느낌. 웨다나(느낌)도 마음과정에서 핵심이다. 어떤 사람이 원하는 대상과 접촉할 때, 유쾌한 느낌이 일어난다. 이러한 느낌으로 인하여 탐욕(*lobha*)이 생겨서 계속 그 대상을 얻으려고 한다. 그러면 불선한 마음이 일어난다. 마찬가지로, 마음이 원하지 않는 대상과 접촉하면, 분노(*dosa*)가 일어나서 선한 마음이나 불선한 마음이 일어난다. 가끔 마음은 어리석음으로 인해 감각접촉을 알아차리지 못하기도 한다.

(3) 인식(*saññā*): 단지 알아차리는 것이다. 마음이 어떤 대상을 만나면, 있는 그대로를 알아차리는 것이다. 예를 들면 흰색인지 검정색인지, 남자인지 여자인지 알아차리는 것이다. 다음에 마음이 그 대상을 다시 만나면, 전에 그것을 인식했기 때문에 그 대상을 알게 된다. 그것이 정말로 옳은지 그른지는 알지 못한다. 예를 들면, 한 농부가 논에 허수아비를 세운다. 새나 짐승들이 그 허수아비를 보면 그것이 사람이라고 생각해서 달아난다. 새나 짐승의 마음에는 사람들이 허수아비가 걸치고 있는 옷과 같은 옷을 입고 있다는 그 인식이 허수아비를 사람으로 인지한 것이다. 이제 그 짐승은 허수아비를 다시 보게 되면 인식(*saññā*)이 허수아비를 사람으로 기억해서 달아난다. 이것처럼, 사람들의 인식이 단지 마음과 물질(*nāma-rūpa*)의

복합체를 사람이나 생물 또는 그 사람, 나 등으로 잘못 알게 만든다.

(4) 의도(*cetanā*): 의도는 주요한 마음과정의 요소이다. 이것이 마음으로, 말로, 몸으로 짓는 모든 행위를 지배한다. 의도에는 2가지 기능이 있다.

① 자체의 일을 한다.

② 자체의 행위를 하기 위해 다른 마음과 마음작용을 자극한다.

선행이든 불선한 행이든 모든 행위에 개입된 의도가 미래에 다시 태어나는 결과를 가져온다. 의도 때문에 모든 사람들은 셀 수 없는 수많은 전생에서부터 선처나 악처에 태어나는 결과로 이어진 것이다.

(5) 한 점에 집중된 마음(*ekaggatā*): 한 점에 집중된 마음은 항상 삼매로 사용된다. 한 점에 집중된 마음은 2가지 기능이 있는데, 한 가지 기능은 어떤 특정한 대상을 홀로 취한다(마음이 한 점에 집중된 상태). 두 번째 기능은 다른 마음과 마음작용이 동요하지 않도록 하며 한 점에 집중된 마음이 이미 취한 대상을 취한다(마음이 하나로 됨).

(6) 정신적 생명기능(*jīvita nāma*, 생명 유지): 이것은 마음 순간에 함께 일어나는 모든 마음(*nāma*)과 마음작용이 유지되도록 지킨다. 정신적 생명기능과 물질적 생명기능(*jīvita rūpa*)을 생명기능(*jīvitindriya*)이라고 한다. 그것들은 죽음이 아닌 생명을 의미한다. 만약 어떤 사람이 생명기능이 멈췄다고 말한다면, 사람들은 '그 사람이 죽었어.'라고 말한다.

(7) 주의를 기울임(*manasikāra*): 이것은 마음이 어떤 특정한 대상에 주의를 기울이게 한다. 주의를 기울임에 따라서 선한 마음과 불

선한 마음이 일어난다. 주의를 기울임은 교차로와 같다. 마음이 어떤 대상과 만날 때, 적절한 주의는 선한 마음을 일으키고, 부적절한 주의는 불선한 마음을 일으킨다.

(나) 때로는 선한 마음과, 때로는 불선한 마음과 함께 하는 6가지 때때로 일어나는 마음작용

6가지 때때로 일어나는 마음작용(*pakiṇṇaka cetasika*)은 일으킨 생각(*vitakka*), 지속적 고찰(*vicāra*), 결정(*adhimokkha*, 대상에 대한 결단), 희열(*pīti*), 정진(*paggaha* 또는 *vīriya*)과 열의(*chanda*)이다. 이 마음작용은 때로는 불선한 마음과 함께 일어나고, 때로는 선한 마음과 함께 일어난다. 일으킨 생각이란 대상으로 향하는 최초의 관심인데 이것은 우선 대상을 찾고 취한 대상에 마음을 두는 것이다. 마음이 대상을 취한 후에 계속 그 대상을 취한다. 이것이 지속적인 고찰이다. 일으킨 생각은 땅에서 막 나는 새와 같으며, 지속적 고찰은 공중으로 나는 것이다.

(다) 14가지 불선한 마음작용

불선한 마음작용은 14가지이다. 그것은 탐욕(*lobha*), 분노(*dosa*), 어리석음(*moha*), 자만(*māna*), 그릇된 견해(*diṭṭhi*), 그릇된 행위에 대해 수치심 없음(*ahirīka*), 그릇된 행위에 대해 두려움 없음(*anottappa*), 의심(*vicikicchā*, 부처님과 법과 승가와 연기에 대한 의심), 들뜸과 후회(*uddhacca-kukkucca*), 나태와 무기력(*thina-middha*), 질투(*issā*)와 인색(*macchariyā*)이다. 당신이 화가 날 때, 그것은 마음이

분노에 의해 조정당한 것이지 '당신'이 아니다.

(라) 25가지 선한 마음작용

선한 마음작용은 25가지이다. 믿음(*saddhā*), 알아차림(*sati*), 탐욕 없음(*alobha*, 무탐), 어리석음 없음(*paññā*, 통찰의 지혜), 2가지 평온함(*passaddhi*, 마음의 평온함과 몸의 평온함), 2가지 부드러움(*mudutā*, 마음의 부드러움과 몸의 부드러움), 2가지 가벼움(*lahutā*, 마음의 가벼움과 몸의 가벼움), 2가지 적합함(*kammaññatā*, 마음의 적합함과 몸의 적합함), 2가지 능숙함(*pāguññatā*, 마음의 능숙함과 몸의 능숙함), 2가지 반듯함(*ujukatā*, 마음의 반듯함과 몸의 반듯함), ⓐ 자애심(*mettā*), ⓑ 연민(*karuṇā*), ⓒ 같이 기뻐함(*muditā*), ⓓ 평정(*upekkhā*) 〔이들 4가지, ⓐ, ⓑ, ⓒ, ⓓ를 신성한 거주 처를 의미하는 브라흐마위하라 담마(사무량심, *brahmavihāra dhamma*)라고 한다〕, 불선한 행위에 대한 두려움(*hirī*), 그릇된 행위에 대한 두려움(*ottappa*), ⓔ 바른 말(*sammāvācā*), ⓕ 바른 행위(*sammākammanta*), ⓖ 바른 생계(*sammāājīva*)〔이들 3가지, ⓔ, ⓕ, ⓖ는 팔정도에 포함된다. 이 3가지를 '마음작용을 자제하는'의 뜻을 가진 위라띠(*virati*, 절제)라고 한다〕이다.

어떤 사람이 거짓말을 하려고 할 때, 삼마와짜(바른 말)가 일어나서 거짓말하는 것을 억제한다. 이처럼, 삼마깜만따(바른 행위)가 일어나면 생계와 관련되지 않은 불선한 행위를 몸으로 짓지 않는다. 삼마아지와(바른 생계)가 일어나면 생계와 관련된 불선한 행위를 억제한다.

● 수행 방법

나마 빠릭가하(마음에 대한 식별)에서는 대상을 아는 의식으로써의 마음을 알기 위해 수행한다. 수행을 시작하기 위해서 먼저 예비명상을 하고 자애 계발 명상을 한다. 그런 후 심장토대를 주시하면 아지랑이 같은 물질(루빠 깔라빠)을 볼 것이다. 그 아지랑이 같은 물질을 알아차린 것을 주시하고, 그 아는 마음을 명상 대상으로 취한다. 마음으로 그 아는 마음을 인지하고 그것을 '앎, 앎'이라고 마음으로 알아차리면서 그 아는 마음에 대해 명상(주시함)한다. 여기에서, 주시하는 것은 눈[눈이라 함은 눈이라는 감각기관과 보이는 대상과 아는 식을 포함한다]을 통해 아는 것이기 때문에, 주시하는 것이 아는 것이다. 수행자는 대상으로써 앎을 취하고, 그것을 알아차리며, 마음으로 아는 마음을 알아차린다.

이처럼 수행한다. 첫 번째 마음으로 대상을 취하고 그 대상을 알아차린다. 두 번째 마음으로 그 대상을 아는 첫 번째 마음을 알아차린다. 이 두 마음은 항상 한 쌍을 이룬다. 그런 다음, 아지랑이 같은 물질(루빠 깔라빠)을 보고, 대상으로써 그 보는 마음을 취하며, 두 번째 마음으로 보는 마음을 알아차린다. 수행자는 이처럼 몇 번이고 명상한다.

만약 심장토대에서 아지랑이 같은 물질을 보지 못한다면, 하나의 대상(전에 루빠 빠릭가하를 수행할 때 본 것)을 시각화한다. 그 대상(루빠 깔라빠 또는 심장토대 또는 몸의 어떤 부분)에 마음의 초점을 맞춘다. 그런 후, 그 대상을 주의 깊게 보면서, 그 대상(루빠 빠릭가하에서 본 것)을 분명하게 보려고 노력하며 알아차리거나 그 대상(시각화한 것)을 보고 있는 마음을 알아차린다. 글자 그대로 말하면, 이것은 나중 마음(*citta*)으로 전의 마음을 알아차리는 것이다. 다시 말해서, 마음의 식(의식)으로 짝쿠 윈냐나(안식)를 알아차리는 것이다. 온종일 '앎, 앎'이라고 암송하면서 그것을 마음으로 알아차린다. 이와 같이 수행한다.

이때, 대상에 대한 '앎'을 명료하게 하면서 그 대상을 알아차리는 것이 중요하다. 마음을 한 쌍으로 만든다. 여기서 '마음을 한 쌍으로 만든다'는 것은 시각화해서 본 영상을 알거나 보는 전의 마음과 그 전의 마음에 대해 알아차리는 나중 마음을 의미한다. 때로 수행자에 따라 10분이나 15분 이상 걸리지만 그것은 중요하지 않다. 처음에는 오랜 시간이 걸리지만 점점 더 빨라질 것이다. 실제적으로 대상을 취하는 마음(첫 번째 마음)과 대상을 알아차리는 마음(두 번째 마음)은 쌍으로 빠르게 일어난다. 간단하게 말하면 대상은 항상 마음이다(느끼고, 보고, 듣는 등의 마음이 아니라 아는 것으로서의 마음이다).

이 단계는 나중 마음으로 전의 마음을 알아차리고 주시하는 것이다. 어떤 행동을 하든지 어디에서든지 항상 이렇게 알아차리고 관찰한다. 몸에서 어떤 고통이 일어나면 즉시 그 지점을 포착하고 그것을 알아차리며, 대상으로써 그 고통을 아는 그 마음을 취하고 그 마음을 알아차린다. 마음은 '앎, 앎'이라고 인지한다. 만약 몸에서 알아차릴 것이 아무것도 없으면 마음을 심장토대로 옮겨서 그것을 주시하고, 항상 마음을 알아차리면서 관찰한다. 한 곳에 마음을 멈추지 마라. 새로운 대상이 일어날 때마다 그것을 포착하려고 노력하고 알아차려라. 결국 이런 수행을 통해서 마음은 단지 대상을 아는 것이며 그 대상을 포착하는 것이라는 수행을 통해 생긴 지혜(*Bhāvanāmaya ñāṇa*)를 얻게 된다. 마음은 그 이상 아무것도 아니다. 이제 수행자는 나마(마음)가 무엇인지 알게 된다.

위빳사나에서, 수행자는 과거에 일어난 대상을 취해서는 안 된다. 왜냐하면 그 대상은 이미 사라져버렸기 때문이다. 여기서 '과거'란 현재 순간 전에 막 일어난 순간을 의미한다. 또한 미래는 아직 일어나지 않았기 때문에 미래에 있는 대상을 취해서도 안 된다. 그래서 미래의 대상을 주시해서는 안 된다. 바로 이 현재 순간에 일어나는 대상을 취하라. 현재 대상만이 볼 수 있고, 알 수 있고, 관찰할 수 있다.

알아차리기 위해서 현재 대상을 취하면서, 갈애(*taṇhā*)에 집착(*asaṃhīraṃ*)해서는 안 되며, 현재 대상을 그릇된 견해(대상을 '나', '그 사람' 등으로 생각함)로 보아서도 안 된다. 여기서 '갈애에 집착해서는 안 된다'의 의미는 '현재 대상(몸의 한 부분)이 내 몸, 내 다리, 내 뼈, 내 심장이나 내 머리 등이라고 추측하지 말고 단지 물질(변형되는 것)일 뿐이라고 알아차리는 것이다. 현재 일어나는 모든 대상을 단지 물질로만 알아차려라. '그릇된 견해로 보아서는 안 된다'의 의미는 그것이 명상하고 있는 '나'이고, 그것이 몸이고, 머리고, '내' 다리가 아프다, 또는 '내'가 심장을 본다라고 생각하지 마라는 것이다. 몸에서 일어난 모든 대상을 물질(끊임없이 변형되는 물질)로 생각하라. 몸에서 보고 듣고 아픈 모든 것은 단지 '물질'일 뿐이다.

모든 사람들은 자신의 이익을 위해 일한다. 오직 옳은 방법으로 일할 때만이 이익을 얻을 것이다. 그래서 옳은 방법으로 일하는 것이 매우 중요하다. 옳은 방법으로 일하는 것은 물질세계에서 보다 마음세계에서 더 중요하다. 만약 어떤 사람이 이익을 얻고 싶다면 올바른 방법을 따라야 한다. 위빳사나 수행을 할 때도 옳은 방법으로 수행하지 않는다면 도의 지혜를 얻을 수 없다. 옳은 방법을 따르기 위해서는 이미 깨달음을 얻은 사람으로부터 가르침을 받는 것이 중요하다. 그러므로 도의 지혜를 성취하고 싶다면, 부처님의 수행 방법을 따라야 한다. 부처님은 옳은 방법으로 수행해서 일체지를 성취했다. 부처님은 도의 지혜를 얻고자 위빳사나 수행을 하는 사람에게는 누구를 막론하고 법을 설했다고 『맛지마니까야』의 「밧데까랏따숫따」에 언급되어 있다.

부처님은 「밧데까랏따숫따」에서 다음과 같이 덧붙였다.

"과거를 쫓아가지 마라. 미래도 기대하지 마라. 과거의 것들은 이미 사라졌다. 미래의 것들은 아직 일어나지 않았다. 오직 현재 일어나는 것만을 알아차려라. 현재의 것들이 일어나고 있는 순간에 흔들리지 않고 훼손되지 않은 위빳사나(통찰명상)로 현재에 일어나는 것들에 대해 명상하라." 현재 일어난 것들이 사라지기 전에 현명한 수행자는 항상 이들 2가지(흔들리지 않고 훼손되지 않은 통찰) 방법으로 명상한다. 여기서 흔들리지 않고 훼손되지 않은 위빳사나란 '그릇된 견해에 영향 받지 않고 갈애에 집착하지 않은 마음으로 명상함'을 의미한다. 그것은 자아(*atta*, 영혼), 나, 나의 몸, 나의 수행 등이 아니라 그 대상을 알아차리는 것을 뜻한다.

위의 경에서 언급한 말씀에 따라 위빳사나 수행을 하고, 물질에 대한 식별(물질의 특성에 대한 완전한 이해)과 마음에 대한 식별(마음의 특성에 대한 완전한 이해) 수행을 한 사람은 '소위' 인간들이란 단지 마음과 물질의 복합체라는 것을 명료하게 이해할 것이다.

칸니 전통 수행자들은 부처님의 가르침인 「밧데까랏따숫따」에 따라서 위빳사나를 배운다. 루빠 빠릭가하에서는 끊임없이 변형되는 물질의 성질을 이해하기 위해 수행한다. 몸에서 일어나는 어떤 대상도 항상 변형되는 물질(루빠)로 알아차린다. 모든 수행자들은 듣고, 보고, 알고, 아픈 모든 것을 '나'가 아니고, '내' 몸이 아니고, '내' 다리가 아닌 물질로 알아차려야 한다. 수행자는 지금 이 현재에서 수행하면서, 현재에 일어나는 대상만을 포착해야 한다. 현재 일어나는 대상이 아무것도 없다면 과거나 미래의 대상을 주시해서는 안 된다. 위빳사나 수행은 분명한 알아차림으로 몸과 마음을 관찰하는 현재 순간에 관련된 수행이다.

나마 빠릭가하에서는 '나'가 아닌 단지 '아는 것'으로써 현재에 일어나는 대상을 아는 마음을 알아차린다. 명상을 하기 위해 앉아 있는 수행자는 없다. 실제적으로 '몸'(*rūpa*)이라고 하는 물질(항상 변형되는) 무더기와 '마음(*nāma*)'〔항상 함께 하는 마음작용 7가지와 때때로 일어나는 마음작용 6가지를 합해서 13가지와 선한 마음작용 25가지에서 연민(*karuṇā*)과 같이 기뻐함(*muditā*)을 제외한 23가지 마음작용〕이 36(13+23)가지 명상하는 대상을 알아차리는 것 뿐이다. 오직 루빠(물질)와 나마(마음)만이 명상의 대상이다. 따라서 나마와 루빠가 없는 위빳사나 수행은 없다.

2) 오온

위빳사나에 대한 부처님의 가르침에서, 부처님은 인간을 지칭할 때마다 나마(마음)와 루빠(물질) 대신에 '오온'(5 *khandhas*)이라는 단어를 사용했다. '소위' 인간이란 오온의 복합체이다. 오온에 포함시킬 수 있는 담마는 11가지 속성을 갖는다고 『상윳따니까야』의 「칸다숫따」에 기록되어 있다. 이들 담마는 다음과 같다.

① 현재에 존재한다.

② 미래에 존재한다.

③ 과거에 존재한다.

④ 일종의 수승함(*paṅīta*, 선한 행위 등)이다.

⑤ 일종의 저열함(*hīna*, 불선한 행위 등)이다.

⑥ 가까이 존재한다. 지혜(*ñāṇa*)로 쉽게 이해할 수 있는 법이라는 뜻이다.

⑦ 멀리 존재한다. 지혜로 쉽게 이해할 수 없는 법이라는 뜻이다.

⑧ 내부(마음과 물질)에 존재한다.

⑨ 외부에 존재한다. 이것은 다른 사람(마음과 물질)에게 존재한다는 의미이다.

⑩ 볼 수 없을 만큼 미세하다.

⑪ 볼 수 있을 만큼 거칠다. 어떤 종류의 법도 온蘊(*khandha*, 무더기)에 포함될 수 있다.

그래서 마음과 물질은 오온으로 간주한다. 그것은 물질의 무더기로서 물질이며, 느낌의 무더기로서 느낌의 마음작용(*vedanā cetasika*)이며, 인식의 무더기로서 인식의 마음작용(*saññā cetasika*)이다. 나머지 50가지의 마음작용은 상카라들의 무더기이다. 식(*viññāṇa*)은 식의 무더기로 간주한다. 칸다가 '무더기' 또는 '무리'의 의미라 할지라도 이것은 단지 하나의 마음작용으로 간주할 수 있다. 그러므로 마음과 물질로 이뤄진 '소위' 인간이란 오온으로 되어 있다. 이들 오온은 다음과 같다.

(1) 물질의 무더기(*rūpakkhandha*, 색온): 루빡칸다는 물질의 무더기이지만 그것을 물리적으로 한데 모을 수 없다. 그것은 단지 물질(루빠)이라고 마음으로만 추정할 뿐이다. 수많은 종류의 물질이 있지만 그것들은 단지 관련된 경우에만 일어난다. 그러므로 어떤 경우에 어떤 물질이 일어나는지 자세하게 설명하기는 어렵다. 일반적으로 부처님은 모든 종류의 루빠를 언급하기 위해 루빡칸다라는 용어를 사용했다.

(2) 느낌의 무더기(*vedanakkhandha*, 수온): 웨다나(느낌)는 감각기관에서 일어나는 모든 것을 느끼는 마음작용이다. 웨다나는 접촉(*phassa*)이라는 수단으로 그것이 좋은지 나쁜지, 유쾌한 것인지 불쾌한 것인지, 중립적인 것인지 느끼는 것이다. 여기서 '접촉'이란 대상과 관련 감각기관과 일어나는 의식이 접촉하는 것이다. 접촉함으로 인해서 느낌이 일어난다. 느낌의 무더기는 일반적으로 마음과 몸안에 있는 모든 종류의 느낌을 말한다.

(3) 인식의 무더기(*saññakkhandha*, 상온): 인식의 무더기 역시 산냐(인식)에 대한 마음의 추측이다. 여기서 인식이란 색깔, 형태, 이름과

같은 감각대상에 대한 인식이다. 처음에 대상을 만나면 그것을 있는 그대로 인식한다. 다음에 그 대상을 다시 만나면 전에 입력된 대로 그것을 인식한다. 따라서 인식은 기억으로 그 역할을 수행한다.

(4) 형성된 것들의 무더기(*saṅkhārakkhandha*, 행온): 형성된 것들의 무더기 역시 상카라에 대한 마음의 추측이다. 상카라는 우리 마음 안에 있는 52가지의 마음작용 중 웨다나(느낌)와 산냐(인식)를 제외한 50가지의 마음작용이다. 형성된 것들의 무더기에서 의도(*cetanā*)는 마음(*citta*)과 다른 마음작용을 조정하며 몸으로, 말로, 마음으로 짓는 모든 행위에서 주요한 역할을 한다. 마음(*nāma*)과 물질의 복합체인 우리는 이러한 상카라 때문에 다시 태어나는 결과로 이어진다. 모든 육체적, 정신적인 행위는 이들 상카라 때문에 일어난다.

(5) 식의 무더기(*viññāṇakkhandha*, 식온): 식의 무더기도 윈냐나(식)에 대해 마음으로 추정한 것이며, 마음에서 가장 근본적이고 핵심적인 주제이다. 식識이 없다면, 그 무엇으로도 마음이라고 설명할 방법이 없다. 마음의 결과는 식의 표출이다. 그 식 때문에 우리는 듣고, 냄새 맡고, 보고, 만지고, 느끼는 것을 안다. 식이 없으면 우리는 전류 없는 로봇과 같다. 식이 없으면 마음작용도 있을 수 없다. 왜냐하면 마음과 마음작용은 서로 밀접하게 관련되어 있고 서로 의존하며 함께 존재하기 때문이라고 「우빠리빤나사」의 「마하뿐나마숫따」에서 언급했다.

스카프로 눈을 가리고 눈을 감은 채 명상을 시작할 때 수행자는 머리, 다리, 손 등과 같은 신체의 어떤 일부분도 볼 수 없다. 그는 오직 아지랑이 같은 초미립자 루빠만을 느끼고 볼 수 있다. 이것들은 궁극적인 실재(*paramattha dhamma*, 구경법)이다. 머리, 손, 다리 등은 개념적인 존재(*paññatti dhamma*)이다. 가려움 같은 느낌이나 몸의 통증과 아지랑이 같은 깔라빠는 단지 현재에 일어나는 대상이다. 이것들은 어머니에게서 태어날 때부터 몸에 있던 것이 아니라, 명상하고 있는 바로 현재 순간에 일어나는 새로운 물질(*rūpa*)이며, 어머니에게서 태어난 그 몸을 의존한다. 이들 원래 물질(루빠)은 일반적으로 '업으로 인해 생긴 물질'이다. 그 원래 물질은 처음 수태 순간부터 일어나며 매 마음 순간에 새로운 물질이 생겨난다. 원래 물질은 죽을 때까지 업의 원인 때문에 일어난다. 업에서 생긴 물질이 죽는 순간에 소멸된다 하더라도 온도(*utu*)에서 생긴 물질은 그대로 남아 있다. 온도에서 생긴 물질은 심지어 억겁의 시간이 다할 때까지도 일어날 수 있다. 그러므로 시체는 단지 온도에서 생긴 물질의 형성물일 뿐이다. 물질에서 생긴 다른 것들은 사람이 죽자마자 곧 소멸한다.

명상의 대상인 마음과 물질은 글자 그대로 집착하는 무더기(*upādānakkhandha*: 갈애와 그릇된 견해의 잠재적인 대상인 마음과 물질이 현재 순간에 새롭게 일어나는 것)라고 하는데 이것은 명상을 하지 않으면 갈애(*taṇhā*)나 그릇된 견해의 대상이 될 무더기(집착하는 무더기; 오취온)라는 뜻이다. 어머니에게서 태어난 원래의 무더기를 온(*khandha*)이라고 하며, 그 명상의 대상을 집착하는 무더기라고 한다. 이것은 보통 사람들이 갈애와 그릇된 견해를 가지고 대상(색, 소리, 맛, 접촉 등)을 취하는 것이다. 그러나 위빳사나 수행자는 이러한 대상을 단지 마음과 물질로만 취한다. 명상 대상(*upādānakkhandha*)은 원래 오온과 같은 숫자이다. 「마하뿐나마숫따」에 따르면 그 5가지는 다음과 같다.

① 물질에 대한 집착 무더기(*rūpupādānakkhandha*)

② 느낌에 대한 집착 무더기(*vedanupādānakkhandha*)

③ 인식에 대한 집착 무더기(*saññupādānakkhandha*)

④ 형성된 것들에 대한 집착 무더기(*saṅkharupādānakkhandha*)

⑤ 식에 대한 집착 무더기(*viññaṇupādānakkhandha*)

이들 5가지 집착하는 무더기는 위빳사나 수행의 대상이다. 이것들을 모두 합쳐 오취온(*pañcupādānakkhandha*, 5가지의 집착하는 무더기)이라고 한다. 언제 어디서나 수행자는 명상하기 위해 이들 5가지 대상을 알아차려야 하며, 그 대상은 위에 언급한 집착하는 무더기가 되어야 한다.

수행자는 '아는 것'으로써 대상을 취하며, 아는 마음을 알아차리는 나마 빠릭가하를 수행하고 있다. 이처럼 명상하는 마음으로 오랫동안 수행을 하면, 대상(*rūpa*)과 그 대상을 아는 마음 한 쌍만 있다는 것을 알게 된다. 좀 더 수행을 하면 마음(*nāma*)은 단지 '아는 것'이며 그 이상 아무것도 아니라는 것을 분명히 알게 된다. 그러면 현재 순간에 일어나고 있는 대상(*rūpa*)을 빨리 포착할 수 있다.

그 순간에, 마음은 마치 일어나는 대상에게 달려가서, 붙잡고, 깨무는 것 같다. 그러면 마음이란 대상을 취하는 쪽으로 기우는 본성을 가지고 있다는 것을 알기 시작한다. 실제적으로 새로운 대상이 일어나는 매 순간에 오직 대상과 아는 마음만 있다는 것을 생생하게 깨닫는다. 오직 그 대상과 아는 마음만 있을 뿐이다. 대상인 물질을 알아차리고 있는 '사람'이란 없다. 대상을 주시하고 있는 사람도 없다. 명상하고 있는 수행자도 없다. 이제 수행자는 마음과 물질을 식별하는 지혜(*Nāma-rūpa pariccheda ñāṇa*)를 얻게 된다. 다른 말로 말해서, 견해에 대한 청정(*diṭṭhi visuddhi*, 견청정)을 얻는다. 이것은 나, 그 남자, 그 여자, 살아있는 생물 등이 있다는 그릇된 견해가 소멸된 것을 의미한다.

인간은 마음과 물질로 되어 있으며, 마음과 물질이나 오온을 제외하고 불멸의 영혼이나 변하지 않는 '것'이란 없다. 존재들의 모든 오온은 끊임없이 변하면서 변형되는 상태에 있기 때문에 영원하지 않다. 마음과 물질은 일어나자마자 바로 사라진다. 마음과 물질은 서로 떼어서 생각할 수 없다. 그러므로 인간은 고정된 것이 아니며 변하지 않는 자아가 아니다.

3) 견해의 청정

● **그릇된 견해**(*Micchādiṭṭhi*)

나마(마음)는 단지 아는 것이고 루빠(물질)는 끊임없이 변형된다는 사실을 안 후에, 수행자는 '소위' 인간이라고 말할 수 있는 것이 아무것도 없다는 것을 깨닫는다. 그때, 견해에 대한 청정(*diṭṭhi visuddhi*, 견청정)을 성취한다. 이것을 마음과 물질을 식별하는 지혜라고 한다.

『청정도론』의 복주서에서 다음과 같이 말했다. "단지 마음과 물질만 있을 뿐이며 이것 외에는 아무것도 없다. 개인도 없고 천신도 없고 범천도 없다." 마음과 물질을 식별하는 지혜를 얻었을 때 수행자의 마음속에 모든 종류의 그릇된 견해가 제거되며 그의 마음은 잘못된 견해가 청정한 상태가 된다.

많은 종류의 그릇된(*micchā*) 견해가 있는데, 부처님은 여러 경에서 이것에 대해 설했다. 일반적으로 세속의 범부들에게는 16가지 그릇된 견해가 있으며, 자세히 나열하면 300가지나 된다. 딧티는 오온이나 감각기관, 요소들과 감각기능 등에 대해 '이것은 나의 것이다. 이것이 나다. 이것이 내 자신이다. 이것은 나의 자아(*atta*)이다.'라고 하는 잘못된 의도이며, 잘못된 인식이며, 잘못된 결정이다. 또한 연기에 대한 잘못된 견해이다. 밋차딧티는 부도덕하고 타락한 견해를 의미한다.

그릇된 견해에 대한 명확한 이해를 돕기 위해 궁극적인 실재 법을 가늠하는 4가지로 점검한다. 이들 4가지는 그릇된 견해의 특징, 기능, 발현과 근접 원인이다.

① 딧티(*diṭṭhi*)의 특징은 잘못된 주의 기울임이나 잘못된 견해이다.

② 딧티의 기능은 바르지 않게 보거나 잘못 보는 견해이다.

③ 딧티의 발현은 법에 대해 극도로 잘못된 견해이다.

④ 딧티의 근접 원인은 부처님과 법과 승가에 대한 확신이 없으며 존중하지 않는 것이다.

마음으로, 말로, 몸으로 짓는 행위와 의도와 바람과 제식(祭祀, 儀式, 齋)에 대한 그릇된 견해는 바람직하지 않고 불쾌한 불이익을 가져오며 괴로움의 원인이다. 부처님은 많은 그릇된 견해에 대해 설했다. 일반적으로 거의 모든 그릇된 견해는 다음의 2가지 내용을 근간으로 한다.

ⓐ 영원하고 불멸하는 자아가 있다. 심지어 몸이 소멸되더라도 새로운 생에서 새로운 몸을 받는다.

ⓑ 삶과 모든 것은 죽으면 끝난다.

일어날 가능성이 있는 그릇된 견해는 16가지이며, 다음 3가지는 윤회의 고통에서 자유로워지는 것을 막을 것이다.

① 모든 것은 오직 전생의 업에 의해서만 생겼다.

② 창조자가 우주의 모든 것을 창조했다.

③ 개나 소처럼 행동하는 것과 같은 잘못된 수행 방법에 대한 믿음이나 의식에 대한 집착이다.

마음에서부터 그릇된 견해를 제거하는 것이 아주 중요하고 결정적이다. 그런 연유로 부처님은 「데와따상윳따」의 「삿띠숫따」에서 다음과 같이 설했다. “비구는 머리에 불이 활활 타오르고 있고, 칼로 자기 가슴을 찌르고 있는 그런 사람을 ‘자아’라고 잘못 생각하고 있는 견해를 근절하기 위해 항상 알아차림을 해야 한다.”

일반적으로 16가지 그릇된 견해는 다음과 같다.

(1) 자아에 대한 견해(*atta diṭṭhi*): 자아(생명체, 영혼)에 대한 잘못된

견해이다. 어떤 사람들은 인간이 영원한 실체로서의 자아(*jīva atta*, 개별적인 영혼이나 자아; 살아있는 존재)라고 믿는다. 앗따(*atta*)는 범천에 의해 창조되었고 모든 것은 앗따에 의해 생긴 것이다.

(2) 감각적인 쾌락에 대한 견해(*assāssa diṭṭhi*): 인간이 느끼는 쾌락적인 것에 대한 잘못된 견해이다. 부처님은 인간에게는 많은 고통이 있지만 즐거운 것은 극히 적다라고 설했다.

(3) '나'가 있다는 견해(*sakkāya diṭṭhi*, 유신견): '나'에 대한 잘못된 견해이다. 모든 것은 '내'가 한 것이다라고 생각한다. 모두 20가지의 삭까야 딧티가 있다. 오온 안에 각각 4가지의 잘못된 견해가 있어서 모두 20가지이다. 예를 들면, 물질 무더기(*rūpakkhandha*) 안에 다음 4가지 잘못된 개념이 있다고 『상윳따니까야』의 「칸다왁가」에서 밝히고 있다.

① 물질을 '나'라고 생각하는 개념

② 외모를 가진 물질의 소유자가 '나'라는 개념

③ '나' 안에 물질이 있다는 개념

④ 물질(몸) 안에 '나'가 있다는 개념: 어떤 사람이 갈 때마다 '나'는 간다, 무엇인가를 볼 때마다 '나'는 본다라고 생각한다. 우리는 물질 무더기를 나의 다리라고 생각해서 이것은 '내' 다리다라고 생각한다. 사실상, 마음과 물질만 있을 뿐인데 우리는 그것을 '나'라고 하는 일종의 살아있는 존재라고 믿는다.

이들 4가지 잘못된 견해에서처럼, 루빡칸다(*rūpakkhandha*)에서 루빠 대신에 웨다나(*vedanā*), 산냐(*saññā*), 윈냐나(*viññāṇa*), 상카라(*saṅkhāra*)를 대체하면 된다(*vedanakkhandha*, *saññakkhandha*, 등).

그래서 모두 20가지이다. 이들 오온에서, 모든 ①번 견해는 웃체다 딧티(*ucchedа diṭṭhi*, 영혼 소멸: 자아는 육체의 죽음과 함께 영원히 소멸한다고 믿는 견해)이고, 나머지 ②, ③, ④번은 삿사따 딧티(*sassata diṭṭhi*, 영원한 자아가 있다고 믿는 견해)이다. 불과 열기를 예로 들어보자. 많은 사람들은 불이 열기와 같다고 생각한다. 꽃에 향기가 있고 나무에 그림자가 있는 것처럼 열기는 불 안에 있다.

모든 잘못된 견해 중에 삭까야 딧티('나'가 있다는 견해)가 가장 나쁜 견해이며, 이것이 있다면 다른 견해도 일어난다. 만약 삭까야 딧티가 일어나지 않는다면 다른 견해는 일어날 수 없다. 삭까야 딧티는 오직 성자에게서만 완전히 근절될 수 있으며, 성자가 아닌 사람에게 삭까야 딧티는 매 순간 뭔가를 볼 때마다, 뭔가를 들을 때마다, 뭔가를 생각할 때마다 항상 일어난다.

한 주석가는 이렇게 말했다. "최소한 20가지의 삭까야 딧티에서부터 시작하여 모든 잘못된 견해를 가진 자는 좋은 곳에 태어날 확률이 결코 없으며, 그런 잘못된 견해는 항상 4악처(*apāya*)의 소용돌이 속으로 끌어당긴다." 이런 사실 때문에 성자들을 제외한 잘못된 견해를 가진 많은 사람들은 설령 선행을 하더라도 악처로 떨어지는 것을 피할 수 없다. 부처님은 거듭 언급했다. "모든 사람들의 집은 4악처 중 한 곳이다." 4악처란 축생계, 아귀계, 아수라계, 지옥과 같은 4곳의 불행한 영역이다.

(4) 그릇된 견해(*micchādiṭṭhi*, 사견): 그릇된 견해는 10가지가 있다고 『상윳따니까야』의 「낫티딘나숫따」에서 설명한다.

① 보시에 대한 그릇된 견해: 보시가 의미 없다는 견해이다. 이런

사람들은 보시하는 것이 아무런 이득이 없다고 생각한다. 그래서 보시할 필요가 없고 돈 낭비라고 생각한다.

② 큰 보시에 대한 그릇된 견해: 큰 보시가 무의미하다는 견해이다. 이런 사람들은 대규모의 보시가 아무런 소용이 없다고 생각한다.

③ 작은 보시에 대한 그릇된 견해: 제물용 도살과 같은 사소한 희생은 무의미하다는 견해이다. 이런 사람들은 음식 공양과 같은 작은 규모의 보시는 의미 없다고 생각한다.

④ 어머니에 대한 그릇된 견해: 어머니라는 존재는 없다고 생각하기 때문에 공경할 필요가 없다고 생각한다.

⑤ 아버지에 대한 그릇된 견해: 아버지〔봉양에 대한 과보〕는 없다. 이런 사람들은 스스로 태어났다고 생각한다. 그래서 부모를 봉양할 필요가 없고, 부모를 잘못 보살펴도 불선이 아니라고 생각한다. 이런 사람들은 부모를 아무렇게나 나쁘게 취급한다.

⑥ 선업과 불선업에 대한 그릇된 견해: 선한 행위나 불선한 행위에 대한 과보가 없다고 생각한다.

⑦ 스스로 수승한 지혜로 이 세상과 저 세상의 진리를 깨닫고 바르게 수행하는 사문沙門도 없으며 그런 사람도 없다.

⑧ 이 세상은 없다.

⑨ 저 세상도 없다.

⑩ 다음 생에 한 번에 완전한 어른의 몸으로 바로 태어나는 화생 중생은 없다.

(5) 우주에 대한 견해(*lokavāda paṭisaṃyuttā diṭṭhi*): 우주는 끝도 시

작점도 없다. 부처님은 세상(*loka*)의 시작은 식별할 수 있는 것이 아니라고 설했다.

지금 사람들은 우주에 대해 뭔가를 찾으려고 하지만 그것은 쓸모없는 일이다. 사람들은 우주의 끝을 찾을 수 없을 뿐더러 그것은 단지 돈과 시간 낭비일 뿐이다. 이것은 결코 끝이 있을 수 없는 네버 엔딩 스토리이다. 대신에 사람들은 아무런 비용도 들지 않는 위빳사나 수행을 함으로써 세상의 끝, 즉 고통의 끝에 도달하려고 노력해야 한다.

『앙굿따라니까야』의 「로히땃사왁가」에 은둔자 로히땃사에 관한 예화가 있다.

부처님 당시에 초능력을 가진 은둔 수행자 로히땃사가 있었다. 명상을 하려고 앉아 있을 때, 그는 우주의 끝에 대해 생각 한 끝에 천신계에 올라가서 천신들의 왕에게 물었다. "우주의 끝에 대해 말씀해 주시오." 그 왕은 "상위 천신계에 가서 물어보아라."라고 말했다. 결국 그는 범천계에 도착해서 범천의 왕에게 "우주의 끝은 언제입니까?"라고 물었다. 범천은 거대한 힘을 가지고 있었지만 그 물음에 답해줄 수 없었다. 그래서 범천은 "나도 답을 알 수 없구나. 오직 부처님만이 그 답을 아신다. 너는 잘못 왔으니 부처님께 가서 여쭤보아라."라고 말했다. 은둔 수행자는 다시 내려와서 부처님께 여쭈었다. 부처님은 "내가 우주에 대한 정의를 내려주겠다. 우주는 너의 몸길이(약 180cm) 안에 있다. 그곳에 세상(苦)의 원인이 있고 세상의 소멸이 있다. 그곳에 세상을 소멸로 이끄는 길도 있다."

여기에 또 다른 예화가 있다. 초능력을 가진 또 다른 은둔 수행자가 있었다. 그는 근처에 있는 두 그루의 야자수 나무 사이를 화살이 관통할 시간에 전 우주를 건널 만큼 빠른 속도로 날을 수 있는 능력을 가졌다. 그 은둔자는 우주의 끝을 찾기로 결심했다. 그때부터 전 우주를 날아다녔다. 점심 공양할 때 잠시 쉬는 것 외에 은둔자는 약 백 년의 시간 동안 우주를 날아다녔는데도 우주의 끝에 도착할 수 없었다. 그는 단지 두 우주 사이의 거리만을 돌아다니다 죽었다. 은둔 수행자는 죽어서 천신계에 태어났다. 그는 부처님께 가서, "우주의 끝은 어디입니까?"라고 여쭈었다. 부처님은 "네 몸의 양팔 길이 안에 있다. 거기가 세상의 시작이고 세상의 끝이다. 그래서 우주의 끝은 너의 몸 안에 있다. 너는 우주의 끝을 밖에서 찾을 수 없다."라고 대답했다. 사람들은 끝이 없는 여행을 계속하고 있다. 부처님은 "너는 날아다닌다거나 찾아다니는 방법으로는 우주의 끝을 찾을 수 없다."라고 덧붙였다.

(6) '나'라는 자만에 대한 견해(*ahantimānavinibandhā diṭṭhi*): 이것은 자만에 의해 지배당한 '나'에 대한 잘못된 견해이다. 예를 들면, '내'가 최고야라는 견해이다.

(7) '나의 것'이라는 견해(*mamaṃtimānavinibandhā diṭṭhi*)

(8) 전생에 대한 견해(*pubbantānu diṭṭhi*)

(9) 다음 생에 대한 견해(*aparantānu diṭṭhi*)

(10) 일종의 영혼 불소멸과 같은 극단적인 견해(*antaggāhikā diṭṭhi*)

(11) '자아'의 집착에 대한 견해(*attavāda paṭisaṃyuttā diṭṭhi*): 예를 들면, "나라는 것이 있을까 없을까?" "자아가 있을까 없을까?" "어떤 종류의 자아일까?" 등이다.

(12) 존재의 집착에 관한 견해(*bhava diṭṭhi*)

(13) 비존재에 대한 집착이나 존재의 소멸에 대한 견해(*vibhava diṭṭhi*)

(14) 영혼소멸에 대한 견해(*sakkāyavatthukā uccheda diṭṭhi*): 사람이 죽으면 모든 것이 끝난다고 믿는다.

(15) 삶이 영원하다는 견해(*sakkāyavatthukā sassata diṭṭhi*): 이런 사람들은 새로운 삶으로 다시 태어나고 싶기 때문에 열반에 관심이 없다.

(16) 무익한 생각에 대한 견해(*saññojanikā diṭṭhi*): 족쇄(*samyojana*)에서 비롯된 쓸데없는 생각에 대한 잘못된 견해이다. 예를 들면, 일종의 삶에 대한 집착이다.

다음의 3가지의 결정적인 견해는 모든 그릇된 견해 중에서 최악이다. 이러한 견해를 가진 사람들은 원인과 결과를 부인한다. 이런 사람들은 틀림없이 내세에 지옥에 떨어질 것이다. 그래서 이 같은 잘못된 견해를 '결정적인 그릇된 견해'(*niyata micchādiṭṭhi*)라고 한다. '니야따는 '고정된' 또는 '결과가 정해진'의 뜻이라고 「사랏타디빠니」 복주서에서 설명하고 있다.

(i) 원인이 없다는 견해(*ahetuka diṭṭhi*): 이 견해는 업이라는 원인을 부인한다. 모든 것은 원인 없이 저절로 된다. 모든 것은 마지막까지 똑같은 한정된 겁의 시간을 갖는다. 실타래를 던졌을 때 실이 다 풀릴 때까지 계속 굴러가다가 멈추는 것과 같다. 이처럼, 세상에 있는 모든 것은 원인도 없고 결과도 없이 그 한도를 다하면 끝날 것이다.

(ii) 선행이나 불선행의 업보를 부정하는 견해(*akiriya diṭṭhi*): 이 견해를 가진 사람들은 업의 과보를 부인한다. 선행이나 불선행을 하는 사람이 누구든지, 어떤 선행이나 불선행을 하든지 그것을 선행이나 불선행이라고 말할 수 없고, 좋은 과보나 나쁜 과보가 없다.

(iii) 업의 과보가 없다는 견해(*natthika diṭṭhi*): 이런 견해를 가진 사람들은 원인과 결과를 모두 부인한다. 그들은 모든 것이 단지 흙 요소(*pathavī*), 물 요소(*āpo*), 불 요소(*tejo*), 바람 요소(*vāyo*)와 행복(*sukha*), 고통(*dukkha*, 불만족), 생명(*jīva*)과 같은 7가지 요소로 구성되어 있을 뿐이라고 말한다. 따라서 행위자도 없고, 아는 자도 없고, 행위 자체도 없다. 그러한 요소들은 아무것도 할 수 없다. 심지어 어떤 사람이 다른 사람을 죽인다 하더라도 그것은 살인이 아니다. 단지 7가지 요소에 흉기가 떨어진 것뿐이다.

위에 언급한 그릇된 견해를 가진 사람들은 원하는 것이 무엇이든지 그 일을 할 것이다. 그런 사람들에게는 지옥도 없고 과실도 없다. 무슨 일을 하든지 그들은 옳다고 생각하기 때문에 분명히 다음 생에 지옥에 태어날 것이다. 결정적인 그릇된 견해를 가진 사람은 지옥 중에서도 최악의 낮은 지옥(*avīci*, 무간지옥: 결코 쉬지 않고 끊임없이 고통이 계속되는 곳)에 태어날 것이다. 세상이 파괴된다 하더라도 그 형벌은 끝나지 않는다. 그들은 악업(*akusala kamma*)에 의해서 다른 천체에서 태어난다 하더라도 그곳에서 벌을 받게 될 것이다. 그들의 아버지나 어머니나 승려를 살해하는 것과 같은 무거운 불선행을 저지른 사람은 극악무도한 지옥에 태어날 것이다. 그러나 만약 세상이 파괴된다면 그들의 벌은 끝난다고 『아비담마』 주석서에 기록되어 있다.

이들 16가지 그릇된 견해는 자세히 하면 모두 300가지이다. 모든 종교와 학설과 철학이 이 16가지에 포함된다. 세상에 원인 없이 일어난 것은 아무것도 없다. 그래서 그릇된 견해도 생긴 원인이 있다고 『빠띠삼비다막가』에서 밝히고 있다.

① 어리석음 때문에

② 오온에 대한 이해 부족으로 인하여

③ 감각접촉(*phassa*)에 대한 이해 부족으로 인하여

④ 일으킨 생각(*vitakka*) 때문에

⑤ 다른 사람의 잘못된 가르침 때문에

⑥ 나쁜 도반들 때문에

⑦ 잘못된 주의 기울임(*ayoniso manasikāra*)으로 인하여

⑧ 인식(*saññā*) 때문에

3. 빳짜야 빠릭가하(원인과 결과에 대한 식별)

빳짜야(*paccaya*)는 '원인', '조건' 또는 '지원'의 의미이며, 빠릭가하(*pariggaha*)는 '주위를 모두 알아차리다'의 의미이다. 그래서 빳짜야 빠릭가하(*paccaya pariggaha*)는 '마음과 물질이 일어나고 사라지는 현재의 원인을 찾기 위한 수행'이다. 루빠 빠릭가하와 나마 빠릭가하에서 무엇이 마음(*nāma*)이고 물질인지 알게 되었다. 이제는 이번 생(여기서 '생'이란 어머니의 자궁 안에 수태된 첫 순간을 의미한다)에 태어

난 원인을 알기 위해 수행해야 한다. 이런 수행을 빳짜야 빠릭가하(원인과 결과에 대한 식별)라고 한다.

소위 생물체라는 것이 "전체 하나처럼 보인다(마음과 물질이 분리된 것이 아니라 하나로 보이는 것)"라고 하기 때문에 마음과 물질(나마와 루빠)은 하나처럼 보이도록 일어난 원인이 있을 것이다. 모든 생명체는 2가지, 즉 마음과 물질로 구성되어 있지만 이것들은 움직이는 매 순간마다, 살아있는 동안 항상 하나처럼 보인다. 하나로 보인 데는 틀림없이 원인이 있어야 한다. 그렇지 않으면, 마음과 물질은 하나가 아닌 다른 형체로 보일 것이다. 때로는 마음이 우세하여 지배하고, 때로는 물질이 우세하여 지배한다(예를 들면, 생각할 때는 마음이 우세하고, 걸을 때는 물질이 우세하다). 마음과 물질의 움직임이 하나로 보이지 않는다. 그러나 이들 2가지 구성요소인 마음과 물질은 가고, 먹고, 생각하는 등의 매 순간에 하나처럼 작동한다.

예를 들면, 모든 사람들은 눈으로 볼 수 있고 귀로 들을 수 있다. 그러나 눈으로 들을 수 없고 귀로 볼 수 없다. 모든 사람들이 같다. 만약 원인이 없다면 아마도 어떤 사람은 귀로 볼 것이고, 눈으로 들을 것이다. 그러나 각각의 개인에게나 누구나에게 모두 똑같다. 그것은 같은 조건이 있어야 하고 같은 원인이 있기 때문이다. 마음과 물질의 원인은 창조자나 범천의 어떤 것이 되어서는 안 된다. 전 우주에는 오직 마음과 물질만 있기 때문에 그것은 불가능하다. 수행자는 인간도 없고 범천도 없고 생명체도 없다는 사실을 이미 알고 있다. 이제 마음과 물질을 식별하는 수행(*nāma-rūpa pariggaha*)을 통해 오직 마음과 물질만 있다는 것도 이해한다. 마음과 물질은 단지 아는 것이며 끊임없이 변한다. 만약 창조자가 존재한다면, 그 창조자도 틀림없이 마음과 물질로 구성되어 있다. 그러므로 창조자 자신도 실제로 창조력을 갖지 않은 것이다. 만약 마음과 물질이 신神 등에 의해 창조되었다면 모든 생명체는 같은 종류, 같은 형태와 같은 조건일지도 모른다. 그러나 생명체는 천차만별 달라서 그것들의 원인이 창조자들의 결과물이 되어서는 안 된다.

마음과 물질이 일어나는 원인을 찾기 위해, 다음 2가지로 구분해서 관찰해보자. 그 2가지는 업의 행위만(과보 없는 행위) 하는 살아있는 것과 업을 짓지 않는 물질적인 것이다. 살아있는 것 안에는, 새로운 마음과 물질이 일어나는 분명한 증거를 확연하게 입증한다. 예를 들면, 모든 사람들은 임신한 여자를 볼 수 있고, 아기를 분만할 때 울음소리를 들을 수 있다. 이것이 마음과 물질이 일어난 분명한 증거이다. 물질적인 것 안에는 새로운 마음과 물질이 일어난 것을 알 수 없다. 거기엔 증거가 없다. 예를 들면, 산이나 언덕이 생긴 것을 아무도 모른다. 그래서 새로운 마음과 물질이 일어난 원인은 단지 업(행위)이다. 따라서 만약 '갈애'나 '강한 집착'과 '어리석음'을 마음과 물질의 원인으로 생각한다면, 그것들이 새로운 마음과 물질을 일으키는 원인이라는 것도 알게 될 것이다.

금생에서 살아있는 모든 존재들은 영양분으로 지탱한다. 그래서 모든 존재들은 그들의 전생에서도 역시 영양분으로 지탱했다. 따라서 전생의 영양분은 마음과 물질을 일으키는 하나의 원인이다. 다음 5가지는 5가지 원인이 될 수 있다. 그 5가지 원인은 이번 생에서 마음과 물질이 생기는 원인을 제공하는 무명(*avijjā*), 갈애(*taṇhā*), 강한 집착(*upādāna*), 업(*kamma*)과 영양분(*āhāra*)이다. 틀림없이 이번 생에 첫 번째(수태된 첫 순간) 새로운 마음과 물질의 원인은 전생에 있던 것이다. 그래서 이들 5가지 원인을 과거 5가지 원인이라고 한다.

『아비담마』에서 과거 5가지 원인은 다음과 같이 언급되어 있다. 무명, 형성된 것들(*saṅkhāra*), 갈애, 집착, 업의 존재(*kammabhava*, 수태 또는 태어남의 원인이 되는 업)이다. 여기에서 영양분은 모든 생에서 필요하기 때문에 언급되지 않았으며, 항상 원인 중에 하나이기 때문에 생략되었다.

빳짜야 빠릭가하에 있는 과거의 원인들과 『아비담마』의 경우를 서로 비교해보면, 업과 상카라와 업의 존재(*kammabhava*)가 서로 다르게 보인다. 업은 빳짜야 빠릭가하(무명, 갈애, 집착, 영양분, 업)에 포함되어 있다. 업의 존재와 상카라는 『아비담마』(무명, 상카라, 갈애, 집착, 업의 존재)에 포함되어 있다. 그러나 이 둘은 다르지 않다. 모든 행위에, 업은 신·구·의로 지은 행위로 포함되며, 마음(*citta*)과 마음작용도 포함된다. 그러므로 누군가 업에 대해 얘기할 때, 모든 신·구·의로 지은 행위와, 마음과 마음작용과 전생에 지은 어떤 행위가 포함된다. 의도(*cetanā cetasika*)는 업을 일으키는 가장 중요한 마음작용이다.

마음은 항상 마음과정에서 일어난다. 그러한 마음과정에서, 7개의 업을 짓는 속행의 마음(*javana citta*, 결정된 대상에 대해 재빠르게 이해하는 작용)이 하나의 마음과정에 포함된다. 업의 행위(신, 구, 의로 짓는 행위)는 이들 7개의 속행의 마음이 일어날 때만 생긴다. 이들 7개의 속행의 마음 중에서 7번째의 속행의 마음이 다음 생에 태어날 때 업의 결과(과보)를 낳는다. 항상 의도(*cetanā*)는 어떤 순간에도 마음과 함께 일어난다. 7번째 속행의 마음과 함께 일어난 의도를 업의 존재라고 한다. 나머지 6개의 마음은 상카라일 뿐이다. 업(*kamma*)은 행위하는 순간에 일어난 마음과 물질이다. 왜냐하면 모든 행위는 마음과 물질이 하기 때문이다. 그래서 업의 존재와 함께 모든 상카라를 업이라고 한다.

어떤 사람이 몸으로, 말로, 마음으로 행위를 할 때, 마음과 물질이 그 행위를 하는 순간에 일어나는데 그것을 업의 존재라고 한다. 이 행위의 전후에 일어난 마음과 물질을 상카라라고 한다. 그 행위 전후의 마음과 물질이 함께 한 행위를 업이라고 한다. 그래서 업은 상카라와 깜마바와이다. 그 행위에 포함된 모든 쩨따나(의도)를 깜마바와라고 한다. 그 쩨따나와 함께 일어난 쩨따나를 제외한 나머지 마음작용과 그때 일어난 마음 자체(*citta*)를 상카라라고 한다. 그래서 업은 상카라와 업의 존재이다.

어떤 행위를 하는데 일어난 업의 존재는 새로운 생(수태)의 결과를 초래할 수 있는 마음과 물질을 의미한다. 그런 행위에서, 새로운 생의 원인이 되지 않은 나머지 것들을 상카라라고 한다. 이들 상카라는 새로운 생의 결과를 가져올 수 없지만 수태할 때 지원하는 역할을 한다. 이들 5가지 원인(무명, 갈애, 집착, 영양분, 업)은 새로운 생(수태)에 대한 마음을 일으킨다.

수태에서부터 죽음까지 끊임없이 일어나는 많은 다른 원인들이 있다. 출생과 죽음 사이의 흐름을 빠왓띠(*pavatti*, 수명; 삶의 과정)라고 한다. 수명 물질(*pavatti rūpa*)을 일으키는 원인은 업, 마음, 온도(*utu*, 불 요소: *tejo*)와 영양분이다. 업의 지원이 없다면 사람은 생존할 수 없는데, 이것은 쉽게 이해할 수 없다. 마음(*citta*)이 없다면 어떤 행위도 할 수 없다. 체온(*utu*)이 너무 차면 생존할 수 없다. 체온이 너무 뜨거워도 역시 살 수 없다. 그래서 온도는 생존하기 위한 하나의 원인이다. 영양분에 대해서 부처님은 다음과 같이 설했다. "모든 살아있는 존재들은 그들의 원인으로서 지탱 원(영양분)을 가지고 있다." 『상윳따니까야』의 「아하라숫따」에 의하면 지탱해주는 영양분에는 2가지 종류가 있다.

(1) 물질 영양분(*rūpa āhāra*): 씹을 수 있는 음식(*kabaḷinkāra āhāra*)에 들어있는 영양분이며 물질적인 음식이다.

(2) 정신 영양분: 정신 영양분은 3종류가 있다.

① 의식 영양분(*manosañcetanāhāra*): 이것은 쩨따나(의도)를 의미한다. 여기서 의도는 의식 영양분이며 다시 태어남의 원인이다.

② 접촉 영양분(*phassāhāra*): 이것은 접촉을 의미한다. 접촉이 없으면 마음과정이 일어날 수 없다.

③ 마음(識) 영양분(*viññāṇāhāra*): 이것은 마음을 의미한다. 인간에게 마음이 없으면 아무것도 일어날 수 없다.

이들 4가지 영양분(물질 영양분, 의식 영양분, 접촉 영양분, 마음 영양분)은 빠왓띠 루빠(수명 물질)의 원인이다. 빠왓띠 나마(*pavatti nāma*, 수태에서부터 죽음까지 전 삶의 과정에 걸친 마음)의 원인은 각각 4가지 원인으로 나열된다. 예를 들면, 안식(보는 의식)을 취한다고 해보자.

우리가 눈에 보이는 어떤 것을 볼 때, 보는 의식(안식)이 일어난다. 그것은 4가지의 원인, 즉 눈, 보이는 대상, 의도 그리고 보는 것(동작)이다. 이들 4가지 조건이 보는 의식(안식)을 일으키는 원인이다. 마음(*citta*)과 업은 전 생애에 걸쳐 마음과 물질을 일으키는 원인이지만 그것들을 볼 수는 없다. 그러나 온도와 영양분은 마음과 물질의 원인으로 쉽게 이해할 수 있다. 만약 업과 마음이 마음과 물질을 일으키는 원인이라면, 죽음의 원인도 될 것이다. 그래서 죽음의 원인이 증명된다면, 그것이 일어나는 원인도 알 수 있다.

「법구경」 주석서에 업에 대한 3가지 예화가 있다. 부처님 당시에 몇몇 승려들이 걸어서 이곳저곳을 여행했다. 그들이 돌아와서 자신의 경험담을 부처님께 설명했다.

(a) 승려들이 한 마을에 들어갔을 때, 거기서 조금 떨어진 곳에서 집 한 채가 불타는 것을 보았다. 그때 까마귀 한 마리가 그 집 앞에 있는 길 위를 날고 있었다. 그 순간 불 바퀴 하나가 하늘로 튀어 올라 까마귀 머리 위에 떨어졌다. 까마귀는 불에 타서 죽었다.

(b) 몇몇 승려들이 배를 타고 여행하고 있었다. 바다 한 가운데서 배가 이유 없이 갑자기 멈춰 섰다. 모든 닻을 올렸는데도 배가 꼼짝하지 않았다. 그러나 바다 속으로 가라앉지도 않았다. 결국 그들은 제비뽑기를 하기로 결정했는데 불운이라고 쓰인 한 개 뽑기를 제외하고 나머지 뽑기에는 아무것도 쓰지 않았다. 선장의 아내를 제외하고 배 안에 있는 모든 사람들이 둥글게 말린 백지 제비를 뽑았다. 선장의 아내가 불운의 제비를 뽑은 것이다. 그들은 2번이나 다시 제비

뽑기를 했다. 그러나 결과는 마찬가지였다. 선장의 아내는 3번이나 불운의 제비를 뽑았다. 그들의 관례에 따라 산 채로 여자를 바다 속에 던져야 했다. 그래서 사람들은 선장의 아내 목에 빨리 가라앉을 수 있도록 모래주머니를 매달았다. 선장의 아내를 바다 속에 던지자마자 배가 움직이기 시작했다.

(c) 7명의 승려들이 한 마을을 방문했다. 그들이 마을에 들어섰을 때 동굴 하나를 발견했다. 그들은 동굴 안으로 들어갔다. 동굴 안으로 들어가자마자 거대한 바위 덩어리가 떨어져서 입구를 막아버렸다. 강풍도 불지 않았고 지진이 일어난 것도 아니었다. 마을 사람들이 모두 그 거대한 바위를 치우려고 했지만 움직일 수 없었다. 그래서 승려들은 동굴 안에서 7일 동안 갇혀 있었다. 7일이 지난 후에 강풍이 불지도 않았고 지진이 나지도 않았는데 저절로 바위가 굴러서 동굴 입구가 열렸다.

승려들은 모두 그들이 겪은 사건의 원인에 대해 부처님께 여쭈었다. 부처님은 선장의 아내와 까마귀는 그들의 업 때문에 죽었다고 설명했다. 까마귀가 전생에 농부였을 때 그는 소의 목을 불태워 죽였다. 이런 악행 때문에 그는 지옥에 태어났다. 그 후 매 생마다 그는 그렇게 죽었다. 선장의 아내는 전생에 사냥꾼의 아내였다. 전생에 사냥꾼의 아내는 개 한 마리를 키웠는데 어디를 가든 그 개가 따라다녔다. 모든 이웃사람들은 개를 데리고 다니는 사냥꾼의 아내를 놀렸다. 그래서 따라오지 못하도록 개를 훈련시켰지만 계속 따라다녔다. 어느 날, 여자는 개를 가까이에 있는 강가로 데려가서 목에 모래주머니를 묶은 후 강에 던졌다. 그 생 이후에 사냥꾼의 아내는 지옥에 태어났으며 그 후로 계속 그와 같이 죽었다.

7명의 승려들은 전생에 목동이었다. 어느 날 그들은 이구아나 한 마리를 보았는데 잡으려고 했지만 작은 굴로 숨어 들어갔다. 그러자 목동들은 굴을 막아버리고 저녁에 와서 이구아나를 잡을 생각이었다. 그러나 7일 동안 이구아나의 존재를 잊어버렸다. 이구아나는 7일 동안 먹이 없이 굴 속에 갇혀 있었다. 나중에야 목동들은 이구아나를 굴 밖으로 나가도록 풀어주었다. 이 업 때문에 그들은 7번의 전생에 7일 동안 갇힌 것이다.

만약 마음(*citta*)이 새로운 생의 원인이 될 수 있다면, 그것은 죽음의 원인도 될 수 있다. 약 100년 전에 서양의 한 나라에 심리학자, 의사, 판사, 감옥의 수장이 한데 모여 마음이 사람을 죽일 수 있는지를 시험하기 위해 의견을 모았다. 그때 많은 사람들을 목 베어 살해한 죄수 한 명이 있었다. 판사는 그 죄수에게 사형을 선고했다. 죄수에게 사형 선고문을 읽어준 후 판결을 내렸다. "너는 다른 사람들을 목 베어 죽였기 때문에 너도 똑같은 방법으로 형벌을 받아야한다." 그리고는 며칠 동안 죄수를 독방에 감금했다. 어느 날, 그들은 톱과 예리한 칼과 망치와 검과 다른 사형 도구 등을 죄수에게 보여 주었다. 판사는 다시 명령을 내렸다. "이제 너는 너의 목을 베는 형벌을 받게 될 것이다." 죄수가 누워 있는 동안 눈을 가리고 의사가 작고 예리한 칼로 그의 목 살갗을 조금 베었다. 그리고 의사가 "나는 그대가 범죄를 저지른 방법대로 너의 목을 자를 것이다."라고 말했다. 그들은 마치 피가 많이 흐르는 것처럼 호스로 죄수의 목 위에 물을 흐르게 해

놓고 죄수를 혼자 남겨두었다. 약 10분 후 그들은 감방으로 가서 죄수를 확인했다. 죄수는 죽었다. 피가 흐른 흔적은 어디에도 없었다. 죄수는 피가 흐르고 있다고 생각했으며, 마음속으로 곧 죽을 것이라고 생각했다. 그는 결국 죽었다. 마음이 한 사람을 죽게 한 것이다. 사람은 어떤 이유 없이 오직 마음만으로도 죽을 수 있다. 그러므로 마음은 일생을 통해서 마음과 물질을 일으킬 수 있는 원인이 될 수 있다.

부처님 당시에 한 남자가 목매달아 자살을 시도하고 있었다. 지나가던 사람이 그를 보고 구하려고 했다. 그 행인이 밧줄을 풀어주려고 했을 때 밧줄이 뱀으로 변했다. 그는 놀라서 뒤로 한 발자국 물러섰다. 그가 도망치려고 할 때 밧줄이 그대로 밧줄인 것을 보았다. 자살하려고 하는 남자를 다시 구하려고 했지만 밧줄이 다시 뱀으로 변했다. 행인은 그렇게 3번이나 그를 구하려고 했지만 밧줄이 뱀으로 보였다. 그러자 그 남자를 구하는 것을 포기해버렸다. 사실 남자는 결국 목을 맸다. 집으로 돌아오는 길에 행인은 부처님을 만나서 그 이야기를 말씀드렸다. 그는 부처님께 밧줄이 뱀으로 변했는지, 뱀이 다시 밧줄로 변했는지 여쭈었다.

부처님은 밧줄이 뱀으로 변한 것도 아니고 뱀이 밧줄로 변한 것도 아니라고 설명했다. 실제적으로 그 남자의 전생 악업이 행인으로 하여금 밧줄을 뱀으로 보게 만들었다. 왜냐하면 목을 맨 남자는 그의 과거 생에 한 남자를 목매달아 죽였기 때문이다. 이 악업이 이번 생에 나쁜 결과를 가져온 것이며, 다른 누군가가 그의 목숨을 구하지 못하게 한 것이다.

불교 신자들 사이에는 자살을 한 사람은 그 불선한 행위가 아주 무겁기 때문에 다음 생에 오백년 동안 그리고 셀 수조차 없는 다섯 아승지겁(*asaṅkheyya*) 동안 다시 자살할 것이라고 굳게 믿는다. 따라서 업은 생명을 일으킬 수도 있고 생명을 멈출 수도 있다. 그래서 우리 모두는 선업을 쌓아야 한다. 부처님조차도 불선업의 과보를 피할 수 없었다.

인간 세상에서 대출을 받은 모든 사람들은 최소한 대출받은 만큼의 금액을 되돌려줘야 하며 그것이 정당하다. 그러나 업의 법칙에서는 백만 배보다 더 많은 것을 갚아야 한다. 어떤 사람이 누군가를 죽인다면 그는 셀 수도 없는 다음 생에서 누군가에게 살해당할 것이다. 이와 같이 만약 누군가를 한 번 도와준다면 많은 생에서 도움을 받을 것이다. 『담마상가니』 주석서인 「앗타살리니」에서는 "어떤 행위를 할 때 일어난 하나의 의도(*cetanā*)는 하나의 새로운 출생의 결과를 낳는다."라고 언급한다. 한 가지 중요한 사실은 불선업의 결과는 선업의 결과보다 몇 배 더 많다는 것이다. 그러므로 불선한 행위는 아무런 가치가 없기 때문에 오직 선한 행위만 해야 한다.

업에 대한 한 예화가 있다. 어느 날 어부가 물고기 세 마리를 잡아서 배위에 실었다. 첫 번째 물고기는 업만을 믿었다. 두 번째 물고기는 오직 노력만 믿었다. 세 번째 물고기는 업과 노력과 그의 지혜를 믿었다. 첫 번째 물고기는 업을 믿었기 때문에 배에서 도망치려고 애쓰지 않았다. 그 물고기는 "만약 나에게 선업이 있다면 탈출할 거야."라고 생각했다. 그리고 자기의 업을 기다리고 있었다. 두 번째 물고기는 지혜 없이 그저 도망만 치려고 안간힘을 썼다. 이 물고기는 항상 도망치려고 아등바등했다. 어부는 이런 물고기에 대해 화가 나서 죽여 버렸다. 어부는 업만을 믿은 물고기 역시 죽였다. 세 번째 물고기는 배에서 탈출할 기회를 기다렸다. 만약 배가 높은 파도에 뒤집힌다면 그 물고기는 뛰어내려서 도망칠 수 있을 것이다.

만약 자신의 업을 믿는다면 가시밭길을 걷지 않을 것이다. 만약 숲속에 호랑이가 많다면 업을 믿고 숲속으로 들어가는 바보가 되어서는 안 된다. 만약 누군가 악업이 있다면 이 업은 반드시 과보가 있을 것이다. 그때 군대나 전장에 싸우러 간다면 그는 전쟁터에서 곧 죽을 것이다. 왜냐하면 그의 업이 죽음의 과보를 기다리고 있기 때문이다. 그래서 그는 틀림없이 죽을 것이다. 만약 군대에 가지 않고 마을에 남아 있다면 그는 죽음으로부터 도망칠 수 있을 것이다. 그러나 만약 아주 무거운 악업의 과보가 기다리고 있다면 그 업이 그를 군대에 입대하도록 만들 것이다. 그는 무거운 업에서 탈출할 수 없다. 만약 약한 선업이 있다면, 즉, 무겁지 않은 업을 가지고 있다면 그는 위험한 상황을 피할 수 있을 것이다. 그러나 누군가 아주 무거운 업이 있다면 그것을 피할 수 없다. 그런 사람은 심지어 죽을 기회를 더 자주 만나게 될 것이다.

스리랑카에 한 왕이 있었는데 그의 스승이 승려였다. 왕의 스승은 왕의 미래를 예측하고 왕에게 말했다. "당신의 목숨은 일 년 안에 끝날 것이오. 내년에 당신은 죽을 것이오." 왕은 스승이 말한 것을 믿었다. 그래서 대중공양을 하고 많은 물건을 보시했으며 불탑을 보수하고 다리를 건립했다. 왕은 새장에 갇힌 새와 짐승들도 방생했다. 이런 종류의 덕성은 매우 소중하고 가치 있다. 그 결과 왕은 일 년 안에 죽기는커녕 더 오래 살았으며 100살의 나이에 죽었다. 많은 보시와 선행이 그에게 장수의 결과를 초래한 것이다. 가벼운 악업은 훌륭한 선행의 결과로 피할 수 있다. 만약 누군가에게 악업이 있다 할지라도 다른 사람이나 동물, 조류 등의 생명을 보존하기 위해 음식이나 약과 같은 많은 보시를 한다면 그는 더 오래 살 것이다.

「법구경」에 부처님 당시에 있었던 예화 하나가 있다. 어느 날 부처님이 사원에 머물고 있었는데, 많은 가난한 사람들과 거지들에게 음식을 보시하고 있는 노부부를 보았다. 부처님은 그 부부를 보고 아난다에게 말했다. "저 노부부는 한때 부자였다. 그 부부가 어렸을 때 만약 담마를 수행했다면 그들은 세 번째 도의 지혜(불환도)를 성취했을 것이다. 심지어 그들이 중년이었을 때라도 명상을 배워 수행했다면 성인(*ariya*)이 되었을 것이다. 그러나 그 부부는 아무것도 하지 않았다." 그들은 업이 있었지만 지혜와 노력으로 그 업이 무르익어 결과를 초래할 수 있도록 하지 않았다. 그래서 아무것도 얻지 못했다.

업은 원인과 조건에 의해 과보를 낳는다. 부처님은 많은 원인과 많은 과보가 있다고 설했다. 핵심은 모든 사람들에게는 과보를 기다리고 있는 선업(*kusala kamma*)과 악업(*akusala kamma*)이 있다는 것이다. 업은 노력과 통찰의 지혜로 어떻게든 조절할 수 있다. 악업이 가벼우면 과보를 면할 수도 있다. 그러나 이미 지은 모든 선업과 악업은 되돌릴 수 없다. 선업과 악업은 무르익으면 반드시 결과를 가져온다. 우리는 많은 강력한 선업을 지음으로써 악업의 과보를 피할 수 있다. 많은 선업을 쌓음으로써, 이들 선업이 과보를 기다리고 있는 악업이 다 소진하여 결과를 초래할 수 없도록 할 수 있다. 그러므로 피나는 노력을 기울이고 통찰의 지혜를 기르는 것은 쓸모없는 일이 아니다. 그러니 맹목적으로 업에만 의존하지 마라. 모든 것이 오로지 업에만 의존한다고 믿지 마라. 업에 대한 맹목적인 믿음은 일종의 그릇된 견해이다. 이것을 뿝베까따헤뚜 딧티(*pubbekatahetu diṭṭhi*)라고 하는데 '모든 것이 전생에서 저지른 과보라는 그릇된 견해'를 의미한다. 이것은 오직 업의 과보에만 의존하는 그릇된 견해의 한 종류이다. 업의 결과는 노력과 통찰의 지혜에 의해 영향을 받을 수 있다.

업은 잠재적인 씨앗과 같고 통찰의 지혜는 토양과 같으며 노력은 물과 같다. 모든 사람들은 적절한 시기에 어떤 일을 해야 한다. 어린 나이는 배울 때이고, 중년은 사업할 시기이고, 중후반은 명상할 시기이다. 이것은 일반적으로 전해오는 말이다. 「앗타살리니」 주석서에 따르면, 명상은 모든 시기에 해야 할 의무적인 임무이다.

업의 과보(*kamma vipāka*)가 성숙한 시기에 따라 우선순위가 있다.

① 금생에 받는 업(*diṭṭhadhamma vedanīya kamma*, 금생에서 무르익음): 이것은 바로 이번 생에 업의 과보를 받을 수 있다. 왜냐하면 첫 번째 업을 짓는 속행의 마음(*javana*)과 함께한 의도가 매우 강하고 무겁기 때문이다. 예를 들면 금생에 받는 업은 선한 마음으로 부처님께 공양 올리는 것이나 불선한 마음으로 어머니나 아버지를 살해하는 것이다.

② 다음 생에 받는 업(*uppapajja vedanīya kamma*, 내생에서 무르익음): 이것은 바로 다음 생에서 업의 과보를 받는다. 일곱 번째 업을 짓는 속행의 마음과 함께 일어난 쩨따나(의도)가 다음 생에서 과보를 낳는다.

③ 받는 시기가 정해지지 않은 업(*aparāpariyā vedanīya kamma*, 차후 생에서 무르익음): 두 번째에서 여섯 번째까지의 업을 짓는 속행의 마음과 함께한 의도는 세 번째 생과 열반에 드는 사이에서 조건을 만나면 과보를 가져올 것이다.

④ 효력이 없는 업(*ahosi kamma*): 이 업은 과보를 가져올 시간을 넘겨버린 업이다. 그래서 효력을 상실한 업이다.

몇 가지 업은 무거워서 바로 이번 생에서 과보를 받는다. 기다리고 있는 업과 가벼운 업도 있다. 몇 가지 업은 아무런 의도 없이 무심코 하기 때문에 과보를 낳지 않는다. 이런 업을 까땃따 깜마(*kaṭattā kamma*)라고 하는데 의도 없이 한 행위나 과보가 없는 업을 의미한다. 2가지 종류의 다른 업도 있다.

ⓐ 습관적인 업(*āciṇṇaka kamma*): 일생동안 반복해서 지은 선과

불선의 습관적인 업이다.

ⓑ 임종에 임박하여 지은 업(*āsanna kamma*): 죽음이 임박하기 전의 가장 가까운 업이다. 만약 습관적인 업이 없다면 임종에 임박하여 지은 업이 일어나서 과보를 가져올 것이다. 만약 습관적인 업이 있다면, 그 습관적인 업이 임종에 임박하여 지은 업으로 작용할 것이다. 만약에 습관적인 업이 없다면 몇 가지의 무거운 업이 가장 가까운 업(*āsanna kamma*)으로써 그 과보를 가져올 것이다. 왜냐하면 불선업과 선업이 항상 결과를 낳기 위해 기다리고 있기 때문이다. 만약 불선업이 강하다면 일찍 과보를 받을 것이다. 만약 선업이 강하다면 역시 일찍 과보를 받을 것이다.

부처님 당시에 따와띵사(수미산 정상에 있는 삼십삼천이라고 하는 신들의 세계)에 천신 한 명과 그의 수행원들과 약 1,000명의 여 천신(*devi*)들이 있었다. 어느 날 그들이 놀이를 하고 있었는데 몇 명의 천사들이 신성한 나무 위로 올라가고 있었다. 나중에 천신이 그 천사들을 세어 보았는데 그 어느 때보다 숫자가 적었다. 그는 통찰의 지혜로 어떤 변화가 있는지 관찰했다. 그들은 어디로 갔을까? 500명의 천사들은 지옥에 다시 태어났고, 500명만이 남아 있다는 것을 알게 되었다. 그러자 그는 자신을 포함하여 나머지 500명의 천사들이 칠일 후에 지옥에 태어날 것도 알게 되었다. 천신은 죽음이 두려워서 부처님께 가서 자기들을 구해달라고 간청했다.

부처님은 『상윳따니까야』의 「수브라흐마숫따」에서 다음의 담마를 설했다.

"깨달음의 요소 담마(*bojjhaṅga dhamma*)를 계발하고 명상 요소의 기능을 단속하는 것 외에, 살아있는 모든 존재들의 해탈을 위한 그 어떤 다른 법도 있을 수 없다." 이 설법을 들은 후 천신과 500명 모든 여 천신들이 예류자(*sotāpanna*)가 되었다. 그들은 지옥에 더 이상 다시 태어나지 않을 것이다.

몸으로 지은 불선(*akusala*)도 무겁지만 마음으로 지은 불선은 그 어떤 것보다 더 무겁다. 예를 들면, 한 마을에 사는 대부분의 사람들을 몸으로 죽이는 데는 시간이 좀 걸린다. 그러나 영적인 힘을 가진 사람은 일초 만에 그 일을 해낼 수도 있다. 그래서 부처님은 마음으로 짓는 불선이 몸으로 짓는 불선보다 더 강하고 더 무겁다고 설했다. 마음으로 짓는 불선과 그릇된 견해(사견)는 가장 나쁘고 가장 무거운 업이다. 무슨 일을 하든지 마음이 항상 앞서가며 그 마음은 세계를 창조할 수도 있다. 그래서 수행자는 마음을 맑고 청정하게 닦아야 한다고 『빠띠삼비다막가』에서 언급하고 있다.

● 수행 방법

빳짜야 빠릭가하를 수행하기 위해 보통 때처럼 앉아서 예비수행을 한다. 빳짜야 빠릭가하에서 언급한 모든 내용을 기억하면서 심장의 중심부를 주시하고 알아차린다. 무엇을 보거나 알게 되든지, 심장이 아프든지 수행자는 과거의 5가지 원인 때문에 이 모든 것이 일어난다는 것을 알아차려야 한다. 마음은 과거 생부터 일어난 원인들을 주시한다. 만약 몸에서 고통을 느낀다면 즉시 그것을 관찰하고 그 대상을 알아야 한다. 이것은 과거 5가지 원인의 결과라는 것을 자각해야 한다. '과거의 5가지 원인인 무명, 갈애, 집착, 업, 영양분에 의해 일어남'이라고 마음속으로 암송한다. 마음이 고요해지면 '5가지 원인에 의해 일어남'이라고만 온종일 암송한다.

몸에서 알아차릴 것이 아무것도 없으면, 심장토대로 돌아가서 그 순간에 일어나고 있는 것이 무엇인지 주시한다. 좌선뿐만 아니라 어떤 자세에서든지 또는 어떤 움직임에서도 무슨 고통이 있는지 몸을 관찰해야 한다. 수행자는 이 물질(*rūpa*)은 과거 원인에 의해 일어난 것임을 깨닫고, 마음은 과거 5가지 원인에서 파생된 그 원인을 주시한다. 결국 수행자는 일어나는 모든 대상(느낌이 아니라 몸의 고통)을 알아차리고 마음으로 이것들이 '원인 때문에 일어남'이라고 인지한다.

4. 앗다나 빠릭가하(전생과 내생의 원인에 대한 식별)

앗다나(*addhāna*)는 과거, 현재, 미래와 같은 기간이나 시간을 의미하며, 빠릭가하(*pariggaha*)는 사방을 주시함을 뜻한다. 앗다나 빠릭가하(*addhāna pariggaha*)는 '과거와 미래 생의 마음과 물질의 원인을 알기 위한 수행'이다. 수행자는 과거의 원인들인 무명, 갈애, 집착, 업과 영양분에 대해 이미 알고 있다. 간단하게 말하면, 이번 생에 수태되기 위해서 5가지 과거 원인이 있다. 그래서 상식적으로 과거 생에 수태되기 위해서 과거 전의 과거 원인들이 틀림없이 있었다는 것을 알 것이다. 이번 생에도 역시 5가지 원인(무명, 갈애, 집착, 업,

영양분)이 있기 때문에 마음과 물질이 내생(미래 생)에 수태되기 위해 일어날 것이다.

과거 전의 과거(대과거) 생의 마음과 물질이 소멸됨으로 인해 과거 생의 마음과 물질이 일어났다. 과거 생의 마음과 물질이 소멸됨으로 인해 현재 생의 마음과 물질이 일어난다. 그러므로 현재 생의 마음과 물질이 소멸됨으로 인해 미래 생의 마음과 물질이 일어날 것이다.

어제의 마음과 물질이 소멸됨으로 인해 오늘의 마음과 물질이 일어난다. 아침의 마음과 물질이 소멸됨으로 인해 오후의 마음과 물질이 일어난다. 결국 극미한 현재의 마음과 물질이 초미세한 과거의 마음과 물질이 소멸됨으로 인해 일어난다는 것을 알게 된다. 이제 초미세한 현재의 마음과 물질이 사라지고 초미세한 미래의 마음과 물질이 일어날 것이다. 그러면 모든 마음과 물질은 단지 차례차례 잇달아 일어났다 사라지는 무상한 성질이라는 지혜를 얻을 수 있다. 이제 수행자는 무상에 대한 개념을 이해하게 된다.

1) 보리수 아래 깨달음의 과정

빳짜야 빠릭가하(원인과 결과에 대한 식별)는 수행자들만 하는 것이 아니라 부처님 자신도 부처가 되기 위해 수행했다. 사문 고따마 싯다르타가 보리수 아래에서 일체지(*Sabbaññuta ñāṇa*)를 성취하기 전에 아나빠나삿띠를 수행하여 초선정의 경지에 든 후 거기에 머물지 않고 더 깊히 수행하여 이선정, 삼선정, 사선정을 차례로 증득했다. 그런 후 이를 토대로 그날 밤 초저녁 관망에서 본인과 다른 중생들의 수많은 과거생을 기억하는 지혜(*Pubbenivāsānussati ñāṇa*)를 성취했다. 한밤중 관망을 통해 모든 것을 올바르게 관찰하여 아는 천안통(*Dibbacakkhu ñāṇa*, 신성한 눈; 천안)을 얻었다. 마침내 새벽에 모든 번뇌를 소멸한 지혜인 누진통(*Āsavakkhaya ñāṇa*)을 체득했다. 신성한 눈(*dibba cakkhu*)을 갖게 되었을 때 10,000개의 우주에 존재하고 있는 모든 살아있는 존재들을 둘러보았다. 거기에 생명체(존재들)는 아무것도 없었으며 오직 마음과 물질만 존재한다는 것을 보았다. 그때 싯다르타는 견해에 대한 청정의 지혜를 성취했다. 그러나 싯다르타는 모든 존재들이 어떤 창조자가 있어서 천신계나 지옥과 같은 선처나 악처에 다시 태어난다고 생각했다.

싯다르타가 전생을 기억하는 지혜를 성취한 후 중생들의 죽음과 다시 태어남을 아는 지혜(*Cutūpapāta ñāṇa*)를 얻었을 때, 모든 존재들이 다른 많은 전생의 업으로 인해 다시 태어난다는 것을 보았다. 간단히 말해서 업은 마음으로 말로 몸으로 짓는 행위이다. 모든 행위는 마음(나마)과 물질(루빠)에 의해 행해진다. 욕구(마음) 때문에 루빠(물질)가 행위를 한다. 그래서 업은 단지 나마(마음)와 루빠(물질)일 뿐이다.

싯다르타는 마음과 물질이 일어나는 결과가 그 전의 마음과 물질 때문이라는 것을 깨달았다. 여기서 '마음과 물질이 일어난다'는 것은 새로운 생에 수태되는 것을 의미한다. 그러므로 오직 마음과 물질의 원인과 결과만 있을 뿐이다. 그래서 창조자란 없다. 다만 마음과 물질의 원인과 결과만 있을 뿐이다. 그것 이외에는 아무것도 없다는 사실을 이해함으로써 싯다르타는 의심을 벗어난 청정의 지혜를 성취했다.

싯다르타는 신성한 눈으로 모든 존재들을 둘러보았으며, 모든 존재들을 지배하는 마음과 물질에는 12가지의 요소만이 있다는 것을 보았다. 그런 후, 이들 12가지 요소를 대상으로 위빳사나 수행을 했다. 그 12가지 요소를 빠띳짜삼우빠다(*Paṭiccasamuppāda*, 연기)라고 한다. 마침내 싯다르타는 위빳사나 지혜를 성취해서 아라한 도의 지혜를 얻은 후 전지全知한 부처님이 되었다. 나중에 부처님은 적절한 시기에 십이 연기에 대해 설했다. 부처님이 깨달음을 얻자마자 12요소를 자세히 검토한 후, 갈애(*taṇhā*)가 윤회의 굴레에서 계속적으로 다시 태어나게 하는 주요한 원인임을 깨달았다. 그래서 행복한 마음으로 「법구경」의 「자라왁가」에서 다음 오도송을 읊었다.

"내 몸(오온 또는 마음과 물질의 복합체)의 집을 지은
목수를 찾기 위하여
올바르고 직관적인 지식이나 지혜를 갖지 못했더라면,
나는 시작도 없이 끊임없이 이어지는
윤회의 끔찍한 고통을 겪으면서 방황해야 했을 텐데.
나는 내 몸의 목수인 너를 찾아냈구나!
너는 셀 수 없는 수많은 전생에 내 몸의 집을 지었다.
그러나 지금 너는 다시 집을 짓지 못할 것이다!
내가 번뇌라는 기둥과 대들보를 허물어뜨리고
어리석음의 절정을 산산이 조각내버렸다.

나는 이제 조건 없는 절대적인 상태인 열반을 깨닫고
갈애의 불꽃을 소멸함으로써 완벽한 깨달음을 성취했다.
나는 일체지를 성취했다. 지금!”

이 오도송悟道頌은 모든 부처님들의 정형구이다. 부처님들이 오직 일체지를 얻었을 때만이 갈애를 이해하고 위에 언급한 오도송을 읊었다. 그래서 갈애는 다시 태어나는 주요 원인이다. 부처님은 깨달음을 얻은 후, 십이 연기(원인에 의존하여 일어남)에 대해서 여러 번 설했다.

2) 십이 연기

빠띳짜삼우빠다(*Paṭiccasamuppāda*, 원인에 의존하여 일어남)는 3개의 단어가 결합한 빨리어이다. 빠띳짜(*paṭicca*)는 '때문에', '원인으로 인해', 또는 '~에 의존하는'의 의미이다. 삼(*sam*)은 '옳게' 또는 '함께'의 뜻이며, 우빠다(*uppāda*)는 '원인으로 인해 결과가 일어남'의 의미이다. 그래서 빠띳짜삼우빠다(연기)는 '무명無明〔사성제를 모르는 것〕 때문에 다시 태어나는 12단계의 과정으로 각각의 원인에 의존하여 특정한 결과가 일어나는 것'을 의미한다.

연기를 가르치는 주요한 목적은 부처님의 지혜(자연의 법칙)와 모든 것들이 그들의 원인에 의해 일어나는 세상(*loka*, 우주; 마음과 물질의 본성)에 대한 개념을 분명히 밝히기 위한 것이다.

부처님 당시에는 생명이 있는 존재들(사람)에 대해 변질된 개념이 많았다. 어떤 사람들은 생물이 생겨난 원인이 없다고 말했다. 어떤 사람들은 창조자가 생물을 만들었다고 말했다. 어떤 사람들은 생명체 안에 영혼이 있는데 이 영혼은 결코 파괴되지 않으며 그 생명체가 죽더라도 영혼은 다음 생에 새로운 몸으로 옮겨진다고 말했다. 어떤 사람들은 생명체가 죽을 때 영혼과 생명체가 완전히 파괴된다고 말했다.

부처님은 창조자도 없고 영혼도 없으며, 그들의 원인이 존재함으로써 소위 생명체라고 하는 것이 단지 일어난 것뿐이라고 분명히 밝혔다. 또한 이들 원인과 결과는 존재하는 것이 아니라, 결코 멈추지 않고 끊임없이 변형되고 변한다고 했다. 그러므로 부처님의 가르침은 원인이 없다는 개념과 창조자나 영혼에 대한 개념을 완전히 바꿔 놓았다.

부처님은 십이 연기를 첫 부분부터, 중간 부분부터 또는 끝부분부터 시작해서 가르쳤다. 많은 사람들은 연기가 단지 무명을 조건으로 상카라가 일어남(*avijjā paccaya saṅkhāra*) 또는 상카라를 조건으로 식이 일어남(*saṅkhāra paccaya viññāṇaṃ*) 등으로만 알고 있다. 「빠띳짜삼우빠다숫따」(『상윳따니까야』의 「니다나왁가」)에서 부처님은 다음과 같이 설했다.

"학식이 높은 성인이며 부처님의 제자는 주의를 기울여 이처럼 연기를 바르고 지혜롭게 이해한다.

저것(원인)이 존재하면, 이것(결과)이 존재한다.

저것(원인)이 일어남으로 인해, 이것(결과)이 일어난다.

저것이 존재하지 않으면, 이것이 존재하지 않는다.

저것이 소멸함으로 인해, 이것이 소멸한다.

그러한 것들은 이런 것들이다-

무명(*avijjā*)이 있음으로 상카라(형성된 것들)가 일어난다.

상카라가 있음으로 식(*viññāṇa*, 수태 시의 의식)이 일어난다.

식이 있음으로 마음과 물질이 일어난다.

마음과 물질이 있음으로 6가지 감각기관(*saḷāyatana*)이 일어난다.

6가지 감각기관이 있음으로 접촉(*phassa*)이 일어난다.

접촉이 있음으로 느낌(*vedanā*)이 일어난다.

느낌이 있음으로 갈애(*taṇhā*)가 일어난다.

갈애가 있음으로 집착(*upādāna*)이 일어난다.

집착이 있음으로 존재(*bhava*)가 생긴다.

존재가 있음으로 태어남(*jāti*)이 일어난다.

태어남이 있음으로 죽음(*maraṇa*)이 일어난다.

슬픔(*soka*), 비탄(*paridevā*), 고통(*dukkha*, 육체적인 불만족), 괴로움(*domanasa*, 정신적인 불만족)과 절망(*upāyāsa*, 내면의 깊은 슬픔), 이런 것들이 일어난다.

그러한 방식으로, 단지 고통스런 무리만 일어날 뿐이다. 그것이 전부다."

참조: 존재(bhava)에는 업의 존재(kammabhava)와 다시 태어남의 존재(upapattibhava) 두 가지가 있다.

① 업의 존재: 다시 태어남에 직접적으로 원인이 되는 업의 일부(신구의 행위). 이번 생의 의도(cetanā)는 미래에 그 과보를 가져온다. 업의 존재는 다음 생에 다시 태어남의 원인이지만 엄격히 말하면 업의 존재의 의도가 과보를 가져온다.

② 다시 태어남의 존재: 수태되는 순간의 모든 생물들의 존재(업의 존재의 결과로 받는 과보로서의 존재 또는 오온)이다.

부처님은 마음과 물질이 원인 때문에 일어난다고 설했다. 그러나 원인과 결과에 대해 다른 개념들이 많다. 따라서 부처님의 개념(실재)이 무엇인지 아는 것이 중요하다. 『위방가』의 주석서 「삼모하위노다니」에서 다음과 같이 언급했다.

(1) 하나의 원인 때문에 하나의 결과가 일어난다. 이것을 '에까 헤뚜'(*eka hetu*)라고 한다. 부처님은 이것을 받아들이지 않았다.

(2) 하나의 원인 때문에 많은 결과가 일어난다. 이것을 '에까 헤뚜'(*eka hetu*)라고 한다. 부처님은 이것 역시 받아들이지 않았다.

(3) 많은 원인 때문에 오직 하나의 결과가 일어난다. 이것을 '나나 헤뚜'(*nānā hetu*)라고 한다. 부처님은 이것 역시 받아들이지 않았다.

(4) 많은 원인 때문에 많은 결과가 일어난다. 이것을 '나나 헤뚜'(*nānā hetu*)라고 한다. 부처님은 이것을 받아들였다.

연기(*Paṭiccasamuppāda*)에서는 원인들이 차례차례 일어나기 때문에 이것을 '연이어 차례로 일어나는 원인'(*paraṃ hetu*)이라고 한다. 부처님의 가르침에 의하면, 결과를 가져오는 많은 원인이 있으며 이것은 실재이다. 그러나 부처님은 십이 연기에서 상카라(형성된 것들)의 원인으로 무명(*avijjā*)을 언급했다. 상카라의 원인은 많지만 연기에서는 무명이 가장 주요한 원인이며 중요한 역할을 한다. 그러나 무명이 윤회(*saṃsāra*)를 시작하는 첫 번째 원인이 아니며, 무명도 그 자체의 원인을 갖는다. 그것은 정신적으로 해로운 상태인 번뇌(*āsava*, 흐르는 것)이다. 이러한 번뇌는 4가지가 있다. 그것은 감각적 욕망(*kāma*)의 번뇌, 존재(*bhava*)의 번뇌, 그릇된 견해의 번뇌와 무명의 번뇌이며, 이것들 중에 하나가 무명(*avijjā*)이다. 그러므로 무명은 윤회(재탄생의 굴레)를 순환하는 주요한 요인이다. 이러한 이유로, 부처님은 연기에서 무명을 가장 먼저 언급했다. 부처님의 가르침에 따르면 모든 것(마음과 물질)은 그것의 원인에 의한 결과로 일어난다.

많은 수행자들은 이미 연기에 대해 여러 번 들었고 또 어디서든지 쉽게 듣기 때문에 이 연기법이 심오하지도 않고 소중하지 않다고 생각할 지도 모른다. 사실 이 연기라는 개념(담마)은 부처님의 독특한 가르침이다. 아무도 자신의 지식만으로 연기를 명료하게 이해할 수 없다. 연기라는 개념은 심오하고 심원한 보편적인 실재이다. 오직 부처님만이 이러한 실재를 알 수 있다. 많은 수행자들은 부처님이 여러 경에서 설했기 때문에 연기에 대해 이미 들었다. 보통사람들은 말할 것도 없고 심지어 지혜제일의 제자인 사리불 존자조차도 이 원인과 결과 법을 이해하지 못했으며, 아라한이 되기 한 달 전까지도 이 법을 이해하지 못했다.

부처님의 제자가 되기 전에 사리불 존자는 다른 종파의 은둔 수행자였다. 사리불 존자와 목건련 존자는 비불교도 스승인 산자야의 추종자였다. 두 사람은 스승의 사상에 결점이 있다는 것을 알았지만 진짜 순수한 법(*Dhamma*)을 찾을 수 없었다. 그래서 그들은 진실한 담마를 기다리고 있었다. 그 당시에 두 사람은 원인과 결과 법에 대해 들어본 적이 없었다. 어느 날 아라한이 되기 15일 전에 사리불 존자는 앗사지라고 하는 수승한 승려를 보았다. 이 승려를 보자마자 그의 행동이 겸손하고 항상 알아차림을 하고 있었기 때문에 진짜 법을 가지고 있다고 생각했다. 사리불 존자는 그 승려를 따라가서 그의 스승과 스승의 사상과 스승의 가르침에 대해 물었다. 앗사지 장로는 최근에 계를 받았기 때문에 자기 스승의 가르침에 대해 잘 모른다고 대답했다. 그런 후 앗사지 장로는 수세기 동안 부처님의 가르침이 전파된 곳마다 유명해진 짧은 게송 한 구절을 전했다(「빠띳짜삼우빠다숫따」).

"모든 법은 원인이 있어서 일어나며, 여래(부처님)는 그것이 일어나는 원인에 대해 설하신다. 또한 모든 법의 소멸과 그 소멸의 원인에 대해 말씀하신다. 나의 스승은 이 법칙을 믿는 위대한 은둔 수행자이다."

이 게송을 들은 후 사리불 존자는 예류도의 지혜(*Sotāpatti magga ñāṇa*)를 얻어 예류자가 되었다. 집으로 돌아왔을 때, 사리불 존자는 목건련 존자에게 앗사지 장로에게서 들은 게송을 전했다. 목건련 존자 또한 게송 절반을 들은 후 예류자가 되었다.

모든 것이 원인에 의해 일어난다는 이 진정한 담마는 부처님을 제외한 일반 사람들이 이해하기 아주 어렵다. 그러나 수행자는 이 담마의 가치를 알아야 한다. 그렇다면 많은 사람들이 원인과 결과 법에 대해 여러 번 듣고도 왜 성인이 되지 못하는 것일까? 이것은 대부분의 사람들이 지혜 없이 이 법을 이해하려고 하기 때문이다. 『위방가』의 주석서 「삼모하위노다니」에서 다음 4가지 방법에 따라 연기를 배운다면 좀 더 분명하게 이해할 것이라고 언급했다. 그 4가지 방법은 에깟따(*ekatta*), 나낫따(*nānatta*), 아브야 까따(*abyā kata*)와 에왕 담마따(*evaṃ dhammatā*)이다.

첫 번째 방법은 같은 것 또는 단독을 의미하는 '에깟따'이다. 이 방법은 영혼 멸절설(*uccheda vādha*)에 대한 믿음을 부정한다. 다른 어떤 종파에서는 행위자와 고통 받는 사람이 별개라고 말한다. 이것은 악행을 저지른 행위자가 그 결과를 받지 않는다는 뜻이다. 에깟따 관점은 생물이 죽어서 새로운 생에 새로운 생명체로 다시 태어난다 하더라도, 마음(나마)과 물질(루빠)은 두 생 사이에서 끊임 없이 일어나는 흐름에 있다. 그래서 사람들은 그것을 같은 생명체로 생각할 수 있다. 어떤 사람이 전생에 악행을 저질러서 새로운 생에 다시 태어났다 하더라도 두 생(전생과 현생)에 있는 몸은 서로 연관성이 없다〔악행을 행한 사람과 그 과보를 받는 사람으로서의 원인과 결과의 연관성만을 의미한다〕. 그러나 같은 흐름상에서 행한 행위와 그 흐름의 새로운 몸은 악행의 결과를 받아야 한다. 왜냐하면 그의 악행 때문에 다시 태어났기 때문이다.

두 번째 방법은 '같은 것이 아니고 별개의 것'을 의미하는 '나낫따'이다. 이 방법은 영원한 자아가 죽은 뒤에도 남아서 다음 생으로 옮겨간다는 영원설(*sassata vādha*)에 대한 믿음을 부정한다. 이 나낫따 관점은 누군가 어떤 행위를 할 때 그 행위의 순간에 있는 마음과 물질은 사라져버렸고, 새로운 생의 마음과 물질은 다른 것이며 전생의 것과 같은 것이 아니다. 이것은 마음과 물질은 끊임 없이 흐르고 있는 본성을 가지고 있기 때문이다.

세 번째 방법은 '의지 없이 함'을 의미하는 '아브야 까따'이다. 이 방법은 '자아'에 대한 잘못된 견해(*atta diṭṭhi*)에 대한 믿음을 부정한다. 마음과 물질은 새로운 마음과 물질을 일으키기 위해 어떤 노력이나 의지를 갖지 않는다. 마음과 물질은 아무것도 알지 못하고 단지 그들의 임무(일어나고 사라짐)만 수행할 뿐이다. 우리의 피부에 있는 털은 그것들이 피부의 표면에 있다는 것을 알지 못하며 피부 역시 털이 피부 위에 있는 것을 알지 못한다. 모든 마음과 물질은 단지 그들의 임무만 수행할 뿐이다.

네 번째 방법은 원인과 결과의 일대일 대응 관계인 에왕 담마따이다. 이 방법은 원인이 없다는 교리(*ahetuka vādha*)와 선행이나 불선행이 가져오는 업보를 부정하는 견해(*akiriya diṭṭhi*)가 들어올 여지가 없다. 모든 원인은 오직 상응하는 결과로만 이끈다. 관련이 없는 것에는 결과가 없다. 이것이 자연의 법칙이다. 버터는 다른 것이 아니라 바로 우유로 만든다. 만약 우유가 있다면 버터를 만들 수 있다. 우유가 있는 한 항상 버터를 만들 수 있다. 이처럼, 상카라(형성된 것들)는 어리석음(*avijjā*, 무명) 때문에 일어난다. 어리석음이 일어날 때마다 상카라도 일어날 것이다. 이것이 자연의 본질이며 절대 회피할 수 없다. 연기를 이들 4가지 방법에 의해 설명할 때, 모든 것들은 어떤 다른 창조자가 있는 것이 아니라 그들의 원인으로 인해 생긴다는 것이 아주 명백하다. 원인이 존재하는 한 언제든지 어디서든지 결과가 생길 것이다.

「삼모하위노다니」에서 태어남과 죽음이 끊임없이 굴러가는 것을 삼사라 왓따(*saṃsāra vaṭṭa*, 윤회의 회전)라고 기록되어 있다. 이 회전은 상이한 방법으로 돌아가는데, 이것은 원인과 결과의 회전이나 업과 과보(*vipāka*: 업의 행위와 그 결과)의 회전이다. 3가지 종류의 회전(*vaṭṭa*)은 다음과 같다.

① 번뇌의 회전(*kilesa vaṭṭa*): 무명(*avijjā*)으로 갈애(*taṇhā*)를 일으켜 집착(*upadāna*)한다.

② 업의 회전(*kamma vaṭṭa*): 이것은 업의 존재(*kammabhava*, 수태를 함으로써 새로운 생에 결과를 가져온 업의 행위)와 상카라(나머지 업의 행위)이다.

③ 과보의 회전(*vipāka vaṭṭa*): 이것은 다시 태어남(*upapatti*), 식(*viññāṇa*), 마음(*nāma*)과 물질(*rūpa*), 6가지 감각장소(육처), 감각접촉, 느낌, 탄생, 늙음, 죽음의 회전이다.

과거 생(전생)에서 무명, 갈애, 집착, 형성된 것들(상카라)과 업의 존재는 이번 생에 다시 태어난 원인이다. 우리는 무명(*dukkha*, *avijjā*, 고통과 어리석음)으로 인한 나쁜 결과를 알지 못하기 때문에 마음과 물질(새로운 생 또는 재탄생)을 원하며, 보시나 도둑질과 같은 업의 행위를 함으로써 집착이 생긴다. 그래서 상카라와 업의 존재가 일어난다. 이번 생에 다시 태어난 결과 때문에 우리는 이번 생이 고통일 뿐이며 또 다시 업의 행위를 저지르고 있다는 사실을 모른다. 그래서 무명, 갈애, 집착, 상카라와 업의 존재(*kamma vaṭṭa*, 업의 회전)는 과거의 원인이다.

금생에서 그 과보는 수태와 식(*viññāṇa*, 이번 생의 첫 번째 의식)이다. 태어날 때 우리는 마음과 물질과 6가지 감각기관을 갖는다. 그러면 이것들이 감각 대상과 접촉함으로써 느낌이 일어난다. 그때 갈애나 분노(*dosa*)가 일어나서 업의 행위를 하게 된다. 따라서 식, 마음, 물질, 6가지 감각기관, 접촉과 느낌은 현재 생에서 과보의 회전(*vipāka vaṭṭa*)이다. 항상 행위(업)를 할 때 무명과 번뇌(*kilesa*)는 잠재적인 원인이다. 다시 말하지만, 무명, 갈애, 집착, 상카라와 업의 존재가 원인이 된다. 이들 현재의 원인(*kamma vaṭṭa*, 업의 회전)으로 인해 미래 결과(*vipāka vaṭṭa*, 과보의 회전)가 다시 일어날 것이다. 그러므로 업(행위)과 행위의 결과(*vipāka*, 과보)는 완전한 열반에 들 때까지 셀 수 없는 억겁의 세월 동안 계속 회전할 것이다.

『맛지마니까야』의 「삽바사와숫따」에 따르면, 범부(*puthujjana*, 성인의 반대, 세속의 사람)에게는 생에 대해 16가지의 의심이 있다고 한다. 5가지는 과거 생에 대한 것이며, 6가지는 현생에 대한 것이고, 5가지는 미래 생에 관한 것이다.

과거에 대한 의심:

① '내'가 있었을까?

② '내'가 없었을까?

③ 만약 '내'가 있었다면, 어떤 종류의 '나'였을까?

④ 만약 '내'가 있었다면, 어떤 유형의 '나'였을까?

⑤ 만약 '내'가 있었다면, '내'가 과거에서 계속 어떻게 되었을까?

미래에 대한 의심:

① '내'가 미래에도 있을까?

② '내'가 미래에는 없을까?

③ 만약 '내'가 있을 것이라면, 어떤 종류의 '내'가 될까?

④ 만약 '내'가 있을 것이라면, 어떤 유형의 '내'가 될까?

⑤ 만약 '내'가 있을 것이라면, 나는 계속 어떻게 될까?

현재에 대한 의심:

① 이것이 '나'인가? (자신이 마음과 물질로 이루어진 것을 모르기 때문에 일종의 영혼이라고 생각한다.)

② 이것이 '내'가 아닌가?

③ 만약 이것이 '나'라면, 이것은 어떤 종류의 '나'인가?

④ 만약 이것이 '나'라면, 이것은 어떤 유형의 '나'인가?

⑤ '나'는 어디서 왔는가?

⑥ '나'는 어디로 갈 것인가?

만약 위빳사나 지혜로 자신이 다만 마음과 물질의 구성물이라는 것을 안다면 이들 16가지 의심을 초월할 수 있다. '나' 또는 '그 남자'라고 부를 만한 것은 아무것도 없다. 오직 마음과 물질만 있을 뿐이다. 이 마음과 물질은 원인이 존재하는 한 그 원인으로 인해 계속 일어날 것이다. 그것들의 원인이 멈추면 마음과 물질은 전혀 일어나지 않을 것이다. 이들 마음과 물질이 전생의 선업이나 불선업으로 인해 천신계, 축생계 또는 지옥 등과 같은 다른 영역에 다시 태어난다. 이

업 또한 단지 마음과 물질일 뿐이다. 왜냐하면 행위를 할 때 오직 마음과 물질만 존재하기 때문이다.

만약 이런 식으로 수행하고 이해한다면, 수행자는 삼생(과거, 현재, 미래)에 대해 의심하지 않을 것이다. 이제 최고 수준의 지혜인 마음과 물질의 원인과 결과를 식별하는 지혜(*Paccaya pariggaha ñāṇa*)를 성취한다. 이런 지혜를 법의 조건에 대한 지혜(*Dhammaṭṭhiti ñāṇa*), 있는 그대로를 꿰뚫어보는 지혜(*Yathābhūta ñāṇa*) 또는 바르게 보는 지혜(*Sammādassana ñāṇa*)라고도 한다. 수행자는 이제 준 예류자가 된다라고 『청정도론』에 기록되어 있다.

원인과 결과를 식별하는 지혜를 성취한 수행자는 부처님의 가르침에 대해서 편안하고 확고한 단계에 이른 것이며 다음 생에 선처를 확보해 둔 것이다. 이것을 준 예류자라고 한다. 만약 이 지혜를 계속 유지한다면, 더 이상 축생계나 지옥에 태어나지 않으며, 아귀 또는 아수라의 몸을 받지 않을 것이다.

● 수행 방법

명상할 때 우선 부처님과 벽지불과 아라한들과 성인들에게 만약 전에 잘못한 일이 있다면 그에 대해 용서를 구한다. 마음과 물질인 오온(몸)을 그분들에게 맡긴다. 잠시 동안 부처님에 대한 회상과 자애계발 명상과 죽음에 대한 명상을 한다. 그런 후 위빳사나 수행을 시작한다. 보통 때처럼 앉아서 그 순간에 일어나고 있는 것이 무엇인지를 알아내기 위해 손가락 한 마디 크기인 심장토대를 대상으로 주시한다. 무엇이 일어나는지 알아차린다.

아나빠나삿띠 명상 방법 4를 성공적으로 끝낸 수행자는 마음의 눈으로 볼 수 있는 아지랑이 같은 초미립자 물질(*rūpa kalāpa*)을 볼 것이다. 그것을 대상으로 취하라. 마음의 눈으로 고장 난 텔레비전 화면에 수많은 미립자만 보이는 것처럼, 공기 중에 떠돌아다니는 굉장히 미세한 안개나 먼지 같은 것을 볼 것이다. 과거 5가지 원인으로 인해 이번 생에서 일어난 첫 번째 마음과 물질과, 첫 번째 일어났던 마음과 물질에서 계속 일어난 마음과 물질이 지금까지 아직도 일어나고 있다는 사실을 알아차리면서 각기 서로 일어났다 사라지는 그것들의 움직임을 주시하라. 동시에 '5가지 원인인 무명과 갈애와 집착과 영양분과 업으로 인해 이 대상이 아직도 일어나고 있다'는 것을 마음으로 알아차린다. '아직도 일어남, 아직도 일어남'이라고 암송한다. 여기에서 암송은 그냥 암송이 아니라 마음과 물질의 복합체인 나의 '이' 몸은 과거 5가지 원인으로 인해 이번 생에 일어난 것을 알아야 한다. 또한 현재의 4가지 원인(업, 마음, 영양분, 온도)으로 인해 계속적으로 마음과 물질이 지금까지 일어나고 있다. 마음과 물질은 원인 때문에 아직도 일어나고 있는 것이다. 위에 언급한 내용을 이해하고 '아직도 원인이 됨, 아직도 원인이 됨'이라고 암송한다. 그때 만약 몸에서 뭔가 일어난다면 일어나자마자 그것을 취하고 '아직도 일어남'이라고 암송한다.

만약 알아차릴 것이 아무것도 없다면 심장토대로 돌아가서 그것을 주시한다. 이 단계에서 수행자는 마음의 눈으로 마치 영화를 보는 것처럼 그의 전생을 본다. 만약 어떤 장면을 본다면 그것이 전생의 장면이라는 것을 알아야 한다. 몇몇 수행자는 한 사람만을 보는 데, 그 사람이 자신의 모습일 가능성도 있다. 가끔은 많은 사람들을 보는데, 누가 자신인지 바로 알아볼 수 있다.

일반적으로 축생계에 있는 자신의 전생을 볼 수도 있다. 전생을 볼 때 어느 전생을 보고 싶은지 마음을 정해야 한다. 거꾸로 먼 전생부터 보고 싶을 수도 있다. 가끔은 수행자 자신이 축생계에서 인간의 몸을 받아 온 것을 알기도 한다. 그때 무슨 이유로 인간으로 다시 태어났는지 알고 싶어 해야 한다. 그러면 축생이었을 때 선행을 짓는 장면을 볼 것이다. 그 선행이 사람으로 태어난 결과라는 것을 알게 될 것이다. 선한 원인 때문에 선한 결과를 얻었다는 것을 알아야 한다. 가끔은 반대(불선한 원인으로 불선한 결과를 얻음)로 볼 수도 있다. 이렇게 봄으로써 원인으로 인해 일어나는 결과를 알게 될 것이다. 이것은 원인과 일어남의 원리를 확실하게 밝혀준다.

강한 집중력을 갖지 못한 몇몇 수행자들은 뼈, 심장, 불빛 등을 볼 것이다. 비록 아무것도 볼 수 없다 하더라도 소리를 듣거나, 열기를 느끼거나 대상에서 진동 같은 것을 느낄 수 있다. 그러면 단지 그 대상을 알아차려라. 여기서 '알아차림'이란 단지 아는 것이 아니라 하나에 집중된 마음으로 정확한 곳(대상)을 알아차리는 것이다. 대상으로 취한 소리, 열기, 진동이 소멸하거나 사라짐을 알아차리고 이것이 '아직도 원인이 된다'라고 마음으로 인지한다. 그때 만약 몸의 다른 부분에서 어떤 것이 일어나면 그것을 대상으로 취하고 하나에 집중된 마음으로 그 대상을 바라본다. 좌선할 때뿐만 아니라 온종일 움직일 때마다 그 대상을 알아차려야 한다.

제3장

삼마사나 냐나

(무상·고·무아를 아는 지혜)

삼마사나(*sammasana*)는 '과거, 현재, 미래의 담마를 분류하고 고찰하여 그것을 무상·고·무아로 결론짓는 것'이다. 수행자는 4가지 예비명상(*pubbakicca*)을 마친 후 위빳사나 수행을 시작한다. 사실 삼마사나 냐나(*Sammasana ñāṇa*, 무상·고·무아를 아는 지혜)는 진정한 위빳사나 지혜가 아니다. 위빳사나 지혜는 우다얍바야 냐나(*Udayabbaya ñāṇa*)에서 성취된다. 삼마사나 냐나 초기에 수행자는 무상·고·무아를 아직 잘 모른다. 이것은 삼마사나 냐나가 성숙한 단계에서만 알 수 있다.

도의 지혜를 얻기 위해 수행하는 과정에서, 마음속의 모든 번뇌를 제거해야 한다. 그러면 지혜를 얻을 수 있으며, 수행을 통해 이 지혜가 점차 위빳사나 지혜로 확장된다. 모든 위빳사나 지혜를 성취한 후에 마음이 완전히 맑아지고 청정해지면 지혜가 완전히 충족된다. 이런 지혜를 도의 지혜라고 한다. 도의 지혜를 얻을 때까지 수행에 관한 2가지 관점이 있는데, 이것은 ① 지혜의 관점과 ② 청정의 관점이다.

1. 지혜의 관점

『쿳다까니까야』의 「쭐라닛데사」 주석서에 따르면 지혜의 관점에서 도의 지혜를 얻기 전에 요구되는 3가지 통달의 지혜(*pariññā*)가 있다. 그것은 알아야 할 것을 아는 통달의 지혜, 분석적인 통달의 지혜와 대립되는 번뇌(무상함과 영원함, 고통과 행복)를 버리는 통달의 지혜이다.

(1) 알아야 할 것을 아는 통달의 지혜(*ñāta pariññā*): 냐따는 '알아야 할 것들'이며, 빠리(*pari*)는 '나누어진 또는 분류된'이며, 냐(*ñā*)는 '단지 아는 것'의 의미이다. 따라서 냐따 빠린냐는 '마음과 물질과 같이 알아야 할 것을 아는 지혜'라는 의미이다. 이것은 마음과 물질의 특성을 아는 지혜에 속하며, 이것을 3가지 특성을 꿰뚫어보는 지혜(*Lakkhaṇā paṭivedha ñāṇa*)라고 한다. 물질에 대한 식별(*rūpa pariggaha*)에서부터 원인과 결과에 대한 식별(*paccaya pariggaha*)까지의 단계에서 수행자는 대상인 마음과 물질의 특성과 기능만을 알 수 있다. 그래서 모든 마음과 물질의 공통적(보편적)인 특성인 무상(영원하지 않음), 고(고통, 또는 불만족)와 무아에 대해 분명하게 알지 못한다. 이런 단계는 원인을 주시하는 빳짜야 빠릭가하의 마지막 단계에 이를 때까지 지속된다.

(2) 분석적 통달의 지혜(*tīraṇa pariññā*): 띠라나는 '분석하고 고찰하다'의 뜻이다. 빠린냐는 '분석을 통한 지혜'이다. 이 단계에서 수행자는 마음과 물질의 보편적인 특성을 안다. 그것은 무상, 고와 무아이다. 『앙굿따라니까야』의 「우빠다숫따완나나」에 의하면 모든 마음

과 물질은 2종류의 특성을 갖는다.

① 개별적인 특성: 불(*tejo*)의 특성은 열기이며, 흙(*pathavī*)의 특성은 견고함과 같이 마음과 물질의 각각의 고유한 특성이다.

② 보편적인 특성: 마음과 물질이 가진 보편적인 특성이다. 그것은 무상·고·무아이다.

이 단계에서 수행자는 마음과 물질이 일어나고 사라지는 것을 볼 수 있다. 또한 보편적인 특성인 무상·고·무아를 이해한다. 이 단계는 삼마사나 냐나에서부터 약한 우다얍바야 냐나(일어남과 사라짐을 아는 지혜)까지 지속된다.

(3) 대립되는 번뇌를 버리는 통달의 지혜(*pahāna pariññā*): 빠하나는 '제거함'의 의미이다. 마음은 번뇌를 버리는 통달의 지혜 과정에 의해서 계발된다. 결국 이 지혜는 갈애와 같은 번뇌를 버리는 완벽하고 성숙한 지혜가 된다. 이 단계에서 위빳사나 지혜(*vipassanā ñāṇa*)와 위빳사나 통찰지(*vipassanā paññā*)를 얻게 되어 무상·고·무아와 여기에 반대되는 개념을 제거한다. 예를 들면, 수행자가 무상에 대해 이해할 때, 마음과 물질이 영원하다는 개념을 버린다. 고통에 대해 이해할 때, 행복한 것으로서의 마음과 물질에 대한 개념을 버린다. 세상 사람들은 영원하지 않은 것을 영원한 것으로, 불순한 것을 청정한 것으로, 고통을 행복으로, 그리고 영혼이 없는 것을 영혼이 있는 것으로 인지한다. 만약 현상계의 진정한 본성을 완전하게 이해한다면, 이러한 개념을 떨쳐버릴 것이다. 이 단계는 도의 지혜를 성취하기 바로 전 단계인 고뜨라부 냐나(혈통을 바꾸는 지혜)까지 지속된다.

번뇌를 버리는 통달의 지혜에서, 위빳사나 지혜(*anupassanā*, 대상에 대한 계속적인 알아차림)가 7가지 반대되는 담마를 제거한다고 『청정도론』에 설해져 있다.

① 무상에 대한 지속적인 관찰(*aniccānupassanā*): 이것은 영원함(*nicca*)을 제거한다.

② 고통에 대한 지속적인 관찰(*dukkhānupassanā*): 이것은 행복(*sukha*)을 제거한다.

③ 무아에 대한 지속적인 관찰(*anattānupassanā*): 이것은 자아(*atta*)를 제거한다.

④ 혐오스러움에 대한 지속적인 관찰(*nibbidānupassanā*): 이것은 감각적 쾌락(*rati*)을 제거한다.

⑤ 탐욕 없음에 대한 지속적인 관찰(*virāgānupassanā*): 이것은 탐욕(*rāga*)을 제거한다.

⑥ 소멸에 대한 지속적인 관찰(*nirodhānupassanā*): 이것은 다시 태어남(*samudaya*)을 제거한다.

⑦ 놓아버림에 대한 지속적인 관찰(*paṭinissaggānupassanā*): 이것은 수태(*ādāna*)됨을 제거한다.

2. 청정의 관점

3가지 통달의 지혜(*pariññā*)를 성취한 후에, 수행자는 위빳사나 수행 과정에 대해 청정의 관점(*visuddhi*)으로 알아야 한다. 도의 지혜를 얻을 때까지 7가지 단계를 거쳐 마음이 청정해진다. 『맛지마니까야』의 「물라빤나사」에 의하면 이들 7가지 단계를 칠청정이라고 한다. 칠청정은 다음과 같다.

(1) 지계의 청정(*sīla visuddhi*, 계청정): 위빳사나 수행을 하기 전에, 수행자는 마음을 청정하게 하기 위해 팔계 또는 구계를 이미 지켜왔다. 계를 지킴으로써 말로, 몸으로 짓는 불선한 행위 같은 번뇌가 일어날 수 없다. 여기에서 계戒는 몸으로, 말로 짓는 불선한 행위가 일어나지 않도록 제어하는 것을 의미한다. 계는 행동으로 표출되는 번뇌(*vītakkama kilesa*)를 예방한다.

미얀마 역사에 한 승려의 계율에 대한 일화가 있다.

버마의 아바(Ava, 버마어로는 잉와) 왕조 시대에 한 왕이 자기의 스승인 통필라 사야도의 도덕성을 시험해보고자 했다. 그 당시에 통필라 사야도는 숲속에서 홀로 기거하고 있었다. 어느 날 밤, 매우 아름다운 소녀가 한밤중에 숲속 사원에 와서 문을 두드렸다. 그 소녀는 속이 환히 비치는 드레스를 입고 있었다. 사야도가 그녀를 보자마자 소리쳤다. "여기에 왜 왔느냐? 썩 나가거라!" 소녀가 말했다. "웬 남자가 저를 따라오고 있어요. 그 남자가 너무 무서워요. 제발 저를 좀 도와주세요." 그녀는 계속 울면서 사야도의 자비를 간청했다. 밖은 몹시 추웠다. 그래서 사야도는 그녀를 방안으로 들어오게 했다. 사야도는 그 여자에 대해 측은함을 느꼈다. 그러나 의자에 그대로 앉아 있었다. 여자는 방문 근처에서 자고 있었다.

사야도는 의자에 앉은 채 수행 중이었다. 나중에 사야도는 그 어린 소녀가 울부짖으면서 몸부림치는 소리를 들었다. 그래서 그녀에게 이유를 물었다. "열이 나서 죽을 것 같아요. 도와주세요."라고 여자가 말했다. "나에겐 약이 없다. 거기 그대로 있어라."라고 사야도가 말했다. 그때 소녀가 갑자기 달려와 사야도의 다리를 움켜잡았다. 사야도는 그녀를 힘껏 내치려고 했지만 그녀는 온 힘을 다해 사야도를 붙잡고 있었다. 결국 사야도가 예리한 칼을 집어 들더니 그의 다리를 그었다. 소녀는 너무 놀라서 방에서 뛰쳐나갔다. 다음 날 아침, 왕이 사야도를 방문해서 숲속에서 혼자 사는 데 어떤 문제가 없는지 물었다. 사야도는 아무런 대답도 하지 않고 그 칼을 집어 들었다. 사야도는 만약 그가 결백하다면 칼이 가라앉지 않을 것이라고 맹세하면서 칼을 호수에 던졌다. 그 칼은 물속으로 가라앉지 않고 물 위에 떠 있었다. 왕은 깜짝 놀라서 사야도에게 용서를 구하고 예경올렸다.

(2) 마음 청정(*citta visuddhi*, 심청정): 수행자는 계를 암송한 다음 명상을 시작한다. 그러면 그의 마음속에 불선한 번뇌가 일어나지 않아서 명상 대상에 몰입할 수 있다. 이것을 마음 청정이라고 한다. 번뇌는 정도에 따라 다음 3가지로 일어난다.

① 잠재적인 번뇌(*anusaya kilesa*): 이 번뇌는 아라한을 제외하고 모든 인간의 마음속에 내재해 있다.

② 엄청난 번뇌(*pariyuṭṭhāna kilesa*): 이 단계의 번뇌는 비가 퍼붓듯이 또는 돌풍처럼 매우 강하게 일어난다.

③ 행동으로 표출되는 번뇌(*vītakkama kilesa*): 이 단계의 번뇌는 신체적인 행위로 표출된다.

행동으로 표출되는 번뇌는 계(*sīla*)로 예방할 수 있으며, 사마타 수행은 엄청난 번뇌를 막을 수 있다. 도의 지혜는 잠재적인 번뇌를 근절한다.

『청정도론』에서 "마음 청정(심청정)은 근접 선정이나 팔선정〔4가지 색계선정(*rūpa jhāna*)과 4가지 무색계선정(*arūpa jhāna*)〕이라고도 한다."라고 밝히고 있다.

(3) 견해 청정(*diṭṭhi visuddhi*, 견청정): '나'(현재의 나), '너', '사람', '남자', '여자', '천신', '범천', '생명체' 등에 대한 그릇된 견해의 청정이다. 이 청정은 루빠 빠릭가하와 나마 빠릭가하 수행을 통해 습득된다.

(4) 의심을 제거한 청정(*kaṅkhāvitaraṇa visuddhi*): 부처님과 법과 승가와 창조자의 존재, 청정함에 대한 수행, 과거의 '나', 미래의 '나', 과거와 미래의 '나', 연기에 대한 의심을 초월한 지혜이다.

(5) 도와 도가 아님에 대한 지견 청정(*maggāmagga ñāṇadassana visuddhi*): 열반에 이르는 길이 옳은 길인지 잘못된 길인지 위빳사나 과정을 아는 것이다.

(6) 열반에 이르는 도의 청정(*paṭipadā ñāṇadassana visuddhi*): 열반으로 향하는 길을 아는 것이다. 이 단계에서 수행자는 열반으로 가는 바른 길에 들어선다.

(7) 모든 번뇌의 청정(*ñāṇadassana visuddhi*, 지견 청정): 아라한 도를 성취하기 위해 수행자는 이 청정을 4번 얻어야 한다. 첫째 예류도(*sotāpatti magga*)를 얻을 수 있다. 두 번째 일래 도(*sakadāgāmi magga*)를 얻고, 세 번째 불환 도(*anāgāmi magga*)를 얻는다. 오직 네 번째에서만이 아라한 도(*arahatta magga*)를 성취할 수 있다. 이 단계에서만이 모든 번뇌가 뿌리까지 완벽하게 제거된다. 이제 그를 아라

한이라고 부른다(도의 지혜 뒤에는 항상 과의 지혜가 바로 따라온다).

삼마사나 냐나에 대해 『빠띠삼비다막가』에서 이와 같이 밝히고 있다.

"과거, 현재, 미래의 담마를 종합적으로 검토하는 지혜를 삼마사나 냐나라고 한다." 이 지혜의 임무(검토하는 것) 때문에 이런 이름을 갖게 되었다. 삼마사나 냐나는 오직 현재의 마음과 물질만을 대상으로 취한다. 취한 모든 대상은 일어나고 사라진다(무상)는 것을 깨닫게 된다. 따라서 과거의 마음과 물질이 일어났다 사라진 것처럼 미래의 마음과 물질도 일어났다 사라질 것이라는 결론에 이른다. 그래서 이 것을 추론적 위빳사나(*naya vipassanā*, 방법론적 통찰 또는 추론적 위빳사나; 하나의 방법으로써 현재 대상의 일어남과 사라짐에 대해 명상하는 것을 예로 택하여 미래를 추론하는 것)라고 한다. 삼마사나 냐나가 현재의 대상을 취하고 있더라도, 그것은 모든 삼생, 즉 현재, 미래와 과거를 아우르는 결론에 이르게 된다. 그런 이유로 이것을 '모든 삼생의 마음과 물질의 3가지 특성을 아는 것'을 의미하는 깔라빠 삼마사나 냐나(*Kalāpa sammasana ñāṇa*, 삼생의 3가지 특성을 아는 지혜)라고 한다.

삼마사나 냐나에서 수행자는 무상·고·무아를 알기 위해 대상을 주시해야 한다. 우선, 마음과 물질의 개별적인 본질(열기, 유동성, 단단함 등)을 알 수 있다. 그러나 아직 무상·고·무아의 보편적인 특성을 명확하게 알 수 없다. 이미 언급했듯이, 각 마음과 물질은 2가지 종류의 특성이 있다. ① 개별적인 특성인 흙(*pathavī*)의 단단함 또는 부드러움, 불(*tejo*)의 차가움과 뜨거움 등과 ② 보편적인 특성인 무상·

고·무아이다.

위빳사나 수행자는 보편적인 특성에 대해 명상해야 한다. 이러한 특성들은 모든 마음과 물질에 포함되어 있기 때문에 그것이 무엇인지를 알아야 한다.

모든 마음과 물질의 보편적인 특성은 다음과 같다.

(i) 무상(*anicca*): 아닛짜는 아(*a*) + 닛짜(*nicca*)이다. '아(*a*)'는 부정(~이 아닌)의 뜻이며, '닛짜'는 영원함의 의미이다. 영원하지 않은 것이 아닛짜이며, 아닛짜는 모든 것이 덧없음을 의미한다. 어떤 것이 일어나서 잠시 머물고 사라진다. 그 어떤 것을 무상이라고 한다. 그래서 무상의 특성은 일어남과 머묾과 사라짐이다. 만약 어떤 것이 3가지 특징을 가지고 있다면 그것을 무상이라고 한다. 빨리어로 일어남은 우다야(*udaya*)이고, 사라짐은 와야(*vaya*) 또는 방가(*bhaṅga*)이다. 머묾은 일어남도 사라짐도 아닌 다른 방식으로 존재한다는 의미인 안냐탓따(*aññathatta*, 머물러 있는 것)라고 한다. 이것은 티띠(*ṭhiti*, 존재함 또는 머묾)라고도 한다.

간단하게 무상의 특성은 일어남(*uppāda*)과 머묾(*ṭhiti*)과 사라짐(*bhaṅga*)의 처음 단어를 합쳐놓은 우빠드티방(*upādṭhibhaṅ*)이라고 한다. 가끔은 일어난 것이 멈춤 없이 바로 사라지기도 한다. 이러한 것은 일어난 후 바로 소멸한다. 이것 또한 무상이라고 한다. 그래서 일어난 후 소멸하는 것도 무상의 특성이다. 이것을 후트와 아바와(*hutvā abhāva*, 일어나서 더 이상 존재하지 않으며 한 곳에 모여 머무르지 않음)라고 부른다. 위빳사나 초기 단계에서 수행자는 무상의 특성으로써 일어남과 머묾과 사라짐을 본다. 오직 높은 단계의 위빳사나 지혜를 얻을 때만이 일어난 후 바로 소멸하는 것을 본다. 그래서 이러한 특성을 더 높은 단계의 무상이라고 한다. 방가 냐나(마음과 물질의 사라짐을 아는 지혜) 후에 수행자는 이 특성만을 보게 될 것이다.

여기에 무상에 대한 한 실례가 있다. 어떤 사람이 비눗물이 담긴 튜브를 불면 비눗방울 거품이 생긴다. 그것은 거품이 일어난 것이다. 그는 비눗방울 거품이 공중에 떠다니는 것을 볼 수 있다. 그것은 잠시 머문다. 그러고 나서 바로 터져서 거품이 사라진다. 그 거품은 아닛짜(무상)에 속한다.

대상이 일어나고 사라지는 것을 주시할 때, 다음 4가지 것들 중에 하나를 알게 된다. 그래서 만약 수행자가 이것들을 알게 된다면 그는 아닛짜를 이해한 것이다라고 『아비담마』 주석서 「삼모하위노다니」에서 설명한다.

① 아닛짜는 영원하지 않다.

② 아닛짜는 찰나 순간 동안 존재한다.

③ 아닛짜는 끊임없이 변하며 처음에 일어난 것과 같지 않다.

④ 아닛짜는 영원함의 반대이다.

(ii) 고통(*dukkha*, 불만족): 둑카는 '두 카마띠 둑캉'(*du khamati dukkhaṃ*)으로 정의한다. 이것은 '이러한 것은 참기 어렵다 그래서 둑카(고통)이다'라는 뜻이다. 누군가에게 고통이 일어날 때 그것을 참으려면 정신적, 육체적으로 어려움이 따른다. 『빠띠삼비다막가』 주석서에 의하면 고통에는 7가지 유형이 있다.

① 본래 고통(*dukkha dukkha*): 이것은 고통 그 자체이다. 이 고통은 일어나자마자 그것이 고통이라는 것을 안다. 이러한 종류의 고통은 정신적, 육체적 아픔이다.

② 변하는 고통(*vipariṇāma dukkha*): 오직 변했을 때만이 그것이 고통이라는 것을 안다. 세상에 있는 모든 것은 고통이다. 모든 사람들이 일반적으로 생각하는 행복(*sukha*)은 사실 변하는 고통에 속한다. 열반을 제외하고 이 우주상에 행복이란 없다. 영원히 지속되는 것이 있다면 행복이 될 수도 있다. 그러나 열반 외에 영원한 것은 아무것도 없다. 오직 열반만이 영원하다. 그러므로 열반은 행복이며, 영원한 궁극의 실재이다.

③ 숨겨진 고통(*paṭicchanna dukkha*): 이것은 말했을 때만이 그것이 고통이라고 알 수 있는 것이다. 만약 어떤 사람에게 치통이 있다면 아무도 모른다. 모든 사람들은 그가 괜찮다고 생각하지만 사실은 그렇지 않다. 만약 누군가 물어보면, "난 좀 아파요. 치통이 있거든요."라고 대답할 것이다. 그 치통이 숨겨진 고통이다.

④ 드러난 고통(*apaṭicchanna dukkha*): 이것은 피가 흐른다든가 누군가에게 고문을 당한 것과 같이 드러난 고통이다.

⑤ 간접적인 고통(*pariyāya dukkha*): 탄생과 같은 간접적인 고통이다. 탄생은 진짜 고통은 아니지만 사람은 태어남으로 인해 늙고 병들어 결국은 죽는다. 그래서 이것을 간접적인 고통이라고 한다.

⑥ 직접적인 고통(*nippariyāya dukkha*): 죽음과 같은 직접적인 고통이다.

⑦ 형성된 것들로 인한 고통(*saṅkhāra dukkha*): 일어남과 사라짐

으로 인한 끊임없는 고통이다. 이 고통은 모든 마음과 물질에 존재한다. 그러므로 위빳사나 수행을 할 때는, 이 상카라 둑카를 이해하기 위해 수행해야 한다. 오직 이 상카라 둑카를 이해할 때만이 도의 지혜를 성취할 수 있다. 상카라 둑카의 특성은 일어남과 사라짐에 의한 끊임없는 고통이다. 이것이 고통의 특성이며 위빳사나의 대상이다.

고통에는 8가지 근원이 있다. 그것은 태어남(*jāti*), 늙음(*jarā*), 질병(*byādhi*), 죽음(*maraṇa*), 싫어하는 사람과 만남(*apiyehi sampayogo*), 사랑하는 사람과 이별(*piyehi vippayogo*), 원하는 것을 갖지 못하는 것(*yam picchaṃ na labhati*), 오온에 대한 집착(*pañcupādānakkhandha*)이다.

(iii) 무아(*anatta*, 자아가 없음): 아낫따는 '나' 또는 '자아'나 '영혼이 없는' 것을 의미하는 낫티앗따(*natthi atta*)이며, '나' 또는 '자아' 또는 '영혼이 아닌'을 뜻하는 나앗따(*na atta*)이다. 낫티앗따는 인간에게 '앗따(자아)'가 없다는 것이다. 나앗따는 인간은 '앗따'가 아니라는 것이다. 인간은 앗따가 아니라 단지 마음과 물질의 복합체일 뿐이다. 무아의 특성은 '자신의 의지나 바람대로 되지 않는'(*avasavattanakāya*) 것이다.

이 시점까지 수행을 해오면서, 수행자는 오직 마음과 물질만 지켜보았다. '소위' 인간들이라고 하는 것에는 자아나 핵심이 없다. 무아를 이해하기 위해서 수행자는 일반 사람들이 받아들이고 있는 6

가지 자아에 대해 알아야 한다. 부처님 당시에, 바라문들은 범천계에서 온 대 범천(*Brahma*)이 모든 인간들을 창조했다고 믿었다. 그를 빠라마 앗따(*Parama atta*, 범아; 창조신)라고 부르며 때로는 아트만(*Atman*, 대아)이라고도 한다. 그들은 인간들을 범천이 창조한 지와 앗따(*jīva atta*)라고 믿었다. 여기서 지와 앗따는 생명을 가진 살아있는 존재라는 의미이다. 그들의 믿음에 따르면 6가지의 자아가 있다고 『빠띠삼비다막가』에서 밝히고 있다.

① 느끼는 자아(*vedaka atta*): 이런 종류의 자아는 몸에 있는 모든 느낌 때문에 고통스러워한다. 만약 어떤 사람이 슬프면 그들은 그것이 '느끼는 자아'라고 생각한다.

② 행위하는 자아(*kāraka atta*): 사람의 몸속에는 몸으로, 말로, 마음으로 짓는 모든 행위에 영향을 미치는 일종의 살아있는 개체가 있다. 그것이 모든 행위에 영향을 미친다. 몸으로, 말로, 마음으로 짓는 모든 행위는 행위하는 자아가 한 것이다.

③ 거주하는 자아(*nivāsī atta*): 이것은 사람의 몸속에서 영원히 머무르는 일종의 살아있는 개체이다. 어떤 사람이 죽으면 이 '자아'는 새로운 몸을 받아서 결코 죽지 않으며 영원히 머무른다.

④ 지배하는 자아(*sāmi atta*): 사람의 몸속에서 원하는 대로 조정하고 명령하는 일종의 살아있는 개체이다. 그것이 몸을 소유한다.

⑤ 관리하는 자아(*adiṭṭhāyaka atta*): 이 '자아'가 인간의 몸속에 살면서 인간을 지배하고 관리한다.

⑥ 독립적인 자아(*sayaṃvasī atta*): 인간의 몸속에 사는 일종의 '자아'이다.

인간은 모든 행위를 자신의 바람대로 한다. 사실, 인간의 몸속이나 몸 밖에서 거주하는 그런 종류의 '자아'는 없다. 이러한 사실을 확증하기 위해 부처님은 무아를 가르쳤다. 위빳사나는 도의 지혜를 얻기 위해 무아에 대한 지혜를 기르는 수행이다. 그래서 위빳사나 수행에서 무아에 대한 인식(*anatta saññā*)과 무아에 대한 지혜(*anatta paññā*)는 모든 수행자들이 알아야 할 의무사항이다. 삼마사나 냐나 초기에 수행자는 무아에 대해 명확하게 알 수 없다.

부처님은 『우다나』의 「메기야숫따」에서 설했다.

"무상에 대한 인식(*anicca saññā*)을 얻으면 무아에 대한 인식(*anatta saññā*)도 얻을 수 있다. 무아에 대한 인식을 얻으면 '나'라는 자만심을 뿌리째 제거할 수 있어서 바로 이생에서 열반을 성취할 수 있다." 만약 누군가 무상을 이해한다면 그는 무아도 이해할 수 있기 때문에 '나'라는 자만심도 제거할 수 있다. 그런 다음, 이번 생에서 열반을 실현할 수 있다. 그래서 무아에 대한 인식을 얻는 것이 가장 중요하다. 그러나 오직 고통에 대한 인식(*dukkha saññā*)을 이해할 때만이 무아에 대한 인식을 이해할 것이다. 그러므로 첫 번째로 중요한 것은 무상에 대한 인식을 이해하는 것이다. 삼마사나 냐나 초기에 수행자는 심지어 무상에 대한 인식도 얻지 못할 수 있다. 그러나 위빳사나 수행을 할 때 마음과 물질이 있는 것을 볼 것이다. 그러면 무상에 대한 인식을 얻기 위해 수행자는 대상이 일어나고 사라지는 것을 보아야 한다. 이 일어남과 사라짐을 볼 때만이 그 대상이 아닛짜(무상)라는 것을 알 것이다. 그래서 수행자는 그 대상을 '무상'한 것으로써 명상해야 한다. 그러면 무상에 대한 인식을 얻게 된다.

일어나는 대상이 모두 사라진다는 것을 여러 번 본 후에, 수행자는 모든 대상이 영원하지 않다는 것을 알 것이다. 그래서 무상에 대한 지혜를 얻게 된다. 그런 후, 수행할 때마다 일어나고 사라지는 것을 여러 번 본다. 이제 알아차리고 있는 모든 대상의 일어남과 사라짐이 마음의 고통이라는 것을 느끼기 시작한다. 그러면 명상을 할 때마다 매 순간 끊임없이 일어나고 사라짐이 고통이라는 것을 느낀다. 계속 그런 마음의 고통을 경험할 때, 고통에 대한 인식을 얻을 것이다.

고통에 대한 인식을 얻은 후, 계속 위빳사나 수행을 하면서 일어남과 사라짐이 고통이라고 이해한다. 수행자는 모든 일어남과 사라짐이 고통이라는 것을 여러 번 경험한다. 결국, 일어남과 사라짐의 과정이 그 자체로 계속되기 때문에 통제할 수 없다는 것을 알게 된다. 원하는 느낌이 일어나면 그 느낌을 계속 느끼고 싶어 하지만 그럴 수 없다. 원하지 않는 느낌이 일어나면 그 느낌을 줄이려고 하지만 그럴 수 없다. 마음과 물질은 그 과정에 의해서 일어나고 사라질 뿐이다. 이 사실을 알게 되면 마음과 물질이 자기의 의지나 바람대로 되지 않는다는 것을 알기 시작한다. 하나의 대상을 주시할 때마다 일어나는 모든 것들이 사라지는 것을 보게 된다. 아무것도 남아 있지 않다. '나'라는 것도 없다. 이때 무아에 대한 인식을 얻는다.

앎에는 3가지 종류가 있다.

① 식(*viññāna*): 대상을 취함으로써 아는 것이다.

② 인식(*saññā*): 그 대상을 알아차림으로써 아는 것이다.

③ 통찰의 지혜(*paññā*): 대상의 실재를 자세하게 아는 것이다.

예를 들면, ①은 어린아이가 황금 동전을 아는 것이고, ②는 어른이 황금 동전을 아는 것이며, ③은 금세공인이 황금 동전을 아는 것이다. 그러므로 통찰의 지혜를 얻기 위해서는 한 점을 주시하는 마음으로 온 힘을 다해 그 대상을 정확하게 알아차려야 한다. 통찰 지혜의 근접 원인은 집중이다.

참조: 통찰의 지혜(paññā)는 분석에 의해 자세하게 아는 것이며, 인식(saññā)은 일반적으로 사전 경험에 의존하여 아는 것이다.

빨리 경전에 있는 부처님 가르침에 의하면, 다음과 같이 언급되어 있다. "삼마사나 냐나를 성취하기 위해, 수행자는 사라짐을 볼 때까지 대상을 주시해야 한다." 그러나 『청정도론』 복주서에는 다른 수행 방법이 언급되어 있다. 우선, 마음과 물질에 대해 명상하는 방법이 각각 7가지가 있다.

1) 물질에 대한 7가지 명상 방법

① 수태할 당시에 일어난 물질(루빠)은 죽는 순간까지 계속 존재하지 않음을 알아차린다. 그 물질은 수태된 순간에 사라진다. 이것은 무상이다.

② 구 물질은 소멸한다. 주석가들은 물질의 수명을 3가지 시점으

로 나눈다. 한 생을 100년으로 하여, 처음 1/3은 두 번째 1/3까지 존재할 수 없다. 또한 두 번째 1/3의 물질은 세 번째 1/3까지 존재할 수 없다. 물질은 그 수명 기간 안에 소멸한다. 이처럼 어떤 구 물질은 현재 시간까지 존재할 수 없다.

③ 영양분(*āhāra*, 음식)에서 생긴 물질을 알아차린다. 아침 식사 후 일어난 물질은 배가 고플 때인 오후에까지 존재할 수 없다.

④ 온도에서 생긴 물질(*utuja*)을 주시한다. 겨울에 생긴 물질은 여름까지 존재하지 않는다. 여름에 생긴 물질은 우기 때까지 존재하지 않는다. 우기 때 생긴 물질은 겨울까지 존재하지 않는다. 또한 더울 때 생긴 물질은 추울 때까지 존재할 수 없다.

⑤ 업에서 생긴 물질(*kammaja*, 업의 결과)을 주시한다. 대상을 보는 과정에서, 그 대상이 눈의 투명 물질(*cakkhupasāda rūpa*)과 접촉할 때, 안식(보는 의식)이 일어난다. 이것이 '보는 것'을 의미한다. 이 눈의 투명 물질은 업에서 생긴 물질이다. 그것은 대상을 본 후에는 존재하지 않는다. 무엇인가를 볼 때, 그런 후 바로 무슨 소리를 들을 때, 또 바로 무슨 냄새를 맡을 때, 이 3가지를 한꺼번에 감지할 수 없다. 눈의 투명 물질은 다른 소리를 들을 때까지 존재하지 않으며, 귀의 투명 물질(*sotapasāda rūpa*)은 냄새를 맡을 때까지 존재하지 않는다. 이 물질들은 의식하는 단계에서 바로 사라져버린다.

⑥ 마음에서 생긴 물질(*cittaja*)을 알아차린다. 어떤 사람이 행복을 느낀 후 곧바로 화가 난다. 마음이 행복할 때 일어난 물질은 화가 났을 때까지 존재할 수 없다. 행복한 순간에 일어난 물질은 행복한 그 순간에 사라진다.

⑦ 감각기관이 없는 물질(*dhammatā rūpa*, 마음이 없는 물질; 물질적인 것; 무생명체 물질)을 알아차린다. 나무 잎사귀를 예로 들어보자. 처음에 나뭇잎이 초록색이지만 노란색으로 변하여 빨간색이 된다. 초록색이었을 때 물질은 노란색으로 되었을 때 존재하지 않는다. 노란색일 때 물질은 빨간색으로 변한 후에 역시 존재하지 않는다. 그것은 노란색이거나 빨간색일 때 사라져버린다. 그래서 이것은 무상이다.

띨락카낭 아로뻬뜨와(*tilakkhaṇaṃ āropetvā*)는 3가지의 특성(무상·고·무아)을 대상에 둔다는 의미이다. 이것은 보통 마음과 물질에 대해 알아차리는 것과 같이 수행한다. 우선 수행자는 마음과 물질의 개별적인 특성(열기로서의 불)을 알 수 있다. 나중에, 보편적인 특성(무상·고·무아)을 이해하기 시작한다. 여기에서 보편적인 특성을 아는 것은 개별적인 특성을 이해한 후 그것을 바탕으로 이해한 앎이다. 다시 말해서, 첫 번째 층(개별적인 특성) 위에 다시 무엇인가를 올려놓은 것과 같다. 그래서 이것을 '~위에 올려놓음'을 뜻하는 아로뻬뜨와라고 한다.

2) 마음이나 비물질에 대한 7가지 명상 방법

① 무리(*kalāpa*): 물질(대상)을 전체 무리(*kalāpa*)로 알아차린 후, 자세한 마음작용은 알려고 하지 말고, 그 물질을 주시한 마음을 알아차리며, 그것이 무상임을 알아차린다.

② 쌍(*yamaka*): 물질(대상)을 알아차린(명상) 후, 그것을 자세히 알아차리면서 물질을 주시한 그 마음을 알아차린다(대상과 그 대상을 주시한 마음). 그리고 그것을 무상으로 알아차린다. 이것은 느낌(*vedanā*)이나 접촉(*phassa*)이나 인식(*saññā*)이나 식(*viññāna*)과 같은 마음작용 중 하나를 자세하게 아는 것이다.

③ 찰나(*khaṇika*): 첫 번째 마음(알아차린 마음)이 대상의 사라짐을 알아차린 후, 첫 번째 마음은 사라진다. 두 번째 마음이 첫 번째 마음을 무상으로 알아차리고, 세 번째 마음이 두 번째 마음을 알아차린다. 네 번째 마음이 세 번째 마음을 알아차린다. 다섯 번째 마음이 네 번째 마음을 알아차린다. 이것을 카니까(찰나, 순간)라고 한다.

④ 연속(*paṭipāti*): 카니까와 같은 방법으로 하는데, 열한 번째 마음이 열 번째 마음을 알아차릴 때까지 한다.

⑤ 잘못된 견해를 버림(*diṭṭhi ugghāṭana*): 명상을 할 때 가끔 수행자는 "내가 명상을 한다. 내가 앉아 있다."라고 생각한다. 하지만 '나'란 없다. 수행자는 '나'가 아닌 상카라가 '나'가 아닌 상카라를 주시하고 있다고 생각하면서 처음 생각을 버려야 한다.

⑥ 자만을 제거함(*māna samugghāṭana*): 자만을 제거하는 것을 알아차리는 것이다. 수행자가 '나는 좋은 수행자야!'라고 생각할 때, 그러한 자만을 제거해야 한다. 자만을 제거함으로써, 영원하지 않은 마음과 물질이 영원하지 않은 마음과 물질(상카라)을 알아차린다. '나'라고 우쭐댈 것은 아무것도 없다. 모든 것은 항상 사라진다. 모든 것은 영원하지 않다.

⑦ 애착의 제거(*nikanti pariyādāna*): 애착을 제거하기 위해 나마

(*nāma*, 마음)를 무상으로 이해한다. 명상 결과가 좋으면 수행자는 자기가 했던 명상에 애착한다. 이것은 명상에 대한 기쁨과는 같지 않다. 이때 수행자는 끊임없이 사라지는 상카라를 주시하면서 끊임없이 사라지는 그 상카라를 알아차려야 한다.

마음과 물질에 대한 7가지 수행은 의무적인 것이 아니다. 오직 마음이 사라지는 것을 볼 때만 이 방법에 따라 수행한다. 그러나 수행자는 대상이 일어나고 사라지는 것을 알기 위해 수행해야 한다.

칸니 전통에서, 위빳사나 수행자가 몸의 한 대상을 주시할 때, 항상 초미립자물질 대상을 주시한다. 몸속 어디를 보든지 항상 아지랑이 같은 루빠 깔라빠를 보아야 한다. 그럴 때만이 위빳사나 지혜를 얻어 나중에 도의 지혜를 성취할 수 있는 충분한 자격을 갖춘 것이다. 그래서 수행자는 아지랑이 같은 물질 이외에 다른 대상을 찾을 필요가 없다. 이 아지랑이 같은 물질에서 무상의 개념을 찾으려고 노력해야 한다. 그래서 수행자의 대상은 항상 아지랑이 같은 물질인 루빠 깔라빠이다. 수행자는 심장토대에 항상 마음의 초점을 맞춰야 한다. 그 대상에서 아지랑이 같은 물질을 볼 수 없을 때만 몸의 다른 곳에서 일어나고 있는 다른 대상으로 옮겨 그 대상을 알아차린다. 수승한 수행자는 먼저 심장토대를 주시하고 무상에 대한 지혜(*anicca saññā*, *saññā*를 *paññā*의 의미로 사용하기도 함)를 얻으려고 노력해야 한다. 아지랑이 같은 물질을 볼 때마다 무상을 안다면, 몸 전체를 하나의 대상으로써 주시하며 무상을 이해하려고 노력해야 한다. 몸 전체에서 아지랑이 같은 물질이 일어나고 사라지는 것을 마음의 눈으로 볼 것이다. 그러면, 몸 전체에서 무상에 대한 지혜를 얻으려고 노력해야 한다.

그런 후, 아지랑이 같은 물질을 취하면서 심장토대로 마음을 옮겨서 고통에 대한 개념을 얻으려고 노력한다. 심장토대에서 고통에 대한 개념(*dukkha saññā*)을 얻은 후 몸 전체를 하나의 대상으로 취하고, 몸 전체에서 고통에 대한 지혜를 얻기 위해 주시한다. 고통에 대한 지혜를 얻은 후, 다시 심장토대로 마음을 옮겨 무아에 대한 개념(*anatta saññā*)을 얻기 위해 수행한다. 심장토대에서 무아에 대한 개념을 얻으면, 몸의 다른 부분으로 옮겨서 전체 몸을 대상으로 취하고, 몸 전체에서 무아에 대한 지혜를 얻으려고 노력한다. 무아에 대한 지혜를 얻으면, 몸 전체에서 3가지의 특성, 즉 무상·고·무아를 알게 된다. 그러면 심장토대로 옮겨서 마음속에서 일어난 지혜(*ñāṇa*)로 그 대상을 주시해야 한다.

수행자는 이렇게 말할 수도 있다. "모든 마음(나마)과 물질(루빠)은 일어나고 사라지지만 나는 언제든지 내 몸을 만질 수 있고 마음대로 할 수 있어." 그렇다. 수행자는 몸의 일부분은 만질 수 있다. 사실 그는 손의 한 부분에서 일어나는 초미립자 물질을 이용하여 초극미한 순간에 일어나는 물질만을 만진 것이다. 그러나 그 순간은 우리 육안으로 보고 느끼기엔 너무도 짧으며, 이런 짧은 순간이 계속 일어나고 있는 것이다. 그래서 그것이 같은 몸이라고 생각한다. "나는 만질 수 있고, 볼 수 있고, 움직일 수 있어." 몸속에는 초극미한 순간에 일어나고 사라지는 수십억 개의 볼 수 있는 색깔 물질(*vaṇṇa rūpa*)이 있기 때문에 몸을 볼 수 있는 것이다.

명상할 때, 이런 이론을 생각하면서 면밀히 검토할 필요는 없다. 다만 대상을 주시하고 알아차리면 된다. 지혜를 얻게 되면 마치 물 표면 위에 거품이 일어나는 것처럼 지혜가 일어날 것이다. 이 지혜를 수행의 경험을 통해 생긴 지혜(*Bhāvanāmaya ñāṇa*)라고 한다. 단지 생각으로만 지식을 얻는 것은 수행으로 생긴 경험의 지혜가 아니다. 어느 정도 좌선을 끝냈을 때만이 물질을 자세히 관찰할 수 있다. 오직 수행 경험에 의한 지혜만이 위빳사나 지혜를 일으킬 수 있고, 도의 지혜를 생기게 할 수 있다. 위빳사나 수행 전에 지적 수준의 지식 또한 필요하다. 무엇이 나마(마음)이고 루빠(물질)인지에 대한 지식을 습득하는 것은 도의 지혜를 얻기 위해 아주 중요하다. 이런 지식이 없다면, 물질이 일어나고 사라지는 것을 아무리 많이 본다 하더라도, 도의 지혜를 얻기 힘들다.

위빳사나 수행을 할 때 도의 지혜를 얻을 때까지 18가지 위빳사나 지혜(*Vipassanā paññā*)의 단계를 차례차례 거친다. 이것을 『청정도론』에서는 '18가지의 주요한 위빳사나'(*Mahā vipassanā* 18)라고 하며, 아누빳사나(*anupassanā*, 통찰; 현상에 대한 지속적이고 주의 깊은 관찰)라고도 한다. 18가지 주요한 위빳사나는 다음과 같다.

(1) 무상에 대한 지속적 관찰(*aniccānupassanā*): 영원하다(*nicca*)는 인식을 버린다.

(2) 고통에 대한 지속적 관찰(*dukkhānupassanā*): 행복하다(*sukha*, 만족)는 인식을 버린다.

(3) 무아에 대한 지속적 관찰(*anattānupassanā*): 자아(*atta*, 자아, 자

신 또는 영혼)라는 인식을 버린다.

(4) 혐오스런 것에 대한 지속적 관찰(*nibbidānupassanā*): 집착이나 감각적인 쾌락(*rati*)을 버린다.

(5) 탐욕 없음에 대한 지속적 관찰(*virāgānupassanā*): 탐욕(*rāga*)을 버린다.

(6) 소멸에 대한 지속적 관찰(*nirodhānupassanā*): 일어남(*samudaya*, 고통의 원인; 다시 태어남)을 버린다.

(7) 버림에 대한 지속적 관찰(*paṭinissaggānupassanā*): 거머쥠(*ādāna*)을 버린다.

(8) 분해에 대한 지속적 관찰(*khayānupassanā*): 전체로써 완전한 것이라는 인식을 버린다.

(9) 사라짐에 대한 지속적 관찰(*vayānupassanā*): 새로운 생을 얻으려는 노력(*āyūhana*)을 버린다.

(10) 변화에 대한 지속적 관찰(*vipariṇāmānupassanā*): 영원히 지속된다는(*dhuva*) 인식을 버린다.

(11) 표상 없음에 대한 지속적 관찰(*animittānupassanā*): 상카라(*saṅkhāra*)의 표상(손, 발, 머리 등)을 버린다.

(12) 욕망 없음에 대한 지속적 관찰(*appaṇihitānupassanā*): 행복에 대한 갈애(*paṇidhi*)나 목마름을 버린다.

(13) 공空에 대한 지속적 관찰(*suññatānupassanā*): 자아의 개념에 대한 집착(*abhinivesa*)을 버린다.

(14) 몸과 마음의 현상들을 있는 그대로 통찰지로 바르게 관찰(*yathābhūtañāṇadassana*): 자아에 대한 의심(*vicikicchā*)을 버린다.

(15) 수승한 법에 대한 통찰(*adhipaññādhammavipassanā*): 갈애(*taṇhā*)와 〔그릇된〕 견해(*diṭṭhi*)를 버린다.

(16) 위험에 대한 관찰(*ādīnavānupassanā*): 마음과 물질이 믿을 만하다는 인식(*ālaya abhinivesa*)을 버린다.

(17) 뒤돌아 숙고함을 관찰(*paṭisaṅkhānupassanā*): 어리석음(*moha*)을 버린다.

(18) 전환에 대한 관찰(*vivaṭṭanānupassanā*): 속박의 두려움(*saṃyoga abhinivesa*)을 버린다.

모두 합해서 '18'가지의 아누빳사나(*anupassanā*, 따라가면서 지속적으로 관찰)가 있다 하더라도 그것들은 모두 '7'가지의 빠하나누빳사나(*pahānānupassanā*; 번뇌를 버리는 통달의 지혜 단계)에 포함된다. 심지어 '7'가지의 아누빳사나도 무상에 대한 지속적 관찰, 고통에 대한 지속적 관찰과 무아에 대한 지속적 관찰에 포함된다. (6), (8), (9), (10), (11)은 무상에 대한 지속적 관찰에 포함된다. (4), (13), (16)은 고통에 대한 지속적 관찰에 포함된다. (5), (7), (12), (17), (18)은 무아에 대한 지속적 관찰에 포함된다. 그러므로 위빳사나 수행에서 무상에 대한 인식과 고통에 대한 인식과 무아에 대한 인식을 얻는 것이 가장 중요하며 핵심이다. 수행자가 이 3가지 인식을 얻으려고 명상할 때, 연속성의 개념이 무상의 특성을 드러나지 않게 하며, 자세를 바꿈으로 고통의 특성을 가리며, 견고함이나 전체 하나라는 개념이 무아의 특성을 가린다고 『청정도론』에서 설명한다.

(i) 무상의 특성이 연속성(끊임없는 일어남과 사라짐; 흐름)의 개념에 의해 나타나지 않는다.

무상의 특성(*anicca lakkhaṇā*)을 깨닫기 위해서 수행자는 연속성에 대한 개념을 제거하거나 그것을 밝혀내야 한다. 삼마사나 냐나(마음과 물질의 무상·고·무아를 아는 지혜)를 수행할 때, 우선 몸이나 다리, 손 등과 같은 대상을 볼 것이다. 그때는 무상을 볼 수 없다. 아직 집중력이 강하지 않기 때문에 몸 전체가 가고, 손 전체가 움직이고, 다리 전체가 움직인다고 보며 또 그렇게 알 것이다. 수행을 좀 더 오랫동안 하면, 전체 다리가 움직이고 손 전체가 움직이는 것처럼 보지 않는다. 영화의 필름 한 장면처럼 손이나 발이 부분으로 움직이는 것을 보게 될 것이다. 이때가 되면 연속성(흐름)은 보이지 않는다.

그러면 손이나 다리의 각각 부분에서 또는 모든 부분에서 무상을 깨달을 것이다(여기서 '부분'은 조각이 아니라, 일어났다가 찰나 사라지는 그림자처럼 짧은 순간에 일어났다 사라지는 전체 다리나 손을 의미한다). 그러면 연속성에 대한 개념이 제거되었기 때문에 무상에 대한 지혜를 얻는다. 그러나 고의적으로 연속성의 개념을 제거하려고 할 필요는 없다. 집중된 마음으로 대상을 알아차리면 된다. 집중력이 강해졌을 때, 연속성에 대한 개념은 저절로 제거될 것이다.

(ii) 고통의 특성이 자세를 바꿈으로써 나타나지 않는다.

몸의 자세(*iriyāpatha*, 걷거나 서 있거나, 누워 있거나 앉아 있음)를 바꿈으로써 고통의 특성(*dukkha lakkhaṇā*)이 드러나지 않게 된다. 보통의 일상생활에서 사람들은 앉아 있거나 서 있는 것과 같은 어떤 특정한 자세를 오랫동안 계속 취하고 있을 때, 의식하지 못하고 자세를 바꾼다. 그래서 그 자세에서 고통을 경험하지 못하며, 몸에서 일어나는 고통을 감지하지 못한다. 이것은 고통이 자세를 바꿈으로써 감춰짐을 의미한다. 그러나 좌선을 오랫동안 하면서 자세를 바꾸지 않으면, 가려움이나 뻣뻣함과 같은 고통을 느낀다. 그것은 자세가 고통을 가리지 않았기 때문이다. 그러므로 고통의 특성을 알기 위해 좌선을 하는 동안에 자세를 바꾸거나 움직여서는 안 된다.

(iii) **전체라는 견고한 개념이 무아의 특성**(*anatta lakkhaṇā*)**을 가린다.**

『청정도론』의 「마하띠까」에 의하면, 4가지의 견고한 개념(*ghana paññatti*)이 있다.

① 연속의 견고함(*santati ghana*)

② 통합의 견고함(*samūha ghana*)

③ 대상의 견고함(*ārammaṇa ghana*)

④ 기능의 견고함(*kicca ghana*)

(1) 어떻게 연속의 견고함이 무아의 특성을 가리는가?

연속의 견고함(*santati ghana*)에 가려지면 무아를 깨달을 수 없다. 세상 사람들은 보고 싶은 욕구와 보는 것과, 또 다시 보는 것과 보는 과정을 생각하는 것이 각각 다른 단계라는 것을 알지 못한다. 그래서 사람들은 그러한 단계가 한 번에 일어난다고 생각한다. 연속의 견고함에 가려졌기 때문에, 사람들은 그들이 원하는 대로 주시할 수 있고 볼 수 있는 '어떤 사람' 또는 '나'가 있다고 굳게 믿는다. 사람들은 말하고 듣고 냄새 맡는 것도 같은 방식으로 생각한다. 그러나 수행자가 집중력을 얻으면, 보려는 욕구와 보는 것과 주시하는 것 사이의 차이점을 알게 된다. 또한 그것들이 전체 하나가 아니라는 것도 알게 된다. 그런 이치를 깨닫게 되면 연속한다는 견고함이 소멸된다. 보려는 욕구와 보는 것은 보는 행위를 마칠 때까지 끝날 수 없다는 것을 알게 된다. 그의 바람대로 볼 수 있고 들을 수 있고 냄새 맡을 수 있는 사람도 없고, 그런 '나'도 없다. 그때 수행자는 무아에 대한 지혜(*anatta saññā*)를 얻게 된다.

(2) 어떻게 통합의 견고함이 무아의 특성을 가리는가?

통합의 견고함(*samūha ghana*)은 무아의 개념(*anatta saññā*)을 가린다. 보통 세상 사람들은 마음과 물질을 '전체'나 '한 사람'으로 생각하거나, 마음과 물질이 서로 다른 요소가 아니라고 생각한다. 걷거나 무엇인가를 할 때, 하려는 욕구와 행위를 하는 물질이 전체 하나라고 생각한다. 무엇인가를 만질 때, 손이 전체로써 그 물건을 만진다고 생각한다. 그러나 위빳사나 수행을 해서 집중력을 얻으면, 마음의 욕구와 행위를 하는 물질과 아는 의식이 각각 분리되어 나타난다는 것을 알게 된다. 모든 행동을 할 때마다 마음과 물질이 분리되어 작용한다는 것도 알게 된다. 그러면 몸으로, 말로, 마음으로 짓는 모든 행위가 누군가의 바람대로 될 수 없다는 것도 이해한다. 오직 원인이 함께 일어날 때만이 어떤 행위를 할 수 있다. 그때 무아의 특성인 바람대로 이루어지지 않음(*avasavattanakāya*)을 이해한다.

(3) 어떻게 대상의 견고함이 무아의 특성을 가리는가?

마음은 오직 한 개의 대상만을 취한다. 어떤 특정한 식識이 오직 관련된 한 대상만을 취할 수 있다. 안식(보는 의식)은 보이는 대상을 취한다. 이식(듣는 의식)은 소리를 취한다. 그러나 명상을 하지 않은 사람들은 만약 원한다면 똑같은 하나의 마음으로 볼 수 있고, 들을 수 있고, 냄새 맡고, 만질 수 있다고 생각할 수 있다. 이것은 대상의 견고함(*ārammaṇa ghana*) 때문이다. 집중력이 강해지면 대상의 견고함이 소멸된다. 이렇게 되면 명상하는 매 순간에 보고 싶은 욕구와 보는 것과, 보이는 대상과 보는 의식이 분리되어 하나씩 분명하게 나타난다. 처음 고통을 느낄 때, 마음은 오직 그 처음 고통만을 알아차린다. 그때 두 번째 고통이 일어나면 마음은 두 번째 고통을 다르게 인지하고 첫 번째 고통과 분리한다. 수행자는 어떤 대상을 알아차리고 있는 마음이 동시에 다른 대상을 알아차릴 수 없다는 것을 알게 되며, 자신의 욕구대로 될 수 없는 무아의 특성을 이해하게 된다.

(4) 어떻게 기능의 견고함(*kicca ghana*)이 무아의 특성을 가리는가?

나마(마음)와 루빠(물질)는 기능적인 면에서 다르다. 보는 과정에서, 눈은 볼 수 있고, 보는 식은 보는 것이며, 보이는 물체는 보기 위한 대상이다. 그러나 명상을 하지 않은 사람의 마음으로는 이러한 것들이 하나의 행위로 나타나는 것 같다. 예를 들면, 고기를 요리할 때, 식용유는 그 자체의 기능을 하고, 소금도 그 자체의 기능을 하며, 고기도 그 자체의 기능을 하고, 고추도 고추의 기능을 하며, 생강은 생강으로서의 기능을 한다. 그러나 고기 요리가 완성되어 그 요리를 먹을 때, 우리는 오직 전체적인 고기의 맛을 느낄 뿐이다 (이것은 모든 맛이 각각 분리되어 나타나지 않는다는 것이다).

그러므로 무아의 개념을 얻기 위해서 이 4가지 견고함(*ghana*)을 제거해야 한다. 하지만 수행을 할 때 특별하게 다른 것을 할 필요는 없다. 다만 사라짐을 보기 위해 일어나는 대상을 알아차리면 된다. 그러면 집중력이 강력해졌을 때, 이 모든 견고한 개념을 이해하게 될 것이며 그것들은 저절로 소멸될 것이다.

● 수행 방법

먼저 부처님과 벽지불과 아라한과 성인들에게 전에 잘못한 일이 있다면 용서를 구한다. 그분들에게 마음과 물질의 복합체인 오온, 즉 몸을 맡긴다. 부처님에 대한 회상, 자애 계발 명상, 죽음에 대한 회상을 잠시 동안 한 후에 위빳사나 수행을 시작한다.

보통 때처럼 앉아서 손가락 한 마디 크기인 심장토대에 주의를 기울인다. 일어나는 것을 알아차린다. 아나빠나삿띠 명상 방법 4를 성공적으로 마친 수행자는 고장 난 텔레비전 스크린처럼 아른거리는 아주 미세한 안개나 공중에 떠다니는 먼지 같은 물질미립자를 볼 것이다. 그것들의 움직임, 즉 대상이 차례차례 일어나고 사라지는 것을 주시하면서 그것이 무상이라는 것을 마음으로 알아차린다. 대상이 일어나고 사라지는 것을 알아차리면서 3~4번 무상이라고 암송하고, 그것이 무상이라는 것을 마음으로 주시한다. 그리고 무상이라는 의미를 3~4번 되새긴다.

강한 집중을 하지 못한 수행자들은 뼈나 심장이나 빛 등을 볼 것이다. 아무것도 볼 수 없으면, 소리를 듣거나 열기를 느끼거나 진동을 느끼기도 한다. 그러면 그것들을 대상으로 주시하라. 여기서 '주시한다'는 것은 단지 아는 것이 아니라 한 점에 집중된 마음으로 정확히 그 대상이 있는 곳을 보는 것이며, 대상으로 취하고 있는 소리나 열기, 진동 등이 사라지는 것을 아는 것이다.

그 의미를 3~4번 알아차리면서 삼마사나 냐나의 암송 문구를 새긴다. 그런 후 '무상', '무상', '무상'이라고 마음속으로 알아차린다. 그때 만약 몸의 다른 부분에서 어떤 것이 일어나면 그것을 대상으로 취하고 전의 대상이 사라지는 것을 본 후에 한 점에 집중된 마음으로 그것을 주시한다. 그러면 나중에 무상뿐만 아니라 3가지 특성 중 하나를 아는 지혜가 수행자의 마음속에 분명히 나타날 것이다. 그러므로 마음속에 나타나는 무상이나 고통이나 무아 중 하나의 특성을 알아차리면서 그 대상을 주시해야 한다.

수행자는 대상이 일어나고 사라지는 것을 보려고 노력해야 하며, 대상이 사라질 때 마음으로 그것이 무상임을 이해하면서 알아차린다. 여기에서, 위빳사나 예비명상(루빠 빠릭가하, 나마 빠릭가하, 빳짜야 빠릭가하와 앗다나 빠릭가하)과 삼마사나 냐나 사이에는 차이가 있다. 예비명상에서는 새로운 대상이 일어나자마자 그것을 대상으로 취하고 알아차려야 한다. 한 대상에 오랜 시간 머물러서는 안 된다. 그러나 삼마사나 냐나에서 수행자는 대상이 사라지는 것을 볼 때까지 그 대상을 주시하고 그것이 무상임을 알아야 한다. 그렇게 한 후에, 다른 대상을 취해야 한다. 힘든 대상을 주시할 때, 그 대상이 아무리 심한 통증을 일으킨다 하더라도 다른 대상으로 옮겨서는 안 된다. 통증이 사라질 때까지, 그 힘든 대상을 주시해야 한다. 이처럼, 대상이 사라지는 것을 보고 그것을 무상으로 알아차릴 때까지 그 대상을 주시한다. 그러면 모든 대상에서 무상을 여러 번 알게 되어 결국 일어나는 모든 것이 무상임을 깨닫는다. 이제 무상에 대한 지혜(*anicca paññā*)를 얻게 된다.

위빳사나 수행에는 2가지 기능이 있다.

① 일어나는 마음과 물질을 대상으로 취하고, 그것을 한 점에 집중된 마음으로 주시한다. 이것이 사마타이다.

② 그 대상의 사라짐을 보고 그것을 무상으로 이해한다. 이것이 통찰의 지혜이며 위빳사나이다.

이들 2가지 기능은 위빳사나 수행을 할 때마다 포함되어야 한다. 단지 주시하는 것만으로는 위빳사나 지혜를 얻을 수 없다. 그것은 다만 집중력을 기를 뿐이다. 대상이 사라짐을 보지 못하고 말로만 '무상, 무상'이라고 하는 것은 아무 소용없다.

● 삼마사나 냐나의 암송 문구

☞ 과거의 5가지 원인(무명, 갈애, 집착, 업, 영양분)에 의해 정해진 조건에 따라 아지랑이처럼 일어났다 사라지는 나마와 루빠는 영원하지 않다. 무상, 무상, 무상.

☞ 과거의 5가지 원인(무명, 갈애, 집착, 업, 영양분)에 의해 정해진 조건에 따라 아지랑이처럼 일어났다 사라지는 나마와 루빠는 일어났다 사라지면서 끊임없는 고통을 주기 때문에 굉장히 고통스럽고 만족

스럽지 않다. 고통, 고통, 고통.

☞ 과거의 5가지 원인(무명, 갈애, 집착, 업, 영양분)에 의해 정해진 조건에 따라 아지랑이처럼 일어났다 사라지는 나마와 루빠는 핵심도 없고, 바람대로 되지도 않으며, 통제할 수도 없고 자아도 없다. 무아, 무아, 무아.

제4장

우다얍바야 냐나

(마음과 물질의 일어남과 사라짐을 아는 지혜)

이 시점에 오기까지 수행자는 위빳사나 수행 방법의 기본을 배웠다. 이제 진정한 위빳사나의 세계로 들어갈 시간이다. 여기서 중요한 것은 삼마사나 냐나(무상·고·무아를 아는 지혜)의 단계가 진짜 위빳사나가 아니라는 것이다. 왜냐하면 삼마사나 냐나 초기 단계에서는 무상·고·무아의 3가지 특성을 알 수 없기 때문이다. 계속 수행한 후에, 마음과 물질의 일어남과 사라짐을 아는 지혜(*Udayabbaya ñāṇa*) 단계에서 3가지 특성을 이해한다. 따라서 우다얍바야 냐나의 초기 단계에서부터 진정한 위빳사나라고 할 수 있다. 지금부터 수행자는 명상을 통해서 위빳사나 지혜를 얻어 마침내 도의 지혜를 얻게 될 것이다.

『아비다나』 빨리 사전에서 우다얍바야(*udayabbaya*)는 우다야(*udaya*) + 와야(*vaya*)라고 설명한다. 우다야는 '일어남'이고, 와야는 '사라짐'이다. 우다얍바야 냐나는 마음과 물질의 찰나 일어남과 찰나 사라짐을 아는 지혜이다. 삼마사나 냐나 초기에 수행자는 강한 의지를 가지고 일어남과 사라짐을 보기 위해 맹렬히 수행해야 한다. 일어남과 사라짐을 볼 때, 무상·고·무아를 이해하게 된다. 마음과 물질의 일어남과 사라짐을 여러 번 본 후에, 위빳사나 수행을 하는 매순간마다 마음과 물질이 일어나고 사라지는 것을 보자마자 3가지 특성 중에 한 가지를 알게 된다. 다시 말해서 마음과 물질이 일어나서 바로 사라지는 것을 볼 때마다, 수행자는 이들 3가지 특성 중에 하나를 이해하게 된다.

그렇게 되면 일어나는 모든 마음과 물질은 반드시 사라진다는 것을 알게 되며 3가지 특성을 갖는다는 것도 알 수 있다. 그런 후, 수행자의 마음은 현재 대상이 일어나고 사라지는 것을 보려고 노력할 필요가 없다. 아무런 노력 없이 일어나는 대상을 알아차리더라도, 대상이 일어나고 사라지는 것을 보며 3가지 특성 중에 하나를 이해하게 된다. 그때 마음속에서 우뻬카(*upekkhā*, 노력하지 않고도 일어남과 사라짐을 앎; 평온 또는 평정)가 일어난다. 이것이 위빳사나 평정(*vipassanā upekkhā*, 노력하지 않고도 마음과 물질의 특성을 이해함; 통찰에 의한 평정)이다.

「앗타살리니」에서 위빳사나 평정에 대해 "분명히 존재하는 오온, 오온은 원인 때문에 일어나는 것, 그 오온의 존재와 오온의 일어남을 제거한다. 그래서 맹렬한 노력 없이 오온의 3가지 특성을 분명하게 아는 위빳사나 평정을 성취했다. 이런 노력 없이 얻은 평정을 위빳사나 평정이라고 한다."라고 기록되어 있다. 일어남과 사라짐을 보기 위해 첫째 강한 의지를 가지고 온 힘을 다해 수행해야 한다. 그렇게 하면 마침내 노력할 필요가 없어지며, 노력하지 않고도 일어남과 사라짐을 알 수 있다. 심혈을 기울이지 않고 수행하면서, 편안한 마음으로 대상을 주시하고 그것이 일어나고 사라지는 것을 알아차리더라도 우다얍바야 냐나가 일어난다. 지금부터 수행자는 노력

없이도 대상을 알아차린다. 노력 없이 대상을 알아차린다 하더라도, 대상이 일어나고 사라지는 것을 이해하며 3가지 특성 중 하나를 알게 된다. 마음과 물질의 일어남과 사라짐을 아는 이 지혜를 우다얍바야 냐나라고 한다.

"현재 일어나고 있는 물질이 시작한 것이 우다야(*udaya*)이고, 물질이 사라지는 것이 와야(*vaya*)이며, 이 2가지 일어남과 사라짐을 아는 것이 우다얍바야 냐나이다."라고 『빠띠삼비다막가』에서 설명하고 있다.

평정(*upekkhā*)의 마음이 일어난 후에, 위빳사나 지혜가 더 강해져서 마음과 물질이 훨씬 더 빠르게 일어나는 것을 본다. 마음과 물질이 아무리 빨리 일어난다 하더라도 위빳사나 지혜가 그것을 포착해서 알아차리고 일어남과 사라짐을 볼 수 있다. 그러면 3가지 특성 중 하나를 보게 된다.

『청정도론』의 「마하띠까」에서 "수행자는 과거나 미래에 있는 대상이 아니라 계속되고 있는 현재와 현재 찰나에 일어나는 대상을 우다얍바야 냐나로 알아차려야 한다."라고 밝히고 있다.

여기에서 위빳사나 대상은 찰나에 일어나고 있는 마음과 물질이다. 그러나 처음에는 집중력이 부족하기 때문에 찰나에 일어나는 마음과 물질을 볼 수 없다. 그래서 계속해서 일어나는 마음과 물질만 알아차린다. 그런 후에 집중력이 더 강해지면 대상(마음과 물질)이 찰나에 일어나고 사라지는 것을 볼 수 있다. 찰나에 일어나고 사라지는 대상을 마음속으로 볼 수 있게 되면 위빳사나 지혜가 일어난다.

명상하는 매 순간마다, 수행자는 대상이 일어나는 시작 지점을 마치 거품이 확 올라오는 것처럼 분명하게 보며, 그 대상이 사라지는 것 또한 촛불이 꺼지는 것처럼 분명하게 본다. 거듭 말하지만 약한 우다얍바야 냐나 단계에서는 단지 계속되는 물질(*santati rūpa*)의 일어남과 사라짐만을 본다. 더 강한 우다얍바야 냐나 단계에서는 물질이 찰나(*khaṇika rūpa*)에 일어나고 사라지는 것을 본다. 나중에는 대상이 일어나자마자 그 대상을 알아차릴 때마다 대상이 사라지는 것만 포착할 수 있다. 모든 대상은 일어난 후에 바로 사라진다. 따라서 일어난 모든 대상은 수행자에게 새로운 것이다. 그의 마음속에 모든 대상은 그것이 일어난 곳에서 즉시 일어나서 사라질 뿐이다.

이처럼, 모든 대상은 어떤 곳에 모여서 쌓이지 않는다. 그 대상이 일어날 때 그것은 어떤 다른 곳에서 온 것이 아니다. 그 대상이 사라질 때도 그것이 어떤 다른 곳으로 이동한 것이 아니다. 사실 마음과 물질은 동시에 많은 원인들이 작용하기 때문에, 여기에서 즉시 일어나고 여기에서 완전히 사라진다. 일어난 모든 마음과 물질은 새로운 것이다. 만약 수행자가 이러한 지혜를 얻으면 우다얍바야 지혜의 정상에 오른 것이다. 이런 현상에 대해 『쿳다까니까야』의 「구핫타까숫따닛데사」에 이처럼 언급되어 있다.

"모든 마음과 물질은 보이지 않는 곳에서 오며 보이지 않는 곳으로 간다. 그것들은 하늘의 번개처럼 일어나서 사라진다." 이미 일어난 모든 구 마음과 물질은 사라지고 매 순간 새로운 것이 일어난다. 우다얍바야 냐나의 정상은 이러한 앎(지혜)에 의해 결정된다.

1. 우다얍바야 냐나의 속성

『빠띠삼비다막가』에 따르면, "마음과 물질의 일어남과 사라짐을 아는 지혜를 얻은 수행자가 오온이 일어나는 것을 알아차리면, 오온이 일어나는 25가지의 원인을 깨닫는다. 또한 오온이 사라지는 것을 알아차리면, 오온이 사라지는 25가지의 원인도 알게 된다. 오온의 일어남과 사라짐을 알아차리면, 오온이 일어나고 사라지는 50가지의 원인을 알게 된다."

각각의 칸다(*khandha*, 무더기)에 5가지 일어나는 원인과 5가지 사라지는 원인이 있기 때문에 모두 일어나는 원인 25가지와 사라지는 원인 25가지를 합하면 50가지의 일어나고 사라지는 원인이 있다. 물질 무더기(*rūpakkhandha*)를 예로 들면, 5가지 일어나는 원인은 다음과 같다.

(1) 어떤 행위를 할 때 무명이 일어남으로

(2) 어떤 행위를 할 때 갈애가 일어남으로

(3) 어떤 행위를 할 때 업을 지음으로

(4) 이번 생에서 영양분을 섭취함으로

(5) 현재 물질이 일어남으로

물질 무더기를 예로 들면, 5가지 사라지는 원인은 다음과 같다.

① 무명이 멈춤으로

② 갈애가 멈춤으로

③ 업이 일어나지 않음으로(업의 행위를 하지 않음)

④ 영양분(음식)이 없음으로

⑤ 현재 물질이 사라짐으로

이처럼, 다른 칸다도 있다. 웨다낙칸다(*vedanakkhandha*), 산냑칸다(*saññakkhandha*)와 상카락칸다(*saṅkhārakkhandha*)에서 ④번 원인은 영양분 대신에 접촉(*phassa*)이다. 다른 원인들은 물질 무더기와 같다. 윈냐낙칸다(*viññāṇakkhandha*)에서는 ④번 원인이 영양분 대신에 마음과 물질이다. 부처님의 가르침에 따르면, 이 지혜(일어남과 사라짐을 아는 지혜)를 얻은 수행자만이 지혜로운 사람이라고 한다. 만약 이 지혜를 얻지 못한다면 아무리 많은 분야를 배웠다하더라도 지혜로운 사람이라고 인정받을 수 없다.

이 단계에서 수행자는 일어나는 모든 마음과 물질은 새로운 것이라는 사실을 알게 된다. 그래서 만약 구 마음이 사라진 후에 새로운 마음이 일어나지 않으면 그 생명체는 영원히 죽을 것이다. 그러므로 모든 생명체는 매 순간 죽을 수 있다. 만약 루빠와 나마 빠릭가하(물질과 마음에 대한 식별)에서 마음과 물질의 사라짐을 보지 못했다면, 5가지 예(2장 루빠 빠릭가하 참조)로써 마음과 물질을 볼 것이다. 이 단계의 지혜를 '따루나 위빳사나'(*taruṇa vipassanā*, 미성숙한 통찰의 지혜; 초보적인 위빳사나 지혜)라고 하며, 이런 수행자를 아랏다 위빳사까(*āraddha vipassaka*)라고 한다. 이 의미는 '초기에 애쓰는 수행자' 또는 '초보적인 위빳사나 수행자'라는 뜻이다.

이 미성숙한 위빳사나 단계에 이른 초보 수행자는 마음속에 위빳사나 불순물 또는 위빳사나 번뇌(*vipassanupakkilesa*, 통찰지의 불순물)를 경험한다. 이러한 번뇌는 게으른 수행자나, 수행을 중단한 수행자나, 잘못된 방법으로 수행하는 사람이나, 근기가 수승한 수행자에게는 일어나지 않는다. 10가지 위빳사나 불순물이 있는데, 그것들은 빛, 지혜, 희열, 고요, 행복, 결단, 분발, 장시간 알아차림으로 인한 안주, 평정, 애착이다.

(1) 빛(*obhāsa*): 심지어 빳짜야 빠릭가하(원인과 결과에 대한 식별)와 나마와 루빠 빠리체다 냐나(*nāma-rūpa pariccheda ñāṇa*, 마음과 물질을 식별하는 지혜)에서도 빛이 생긴다. 하지만 그것은 위빳사나 불순물에 포함하지 않는다. 오직 삼마사나 냐나에서 마음과 물질이 더 빠르게 일어날 때, 위빳사나 마음이 그것을 포착해서 알아차릴 수 있으며 그때 빛이 생긴다. 이것을 불순물(우빠낄레사)이라고 한다. 여기에서 불순물이란 마음과 물질이 일어나고 사라지는 것을 알아차리는 바른 수행의 궤도를 벗어난 것이다. 빛이 생길 때, 수행자는 명상하는 것을 잊어버리고 기쁨에 들떠 그 빛을 주시한다. 그는 "이것은 굉장히 특별한 것이구나. 전에는 한 번도 이러지 않았어. 도의 지혜를 얻은 거야."라고 생각한다. 그래서 마음과 물질이 일어나는 것을 계속 알아차리지 못한다. 단지 행복하게 그 빛을 바라볼 뿐이다. 이 빛은 수행자를 옳은 길에서 끌어내린다. 그래서 이런 빛을 불순물이라고 한다. 니깐띠(*nikanti*, 애착; 미세한 탐욕)를 제외한 나머지 8가지 불순물은 오바사(빛)와 같은 속성이다.

위빳사나 불순물 자체로는 번뇌가 아니다. 그러나 수행자가 그것들로 인해 너무 기뻐서 일어나고 사라짐을 알아차리지 못할 때만이 불순물이 된다. 칸니 전통에서는 아나빠나삿띠를 수행했기 때문에 니밋따인 빛을 얻게 된다. 수행자들은 이 빛으로 무엇을 할지 알고 있다. 그래서 칸니 수행자들에게 빛은 불순물이 되지 않는다.

(2) 지혜(*ñāṇa*, 통찰의 지혜): 냐나(*ñāṇa*)는 위빳사나 지혜를 의미한다. 이 단계에서 위빳사나 지혜가 예리하고 강해진다. 수행자는 예리한 칼로 과일을 자르는 것처럼 매우 분명하게 마음과 물질이 일어나고 사라지는 것을 본다. 대상이 바로 눈앞에서 선명하게 사라지는 것을 경험한다. 심지어 굉장히 미세한 대상이 일어나고 사라지는 것도 포착할 수 있으며, 3가지 특성 중 하나를 알게 된다. 그래서 수행자는 자기가 본 것에 너무 기뻐서 노력하지 않는다. 그러면 그것이 불순물이 된다.

(3) 희열(*pīti*): 이 단계에서 수행자는 본인의 수행에 즐거움을 느껴서 희열이 일어난다. 희열이 일어나면, 움직임이 부드러워진다. 마치 어떤 에너지가 그를 밀어서 부드럽고 가볍게 움직인다고 느낀다. 그 느낌에 도취되어 희열을 즐기면서 대부분의 시간을 보내고 싶어 한다. 이때 담마에 대한 과잉 믿음이 희열과 함께 일어난다. 그는 오직 희열만을 즐기면서 머물고 싶어 한다. 그래서 계속 명상을 하고 싶지 않기 때문에 그때의 희열은 불순물이 된다. 부처님의 법에 대해 억제할 수 없는 굉장한 믿음 때문에 수행자는 울음을 터뜨리려고도 한다. 가끔은 알아차리지 못하고 눈물이 흐를 때도 있다. 이런 종류의 눈물은 바람직하다. 이것을 법의 희열(*dhamma pīti*)이라고 한다. 이런 눈물은 차갑고 번뇌를 제거하는 데 도움이 된다. 내 명상 코

스에 참석하던 중에 법의 희열을 체험한 한 수행자에 대한 일화가 있다.

"사마타(*samatha*) 수행 기간 중에 나는 마음으로 보는 빛의 이미지(니밋따)를 보내는 방법과 전에 한 번도 경험해 본 적이 없는 제3의 눈을 통해 파고다 안에 있는 부처님 상을 보는 방법을 배웠다. 나의 수행 과제는 시마(*sīmā*, 승려들이 계를 받는 건물) 안에 있는 부처님 상을 보는 것이었다. 시마는 멀리 떨어진 곳에 있었고, 나는 전에 한 번도 시마 내부를 본 적이 없었다. 나는 꾸띠(*kuti*, 수행하는 사람들의 개인 거처)에서 온 종일 깊은 집중을 얻고자 전념했지만 아무것도 보지 못했다. 그러나 부처님 이미지 보는 것을 막 포기하고 이미지를 보겠다는 욕심을 내려놓았을 때 아주 짧은 순간 나에게 미소 짓고 있는 부처님의 이미지를 분명하게 보았다. 나는 명상 중에 본 이미지를 바로 그림으로 그린 후 내가 본 것의 진실을 확인하기 위해 사야도에게 갔다. 내가 본 것을 설명하자 나를 시마로 데려갔다. 시마 안에 있는 부처님의 이미지를 보자마자 너무 감동하여 와락 울음을 터뜨렸다. 한동안 기쁨에 울음을 멈출 수가 없었다. 그 이미지는 내가 명상 중에 본 것과 너무도 같았다. 이것은 청정한 놀라움이었으며 결코 잊지 못할 소중한 체험이었다."

희열의 종류는 5가지가 있다.

① 작은 희열(*khuddikā pīti*): 기쁨이 섬광처럼 일어난다. 수행자는 굉장한 평온함을 느끼며 눈물을 흘리기 시작한다. 가끔은 기쁨에 도취되어 말을 할 수 없다. 이러한 느낌은 번갯불처럼 한번이나 두 번 일어난다.

② 순간 희열(*khaṇika pīti*): 번갯불처럼 순간적으로 기쁨이 여러 번 일어난다.

③ 홍수와 같은 희열(*okkantikā pīti*): 수행자는 어디서 희열이 일어나는지 모른다. 계속해서 희열이 몸 아래에서부터 일어나서 가슴을 통해 윗몸으로 일어나서 점점 더 가까이 다가오는 바다의 파도처럼 해안선을 휩쓸고 사라진다.

④ 공중 부양하는 희열(*ubbegā pīti*): 이 희열은 아주 강해서 몸이 공중으로 날아오르게 한다. 한 주석서에 산 위로 날아오른 임신한 한 여성에 대한 일화가 이처럼 묘사되어 있다. 이런 종류의 희열을 느낀 순간에 여자의 몸이 공중으로 떠올라 산 위 파고다 앞까지 날아갔다.

⑤ 충만한 희열(*pharaṇā pīti*): 희열이 온몸에 퍼져서 마음이 부드럽고 푸근해져서 아무것도 관심이 없다. 오직 그 느낌만을 오랫동안 느끼고 싶어 한다.

(4) 고요(*passaddhi*): 희열이 일어나면, 마음속에 장애(*nīvaraṇa*)가 근접할 수 없어서 평온해진다. 평화로운 마음 때문에 몸도 평온하고 고요해진다. 수행자는 평화로운 상태에 만족한다.

(5) 행복(*sukha*, 육체적 정신적 만족): 마음과 몸이 고요하고 평온하기 때문에 지고한 행복이 온 몸과 마음에 스며든다. 불편함이나 아픔도 사라진다. 이 단계에서 몇몇 수행자들은 일종의 질병 같은 어떤 질환이 치유되는 경험도 할 수 있다. 따라서 수행자는 이것이 속세를 떠난 어떤 신비한 것이라고 결론을 내림으로써 이런 경험이 잘못된 방향으로 이끈다. 이 시점에서 수행자는 그것을 알아차리지 못

한 채 불순물에 현혹된다.

이 단계에서 마음속에 6쌍의 선한 마음작용이 일어나서 선한 마음작용과 반대(불선한 마음작용)되는 상태를 제거한다. 이들 6쌍은 몸의 고요함(*kāya passaddhi*)과 마음의 고요함(*citta passaddhi*), 몸의 가벼움(*kāya lahutā*)과 마음의 가벼움(*citta lahutā*), 몸의 부드러움(*kāya mudutā*)과 마음의 부드러움(*citta mudutā*), 몸의 적합함(*kāya kammaññatā*)과 마음의 적합함(*citta kammaññatā*), 몸의 능숙함(*kāya paguññatā*)과 마음의 능숙함(*citta paguññatā*), 몸의 반듯함(*kāya ujukatā*)과 마음의 반듯함(*citta ujukatā*)이다. 여기서 까야(*kāya*)는 육체적인 몸이 아니라 마음작용의 무리이다. 부드러움은 딱딱함을 제거한다. 가벼움은 무거움을 제거한다. 적합함은 부적합함을 제거한다. 능숙함(수행의 습관)은 서투름이나 어설픔을 제거한다. 반듯함은 구부러짐을 제거한다. 이 단계에서, 수행자는 성스러운 단계에 오른 것처럼 생각해서 마치 좋은 사람으로 새롭게 다시 태어난 것처럼 생각한다. 그는 어떤 사악한 것도 하고 싶어 하지 않으며 다만 계속 그 단계에만 머물고 싶어 한다.

(6) 결단(*adhimokkha*, 확고한 신념): 알아차림과 통찰의 지혜로 사라지는 모든 대상을 무상·고·무아로 결단할 수 있다. 수행자의 마음은 일어나는 모든 대상이 무상임을 매우 분명하게 이해한다. 그래서 수행에 대해 강한 믿음을 갖는다. 이후, 삼보(부처님과 법과 승가)에 대한 강한 믿음이 고취된다. 수행자는 자기의 체험을 다른 사람들에게 말하고 싶어 하고 또 느낀 것을 가르치고 싶어 한다. 가끔은 누군가에게 담마를 가르치고 법문을 하는 상상을 한다. 그래서 계속

수행하는 것을 잊어버린다. 그 이유 때문에 어떤 사람들은 아디목카를 위빳사나 삿다(*vipassanā saddhā*, 명상에 대한 과잉 확신)라고 한다.

(7) 분발(*paggaha*): 이 단계에서 수행자는 평정한 마음으로 정진하지만 아직 정진의 힘이 강하다. 그는 전처럼 졸리지 않다. 에너지가 넘치지만 마음이 들떠 있지 않다. 수행자는 오랫동안 명상에 전념할 수 있기 때문에 너무 맹렬하게 너무 가혹하게 수행할 수 있다.

(8) 장시간 알아차림으로 인한 안주(*upaṭṭhāna*): 알아차림 또한 평정과 함께 하지만 알아차림이 강하고 확고하다. 수행자는 아무런 노력 없이 알아차림이 된다는 것을 알게 된다. 어떤 대상에 주의를 집중할 때마다 거의 자동적으로 알아차림이 이미 되어 버린다. 아주 미묘하게 일어나는 대상을 알아차리더라도 그는 3가지 특성(무상·고·무아) 중 하나를 이해한다. 노력 없이도 얻어지는 이런 알아차림 때문에 자기가 성인과 같은 완벽한 알아차림을 하고 있다고 상상하여 자만하게 된다. 또한 가끔 이전의 경험을 생각할 때 그는 모든 것을 기억한다. 그래서 자기 생각에 심취해서 수행하는 것을 잊어버린다.

(9) 평정(*upekkhā*): 이 단계에서 수행자는 일어나는 모든 대상이 실제적으로 사라지는 것을 경험했다. 그래서 일어난 모든 것은 반드시 사라진다는 것도 안다. 또한 모든 대상이 영원하지 않다는 것도 안다. 예전에 수행했을 때, 노력하지 않고도 평정이 일어났기 때문에 그는 수행에 심혈을 기울이지 않는다. 여기에 2가지 평정이 있다. 첫째는 위빳사나 우뻬카(*vipassanā upekkhā*, 통찰의 평정)이다. 이것은 7개 속행의 마음(*javana citta*, 결정된 대상에 대해 재빠르게 이해하는

작용: 7개 속행의 마음은 바왕가 17개 마음 중에 9번째 마음에서부터 15번째 마음까지 7단계의 찰나 마음이다. 빠르게 연달아 일어나며 분별심이 일어나 업을 짓는 마음이다)의 우뻬카이며, 두 번째는 속행의 마음 전에 바로 일어나는 결정하는 마음(*manodvāravajjana*, 대상을 조사해서 결정하는 마음)과 함께 일어난 의도의 마음작용에 대한 우뻬카이다.

명상하는 매 찰나의 순간에 전향하는 마음(*āvajjana citta*, 마음이 대상이 되는 5가지 감각의 문이나 마음의 문으로 향하는 것)이 그 대상이 무상하다는 것을 결정하고, 다음에 오는 위빳사나 지혜가 그것 또한 무상이라는 것을 결정한다. 그러므로 전향하는 마음은 이미 여러 번 경험했기 때문에 그 대상이 무상이라는 것을 결정하는 데 어려움이 없다. 그래서 위빳사나 속행의 마음(*vipassanā javana citta*)은 그 대상을 무상으로 쉽게 구분할 수 있다. 이런 과정은 몇몇 수행자만 경험할 수 있다. 위빳사나 수행을 할 때 수행자는 마음속으로 '무상, 무상, 무상' 하면서 대상을 주시한다. 평소대로 사라지는 것을 볼 때마다 쉽게 그것을 알아차릴 수 있으며, 그것이 '무상'임을 알고 마음으로 인지한다.

요약하면, 이러한 마음과정에서 전향하는 마음이 그것이 무상인지를 조사하고 결정한다. 그러면 위빳사나 지혜 또한 그것을 무상으로 구분하여 결정한다. 아픈 수행자가 명상할 때, 그는 대상을 알아차리고, 그것이 사라지는 것을 보며, 그것이 무상임을 안다. 그러면 마음속으로 무상이라고 알아차린다. 이때 수행자가 아프기 때문에 결정하는 마음이 적절하게 임무를 수행할 수 없다. 그래서 수행자는 '아—니--짜--'라고 어렵게 마음으로 알아차린다.

(10) 애착(*nikanti*): 이것은 미세한 탐욕이다. 수행자는 행복해져서 무의식중에 모든 위빳사나 불순물에 집착하며 그 상태의 자신에게 만족한다. 그래서 수행을 계속할 수 없다.

이들 10가지 위빳사나 수행의 불순물(*upakkilesa*, 번뇌)은 모든 수행자에게 나타나지는 않는다. 오직 바른 수행 궤도에 오른 수행자와 심혈을 기울여 수행하는 사람만이 경험할 수 있다. 올바르지 않은 방법으로 부적절하게 수행한 사람들에게 이런 불순물은 일어나지 않는다. 10가지 불순물은 순차적으로 번호를 붙였지만 수행할 때 그 불순물이 순서대로 일어나지 않는다. 일반적으로 10개가 다 일어나는 것이 아니라 2개나 3개나 4개의 위빳사나 불순물이 일어난다. 위빳사나 불순물이 모두 10가지라고 하더라도 3가지 거머쥠(*gāha*, : *taṇhā gāha*, 갈애에 의한 거머쥠; *māna gāha*, 자만에 의한 거머쥠; *diṭṭhi gāha* 견해에 의한 거머쥠)에 붙잡히면 30가지로 늘어난다.

수행자는 위에 언급한 10가지 위빳사나 불순물(통찰력을 저해하는 10가지 번뇌)에 집착하여 도의 지혜를 얻었다고 생각한다. 9가지 불순물은 모두 불선이 아니다. 오히려 그것들은 바람직한 것이다. 하지만 마지막의 불순물인 니깐띠(애착)는 앞의 9가지 불순물을 일으킬 수 있는 실질적인 불선이다. 9가지 불순물은 좋은 것이지만 수행자가 그것에 집착하면 수행을 더 이상 못하게 만들어 장애가 되는 결과를 가져온다. 부지런한 수행자는 주의 깊게 알아차려서 마음과 물질이 일어나고 사라짐을 다시 주시함으로써 이들 번뇌가 일어날 때마다 그것을 물리쳐야 한다.

이러한 것들이 피해야 할 장애물이라는 것을 아는 수행자는 계속해서 일어남과 사라짐을 알아차리고 주시할 것이다. 그러면 마음은 이러한 것들이 피해야 하는 불순물이라는 것을 결정한다. 이러한 결정을 하는 지혜가 도와 도 아님에 대한 지견 청정(*Maggāmagga-ñānadassana visuddhi*)인데, 이것은 어떤 것이 도이고 어떤 것이 도가 아닌지를 결정하는 지견 청정의 지혜이다. 이 지견 청정의 지혜를 성취한 후, 위빳사나 지혜가 더욱 강해져서 마음과 물질의 일어남과 사라짐이 훨씬 더 분명하고 훨씬 더 빠르다는 것을 알게 된다.

이제 수행자는 진정한 위빳사나 수행자가 되었다. 이 단계에 이르면 어느 한 순간 열반을 성취할 수도 있다. 더 심혈을 기울여 전심전력으로 열심히 수행하라.

● 900명의 승려에 대한 일화

부처님 당시에 이 단계(마음과 물질의 일어남과 사라짐을 아는 지혜)를 성취한 900명의 승려가 아주 빠른 시간에 열반을 성취했다. 그때 부처님은 광채를 내보내서 그들로 하여금 부처님의 이미지를 볼 수 있도록 했다. 그리고 「법구경」 주석서의 담마 한 구절을 설했다. 그 담마를 듣고 그들은 바로 아라한이 되었다.

"한적한 곳으로 들어가서 고요한 마음으로 수행을 잘 한 비구에게 보통 세상 사람들은 느낄 수 없는 기쁨이 마음속에 일어난다. 오온이 일어나고 사라지는 것을 알아차릴 때마다 비구는 행복과 희열을 느낀다. 일어나고 사라지는 담마를 깨닫는 지혜로운 사람에게 그 환희심 자체는 열반을 실현하기 위한 원인이 된다."

2. 명상 도중 극심한 고통을 극복하는 방법

고통을 극복하는 것을 미얀마 말로 웨다나 쪼티(*vedanā kyawthi*, 극복)라고 한다. 일반적으로 대부분의 미얀마 수행자들은 이 단어를 알고 있지만 잘못 사용하고 있다. 빨리 경전에 따르면, 이것은 고통을 멀리하거나 제거한다는 의미인 웨다나 윅캄바나(*vedanā vikkhambhana*)라고 한다. 모곡 사야도가 이 단어를 처음 사용하기 시작했다. 모곡 사야도가 임종할 때, 극심한 고통을 알아차리면서 극복해냈다. 그는 제자들에게 '고통을 극복하려고 노력해라'라고 말한 후 완전한 열반에 들었다. 모곡 사야도는 빨리어와 이 단어의 의미를 알고 있었지만 대부분의 수행자들은 진정한 의미도 모른 채 '고통을 극복하라'라고 말한다. 그러나 이 단어의 의미는 '지혜를 이용하여 고통을 제거하라'는 의미임이 틀림없다.

수행자들의 말에 의하면, 명상을 할 때 가끔 극심한 고통이 일어난다고 한다. 처음에는 참을 수 있지만 나중에는 고통이 점점 극심해진다. 고통을 참기 힘들어지면 이를 악물거나 온몸을 부들부들 떨면서 고통을 참으려고 안간힘을 쓴다. 왜냐하면 명상 자세를 바꾸면 안 된다고 배웠기 때문이다. 결국 고통은 점점 약해지고 마침내 사라질 것이다. 그러면 "지금 나는 고통을 극복했어."라고 말한다. 이 경우에, 대부분의 수행자는 집중력을 얻지 못하고 위빳사나 지혜도 전혀 얻지 못할 것이다. 그들은 단지 극심한 고문을 경험하고 있는 것처럼 고통을 참으려고 했기 때문이다.

사실상 고통을 제거하는 방법은 명상을 할 때 "이것은 내가 아니야. 다만 마음과 물질이 명상하고 있을 뿐이야."라고 생각하는 것이다. 예를 들면, 다리가 아플 때, 그 아픔이 소위 다리라고 하는 물질(루빠)에서 일어난다고 생각해야 한다. 정확한 아픈 지점을 알아차리고 그것을 주시한다. 무엇인가를 볼 때 그것이 일어나고 사라지는 것을 보려고 노력한다. 그런 다음 오직 사라지는 것만을 보려고 노력하면서 마음속으로 '무상, 무상, 무상'이라고 알아차린다. 아픈 곳에 마음의 초점을 맞추지 마라. 오직 사라지는 것에만 집중하라. 나중에는 아픔을 알아차리지 못하고 단지 사라지는 것만 볼 것이다. 그러면 아픔이 조금씩 점점 약해져서 결국 사라질 것이다.

만약 어떤 것도 볼 수 없다면 정확한 한 지점을 알아차리고 몸의 다른 부분은 무시하라. 한 곳에 집중된 마음으로 온 힘을 다해 그 지점만 주시한다. 처음에는 다리 주위에 고통이 있는 부분 전체를 알아차릴 것이다. 정확하게 어떤 곳인지는 알아차릴 수 없다. 그러나 가장 아픈 곳에 집중하려고 노력해야 한다. 만약 아픈 주위 전체로 통증이 퍼지면 느낌(*vedanā*)이 있는 곳(예를 들면, 다리나 손 등)의 중앙 부분에 마음의 초점을 맞춘다. 수행자는 느낌(통증)이 사라질 것이라는 것을 믿어야 한다. 통증 자체는 잊어버리고 마음으로 '무상, 무상' 하면서 대상인 통증(*vedanā*)을 알아차리면서 계속 수행한다. 명상하는 마음으로 오로지 아픈 마음만을 맹렬하게 주시한다. 통증이 있는 부분(*vedanā*)에 초점을 맞추고, 만약 고통이 심해지면 마음의 힘을 빼고 먼 곳에서 바라보는 것처럼 어렴풋이 지켜본다. 통증이 조금 덜해지면 좀 더 맹렬하게 마음에 집중한다. 그렇게 함으로써 통증(*vedanā*)에 마음을 더 집중하거나 집중을 줄인다.

나중에는 마치 많은 개미가 피부를 무는 것처럼 통증이 뜨끔뜨끔 들쑤시듯이 느껴지기 시작할 것이다. 이것은 매우 미세한 통증이 사라지고 다른 통증이 계속 잇따라 일어나기 때문이다. 그때 수행자는 현재 통증이 일어남과 그 고통에 집중하는 것이 아니라 처음의 통증이 사라지는 것을 보려고 해야 한다. 마치 볼 수 있는 것처럼 바로 전의 통증이 사라지는 것을 보려고 노력한다. 계속 바로 전의 통증이 사라지는 것에만 마음을 집중하라. 현재 통증이 일어나서 아픔을 느낀 것은 무시하라. 그런 후에 가끔 통증(*vedanā*)이 고통을 느낄 사이도 없이 아주 빠른 찰나의 순간에 사라지는 것을 느낄 것이다. 계속적으로 같은 과정을 알아차리면 결국 이런 고통이 없는 상황을 여러 번 경험하게 된다. 그러면 통증이 점점 약해지다가 결국은 사라진다. 오직 이 상황에서만 '통증이 제거됐다' 또는 '통증을 극복했다'라고 한다. 이것은 통증으로서가 아니라 무상한 것으로써 느낌을 아는 것을 의미한다.

느낌(*vedanā*)을 제거하는 것은 우다얍바야 냐나의 단계에서만 가능하다. 사실 느낌을 제거하는 것은 위빳사나 지혜가 아니라 집중력이다. 이것은 수행자가 우다얍바야 냐나 수준의 집중력을 가질 때 느낌을 제거할 수 있다는 것이다. 그러므로 고요명상을 하는 사마타 수행자는 근접삼매(*upacāra samādhi*)나 준 근접삼매 수준의 집중력이 되어야 느낌을 제거할 수 있다.

● 수행 방법

먼저 부처님과 벽지불과 아라한과 성인들에게 전에 잘못한 일이 있다면 용서를 구한다. 그분들에게 마음과 물질의 복합체인 오온, 즉 몸을 맡긴다. 부처님에 대한 회상, 자애 계발 명상, 죽음에 대한 회상을 잠시 동안 한 후, 위빳사나 수행을 시작한다.

보통 때처럼 앉아서 대상으로써 손가락 한 마디 크기인 심장토대에 주의를 기울인다. 무엇이 일어나는지 알아차린다. 아나빠나삿띠 명상 방법 4를 성공적으로 마친 수행자는 고장 난 텔레비전 스크린처럼 아른거리는 아주 미세한 먼지나 안개 같은 깔라빠가 공중에 떠나니고 있는 것을 볼 것이다. 그것들의 움직임을 주시한다. 즉 차례차례 일어나고 사라지는 것을 알아차리고 마음으로 대상이 일어나고 사라짐을 3번이나 4번 인지한다. 그 의미를 3번이나 4번 이해하면서 그것이 무상임을 알아차린다.

집중력이 강하지 않은 수행자들은 뼈나 심장 또는 빛 등을 볼 것이다. 아무것도 보지 못하더라도 그들은 대상에서 소리를 듣거나 열기를 느끼거나 진동을 느낄 수도 있다. 수행자는 그것들을 대상으로 주시해야 한다. '주시한다'는 것은 단지 아는 것이 아니라 한 점에 집중된 마음으로 정확히 그 대상이 있는 곳을 주시하는 것이며, 대상으로 취하고 있는 소리나 열기, 진동이 사라지는 것을 아는 것이다.

3번이나 4번 그 의미를 알아차리면서 문구를 되새긴다. 그런 후, 대상을 주시하면서 마음속으로 '무상, 무상, 무상'이라고 알아차린다. 그때 만약 몸의 다른 부분에서 어떤 것이 일어나면 그것을 대상으로 취하고 전 대상이 사라지는 것을 본 후에 한 점에 집중된 마음으로 그것을 알아차린다. 그러면 나중에 무상만이 아닌 3가지 특성 중 하나를 아는 지혜가 분명하게 마음속에 나타날 것이다. 그러므로 마음속에 나타나는 무상이나 고통이나 무아 중 하나의 특성을 알아차리면서 그 대상을 주시해야 한다(칸니 전통 명상에서 위빳사나 지혜의 수행 방법은 암송 문구만 다를 뿐 거의 비슷하다).

● 우다얍바야 냐나의 암송 문구

☞ 원인이 일어나서 아지랑이 같은 물질인 나마와 루빠가 일어난다. 무상, 무상, 무상.

☞ 원인이 사라져서 아지랑이 같은 물질인 나마와 루빠가 사라진다. 무상, 무상, 무상.

제5장

방가 냐나

(마음과 물질의 사라짐을 아는 지혜)

『빠띠삼비다막가』에 "어떤 명상 대상의 사라짐을 보고 아는 마음(*ñāṇa*)이 사라지는 것에 대해 명상하는 것이 방가 냐나(*Bhaṅga ñāṇa*)이다."라고 명기하고 있다.

방가(*bhaṅga*)가 사라짐이나 소멸을 의미하기 때문에 방가 냐나는 마음과 물질의 사라짐과 소멸을 아는 지혜를 뜻한다. 위빳사나 불순물(*upakkilesa*)을 극복한 후에 명상이 더 깊어지면 지혜(*ñāṇa*) 또한 예리해진다. 그것은 수행자를 올바른 명상의 길로 빠르게 이끌어 줄 것이다. 수행자는 마음과 물질(*nāma-rūpa*) 대상이 좀 더 빠르게 일어나는 것을 본다. 마음과 물질이 매우 빠르게 일어나고 있더라도 위빳사나를 수행하고 있는 사람은 마음과 물질이 일어나고 사라지는 것을 볼 수 있으며, 3가지 특성 중에 하나를 깨닫는다.

마침내 마음과 물질이 일어나는 순간과 머무는 순간을 볼 수 없으며, 마음과 물질이 끊임없이 일어났다 사라지는 연속성이나 모양, 형체 등도 보지 못한다. 수행자의 마음은 마음과 물질이 사라지는 것을 알아차리는 상태에 머문다. 그러면 오직 마음과 물질의 사라짐만을 볼 수 있다. 수행자는 이 알아차림(사라짐에 대한 알아차림)이 그가 주시하고 있는 대상이 일어나고 사라지는 것보다 더 빠른 것처럼 느낀다. 이것이 마음과 물질의 사라짐을 아는 지혜이다. 하나의 대상이 일어날 때마다 그것을 알아차린다. 그러나 그 대상을 볼 수는 없다. 그 대상은 이미 사라져버렸기 때문이다. 『청정도론』에서는 이러한 현상을 다음과 같이 말하고 있다.

"이와 같이 일어나는 대상을 알아차리면 위빳사나 지혜가 빨라져서 상카라(마음과 물질)가 일어나는 것도 빨라진다. 일어남이나 머묾, 연속성(끊임없는 일어남과 사라짐의 흐름)과 상카라의 흔적(다리, 머리 등) 등이 식별되지 않는다. 오직 소멸, 해체, 사라짐만 인식한다. 이 단계에서처럼, 상카라가 일어나고 사라지는 것을 알아차리는 수행자에게, 이때 일어난 위빳사나 지혜를 사라짐(소멸)을 지속적으로 관찰하는 지혜(*Bhaṅgānupassanā ñāṇa*)라고 한다."

명상하는 사람들 세계에서, 대부분의 수행자들은 방가 냐나가 명상 대상의 사라짐만을 아는 것으로 알고 있지만 이것은 맞지 않다. 사실 방가 냐나를 얻은 수행자는 대상이 사라지는 것뿐만 아니라 명상하는 마음 또한 사라지는 것을 볼 수 있다. 이 단계에서 방가 냐나를 얻은 수행자는 마음을 볼 수 없다 하더라도 그 마음이 사라지는 것을 볼 수 있다. 몸의 한 부분에서 일어나는 대상을 알아차릴 때, 심장에서부터 그 대상이 있는 곳까지 번개가 번쩍하는 것을 보기도 한다.

마음이 사라지는 것을 보기 전에, 대상이 몸(감각기관)에 접촉할 때 보통 때 경험한 마음과정과 정반대로 인지하는 단계가 있다. 이러한 인지 단계는 「앗타살리니」에 명시된 것이다. 이것은 수행자가 방가 냐나를 얻었는지를 확인하는 근거이다〔수행자가 방가 냐나를 얻었는지 확인하는 근거를 보존하기 위해 아래 빨리어는 번역하지 않음〕.

"Rūpārammaṇañhi cakkhupasādaṃ ghaṭṭetvā taṅkhaṇaññeva manodvāre āpāthamāgacchati; bhavaṅgacalanassa paccayo hotīti"

수행자가 일어나는 대상을 알아차릴 때, 이 대상의 사라짐을 알아차린다. 또한 명상하는 마음이 다음에 계속되는 명상하는 마음에 의해 사라지는 것도 알아차린다. 명상하는 매 순간에 대상이 사라지고 그 대상을 보는 마음 또한 사라지는 것을 알아차린다.

어떻게 방가 냐나가 일어나는가?

『청정도론』 복주서에 "어떤 대상의 사라짐을 숙고(*ārammaṇaṃ paṭisaṅkhā*)하여 얻은 통찰의 지혜(*bhaṅgānupassane paññā*)가 방가 냐나이다."라고 밝히고 있다.

"아람마나빠띠상카는 어떤 대상을 아는 것이며 그 대상이 소진되어 사라지는 것을 보는 것이다. 방가누빳사네 빤냐(*bhaṅgānupassane paññā*)는 어떤 위빳사나 대상의 소멸과 사라짐을 보았던 첫 번째 마음(*ārammaṇapaṭisaṅkhā*)이 소진되고 사라지는 것을 보고 아는 통찰의 지혜(*paññā*)를 의미한다. 이 통찰의 지혜를 위빳사나(방가) 냐나라고 한다"(『청정도론』).

『빠띠삼비다막가』의 주석서에서 "마음이 물질을 대상(*rūpāram-*

maṇatā)으로 취하고 그 물질이 일어나고 사라지는 것을 본다. 다시 수행자는 그 대상을 취한 마음이 사라지는 것을 알아차리며 물질 대상도 알아차린다." 다른 대상들, 소리(*sadda*), 맛(*rasa*) 등도 같은 의미이다. 예를 들면, 소리를 대상으로 취하여 그 대상이 사라지는 것을 아는 것(*saddārammaṇatā*)이나 맛을 대상으로 취하여 그 대상이 사라지는 것을 아는 것(*rasārammaṇatā*)에서처럼 다른 대상인 삿다(소리)나 라사(맛)를 루빠(물질) 자리에 넣어보아라.

대상이 사라지는 것을 아는 첫 번째 위빳사나 지혜를 냐따(*ñāta*, 단지 아는 것)라고 한다. 냐따의 사라짐을 보았던 두 번째 위빳사나 지혜를 냐나(*ñāṇa*, 앎; 지혜)라고 한다. 그래서 이 냐나(지혜)를 얻은 수행자는 마치 물 표면에 빗방울이 떨어지면서 생긴 파문을 보듯이 대상과 마음이 사라지는 것을 본다. 명상하는 찰나의 순간에 대상의 사라짐과 냐따(아는 마음)의 사라짐을 한 쌍으로 본다.

『빠띠삼비다막가』에 의하면, 방가 냐나에는 3가지 단계가 있다.

(1) 대상의 이동: 이것은 대상을 바꾼다는 의미이다. 다른 지혜(*ñāṇa*)에서는 명상하는 마음이 현재 일어나고 있는 대상만을 취한다. 그러나 방가 냐나에서는 명상하는 마음을 대상으로 취한다.

(2) 전향하는 힘: 이것은 더 강력하게 전향하는 힘이다. 방가 냐나 전에는 마음이 일어나는 대상에 주의를 돌렸다. 이제 마음은 그 대상과 명상하는 그 마음으로 주의를 돌린다.

(3) 첫 번째 위빳사나 통찰의 지혜로 전이: 오직 사라짐만을 아는 첫 번째 위빳사나 통찰의 지혜이다. 이제 마음은 사라짐만을 알아차

리는 흐름 속으로 빨려 들어가고 있다. 그래서 수행자의 마음은 밖으로 향할 수 없으며 단지 사라짐만을 알 뿐이다. 주석서에서는 이 단계에서 수행자는 "뜨겁게 달아오른 프라이팬에 참깨가 떨어진 것처럼 대상을 본다."라고 밝히고 있다. 참깨는 뜨거운 팬에 떨어지자마자 터진다.

그때 마음 안팎에 있는 모든 것이 매순간 사라진다. 이 단계 전에는 오직 대상이 사라지는 것만을 볼 수 있었다. 그러나 이제는 마음 자체까지도 사라지는 것을 보기 시작한다. 수행자에게 사라지지 않는 것은 아무것도 없다. 그의 마음속에는 태양 아래 눈이 녹아내리듯이 세상 모든 것이 파괴되어 사라진다.

『빠띠삼비다막가』의 주석서에 의하면, 방가 냐나는 8가지 속성을 갖는다.

(i) 존재에 대한 그릇된 견해를 버림: 잘못된 견해를 제거한다. 이것은 영원한 자아가 있다고 믿는 견해(*sassata diṭṭhi*)를 제거한다.

(ii) 생명에 대한 집착을 버림: 생명에 대한 집착을 제거한다. 수행자는 모든 것이 파괴되어 소멸한 것을 본다. 만약 소멸의 흐름이 멈춘다면 그것이 죽음이다. 그래서 죽음이 언제든지 올 수 있다는 것을 알게 되며, 그것으로 인해 생명에 대한 집착을 제거할 수 있다.

(iii) 수행에 대한 즐거움: 명상 중에 항상 깨어 있으며 수행을 즐긴다.

(iv) 생계의 청정: 부적절한 방법으로 생계를 꾸리지 않는다. 수행자는 다음과 같은 그릇된 거래(*micchā vanijjā*)를 삼가야 한다고 『앙

굿따라니까야』의 주석서 「빤짜까니빠따」에서 언급하고 있다.

① 식용으로 동물을 도살하는 거래

② 노예 거래

③ 독극물 거래

④ 마약 같은 약물 거래

⑤ 무기 거래

(v) 다른 용건에 대한 노력을 버림: 명상 이외의 다른 용건에 대한 관심을 제거한다.

(vi) 인색함을 버림: 자기의 소유물을 다른 사람들에게 나눠주지 않는 인색함을 제거한다.

(vii) 불선을 즐기고 선을 즐기지 않음을 버림: 선한 행위를 즐기지 않는 것과 불선한 행위를 즐기는 것을 제거한다.

(viii) 인욕과 덕성의 확장: 인욕과 온화함(*soracca*)을 증가시킨다. 온화함이란 어떤 사람으로 하여금 명상하는 사람(소랏짜 담마를 수행하는 사람)을 성스럽고 온화한 사람으로 알게 하는 속성을 의미한다.

마음과 물질의 사라짐을 아는 지혜를 얻으면, 마음이 위에 언급한 것처럼 변한다. 이 과정에서 고통(*dukkha*)과 무아(*anatta*)에 대한 지혜를 얻는다. 이제 몸의 감각이 사라지고, 남아 있는 모든 것이 사라짐의 연속이며, 몸이라는 것도 없다.

● **수행 방법**

먼저 부처님과 벽지불과 아라한과 성인들에게 전에 잘못한 일이 있다면 용서를 구한다. 그분들에게 마음과 물질인 오온 즉 몸을 맡긴다. 부처님에 대한 회상, 자애 계발 명상, 죽음에 대한 회상을 잠시 동안 한 후 위빳사나 수행을 시작한다.

보통 때처럼 앉아서 손가락 한 마디 크기인 심장토대 대상에 주의를 기울인다. 무엇이 일어나는지 알아차린다. 아나빠나삿띠 명상 방법 4를 성공적으로 마친 수행자는 마음의 눈으로 고장 난 텔레비전 스크린처럼 아른거리는 아주 미세한 안개나 먼지 같은 깔라빠가 공중에 떠다니고 있는 것을 볼 것이다. 그것들의 움직임, 즉 그 대상이 차례차례 일어나고 사라지는 것을 주시하고 마음으로 그 의미를 3번, 4번 생각하면서 '무상'이라고 알아차린다.

집중력이 강하지 않은 몇몇 수행자들은 뼈나 심장 또는 빛 등을 볼 것이다. 아무것도 볼 수 없다 하더라도 대상에서 소리를 듣거나 열기를 느끼거나 진동을 느낄 수도 있다. 대상으로써 그것들을 주시해야 한다. 여기에서 '주시한다'는 것은 단지 아는 것이 아니라 한 점에 집중된 마음으로 정확히 그 대상이 있는 곳을 보면서 대상으로 취한 그 소리와 열기와 진동이 사라지는 것을 알아차리는 것이다.

3번 또는 4번 그 의미를 알아차리면서 문구를 되새긴다. 그런 후, 대상을 주시하면서 마음속으로 '무상, 무상, 무상'이라고 알아차린다. 그때 만약 몸의 다른 부분에서 어떤 것이 일어나면 그것을 대상으로 취하고 전 대상이 사라지는 것을 본 후에 한 점에 집중된 마음으로 그것을 주시한다. 그러면 나중에 무상만이 아닌 3가지 특성 중

하나를 아는 지혜가 분명하게 마음속에 나타날 것이다. 그러므로 마음속에 나타나는 무상이나 고통이나 무아 중 하나의 특성을 알아차리면서 그 대상을 알아차려야 한다.

● 방가 냐나의 암송 문구

☞ 원인이 사라짐으로 인하여 아지랑이 같은 물질인 나마와 루빠가 사라진다. 무상, 무상, 무상.

제6장

도의 지혜를 얻기 위해 명상 기능을 활성화 시키기 위한 9가지 방법

무상·고·무아를 아는 지혜(*Sammasana ñāṇa*)를 얻기 위한 수행을 시작했어도 만약 대상이 사라지는 것을 보지 못했다면 다음 9가지 단계를 차례로 적용해야 한다. 대상의 사라짐을 볼 수 없는 수행자에게 이 9가지는 특별한 방법이다. 『청정도론』의 복주서 「마하띠까」에서는 이들 9단계를 마음과 물질의 일어남과 사라짐을 아는 지혜(*Udayabbaya ñāṇa*) 단계에서 적용해야 한다고 언급하고 있다.

(1) 우다얍바야 냐나 단계에서 수행을 하는 동안에 일어난 모든 대상은 사라진다는 개념을 받아들여야 한다. 알아차리고 있는 명상 대상 또한 사라질 것이며, 그 대상이 사라지는 것을 알려고 노력해야 한다. 대상이 사라지지 않을 것이라는 반대 개념을 받아들이지 마라. 모든 것은 일어났다 사라진다는 것을 믿어야 한다.

(2) 사라지는 것을 보기 위해 겸허한 마음으로 신중하게 심혈을 기울여 열성적으로 명상한다. 이 위빳사나 수행을 통해 우리는 고통의 굴레에서 벗어날 수 있기 때문에 이 수행은 모든 사람들에게 굉장한 이익이다. 아무도 우리 자신을 구해줄 수 없다. 심지어 부처님도 그렇게 할 수 없다. 그래서 우리 스스로 신중하게 그리고 진지하게 수행해야 한다. 그러면 마음과 물질의 진정한 본성을 깨달을 수 있을

것이다.

(3) 도의 지혜를 얻을 때까지 수행을 멈춰서는 안 된다. 명상하는 동안에 자주 쉬는 시간을 갖지 마라. 명상을 멈출 때마다 다음 시작할 때는 처음부터 다시 시작해야 한다. 그래서 전에 한 명상에서 얻은 모든 이익을 잃어버리게 된다. 불을 피우기 위해서 두 개의 돌멩이가 뜨거워져서 불꽃이 생길 때까지 2개의 돌을 빠르게 그리고 꾸준히 계속해서 문질러야 한다. 만약 문지르기를 멈춘다면 돌멩이가 식어서 불꽃을 피울 수 없다.

마찬가지로, 수행자가 명상을 멈추면, 그의 집중력이 최소한도까지 떨어질 수 있다. 다음 명상을 하려고 앉아 있을 때 수행자의 집중력은 바닥부터 다시 시작해야 할 것이다. 명상을 멈출 때마다 집중력은 첫 단계부터 새롭게 시작된다. 여기에서 집중이란 한 점에 마음을 모으는 것이다. 마음이 한 점에 오래 머무르면 머무를수록 집중력이 더 강해진다. 그래서 높은 단계에 오를 때까지 또 더 강한 집중 상태가 될 때까지 수행을 멈추지 마라. 깨어있는 동안 끊임없이, 계속해서 몸과 마음 안에서 일어나는 것이 무엇이든지 있는 그대로를 알아차려야 한다. 온종일, 쉼 없이 알아차림 하려고 노력하라.

(4) 수행을 하는 동안에는 항상 적합한 것과 함께 해야 한다. 수행자가 의지해야 할 7가지 적합함이 있다.

① 적합한 거처(*āvāsa sappāya*): 수행에 도움이 되고 평화로운 곳에 거처하는 것이다.

② 적합한 명상 영역(*gocara sappāya*): 적합한 명상 영역이란 적합한 주위 환경이다. 수행자가 일상생활을 하는 곳은 집중하기에 적합

한 곳이어야 한다. 마음이 눈에 보이는 형상, 소리, 맛, 냄새, 감촉과 같은 다양한 감각적 자극과 접촉했을 때, 번뇌를 일으키지 않고 올바르게 생각하기 위하여 주위 환경을 잘 조성할 필요가 있다. 승려들에게는 매일 탁발 음식을 채워줄 수 있는 이웃이 가능한 곳이어야 한다.

③ 적합한 말(*bhāsa sappāya*): 오직 담마에 대한 얘기만 하라. 그러나 '고귀한 묵언'(침묵하는 동안에도 항상 알아차림을 하는 것)이 최상이다.

④ 적합한 도반(*puggala sappāya*): 적합한 도반이란 집중을 얻기 위해 수행에 도움이 되는 사람이다. 조용한 사람들이나 지혜롭고 정직한 사람들과 사귀는 사람이 수행에 유익한 도반이다.

⑤ 적합한 온도(*utu sappāya*): 수행하기에 편안한 날씨여야 한다. 초심자에게는 너무 덥거나 너무 추우면 집중하기 어렵다.

⑥ 적합한 음식(*bhojana sappāya*): 적합한 음식을 섭취해야 한다. '적합한'이란 위생적이고, 충분히 적절하며, 날씨에 따라 여름에는 찬 음식을 겨울에는 뜨거운 음식을 의미한다. 음식은 고요함의 깨달음의 요소(*passaddhi sambojjaṅgha*)를 얻기 위해서도 중요하다. 적합한 음식을 섭취하는 것은 고요함을 위한 이유 중 한가지라고 「법구경」 주석서에서 밝히고 있다.

⑦ 적합한 자세(*iriyāpatha sappāya*): 가장 편안한 자세로 수행하라. 몇몇 수행자들은 걸으면서 집중할 수 있고, 몇몇 수행자들은 앉아 있어야 집중할 수 있다. 본인에게 어떤 자세가 적합한지 알아야 한다.

(5) 집중이 잘 되는 원인을 알아내는 데 능숙해야 하며, 항상 집중을 얻으려는 목적을 가지고 수행해야 한다. 수행자는 깊이 집중했을 때의 그 방식을 기억해야 한다. 깊은 집중을 얻었던 수행 과정을 기억하고 그 방법을 이용하여 반복적으로 수행해야 한다.

(6) 순차적으로 7가지 깨달음의 요소 담마를 계발한다. 이것은 수행이 부진할 때, 수행자는 법에 대한 고찰의 깨달음의 요소(3가지 특성에 대한 관찰, 선과 불선 또는 옳음과 옳지 않음을 비교해 봄), 정진의 깨달음의 요소와 희열의 깨달음의 요소를 수행하라는 의미이다. 마음이 동요하면, 고요함의 깨달음의 요소와 삼매의 깨달음의 요소와 평정의 깨달음의 요소를 수행한다. 여기에서 '깨달음의 요소 담마를 계발한다'는 것은 간단히 말해서 정진과 희열과 고요함과 집중과 평정을 강화시킨다는 의미이다.

(7) 수행자는 도의 지혜를 얻기 위해 몸과 목숨을 기꺼이 버릴 수 있어야 하며 희생할 수 있어야 한다. 명상 중에 어떤 치명적인 아픔이나 탈이 나더라도 명상을 멈춰서는 안 된다. 세상에 명상을 하다가 죽은 수행자는 아마도 없을 것이다. 오히려 명상 중에 질병을 치유할 수도 있다. 여기서, '수행자는 목숨을 희생할 수 있어야 한다'는 의미는 정말로 목숨을 포기하라는 것이 아니라 거의 죽을 만큼 극심한 고통이 일어날 때 목숨을 버릴 각오를 하라는 뜻이다. "심지어 죽는다 해도 나는 명상을 멈추지 않겠다. 오히려 내 목숨을 포기하겠다."라고 단호한 결심을 해야 한다. 이렇게 서원을 한 후에는 바로 통증이 사라지고 결코 다시 일어나지 않을 것이다. 만약 어느 정도 수준의 집중에 도달했을 때마다 명상을 멈춘다면 이런 통증은 다

시 일어날 것이다. 이것이 모름지기 수행자는 확신과 결단력을 가져야 하는 이유이다.

인내심을 가지고 통증이 사라질 때까지 계속 수행하라. 알아차림에 방해를 받으면 깊이 집중하기 어렵다. 집중력이 약해지면 몸과 마음과정에 대해 진정한 본성을 꿰뚫는 통찰의 지혜가 드러나지 않을 것이다. 지나치게 몸과 건강을 염려해서는 안 된다. 몸에 대해 어떤 우려도 하지 말고, 쉼 없이 최대한 노력을 기울여 온종일 맹렬하게 수행하라.

부처님 당시에, 부유한 가문의 출신인 두 형제에 대한 일화가 「마하왁가」 주석서에 실려 있다. 부모님이 돌아가신 후 형은 승려의 계를 받아서 유산으로 받은 20크로를 동생에게 주었다. 형은 위빳사나 수행을 하기 위해 숲속으로 갔지만 동생은 결혼했다. 동생의 아내는 만약 형이 환속을 한다면 받은 형의 유산을 돌려주고 싶지 않았다. 그래서 전문 살인 청부업자를 고용해서 형인 승려를 죽이라고 보냈다. 살인 청부업자들은 형이 머물고 있는 사원을 포위했다. 스님(형)이 그들에게 물었다. "무슨 일이요?" 그들은 "우리는 돈을 벌기 위해 당신을 죽일 것이오."라고 말하면서 동생의 아내가 시킨 일을 설명했다. 그러자 스님이 대답했다. "나를 죽이지 마시오. 나는 환속하지 않을 것이오." 그들은 스님이 한 말을 믿지 않고 죽이려고 했다. 스님은 아라한 도의 지혜를 얻기 위해 명상을 할 수 있도록 기다려 달라고 간청했다. 그러나 살인 청부업자들은 그의 말을 믿지 않고 스님이 도망갈 것이라고 생각했다. 그때 갑자기 스님이 무거운 돌덩이 하나를 가져와서 그 돌로 양 다리를 부러뜨렸다. 그리고 말했다. "이제 나는 도망갈 수 없소. 명상을 하게 해주시오." 스님은 극심한 고통을 참으며 계속 위빳사나 수행을 한 결과 여명이 트기 전에 아라한 도의 지혜를 얻었으나 과다 출혈로 죽었다.

(8) 통증이 생길 때마다 윤회에서 벗어나겠다는 강한 욕구를 가지고 통증을 극복하기 위해 수행에 더 정진해야 한다. 또한 그 통증을 좀 더 강력하게 심혈을 기울여 정확하게 알아차려야 한다.

(9) 바로 이번 생에서 도의 지혜를 성취하여 아라한이 될 때까지 알아차림하는 명상을 멈춰서는 안 된다.

수행자는 마음과 물질이 일어나고 사라지는 것을 보기 위해 순차적으로 위에 언급한 방법을 적용해야 한다. 그러나 칸니 전통 수행자는 루빠 빠릭가하(물질에 대한 식별)에서부터 이미 루빠 깔라빠를 보았다.

제7장

바야 냐나(두려움에 대한 지혜)

이 단계에서 수행자는 자신의 마음과 물질을 포함하여 모든 것이 천재지변처럼 손쓸 수 없이 사라지며 단 일초의 순간도 머물지 않는다는 것을 알게 된다. 전 세계가 사라지는 공포의 재앙으로 다가온다. 이제 아무것도 통제할 수 없고, 어느 한 순간 모든 것이 멈출 수 있기 때문에 이런 상황이 두렵다는 것을 깨닫는다. 이것이 모든 것(마음과 물질)이 두려움의 단계라는 것을 인지하는 지혜이다. 이것이 지혜로 아는 두려움(*ñāṇa bhaya*)이며, 이것을 바야 냐나(*Bhaya ñāṇa*, 두려움에 대한 지혜)라고 한다. 바야는 두려움을 의미한다. 『아비다나』 빨리 사전에 의하면, 3가지의 두려움(*bhaya*)이 있다.

① 불선한 행위에 대한 두려움(*ottappa bhaya*)

② 대상으로서의 두려움(*ārammaṇa bhaya*)

③ 지혜로 아는 두려움(*ñāṇa bhaya*)

여기서 바야 냐나는 ③번의 지혜로 아는 두려움(*ñāṇa bhaya*)이다. 바야 냐나는 두려움에 대한 지혜를 의미한다. 그러나 실제적으로 바야 냐나는 위빳사나 지혜에 그 명칭이 포함되어 있지 않다. 위빳사나 지혜의 순서에 바야 냐나라는 이름은 어디에도 없다. 대신에 아디나와 냐나(*Ādīnava ñāṇa*, 마음과 물질을 결함으로 여기는 지혜)에 바야 냐나라는 이름과 함께 다음과 같이 『빠띠삼비다막가』에 기록되어 있다. "바야뚜빳타네 빤냐 아디나웨 나낭(*Bhayatupaṭṭhāne paññā ādīnave ñāṇaṃ*)." 이 의미는 '마음과 물질을 두려운 것으로 여기는 아디나와 냐나'라는 의미이다. 이것은 아디나와 냐나의 단계이다. 모든 수행자들이 바야 냐나를 두려움의 상태로 알고 있지만 그것은 옳지 않다. 바야 냐나는 단지 그 상태를 알아차리고 결정할 뿐이다. 『청정도론』에서 다음과 같이 언급했다. "과거의 상카라들이 사라졌고 현재의 상카라들 또한 사라졌다. 그래서 미래에 일어날 상카라들 또한 사라질 것이다. 그 순간에 바야뚜빳타나 냐나(*Bhayatupaṭṭhāna ñāṇa*, 두려움에 대한 자각의 지혜)라는 지혜가 일어난다." 그래서 바야 냐나는 두려운 것이 아니다. 이것은 모든 것이 사라진다는 결정일 뿐이다.

이 단계에 이르면 수행자는 명상할 때마다 마음과 물질의 모든 대상이 사라지고 위빳사나 대상뿐 아니라 다른 물질적인 것들도 사라진다는 것을 알 수 있다. 이 상황을 막을 수 없다. 아무도 이 사라짐을 멈출 수 없다. 그래서 수행자는 그것이 두려움이며 공포라고 생각한다. 수행할 때마다, 마음이 두려움에 대한 지혜와 함께 하기 때문에 전처럼 행복하지 않다. 사실상 마음과 물질은 두렵지 않다. 명상하기 전에는 심지어 수행자 자신도 마음과 물질에 집착했다. 이제는 이것들이 영원하지 않으며 통제할 수 없이 항상 사라지고 있음을 안다.

예를 들면, 불은 적이 아니다. 모든 집에서 요리를 할 때 불을 사용한다. 그래서 불은 두려운 것이 아니다. 사람들이 뉴스에서 화재로 인해 한 도시가 타버린 것을 지켜본 후에도 불에 대한 두려움을 느끼지 않는다. 또 그들이 사는 마을에서 화재가 나서 많은 집들이 타는 것을 멀리서 지켜볼 때도 사람들은 그 불이 두렵지 않다. 그러나 어느 날 밤, 옆집에서 불이 났다. 어떻게 느낄 것인가? 몹시 두려울 것이다. 왜? 그 불이 자신의 집도 태울 것이라고 생각하기 때문이다. 사람들의 그런 생각 때문에 이번에는 불이 두려운 것이다. 이처럼, 마음과 물질은 두렵지 않다. 그러나 그것이 항상 사라지며 그런 사라짐을 통제할 수 없다. 만약 새로운 마음과 물질이 일어나지 않는다면, 죽을 것이다. 그런 이유 때문에 마음과 물질이 두려운 것이다.

굉장히 긴 수명을 가진 천신들과 범천들은 그들이 결코 죽지 않을 것이라고 생각한다. 그들은 어떤 천신이 죽는 것을 결코 경험한 적이 없다. 그래서 그들이 영원한 존재라고 생각한다. 그러나 부처님은 모든 것이 영원하지 않다고 가르쳤다. 이 담마를 들은 후, 그 천신들과 범천들은 언젠가 자신의 목숨과 부귀영화를 잃어야 하기 때문에 매우 두려웠다. 죽음에 대한 개념 때문에 그들의 마음속에 두려움이 일어났다. 여기에서 마음과 물질은 정말로 두려운 것이 아니다. 그러나 그것은 어느 한 순간 소멸하고 말 것이다. 수행자는 이러한 개념을 알았기 때문에 더 이상 행복하지 않은 것이다. 아디나와 냐나가 성숙하지 않은 상태를 바야 냐나라고 한다.

『빠띠삼비다막가』를 인용하면, 바야 냐나와 아디나와 냐나는 다음 15가지 생의 과정으로 일어난다는 것을 설명하고 있다.

① 일어남(*uppāda*): 일어나는 출발점; 생김

② 수명(*pavatta*): 수명 사이의 연속; 생명의 과정

③ 표상(*nimitta*): 머리, 손 등과 같은 상카라들의 흔적

④ 노력(*āyūhana*): 새로운 생에 태어나려는 노력

⑤ 재생연결(*paṭisandhi*): 전생과 새로운 생의 연결; 새로운 생의 첫 번째 마음과 물질

⑥ 생명으로 전개됨(*nibbatti*): 수태되어 새 생명으로 일어남

⑦ 재생(*uppapatti*): 다시 태어남

⑧ 태어날 곳(*gati*): 새로운 생에 태어날 곳

⑨ 슬픔(*soka*)

⑩ 비탄(*paridevā*): 울부짖음

⑪ 절망(*upāyāsā*): 깊은 절망

⑫ 질병(*byādhi*)

⑬ 태어남(*jāti*): 한 생에 태어남

⑭ 늙음(*jarā*): 부패

⑮ 죽음(*maraṇa*)

이들은 15가지로 생을 구분한 것이다. ①번 일어남에서 ⑤번 재생연결(이생과 다음 생의 연결)까지 일어나는 것은 위험하다. 만약 이것들이 일어나지 않는다면 안전할 것이다. 이들 5가지의 위험에 대해 아는 지혜를 바야 냐나라고 한다.

● 수행 방법

먼저 부처님과 벽지불과 아라한과 성인들에게 전에 잘못한 일이 있다면 용서를 구한다. 그분들에게 마음과 물질의 복합체인 오온, 즉 몸을 맡긴다. 부처님에 대한 회상, 자애 계발 명상, 죽음에 대한 회상

을 잠시 동안 한 후 위빳사나 수행을 시작한다.

보통 때처럼 앉아서 손가락 한 마디 크기인 심장토대 대상에 주의를 기울인다. 무엇이 일어나는지 알아차린다. 아나빠나삿띠 명상 방법 4를 성공적으로 마친 수행자는 마음의 눈으로 고장 난 텔레비전 스크린처럼 아른거리는 아주 미세한 안개나 먼지 같은 깔라빠가 공중에 떠다니고 있는 것을 볼 것이다. 그것들의 움직임, 즉 그 대상이 차례차례 일어나고 사라지는 것을 주시하고 마음으로 그 의미를 3번, 4번 생각하면서 '무상'이라고 되새긴다.

집중력이 강하지 않은 몇몇 수행자들은 뼈나 심장 또는 빛 등을 볼 것이다. 아무것도 볼 수 없다 하더라도 대상에서 소리를 듣거나 열기를 느끼거나 진동을 느낄 수도 있다. 대상으로써 그것들을 주시해야 한다. 여기에서 '주시한다'는 것은 단지 아는 것이 아니라 한 점에 집중된 마음으로 정확히 그 대상이 있는 곳을 보면서 대상으로 취한 그 소리와 열기와 진동이 사라지는 것을 아는 것이다.

3번 또는 4번 그 의미를 알아차리면서 문구를 암송한다. 그런 후, 대상을 주시하면서 마음속으로 '무상, 무상, 무상'이라고 알아차린다. 그때 만약 몸의 다른 부분에서 어떤 것이 일어나면 그것을 대상으로 취하고 전 대상이 사라지는 것을 본 후에 한 점에 집중된 마음으로 그것을 알아차린다. 그러면 나중에 무상함만이 아닌, 3가지 특성 중 하나를 아는 지혜가 분명하게 마음속에 나타날 것이다. 그러므로 마음속에 나타나는 무상이나 고통이나 무아 중 하나의 특성을 알아차리면서 그 대상을 주시해야 한다.

● **바야 냐나의 암송 문구**

☞ 원인이 사라짐으로 인하여, 아지랑이 같은 나마와 루빠가 사라지는 것은 두려운 것이며, 위험한 것이다. 무상, 무상, 무상.

제8장

아디나와 냐나

(마음과 물질을 결함으로 여기는 지혜)

아디나와 냐나(*Ādīnava ñāṇa*)는 결함에 대한 지혜이다. 이 단계에서 수행자는 모든 마음과 물질이 사라지는 것을 보면서, 이것은 좋은 것이 아니라고 알게 된다. 이런 생각이 결함을 아는 지혜이다. 예를 들면, 어떤 사람이 무엇을 사기 위해 쇼핑을 간다. 가게에서 사고 싶은 물건을 발견한다. 그는 사기 전에 그 물건을 세심하게 살펴본다. 그런데 몇 군데 잘못된 곳을 발견하고는 그 물건을 사고 싶지 않다. 손상된 것은 그 제품의 결함이다. 이것처럼 끊임없이 마음과 물질이 사라지는 것이 결함이라는 것을 수행자는 알게 된다. 『빠띠삼비다막가』에 이 지혜를 바야뚜빳타네 빤냐 아디나웨 냐나(*Bhayatupaṭṭhāne paññā ādīnave ñāṇa*)라고 언급하고 있다. 이것은 마음과 물질을 결함으로 여기는 결함에 대한 지혜를 의미한다. 이 아디나와 냐나와 바야 냐나(두려움에 대한 지혜)는 이름만 다를 뿐 결국 같은 것이다.

15가지로 구분된 생에서 처음 5가지, 즉 일어남(*uppāda*), 수명(*pavatta*, 생명의 과정), 상카라들의 표상(*nimitta*), 새로운 생에 대한 노력(*āyūhana*), 전생과 새로운 생의 연결(*paṭisandhi*, 재생연결)이 일어난 것이 위험하다고 아는 것이 바야 냐나이다. 나머지 10가지가 일어난 것이 고통이라고 아는 것이 아디나와 냐나이다. 이때 수행자는 마음과 물질이 일어나는 것이 고통이라는 것을 안다. 마음과 물질이 일어나지 않을 때만이 행복(*sukha*)이다. 15가지 생의 과정에서 일어나지 않는 것이 행복임을 아는 것이 열반(Nibbāna)의 발자국인 적멸의 지혜(*Santipada ñāṇa*)이다.

번뇌와 함께(*sāmisanti*) 일어나는 15가지 생의 과정에 대한 지혜가 아디나와 냐나이다. 수행자는 모든 번뇌가 이들 15가지(마음과 물질) 때문에 일어난다는 것을 안다. 사미산띠는 '번뇌(*kilesa*)와 함께'라는 의미이다. 이런 생의 과정은 항상 번뇌와 함께 일어난다. 오직 이것이 일어나지 않을 때만이 상카라(행: 중생계의 모든 것들) 역시 일어나지 않을 것이다. 번뇌 없이(*nirāmisanti*) 이들 15가지 생의 과정이 일어나지 않는 것에 대한 앎이 적멸의 지혜이다. 니라미산띠는 '번뇌와 함께 하지 않는'의 의미이다. 이들 15가지 상카라들의 일어남을 아는 지혜를 아디나와 냐나라고 한다. 열반의 경지처럼 이들 15가지가 일어나지 않는 것을 아는 지혜가 적멸의 지혜이다. 마음과 물질은 원인의 결과로 일어난다. 원인이 존재하는 한, 마음과 물질은 일어날 것이다. 오직 원인이 존재하지 않을 때만 마음과 물질 또한 일어나지 않을 것이다.

아디나와 냐나가 최고 절정에 이르렀을 때, 적멸의 지혜를 얻는다. 여기에서 적멸의 지혜는 열반의 발자국으로 알려져 있다. 이제 수행자는 열반을 추적할 수 있다. '추적할 수 있다'라는 의미는, 수행자는 아직 열반을 모르지만 이들 15가지 번뇌가 일어나지 않을 때만이 그 자체가 평화로움이라는 것을 알게 된다는 것이다. 이제 수행자는 평온함이 다른 것이 아니라 마음과 물질이 멈추는 것이라는 것을 알지만 아직 열반의 경지가 무엇인지 잘 모른다. 그러나 오직 상카라(*saṅkhāra*)들이 일어나지 않을 때만이 평온할 수 있다는 것을 안다.

『빠띠삼비다막가』에서는, "이들 2가지 지혜, 적멸의 지혜와 아디나와 냐나를 이해하는 수행자는 결코 다른 종교에 마음이 흔들리지 않을 것이다."라고 언급했다. 이들 2가지의 지혜를 이해하는 사람은 누구든지 다른 종교를 믿을 수 없다. 이런 사람은 겸허하고 존경하는 마음으로 불교의 발자국을 따라갈 수 있다. 그는 결코 다른 종교로 개종하지 않을 것이다. 모든 것은 사라지고 아무것도 영원히 계속되는 것은 없다. 수행자는 오직 마음과 물질이 일어나지 않을 때만이 행복(만족)을 느낄 수 있다는 것을 안다. 행복이란 마음과 물질이 멈추는 것이기 때문에 행복은 없다.

적멸의 지혜는 위빳사나 지혜로 언급하지 않지만 이 지혜를 얻어야 한다. 오직 이 지혜만이 열반의 흔적을 찾을 수 있기 때문이다. 누군가는 적멸의 지혜를 얻는 것이 요원하다고 생각할지 모른다. 그러나 수행을 함으로써 어렵지 않게 경험할 수 있다. 간단한 방법으로 설명하면, 명상 도중에 극심한 통증을 느낄 때, 오랫동안 참아야 한다. 그러면 결국 통증이 없어질 것이다. 통증이 없어지자마자 평온(*sukha*, 만족)을 얻는다. 그리고 열반이 이런 종류의 평온일지도 모른다고 생각한다. 이런 종류의 평온은 즐길 만할 것이 아무것도 없다. 그러나 열반의 평온은 고통과 동의어인 즐겁지 않은 것들이 소멸하는 것이다. 열반은 고통(*saṅkhāra*, 조건지어진 것들; 형성된 것들)의 소멸을 의미하는 그런 종류의 행복이다. 이제 수행자는 적멸의 지혜를 성취한 것이다.

3가지 지혜와 15가지 생의 관계

15가지 부분의 생																		
①	②	③	④	⑤	⑥	⑦	⑧	⑨	⑩	⑪	⑫	⑬	⑭	⑮	~로써 주시함	바야냐나	아디나와냐나	산띠빠다냐나
√	√	√	√	√											위험	√		
					√	√	√	√	√	√	√	√	√	√	고통		√	
×	×	×	×	×	×	×	×	×	×	×	×	×	×	×	행복			√
√	√	√	√	√	√	√	√	√	√	√	√	√	√	√	번뇌와 함께		√	
×	×	×	×	×	×	×	×	×	×	×	×	×	×	×	번뇌와 함께 하지 않음			√
√	√	√	√	√	√	√	√	√	√	√	√	√	√	√	상카라		√	
×	×	×	×	×	×	×	×	×	×	×	×	×	×	×	열반			√

√ 일어남 × 일어나지 않음

① 일어남 ② 수명 ③ 표상 ④ 노력 ⑤ 재생연결 ⑥ 생명으로 전개됨 ⑦ 재생 ⑧ 태어날 곳 ⑨ 슬픔 ⑩ 비탄 ⑪ 절망 ⑫ 질병 ⑬ 태어남 ⑭ 늙음 ⑮ 죽음

● 수행 방법

먼저 부처님과 벽지불과 아라한과 성인들에게 전에 잘못한 일이 있다면 용서를 구한다. 그분들에게 마음과 물질의 복합체인 오온, 즉 몸을 맡긴다. 부처님에 대한 회상, 자애 계발 명상, 죽음에 대한 회상을 잠시 동안 한 후 위빳사나 수행을 시작한다.

보통 때처럼 앉아서 손가락 한 마디 크기인 심장토대 대상에 주의를 기울인다. 무엇이 일어나는지 알아차린다. 아나빠나삿띠 명상 방법 4를 성공적으로 마친 수행자는 마음의 눈으로 고장 난 텔레비전 스크린처럼 아른거리는 아주 미세한 안개나 먼지 같은 깔라빠가 공

중에 떠다니고 있는 것을 볼 것이다. 그것들의 움직임, 즉 그 대상이 차례차례 일어나고 사라지는 것을 주시하고 마음으로 그 의미를 3번, 4번 생각하면서 '무상'이라고 되새긴다.

집중력이 강하지 않은 몇몇 수행자들은 뼈나 심장 또는 빛 등을 볼 것이다. 아무것도 볼 수 없다 하더라도 대상에서 소리를 듣거나 열기를 느끼거나 진동을 느낄 수도 있다. 대상으로써 그것들을 주시해야 한다. 여기에서 '주시한다'는 것은 단지 아는 것이 아니라 한 점에 집중된 마음으로 정확히 그 대상이 있는 곳을 보면서 대상으로 취한 그 소리와 열기와 진동이 사라지는 것을 아는 것이다.

3번 또는 4번 그 의미를 알아차리면서 문구를 암송한다. 그런 후, 대상을 주시하면서 마음속으로 '무상, 무상, 무상'이라고 알아차린다. 그때 만약 몸의 다른 부분에서 어떤 것이 일어나면 그것을 대상으로 취하고 전 대상이 사라지는 것을 본 후에 한 점에 집중된 마음으로 그것을 주시한다. 그러면 나중에 무상만이 아닌, 3가지 특성 중 하나를 아는 지혜가 분명하게 수행자의 마음속에 나타날 것이다. 그러면 수행자의 마음속에 나타나는 무상이나 고통이나 무아 중 하나의 특성을 알아차리면서 그 대상을 주시한다.

● 아디나와 냐나의 암송 문구

☞ 원인이 사라짐으로 인하여 아지랑이 같은 물질로 사라지는 나마와 루빠는 결함이며, 해로운 것이다. 무상, 무상, 무상.

제9장

닙비다 냐나

(마음과 물질을 지루한 것으로 아는 지혜)

어떤 책에서는 닙빈다(*Nibbinda*)로 표기되어 있는데 그것은 잘못된 철자이다. 닙비다(*Nibbidā*)가 옳은 표기이다. 이 명칭은 위빳사나 지혜에서는 전혀 언급하지 않는다. 그러나 도의 지혜를 얻기 위해서 마음과 물질을 버려야 하기 때문에 닙비다 냐나(*Nibbidā ñāṇa*)를 얻어야 한다. 마음과 물질을 지루하게 느끼지 않고는 집착을 버릴 수 없다. 그래서 마음과 물질을 지루한 것으로 아는 이 지혜는 위빳사나 명상의 핵심이다.

왜 닙비다 냐나가 위빳사나 지혜에 포함되지 않은가? 이 지혜는 다른 수행을 통해서도 얻을 수 있기 때문이다. 다른 수행이란 죽음에 대한 회상, 혐오스러움 계발 명상(*asubha bhāvanā*), 역겨운 음식에 대한 인식(*āhārepaṭikkūla saññā*), 즐거움이 없는 모든 생에 대한 명상(*sabba bhavesu anabhirati saññā*)과 무상에 대한 개념을 얻는 것(*aniccānupassanā*)이다. 이러한 종류의 수행을 할 때마다 수행자는 닙비다 냐나를 얻을 수 있다. 이것은 『앙굿따라니까야』의 「닙비다 숫따」에 언급되어 있다. 그러므로 닙비다 냐나는 모든 수행에 공통이다.

닙비다 냐나는 마음과 물질을 지루한 것으로 아는 지혜이다. 방가 냐나(마음과 물질의 사라짐을 아는 지혜)에서부터 수행자는 몸 안과 몸 밖에서 마음과 물질이 소멸되는 것을 보았다. 이러한 소멸은 마음과 물질의 결합이다. 마음과 물질을 생각할 때마다, 기분 좋은 것이 아무것도 없기 때문에 마음과 물질을 지루한 것으로 여긴다. 오직 사라짐만 있을 뿐이다. 이 단계에서 마음은 수행에 지루함을 느끼지 않지만 마음과 물질을 지루한 것으로 생각한다. 이것은 수행자가 얻은 지혜의 결과 알게 된 지루함이다. 몇몇 수행자들은 게으름 때문에 수행에 지루함을 느낀다. 여기서는 수행자가 게으른 것이 아니라 마음과 물질이 진절머리나는 것이라는 앎으로 인해 더 이상 수행을 원하지 않은 것이다. 만약 계속 수행하지 않는다면 정말 지루해질 것이다. 어쩌면 수행하는 것이 두려워져서 오랫동안 수행을 그만 둘 수도 있다. 이 단계는 오래 지속되지 않기 때문에 계속 수행함으로써 극복할 수 있다.

부처님 당시에 500명의 승려들이 부처님께 와서 명상에 대해 물었다. 그때 부처님은 그들의 전생을 본 후, 그들이 전생에 부처님 중에 한 분으로부터 무상에 대한 가르침을 받았다는 것을 알게 되었다. 그래서 부처님은「법구경」주석서의 다음 게송을 읊었다.

> "형성된 모든 것들(*sabbe saṅkhāra*)은 무상하다.
> 진정한 통찰의 지혜로 이 사실을 꿰뚫어 볼 때
> 마음과 물질에 대한 고통 때문에 진절머리가 난다.
> 이것이 청정을 위한 도道이다."

수행자가 방가 냐나의 최고점에 이르렀을 때, 모든 상카라가 영원하지 않다는 것을 알게 된다. 그래서 마음과 물질의 고통에 대해 진절머리를 낸다. 이러한 지혜는 열반으로 이끄는 길이며, 번뇌를 청정하게 하는 원인이 된다. 그 게송을 들은 후 500명의 승려들은 아라한이 되었다. 다음 날 다른 500명의 승려가 부처님께 왔다. 부처님은 그들이 전생에서 고통에 대한 인식(*dukkha saññā*) 수행을 한 것을 알고 다음 게송을 읊었다.

"형성된 모든 것들(*sabbe saṅkhārā*)은 고통이다.
진정한 통찰의 지혜로 이 사실을 꿰뚫어 볼 때
마음과 물질에 대한 고통 때문에 진절머리가 난다.
이것이 청정을 위한 도道이다."

"일체 법(*sabbe dhamma*)은 무아이다.
진정한 통찰의 지혜로 이 사실을 꿰뚫어 볼 때
마음과 물질의 고통 때문에 진절머리가 난다.
이것이 청정을 위한 도道이다."

무아에 관한 위 게송에서 열반은 상카라가 아니기 때문에 '사베 상카라'(형성된 모든 것들)라는 표현을 쓸 수 없다. 사베 상카라라고 말할 때는 열반이 제외된 것이다. 아낫따(*anatta*)에 열반을 포함하기 위해서 사베 담마 아낫따(*sabbe dhamma anatta*, 일체 법은 무아)라는 표현을 쓴다. 그러나 부처님은 여기에서 열반을 언급하지 않았지만 마음과 물질이 진절머리나는 것이라는 것을 언급할 의도였다. 닙비다 냐나, 아디나와 냐나(마음과 물질을 결함으로 여기는 지혜)와 바야 냐나는 성숙도와 미성숙도에서 다르다. 그러나 상카라들의 결점을 아는 것은 같다. 옛 스승들은 실제적으로 이것들이 단지 하나의 담마라고 말하지만 각기 다른 3가지의 이름을 가지고 있다. 이것은 『청정도론』 복주서에 언급되어 있다.

"상카라를 위험 자체로 아는 지혜는 3가지 이름을 갖는다. 상카라를 두려운 것으로 이해할 때 바야 냐나가 일어난다. 상카라를 결함으로 이해할 때 아디나와 냐나가 일어난다. 상카라를 지루한 것으로 이해할 때 닙비다 냐나가 일어난다."

『청정도론』에서 두려움에 대한 지혜(*Bhayatupaṭṭhāna ñāṇa*)와 마음과 물질을 결함으로 여기는 지혜(*Ādīnava ñāṇa*), 마음과 물질을 지루한 것으로 아는 지혜(*Nibbidā ñāṇa*)에 대해서도 언급했다. 이들 지혜는 같은 요인을 가지고 있다. 단지 각 지혜의 철자만 다를 뿐이다.

● 수행 방법

수행자는 먼저 부처님과 벽지불과 아라한과 성인들에게 전에 잘못한 일이 있다면 용서를 구한다. 그분들에게 마음과 물질의 복합체인 오온, 즉 몸을 맡긴다. 부처님에 대한 회상, 자애 계발 명상, 죽음에 대한 회상을 잠시 동안 한 후 위빳사나 수행을 시작한다.

보통 때처럼 앉아서 손가락 한 마디 크기인 심장토대 대상에 주의를 기울인다. 무엇이 일어나는지 알아차린다. 아나빠나삿띠 명상 방법 4를 성공적으로 마친 수행자는 마음의 눈으로 고장 난 텔레비전 스크린처럼 아른거리는 아주 미세한 안개나 먼지 같은 깔라빠가 공중에 떠다니고 있는 것을 볼 것이다. 그것들의 움직임, 즉 그 대상이 차례차례 일어나고 사라지는 것을 주시하고 마음으로 그 의미를 3번, 4번 생각하면서 '무상'이라고 되새긴다.

집중력이 강하지 않은 몇몇 수행자들은 뼈나 심장 또는 빛 등을 볼 것이다. 아무것도 볼 수 없다 하더라도 대상에서 소리를 듣거나 열기를 느끼거나 진동을 느낄 수도 있다. 대상으로써 그것들을 주시해야 한다. 여기에서 '주시한다'는 것은 단지 아는 것이 아니라 한 점에 집중된 마음으로 정확히 그 대상이 있는 곳을 보면서 대상으로 취한 그 소리와 열기와 진동이 사라지는 것을 알아차리는 것이다.

3번 또는 4번 그 의미를 알아차리면서 문구를 암송한다. 그런 후, 대상을 주시하면서 마음속으로 '무상, 무상, 무상'이라고 알아차린다. 그때 만약 몸의 다른 부분에서 어떤 것이 일어나면 그것을 대상으로 취하고 전 대상이 사라지는 것을 본 후에 한 점에 집중된 마음으로 그것을 주시한다. 그러면 나중에 무상만이 아닌, 3가지 특성 중 하나를 아는 지혜(*ñāṇa*)가 분명하게 수행자의 마음속에 나타날 것이다. 그러므로 수행자의 마음속에 나타나는 무상이나 고통이나 무아 중 하나의 특성을 알아차리면서 그 대상을 주시해야 한다.

● 닙비다 냐나의 암송 문구

☞ 원인이 사라짐으로 인하여, 스스로 사라지는 아지랑이 같은 물질인 나마와 루빠는 진절머리 나는 것이다. 무상, 무상, 무상.

제10장

문찌뚜깜야따 냐나

(마음과 물질을 버리고 싶은 지혜)

『청정도론』의 복주서「문찌뚜깜야따냐나까타」에서 "어느 생에도 심지어 상카라에도 기쁘지 않은 수행자에게는 아무것도 집착할 것이 없으며 그 어떤 것에도 집착하지 않는다. 그는 도망가고 싶고 모든 상카라에서 멀어지고 싶다. 아무것에도 집착하지 않고 상카라에서 도망가고 싶은 수행자에게 문찌뚜깜야따 냐나(*Muñcitukamyatā ñāṇa*)가 일어난다."

몇몇 책에서는 뭇찌뚜깜야따 냐나(*Muccitukamyatā ñāṇa*)로 표기되어 있는데 그것은 마음과 물질에서 탈출하고 싶은 지혜라는 의미이다. 문찌뚜깜야따 냐나는 마음과 물질을 버리고 싶은 지혜이다. 위빳사나 수행자는 마음과 물질에서 탈출하려고 한다. 그러나 이 단계에서는 수행자의 마음이 마음과 물질에서 탈출하는 것보다 마음과 물질을 버리려고 하는 것이 더 뚜렷하다. 그래서 이 지혜를 문찌뚜깜야따 냐나라고 하는 것이 타당하다. 마하시 사야도는 빨리어 문법 규칙에 따라 *Muñcitukamyatā ñāṇa*가 옳은 철자라고 결정했다.

이 단계에 도달한 수행자는 대상을 알아차릴 때마다 마음과 물질이 멈추지 않고 계속 사라지는 것만을 본다. 잠을 자는 동안에도 그리고 깨어 있을 때도 오직 사라짐만을 본다. 몸 전체가 마음과 물질이 사라지는 것뿐이다. 어디를 보든지 오직 사라짐만 있다. 수행자는 이러한 사라짐을 계속 유지하고 싶지 않다. 그것을 던져버리고 싶다. 심지어 사람인 것도 원하지 않는다. 예를 들면 어떤 사람이 재킷을 산다고 가정해 보자. 처음에는 그 재킷을 좋아서 산다. 그는 그 재킷을 입는 것이 좋다. 그러나 나중에 재킷에 진흙 자국이 묻었기 때문에 입기가 싫어졌다. 그래서 재빨리 재킷을 던져버린다. 이처럼 수행자는 마음과 물질을 더 이상 유지하고 싶지 않다. 결국 사람인 것도 원하지 않는다. 이 단계에서 수행자는 어떤 영역에도 태어나고 싶지 않다. 인간계에서도 천신계에서도 다시 태어나기를 원하지 않을 때만이, 그의 지혜가 도의 지혜를 얻을 만큼 충분해진다. 『청정도론』 복주서에서도 그러한 수행자는 어떤 종류의 생명체로도 다시 태어나고 싶지 않으며, 어떤 영역에서도 태어나고 싶지 않다고 기록되어 있다. 그 복주서에 따르면, 그런 수행자는 다음에 열거한 어떤 곳에서도 다시 태어나기를 원하지 않는다고 설명한다.

(1) 3존재계: 욕계, 색계, 마음만 있는 영역(무색계).

(2) 4가지 태생: ① 조류와 같이 알에서 태어나는 난생 ② 포유류처럼 모체의 자궁에서 태어나는 태생 ③ 지렁이 같이 습한 곳에서 생기는 습생 ④ 천신이나 지옥중생처럼 마음과 물질이 갑자기 완전히 성장한 몸으로 생긴 화생

(3) 7가지 의식이 머무는 곳: 이들 7가지는 우주에 있는 의식의 거주처이다(『앙굿따라니까야』의 「삿따윈냐나티디숫따」).

① 몸의 형태와 마음이 다른 존재들(*Nānattakāyanānattasaññī*): 인간이나 색계의 신들과 같이 몸의 형태도 다르고 마음도 다른 존재들

이다. 산니(*saññī*)는 산냐(*saññā*, 인식)를 가진 자를 의미하며, 여기에서 산냐는 마음과 마음작용이다.

② 몸의 형태는 다르지만 마음이 같은 존재들(*Nānattakāyaekattasaññī*): 이들은 4가지 낮은 영역(4 악처: 아수라, 축생, 아귀, 지옥)의 존재들이나 인간이었을 때 초선정을 얻어서 다시 태어난 초선정 영역의 존재들이다.

③ 몸의 형태는 같고 마음이 다른 존재들(*Ekattakāyanānattasaññī*): 광음천의 범천들처럼 몸의 형태는 같고 마음이 다른 존재들이다. 인간이었을 때 이선정을 얻어서 다시 태어난 이선정 영역의 존재들이다.

④ 몸의 형태는 같고 마음이 비슷한 존재들(*Ekattakāyaekattasaññī*): 범천계 중 하나인 광과천의 범천들과 같이 몸의 형태는 같고 마음이 비슷한 존재들이다. 삼선정과 사선정 영역 또는 숫다와사(*Suddhāvāsā*, 정거천: 불환 도를 얻은 성자들이 태어난 곳으로 이곳에 태어나 다시는 더 낮은 세상에 태어나지 않음)에 머무는 존재들이며, 인간이었을 때 삼선정과 사선정을 얻어서 다시 태어난 삼선정과 사선정 영역의 존재들이다.

⑤ 공무변처의 존재들(*Ākāsānañcāyatanasaññī*): 무한한 공간 영역의 존재들이다. 그들이 사람이었을 때 이 이름의 명상을 해서 같은 이름의 선정을 얻었다. 그들은 허공(*ākāsa*)을 대상으로 취했다. 죽은 후 무색계 범천계 중 하나인 공무변처에 다시 태어났다. 이 영역에 머무는 존재들은 20,000대겁을 살았다.

⑥ 식무변처의 존재들(*Viññāṇañcāyatanasaññī*): 무한한 의식 영역

의 존재들이다. 그들이 사람이었을 때 이 이름의 명상을 해서 같은 이름의 선정을 얻었다. 그들의 대상은 공무변처 존재들의 선정의 마음이다. 이 영역에 머무는 존재들은 40,000대겁 동안 살았다.

⑦ 무소유처의 존재들(*Ākiñcaññāyatanasaññī*): 무無의 영역의 존재들이다. 그들이 사람이었을 때 이 이름의 명상을 해서 같은 이름의 선정을 얻었다. 그들은 대상으로 아무것도 취하지 않았다. 이 영역에 머무는 존재들은 60,000대겁 동안 살았다.

(4) 존재들의 9가지 의식의 거처(*sattāvāsā*): 위에 언급한 7개 의식의 영역에 다음 2가지를 더한다.

⑧ 무상유정천의 범천들(*Asaññasatta Brahma*): 마음과 인식이 없는 범천들이다. 그들은 사람이었을 때 마음을 갖고 싶지 않았다. 그 마음 때문에 사람들이 고통스러워하기 때문에 그들은 마음을 갖고 싶지 않았다. 마음을 갖지 않겠다는 의도를 가지고 그들은 사마타 수행을 했다. 그 후 색계 사선정(색계 5선정) 중에서 상위에 속하는 사선정을 성취했다. 그들은 마음 없이 오직 물질(*asaññasatta*, 마음이 없고 극히 미세한 물질만 있는 상태)만 가졌다.

⑨ 비상비비상처의 존재들(*Nevasaññānāsaññāyatanasaññī*): 인식이 있는 것도 아니고 없는 것도 아닌 영역의 존재들이다. 이 영역에 머무는 존재들은 84,000대겁을 살았다.

⑤, ⑥, ⑦, ⑨번은 무색계 선정(*arūpa jhāna*)이며, 상위 4개의 영역에 있다. ⑧번은 ⑤, ⑥, ⑦, ⑨보다 하위 영역이며, ④번과 같은 영역이다. ⑨번은 우주상에서 가장 높은 영역이다.

'산니(*saññī*)'는 인식(*saññā*)을 가진 사람을 말하며 살아있는 존재들의 명칭이다. 이런 사람은 전생에 사람이었을 때 사마타를 수행해서 그 선정을 얻었다. 그래서 다음 생에는 수행한 선정의 이름을 딴 범천의 영역에서 태어났다. ⑤번은 선정의 이름이다. 그가 사람이었을 때 명상을 해서 이 이름의 선정을 성취했다. 죽어서 그는 범천계에 다시 태어났다. 범천계의 이름이 그가 성취한 선정과 같다. ⑥번 식무변처의 존재들은 그 선정의 이름이며 또한 거처의 이름이기도 하다. 산니는 그 존재의 이름이다. ⑤, ⑥, ⑦번은 몸을 몹시 싫어했다. 이 존재들은 사마타 수행을 해서 사선정을 성취했다. 사선정 상태에서 죽어 몸이 없이 마음만 가지고 3곳의 범천계, 공무변처, 식무변처, 무소유처에 태어났다.

이 시점에서 우리는 마음이 얼마나 강력한 힘을 가지고 있는지 생각해 볼 필요가 있다. 인간 세상에 살면서 미래 범천이 되고 싶은 사람들은 마음을 원하지 않았으며, 마음을 버리고 싶었다. 이런 의도를 가지고 사마타 수행을 해서 선정을 얻었다. 그 결과 그들은 마음이 없이 살기 위해 500대겁 동안 범천계에 다시 태어났다. 그래서 그들은 마음 없이 500대겁을 살 수 있었다. 우리 사람의 마음은 얼마나 강력한 힘을 가지고 있는가!

사실상, 수행자가 다시 태어남으로부터 탈출하고 싶은 지혜를 얻었다 하더라도 도의 지혜를 얻을 만큼 충분한 지혜가 있어야 한다. 충분한 지혜가 있으면 문찌뚜깜야따 냐나를 얻을 것이다. 빨리 경전에서는 문찌뚜깜야따 냐나와 빠띠상카 냐나(*Paṭisaṅkhā ñāṇa*, 다시 숙고하는 지혜)에 대해 언급하지 않았다. 오직 상카루뻬카 냐나(*Saṅkhārupekkhā ñāṇa*)의 이름에 문찌뚜깜야따 빠띠상카 산띳타나 빤냐 쌍카루뻬카수 나낭(*Muñcitukamyatā paṭisaṅkhā santiṭṭhānā paññā saṅkhārupekkhāsu ñānaṃ*)의 이름으로만 기록되어 있다. 이것은 존재로부터 탈출하고 싶은 욕구 때문에, 상카라를 다시 주시하고 평온한 마음으로 계속 일어남을 알아차리는 지혜가 상카루뻬카 냐나라는 뜻이다.

왜 우리는 한 곳에 집중된 마음으로 맹렬하게 명상을 해야 하는가?

어떤 사야도가 무상(*anicca*)에 대한 일화 하나를 인용했다. 칸니 위빳사나 명상 센터에서 국제부 승려(*Saṁgha*) 단체의 수장이었던 한 사야도가 제1차 명상 코스에 참석했다. 명상 코스를 마친 후, 그 사야도는 가끔 센터를 방문하곤 했다. 어느 날 다음 일화를 털어놓았다.

버마에서 열린 6차 승가 집회에서 버마 정부는 선교사들, 승려들과 재가자들을 포함하여 100개국의 주요인물을 초청했다. 소련(USSR)도 승가 집회 참가국 중에 하나였다. 그 후 버마의 몇몇 인사들이 소련의 초청을 받았다. 3명의 승려와 3명의 재가자들이 비행기를 타고 소련으로 갔다. 소련의 주최자는 비행기에서부터 호텔에 이르기까지 전 여정을 비디오로 찍었다.

그들이 소련에 도착하여 비행기 출구를 나서자마자 한 그룹이 그들을 반갑게 맞이하면서 모든 여정을 비디오카메라로 찍고 있다고 말했다. 비행기 착륙에서부터 호텔에 도착하기까지 모든 것을 비디오로 찍었다. 그러고 나서 미얀마 내빈들을 호텔 강당으로 초대했다. 그들은 호텔까지의 모든 여정이 담긴 비디오를 돌리기 시작했다. 처음에는 일반적인 렌즈를 사용한 비디오를 돌렸다. 나중에는 일반 렌즈보다 2,000배, 4,000배, 10,000배 더 강한 초강력 렌즈를 사용해서 녹음한 것을 보여주었다. 그때 녹음한 모든 것이 점으로 보이다가 결국엔 수많은 아지랑이 같은 물질이 아른거리는 것처럼 보였다. 그들은 하나에서부터 100까지 모든 요소들을 녹음했다고 말했다. 또한 3,000배 강력 렌즈로 집들과 나무들과 살아있는 것들을 모두 녹화했다. 그 비디오를 보았을 때, 그들은 오직 아지랑이 같은 것만 볼 수 있었다. 그래서 부처님의 가르침인 "모든 것(형성된 것들)은 무상하다(*Sabbe saṅkhārā aniccā*)."는 것이 절대적으로 옳다는 결론에 이르렀다.

다음은 이 일화에 대한 나의 견해이다. 그들이 찍은 비디오를 3,000배 강력 렌즈로 보았을 때 오직 아지랑이처럼 보였다. 칸니 전통에서 4단계 후에 수행자가 자기의 몸을 한 점에 집중된 마음으로 주시했을 때 몸이 오직 아지랑이 같은 루빠 깔라빠만 보였다. 그래서 한 점에 집중된 마음으로 온 힘을 다해 주시해서 본 것은 3,000배의 강력한 렌즈로 찍은 비디오와 같은 현상이다. 이것은 칸니 전통 수행자가 한 점에 집중된 마음으로 알아차린 것은 보통 사람의 시력보다 3,000배 더 강하다는 의미이다.

수승한 수행자는 이런 현상을 이해할 수 있다. 그래서 한 점에 집중된 마음으로 맹렬하게 수행할 필요가 있다. 힘이란 얼마나 다른가! 집중력이 있다 하더라도 한 점에 집중된 마음으로 온 힘을 다해 대상을 주시하지 않는다면 그런 힘은 진가를 발휘할 수 없다. 단지 주시한다고 해서 강력한 힘이 생기는 것은 아니다. 오직 한 점에 집중된 마음으로 주시했을 때만이 힘이 강해져서 본래 가지고 있는 힘을 발휘할 수 있을 것이다. 그러므로 모든 수행자는 육체적인 힘이 아니라 바늘에 실을 꿰는 것처럼 한 점에 집중된 강력한 마음으로 대상을 주시해야 한다. 이것은 오직 수행을 통해서만 이해할 수 있다. 「법구경」 주석서에 마음을 집중한다는 것은 '한 점에 집중된 마음으로 눈을 통해 대상에 초점을 맞추는 것'이라고 기록되어 있다.

부처님 당시 맛지마(고대 인도) 지역에 있는 왕자들의 무술 스승이 있었다. 그는 생 대나무 속에 철근을 넣은 60개의 막대를 검으로 자를 수 있었다. 그는 지나치게 집중된 마음을 이용해서 대나무 절단 시범을 보인 후 장님이 되었다. 이것은 한 점에 집중된 마음으로 대상을 주시한다는 것은 눈을 감고 대상을 보는 것을 시사한다. 만약 집중된 마음과 그의 눈이 연결되어 있지 않았다면 그는 장님이 되지 않았을 것이다. 따라서 수행자는 눈을 통해서 한 점에 집중된 마음으로 명상 대상을 수행하는 동안 내내 주시해야 한다.

● 수행 방법

수행자는 먼저 부처님과 벽지불과 아라한과 성인들에게 전에 잘못한 일이 있다면 용서를 구한다. 그분들에게 마음과 물질의 복합체인 오온, 즉 몸을 맡긴다. 부처님에 대한 회상, 자애 계발 명상, 죽음에 대한 회상을 잠시 동안 한 후 위빳사나 수행을 시작한다.

보통 때처럼 앉아서 손가락 한 마디 크기인 심장토대 대상에 주의를 기울인다. 무엇이 일어나는지 알아차린다. 아나빠나삿띠 명상 방법 4를 성공적으로 마친 수행자는 마음의 눈으로 고장 난 텔레비전 스크린처럼 아른거리는 아주 미세한 안개나 먼지 같은 깔라빠가 공중에 떠다니고 있는 것을 볼 것이다. 그것들의 움직임, 즉 그 대상이 차례차례 일어나고 사라지는 것을 주시하고 마음으로 그 의미를 3번이나 4번 생각하면서 '무상'이라고 되새긴다.

집중력이 강하지 않은 몇몇 수행자들은 뼈나 심장 또는 빛 등을 볼 것이다. 아무것도 볼 수 없다 하더라도 대상에서 소리를 듣거나 열기를 느끼거나 진동을 느낄 수도 있다. 대상으로써 그것들을 주시해야 한다. 여기에서 '주시한다'는 것은 단지 아는 것이 아니라 한 점에 집중된 마음으로 정확히 그 대상이 있는 곳을 보면서 대상으로 취한 그 소리와 열기와 진동이 사라지는 것을 알아차리는 것이다.

3번이나 4번 그 의미를 알아차리면서 문구를 암송한다. 그런 후, 대상을 주시하면서 마음속으로 '무상, 무상, 무상'이라고 알아차린다. 그때 만약 몸의 다른 부분에서 어떤 것이 일어나면 그것을 대상으로 취하고 전 대상이 사라지는 것을 본 후에 한 점에 집중된 마음으로 그것을 주시한다. 그러면 나중에 무상만이 아닌, 3가지 특성 중 하나를 아는 지혜가 분명하게 수행자의 마음속에 나타날 것이다. 그러므로 수행자의 마음속에 나타나는 무상이나 고통이나 무아 중 하나의 특성을 알아차리면서 그 대상을 주시해야 한다.

● **문찌뚜깜야따 냐나의 암송 문구**

☞ 끊임없이 사라지는 아지랑이 같은 물질인 나마와 루빠로부터 탈출하거나 그것들을 멀리 할 수 있다면 좋겠다. 무상, 무상, 무상.

제11장

빠띠상카 냐나(다시 숙고하는 지혜)

마음과 물질을 버리고 싶은 지혜(*Muñcitukamyatā ñāṇa*)를 얻었을 때, 수행자는 상카라에서 탈출하고 싶어 한다. 그래서 마음과 물질을 더 이상 주시하고 싶지 않기 때문에 명상을 멈춘다. 그러나 명상을 멈춘다 하더라도 상카라(마음과 물질)가 나타나서 마음과 물질의 3가지 특성(무상·고·무아)을 알게 된다. 수행자는 상카라를 무시할 수 없기 때문에 슬픔과 비참함 등으로 고통스럽다.

상카라가 아무것도 아니며 그저 무상하고 만족스런 것이 아니라는 것을 알 때만이 상카라에 집착하지 않고 상카라를 무시할 수 있다. 만약 상카라를 버릴 수 있다면 마음이 평온해질 것이다. 그러므로 상카라에서 탈출하기 위해서 다시 상카라를 대상으로 명상하는 것 외엔 할 수 있는 것이 아무것도 없다.

"모든 생과 모든 영역과 모든 상카라에서 탈출하고 싶은 수행자는 뒤돌아 살펴보는 지혜(*Paṭisaṅkhānupassanā ñāṇa*)로 3가지 특성을 검토함으로써 다시 상카라를 주시한다."라고 『청정도론』에서 언급하고 있다.

빠띠(*paṭi*)는 '다시'라는 의미이고, 상카(*saṅkhā*)는 '자각과 앎'이다. 그래서 빠띠상카(*paṭisaṅkhā*)는 '마음과 물질을 다시 인식하고 마음과 물질에 대해 더 확신하는 것'이다. 여기에서 마음과 물질을 다시 인식한다는 것은 3가지의 특성(무상·고·무아)을 좀 더 자세하게 아는 것이다. 위빳사나 냐나의 목록에 문찌뚜깜야따 냐나(마음과 물질을 버리고 싶은 지혜)와 빠띠상카 냐나(*Paṭisaṅkhā ñāṇa*)는 포함되어 있지 않다. 오직 문찌뚜깜야따 빠띠상카 산띳타나 빤냐 상카루뻬카수 나낭(*Muñcitukamyatā paṭisaṅkhā santiṭṭhanā paññā saṅkhārupekkhāsu ñāṇaṃ*)이라는 이름만이 상카루뻬카 냐나(*Saṅkharupekkhā ñāṇa*)를 언급한 자리에 명기되어 있다. 이것은 3개의 이름이 합쳐진 것이다. 이 이름은 탈출하고 싶은 욕구 때문에 평정(*upekkhā*)한 마음으로 마음과 물질을 다시 주시한다는 의미이다. 그래서 수행자는 무상·고·무아를 좀 더 자세히 이해한다.

아닛짜(*anicca*)에서 수행자는 무상에 대한 10가지 사실을 자세히 알게 된다. 둑카(*dukkha*)에서 25가지를, 무아에서 5가지를 자세히 알게 된다(『청정도론』).

● 40가지(40가지 '또') 관찰

10가지 아닛짜(무상)의 특성에 대한 관찰('또'는 '~로써' '~로'의 의미이다)

① 무상함으로(*aniccato*): 영원하지 않다.

② 파괴되는 것으로(*palokato*): 심각하게 파괴되는 것이다. 이것은 마음과 물질이 심각하게 파괴된다는 의미이다.

③ 부서지기 쉬운 것으로(*pabhaṅguto*): 주시하기도 전에 부서지는 것이다.

④ 불안정한 것으로(*calato*): 흔들리는 것이다. 이것은 결코 계속

머물지 않고 항상 일어나고 사라진다.

⑤ 변하기 마련인 법으로(*vipariṇāmadhammato*): 위빠리나마는 끊임없이 계속되는 변화라는 의미이다. 그 변화란 처음 것과 같지 않다는 의미이다.

⑥ 단멸되는 것으로(*vibhavato*): 진전되지 않는 것이다. 마음과 물질은 하나로 일어나며 하나로 사라진다. 결코 둘로 증가되지 않는다.

⑦ 지속되지 않은 것으로(*addhuvato*): 영원히 존재하지 않는 것이다. 이것은 마음과 물질이 고정되어 있지 않으며 영원하지 않다는 의미이다.

⑧ 죽기 마련인 법으로(*maraṇadhammato*): 죽을 수밖에 없는 것이다(죽음의 가능성).

⑨ 형성된 것으로(*saṅkhatato*): 원인에 의해 조건 지어진 것이다.

⑩ 핵심이 없는 것으로(*asārakato*): 핵심도 없고 실체도 없는 부실한 것이다.

25가지 둑카(고통, 불만족)의 특성에 대한 관찰

① 괴로움으로(*dukkhato*): 만족스럽지 않기 때문에 괴로운 것이다.

② 질병으로(*rogato*): 질병 그 자체이다.

③ 종기로(*gaṇḍato*): 아픔이다. 이것은 '아픈 종기'와 같다. 이것들은 피해를 주기 위해서만 일어난다.

④ 불선한 것으로(*aghato*): 유익하지 않은 것이다.

⑤ 재난의 뿌리로(*aghamūlato*): 유익하지 않은 것의 원인이다.

⑥ 병의 고통으로(*ābādhāto*): 둑카(고통)를 주는 병이다.

⑦ 두려운 것으로(*bhayato*): 멈추지 않고 파괴되기 때문에 두려운 것이다.

⑧ 심한 고문으로(*upasaggato*): 내부(질병이나 슬픔)와 외부(물질적인 파괴)로부터 오는 심한 고문이다.

⑨ 보호받지 않은 것으로(*atāṇato*): 보호받지 못하는 것이다. 마음과 물질은 이것에 집착하는 사람을 보호해 줄 수 없다.

⑩ 피난처가 없는 것으로(*aleṇato*): 드러난 것이다. 마음과 물질은 이것에 집착하는 사람을 위해 은신처를 만들어 줄 수 없다.

⑪ 결함으로(*ādīnavato*): 결함이나 나쁜 것이다. 마음과 물질은 항상 변하는 상태에 있기 때문에 좋은 것이 아니다.

⑫ 의지처가 없는 것으로(*asaraṇato*): 아사라나(*asaraṇa*)는 귀의하지 않음의 의미이다. 마음과 물질은 귀의 받을 자격이 없다.

⑬ 번뇌에 물들기 쉬운 것으로(*sāsavato*): 정신적인 중독을 지지하는 대상이다.

⑭ 태어나기 마련인 법으로(*jātidhammato*): 일어나는 것이다.

⑮ 늙기 마련인 법으로(*jarādhammato*): 늙는 것이다.

⑯ 병들기 마련인 법으로(*byādhidhammato*): 잠재적인 질병이다.

⑰ 전염병으로(*ītito*): 전염병처럼 다가오고 있는 위험이다. 어떤 위험도 경고 없이 언제든지 닥쳐올 수 있다.

⑱ 마라의 희생물로(*mārāmisato*): 마라(번뇌나 사악한 천신)의 미끼이며, 희생물이다.

⑲ 슬프기 마련인 법으로(*sokadhammato*): 비애를 일으키는 것

이다.

⑳ 비탄의 원인으로(*paridevādhammato*): 비탄을 일으키는 것이다.

㉑ 절망의 원인으로(*upāyāsadhammato*): 절망을 일으키는 것이다.

㉒ 번뇌의 대상으로(*saṃkilesikadhammato*): 번뇌의 대상이다.

㉓ 가시로(*sallato*): 가시와 같다.

㉔ 재앙으로(*upaddavato*): 예방책을 강구하지 못하고 일어나기 때문에 파괴적인 재앙이다.

㉕ 살인자로(*vadhakato*): 와다까(*vadhaka*)는 '사형집행인과 같은'의 뜻이다. 마음과 물질이 소멸하면 인간들은 죽기 때문이다.

5가지 아낫따(무아)의 특성에 대한 관찰

① 무아로(*anattato*): 호의적이지 않다. 자신의 바람대로 따라주지 않는다.

② 이방인으로(*parato*): 손님이다. 이것은 이방인과 같다.

③ 헛된 것으로(*tucchato*): 쓸모없는 것이다.

④ 비었음으로(*rittato*): 아무것도 없음이다.

⑤ 공으로(*suññato*): 공함이다. 전혀 아무것도 없다. 과거, 현재, 미래 생에서 원인 없이 일어났다 하더라도, 그 삼생에는 '나'도 없고, 본질도 없고, 영혼도 없고, 핵심도 없고, 자아도 없다. 여기에서 텅 빔 또는 아무것도 없음과 공(*suñña*, 모든 것이 공함) 사이에는 차이가 있다. 텅 빔과 아무것도 없음은 오직 현재에 아무것도 없다는 것이다. 그 둘은 미래에는 존재할 것이고 과거에도 존재했었다. 그것들은 언제든지 일어날 원인을 가지고 있다. 그러나 공(*suñña*)은 과거

와 현재에도 존재하지 않고 미래에도 존재하지 않는다. 그것은 언제든지 일어날 어떤 원인도 가지고 있지 않다.

이 단계에서 수행자는 40가지(아닛짜 10, 둑카 25, 아낫따 5) 주제 중에 하나를 주시함으로써 무상·고·무아의 3가지 특성을 좀 더 자세하게 이해한다. 하지만 이들 40가지 모두를 자세하게 다 알 필요는 없다. 만약 각각 3가지 특성 중 하나를 안다면 빠띠상카 냐나를 이해하는 데 충분하다. 이 냐나(*ñāṇa*)를 수행하면서 두 단계를 경험하게 될 것이다. 빠띠상카 냐나(다시 숙고하는 지혜) 초기 단계에서 삼마사나 냐나(무상·고·무아를 아는 지혜)에서와 같은 극심한 마음의 고통이 일어나지만, 후기 단계에서는 편안하게 명상을 하게 될 것이다. 『빠띠삼비다막가』의 주석서 「나나까타마띠까완나나」에서 주석가들은 이들 냐나에 대해 다음과 같이 어부의 예를 들었다.

어느 날 한 어부가 원통 모양의 통발을 사용해서 물고기를 잡으러 갔다. 물 표면 위에서 물거품이 일어나는 것을 보았을 때 어부는 바로 그 지점에 통발을 놓았다. 그 통발 안으로 물고기가 들어올 것이다. 한참 후 잔잔한 물 표면 위에 파문이 일었다. 그래서 어부는 물고기가 잡힌 것을 알았다. 어부는 그 물고기를 잡기 위해 통발 위에 뚫린 구멍으로 손을 넣었다. 물고기의 머리 부분이 손에 닿자 어부는 물고기의 목을 힘껏 잡는 순간 물고기가 아주 크다는 것을 알아차렸다. 그래서 마음이 뿌듯했다. 물고기를 확인하기 위해 그 물고기를 잡은 손을 통발 밖으로 뺐다. 물고기를 보자마자 목 주위에 3개의 주름이 있었다. 어부는 이것이 뱀이라는 것을 알아차리고 자기를 물 것이라고 생각했다. 뱀이 물까봐 두려워하면서 어부는 뱀을 잡은 것이 과실이라는 것을 깨달았다. 그는 계속 뱀을 붙잡고 있고 싶지 않았다. 뱀을 던져버리고 싶었지만 뱀이 손을 휘감고 있었다. 뱀이 휘감고 있는 것을 풀기 위해서 어부는 손을 높이 들고 서너 번 세게 흔들었다. 그러자 뱀이 손에 감았던 똬리를 풀었다. 마침내 어부는 뱀을 던져버릴 수 있었다. 이제 어부는 뱀의 위험에서부터 탈출했다.

이 스토리를 이런 방법으로 한번 살펴보자.

몸을 가지고 사람으로 태어난 것이 행복한 수행자는 큰 물고기를 낚았을 때 행복하다고 생각한 어부와 비슷하다. 수행자가 명상을 해서 그의 몸이 육체가 아니라 단지 마음과 물질의 복합체에 지나지 않는다는 것을 알게 됨으로써 3가지의 특성을 이해하고 모든 것의 사라짐(우다얍바야 냐나와 방가 냐나)을 이해할 때, 그것은 목 가장자리에 3개의 주름이 있는 것을 발견하고 그것이 물고기가 아니라 뱀이라는 것을 안 것과 비슷하다. 수행자가 마음과 물질을 두려워할 때 어부가 뱀을 두려워한 것과 비슷한 바야 냐나(두려움에 대한 지혜)를 얻는다. 아디나와 냐나(마음과 물질을 결함으로 여기는 지혜)와 닙비다 냐나(마음과 물질을 지루한 것으로 아는 지혜)는 어부가 뱀을 잡은 것이 과실이었다는 것을 알고 더 이상 뱀을 취하고 싶지 않은 것과 비슷하다. 수행자가 자기 몸을 던져버리고 싶을 때(마음과 물질을 버리고 싶은 지혜), 이것은 어부가 뱀을 던져버리고 싶은 것과 비슷하다.

그러면 수행자는 마음과 물질을 다시 알아차리게 된다(다시 숙고하는 지혜). 이것은 어부가 뱀의 똬리를 풀기 위해 힘껏 손을 흔드는 것과 비슷하다. 마음과 물질의 존재를 간과할 때 그는 상카라에 대한 평정의 지혜를 얻는다. 이것은 뱀을 던져버리고 아무런 느낌 없이 일어난 사건을 바라보는 어부와 비슷하다.

어떤 사람이 뭔가를 살 때, 우선 주의 깊게 살펴보고 그것을 산다. 그는 오랫동안 행복한 마음으로 그것을 사용한다. 결국 그 물건이 낡아서 너덜너덜하게 되면 더 이상 사용할 수 없다. 이제 그것을 버리고 싶어 한다. 그것을 버리기 전에 조금이라도 더 쓸 수 있는지 알기 위해서 다시 검토한다. 수행자는 마음과 물질을 버리기 전에 그것들이 영원함(*nicca*)이나 행복(*sukha*)이나 자아(*atta*)와 같이 유용한 어떤 것이 있는지 알기 위해 다시 한 번 명상한다. 이것이 다시 숙고하는 지혜(*Paṭisaṅkhāñāṇa*)이다. 이 스토리에서처럼, 빠띠상카는 마음과 물질을 다시 확인하고 검토하는 것이다. 마음과 물질의 생의 과정(*pavatti*, 끊임없는 사라짐)을 인지한 수행자는 둑카의 특성인 25가지의 자세한 사실을 이해한다.

마음과 물질의 상카라의 표상(*saṅkhara nimitta*, 손, 머리, 발 등. 이런 것들은 실재가 아니다)을 주시한 수행자는 아닛짜(무상)를 좀 더 자세히 이해한다. 마음과 물질의 표상과 계속된 사라짐을 알아차린 수행자는 아낫따의 특성 5가지를 분명하게 그리고 자세하게 이해한다. 3가지 특성(무상·고·무아)에 대해 자세히 분류한 40가지를 40종류의 바와나(*bhāvanā*, 수행)라고 한다. 몇몇 사람들은 미얀마 말로 또리잘(40to: 40또)이라고 부른다.

1. 마음과 물질을 혐오스러운 것으로 알아차림

다시 숙고하는 지혜(*Paṭisaṅkhā ñāṇa*)에서 마음과 물질을 혐오스러운 것(*asubha*)으로 의식하라고 『청정도론』의 복주서에서 제시하고 있다. 그 복주서에 따르면, 마음과 물질을 다음과 같은 것으로 간주하라고 설명하고 있다.

(1) 역겨움: 역겨운 것으로 본다. 마음과 물질은 기쁘지 않은 것이다. 세상 사람들은 마음과 물질(사람은 마음과 물질의 복합체이다)이 기분 좋은 것이라고 생각한다. 그러나 마음과 물질은 부패하여 반드시 죽게 되어 있으며, 영원히 존재하지도 않으며 항상 사라진다. 모든 사람들은 마음과 물질은 기분 좋은 것이고 행복을 준다고 생각하지만 불이익만을 줄 뿐이다. 마음과 물질을 아무리 잘 보살핀다 하더라도 그 사람에게 호의를 베풀지 않는다.

(2) 악취: 역겨운 나쁜 냄새를 풍기는 것으로 본다. 루빠(사람)는 나쁜 냄새를 풍긴다. 그러나 사람들은 목욕을 하고 향수를 뿌리기 때문에 그들에게서 좋은 냄새가 난다고 생각한다. 사실 사람에게서는 역겨운 냄새가 난다. 사람에게서 나온 분비물이나 배설물은 달콤하지 않으며 역겹고 지독한 냄새가 난다. 만약 어떤 사람이 열흘 내지 열닷새 동안 씻지 않고 목욕을 하지 않는다면 그는 거리를 방황하는 미친 사람이나 거지처럼 보일 것이다.

(3) 끔찍함: 끔찍한 것으로 본다.

(4) 혐오: 혐오스러운 것으로 본다. 인간은 역겨운 것으로 구성되어 있기 때문에 마음과 물질은 혐오스러운 것이다. 그러나 보통 세

상 사람들의 눈으로는 마음과 물질이 좋은 것처럼 보인다. 실제적으로 마음과 물질은 300개의 뼈와 700개의 힘줄과 700개의 신경 조직으로 구성되어 있으며 두 겹의 매우 얇은 피부 층으로 덮여 있다. 외부 피부의 표피층은 매우 얇아서 모두 합해도 자두 씨 정도의 크기밖에 되지 않을 것이다. 이것이 피부색을 만든다. 이런 피부 때문에 사람들은 그 남자가 잘 생겼는지, 그 여자가 아름다운지를 알 수 있다. 만약 그 피부를 벗긴다면 그것은 정육점에서 파는 소고기나 양고기를 저며 놓은 것과 다를 바 없다. 몸안에 있는 모든 장기 또한 끔찍하다. 만약 누군가의 장기 중 하나가 몸 밖으로 나온다면 개나 까마귀가 달려들어서 먹을 것이다. 게다가 땀이나 피나 침, 가래, 오줌, 대변과 같이 더러운 것들이 몸에서 항상 분비된다. 인간의 몸(루빠)은 대변으로 가득 찬 꾸러미를 아름다운 비단 보자기로 싸놓은 것이다. 사람의 눈으로 봤을 때 그것은 기분 좋은 꾸러미 같지만 안에는 끔찍한 것으로 가득 차 있다. 그런 끔찍한 것들이 매 순간 몸(물질의 무더기) 밖으로 흘러나온다.

(5) 불쾌함: 옷을 걸치지 않은 불쾌한 것으로 본다.

(6) 추악한 형상: 추악한 형상으로 본다. 사람의 몸은 추한 형상을 가지고 있다. 그러나 씻고 향수를 뿌리고 아름다운 옷으로 치장하기 때문에 좋은 것처럼 보인다. 솔직히 말해서 우리 몸은 끔찍한 것으로 가득 차 있다. 옷을 입지 않고 샤워를 하지 않으면 얼마나 아름다울까? 만약 샤워도 하지 않고 옷도 입지 않은 남자가 문명화된 관중들 속으로 들어간다면 그 사람을 환영하고 모든 사람들 앞에 앉을 자리를 내어줄까? 아마도 사람들은 그 사람이 깨끗한 몰골이 아니

기 때문에 틀림없이 그를 내쫓을 것이다. 만약 그 루빠(그 사람)가 불쾌하지 않다면 모든 사람들은 그를 환영하며 좋은 자리를 내어줄 것이다.

(7) 속박: 속박으로 본다. 몸(루빠)을 좋아하는 사람들에게 루빠(몸)는 결코 이익을 주지 않는다. 몸은 항상 불이익을 초래하며, 특히 몸을 좋아해서 지나치게 몸에 사로잡혀 있는 사람을 속박한다. 마음과 물질은 항상 부패하며 그것의 본성에 의존하여 끊임없이 변형되고 있다. 몸에 관심이 없는 사람들은 마음과 물질을 상관하지 않는다. 그러나 몸을 돌보고 염려하는 사람들은 만약 마음과 물질이 부패하거나 변형된다면 그것을 상실이나 불운이라고 생각한다. 보통 사람들은 그들의 몸에 뭔가 잘못이 생긴다면 크게 마음을 쓰지 않을 것이다. 몸에 관심을 갖고 집착하는 사람은 작은 상처에도 많이 괴로워할 것이다. 예를 들면, 아름다워지기를 몹시 원하는 여자는 얼굴에 여드름이 나면 굉장히 심각하게 생각한다.

그러므로 루빠(몸)는 정말 불쾌한 것(*asubha*)이다. 이것이 성인들이나 부처님이 몸에 집착하지 않고 애착을 갖지 않은 이유이다. 「법구경」 주석서에서 아름다운 바라문 소녀의 아버지인 마간디가 부처님께 그의 아름다운 딸과 결혼해달라고 간청했다. 그때 부처님은, "나, 여래는 당신의 딸을 내 발로라도 만지고 싶지 않다."라고 말했다. 부처님의 이 말씀은 진정한 부처님의 마음이다. 이것은 부처님이 인간의 몸(*rūpa*)이 정말로 아수바라는 것을 깨닫고 한 것이기 때문에 모욕적인 말이 아니다.

예를 들면, 얼굴, 손, 발을 제외하고 온몸에 나병이 있는 한 소녀가 있다고 하자. 그녀 자신 이외에 아무도 그녀가 나병 환자라는 것을 알지 못한다. 만약 그 소녀가 목욕을 하고 향수를 뿌리고 비싼 옷을 입는다면 그녀가 병을 앓고 있다는 사실을 아무도 모르기 때문에 모든 사람들은 그녀에게 가까이 다가가 함께 있고 싶을 것이다. 그들은 오로지 그녀의 아름다운 얼굴과 비싼 옷을 볼 뿐이다. 그러나 그녀가 나병 환자라는 것을 누군가 안다면 결코 가까이 하거나 그녀 옆에 앉고 싶지 않을 것이다. 이처럼 부처님은 인간의 몸(루빠)을 역겨운 것으로 알고 깨달은 것이다.

마음과 물질을 혐오스러운 것(아수바)으로 알기 위한 수행은 보통 명상할 때처럼 수행하지만 심장, 뼈 등과 같은 몸의 어떤 부분을 대상으로 볼 때마다 그것을 알아차리고 '아수바, 아수바, 아수바'라고 되새긴다.

참조: 여기에서 사람의 몸(루빠)을 아수바로 알아차린다는 것은 단지 더 높은 단계의 위빳사나 지혜를 얻는 데 도움을 주기 위한 것이다. 사실, 인간 세상에 다시 돌아오지 않는 불환자(anāgāmī)만이 마음과 물질을 아수바로 깨닫고 알 수 있다. 왜냐하면 성인들에게 모든 것은 아수바이기 때문이다. 세상에 수바(subha, 기분 좋은 것)는 없다.

2. 우리는 왜 마음과 물질을 무상한 것으로 알아차리면서 신중하게 수행해야 하는가?

명상을 할 때 수행자가 항상 알아차린 '무상(아닛짜)'의 가치에 관한 예화가 있다. 수행자는 명상 초기부터 대상을 주시하고 '무상, 무상, 무상'이라고 암송했다. 이 '무상'은 입에서 무료로 얻을 수 있다. 다른 사람에게 돈을 지불하고 살 필요도 없으며 쉽게 암송할 수 있다. 그래서 무상을 이해하는 것이 아무것도 아니며 무의미한 것이라고 생각할 것이다. 만약 무상을 이해하는 것의 가치를 안다면 그렇게 생각하지 않을 것이다. 무상을 이해하는 것은 인생에서 아주 소중한 것이다.

부처님은 『앙굿따라니까야』의 「웰라마숫따」에서 부처님께 사원(*vihāra*)을 기부한 아나타삔디까에게 물었다. "아직도 매일 아침 500명의 스님들에게 아침 대중공양을 하고 있느냐?" 아나타삔디까는 "네, 부처님. 아직도 대중공양을 하고 있습니다. 하지만 하찮은 음식을 스님들께 공양 올리는 것이 매우 안타깝습니다."라고 대답했다. 그 당시 부자였던 아나타삔디까는 어느날 모든 재산을 잃고 가난한 사람이 되었다. 18크로 상당의 황금 항아리는 강물에 떠내려갔다. 나머지 18크로는 채권자가 가져갔다. 이제 그는 무일푼이기 때문에 스님들에게 좋은 음식을 공양 올릴 수 없었다. 아나타삔디까는 단지 현미밥과 시큼한 삶은 콩장만을 올릴 수 있었다. 그래서 마음이 편치 않았다.

부처님은 그 사실을 알고 다시 말했다. "미안해하지 마라, 부유한 자여! 스님들에게 대중공양 올릴 때 너는 음식을 아무렇게나 던지듯 준 것이 아니라 직접 너의 두 손으로 존경을 다해 공양을 올렸다."

그리고 부처님은 다시 말했다.

"전생에 바라문이었을 때, 나는 보석으로 가득한 84,000개의 황금 컵과 황금 동전으로 가득한 84,000개의 은컵을 보시했다. 또한 코끼리가 끄는 84,000대의 마차와 필요한 장비와 말이 끄는 84,000대의 마차를 보시했다. 84,000명의 하녀와 옷과 보석과 84,000크로(1크로는 1,000만 루피) 어치의 옷을 보시했다. 이런 나의 보시가 더 탁월한 것이 아니다.

예류자에게 한 번 대중공양을 하는 것이 나의 보시보다 더 훌륭하다. 또한 일래자(*sakadāgāmī*)에게 보시하는 것은 예류자 100명에게 보시하는 것 보다 더 훌륭하다. 불환자에게 보시하는 것은 100명의 일래자에게 보시하는 것보다 더 훌륭하다. 아라한에게 보시하는 것은 100명의 불환자에게 보시하는 것보다 더 훌륭하다. 벽지불께 보시하는 것은 100명의 아라한에게 보시하는 것보다 더 훌륭하다. 부처님 한 분께 보시하는 것은 100명의 벽지불께 보시하는 것보다 더 훌륭하다. 부처님과 승가에 보시하는 것은 부처님 한 분께 보시하는 것보다 더 훌륭하다. 승가에 사원을 보시하는 것은 부처님과 승가에 보시하는 것보다 더 훌륭하다. 여기에서 사원이란 많은 화려한 것들로 장식된 큰 사원이 아니라 비구들이 비를 피해서 수행할 수 있도록 나무나 대나무로 지은 작은 것이면 족하다. 삼보(부처님, 법, 승가)에 귀의하는 것은 승가에 사원을 보시하는 것보다 더 훌륭하다. 계를 지키며 삼보에 귀의하는 것은 삼보에만 귀의하는 것보다 더 훌륭하다. 향냄새를 맡는 동안이라도 자애(*mettā*)를 보내는 것은 계를 지키며 삼보에 귀의하는 것보다 더 훌륭하다. 그래서 자애를 보내는 것은 참으로 훌륭한 담마이다. 그러나 자애를 보내는 것보다 더 훌륭한 한 가지가 있다. 그것은 다른 것이 아니다(그것은 무상을 이해하는 것이다)."

마음과 물질을 주시할 때, 수행자는 대상이 사라지는 것을 보고 그것이 무상이라는 것을 인지하며 '무상, 무상, 무상'이라고 알아차린다. '아닛짜(무상)'라는 단어는 세상에서 가장 탁월한 것이다. 그러니 무상에 대한 이해는 얼마나 소중한 것인가! 아무리 많은 공덕을 쌓았다 하더라도 열반의 문까지 데려다 줄 수 있는 것은 아무 것도 없다. 오직 무상으로써 대상을 자각하는 것만이 열반으로 이끌어 줄 수 있다. 그래서 무상에 대한 분명한 이해가 열반의 문을 열 수 있는 황금열쇠이다.

● 수행 방법

다시 숙고하는 지혜는 앞에서 언급한 6가지 지혜를 다시 수행하는 것이다. ① 마음과 물질의 일어남과 사라짐을 아는 지혜(우다얍바야 냐나), ② 사라짐을 아는 지혜(방가 냐나), ③ 두려움에 대한 지혜(바야 냐나), ④ 마음과 물질을 결함으로 여기는 지혜(아디나와 냐나), ⑤ 마음과 물질을 지루한 것으로 아는 지혜(닙비다 냐나), ⑥ 마음과 물질을 버리고 싶은 지혜(문찌뚜깜야따 냐나)이다. 먼저 우다얍바야 냐나부터 시작해서 각 명상 주기마다 한 가지 지혜(*ñāṇa*)를 수행한다. 끝으로 마음과 물질을 버리고 싶은 지혜를 항상 수행한다. 각각의 지혜를 수행할 때마다 암송 문구를 사용하여 명상한다.

● 빠띠상카 냐나의 암송 문구

앞의 6가지 지혜를 알아차리기 위해 다시 숙고한다.

① 우다얍바야 냐나: 원인으로 인한 일어남과 사라짐 때문에 아지랑이처럼 일어나고 사라지는 나마와 루빠는 영원하지 않다. 무상, 무상, 무상.

② 방가 냐나: 원인이 사라짐으로 인해 아지랑이처럼 사라지는 나마와 루빠는 영원하지 않다. 무상, 무상, 무상.

③ 바야 냐나: 원인이 사라짐으로 인해 아지랑이처럼 사라지는 나마와 루빠는 위험하고 두렵다. 무상, 무상, 무상.

④ 아디나와 냐나: 원인이 사라짐으로 인해 아지랑이처럼 사라지는 나마와 루빠는 결함이며 유해한 것이다. 무상, 무상, 무상.

⑤ 닙비다 냐나: 원인이 사라짐으로 인해 아지랑이처럼 사라지는 나마와 루빠는 지루한 것이다. 무상, 무상, 무상.

⑥ 문찌뚜깜야따 냐나: 아지랑이처럼 사라지는 나마와 루빠를 버리고 탈출하고 싶다. 무상, 무상, 무상.

제12장

상카루뻬카 냐나

(상카라에 대한 평정의 지혜)

『청정도론』에서 다음과 같이 설명하고 있다. "상카루뻬카(*saṅkhārupekkhā*)는 상카라(*saṅkhāra*) + 우뻬카(*upekkhā*)이다. 우뻬카는 분노(*dosa*)나 탐욕(*lobha*)과 같은 것을 아무런 느낌 없이 무심하게 보는 것이다. 이것이 평정(*upekkhā*)이다. 마음과 물질에서 탈출하기 위해 마음과 물질을 버리고 싶은 지혜(*Muñcitukamyatā ñāṇa*)를 얻었을 때, 수행자는 다시 숙고하는 지혜(*Paṭisankhā ñāṇa*)로 마음과 물질을 다시 주시한다. 마음과 물질 안에는 '나' 또는 '나의 것'처럼 애착을 가질 만한 것이 아무것도 없다. 마음은 좋고 싫은 것, 증오하고 두려운 것 등에 대한 편견이 없으며 오직 중립의 마음에 머문다. 마음과 물질이 소멸하는 것도 외부의 물질적인 것이 소멸하는 것에 대해서도 안타까워하지도 않는다. 외적인 어떤 것을 계발하는 것에 대해서도 행복하지 않으며 심지어 명상이 잘 되는 것도 행복하지 않다."

그때 수행자의 마음은 평정한 상태이며 가끔 마음과 물질에 대해 끔찍하게 느끼기도 한다. 마음은 이제 마음과 물질에 대해 집착하지도 않으며 애착을 갖지도 않는다. 또한 감각적 쾌락에 흔들리지 않으며, 어떤 감정에도 치우치지 않는 평정한 마음으로 균형 잡힌 정진을 한다. 이때 상카라에 대한 평정의 지혜(*Saṅkhārupekkhā ñāṇa*)가 일어난다. 부처님이 『맛지마니까야』의 「아넨자삽빠야숫따」에서 모가라자에게 평정(분노 등이 없는 무심함)을 얻기 위해 마음과 물질을 공(*suññata*, 모든 것이 공함)으로써 알아차려야 한다고 했기 때문에 수행자도 그렇게 해야 한다.

부처님은 "모가라자여, 항상 알아차림을 하고 실체에 대한 편견을 버리고 세상을 공空으로 관찰하라."라고 세상을 공한 것으로 보라고 가르쳤다. 만약 세상이 공한 것을 항상 알아차릴 수 있다면 죽음도 찾아오지 않을 것이다(이것은 열반을 성취한다는 의미이다). 주석가 또한 마음과 물질을 다음과 같이 공한 것으로 알아차려야 한다고 언급했다.

(1) 2가지 양상: 두 가지(나 또는 자아와 자아의 일부) 측면으로 알아차리는 것이다. 마음과 물질은 자아가 아니며 자아의 일부도 아니다. 듣고 보고 활동하는 것 같은 모든 움직임과, 머리, 손 등과 같은 모든 것에 자아란 없다. 따라서 자아의 일부는 없다(*attaniya*).

(2) 4가지 양상: 4가지 측면으로 알아차리는 것이다.

① '나'가 없다는 의미이다.

② 다른 사람들이 말하는 그의 아버지, 그의 아들 등과 같이 관심을 가질 것이 아무것도 없다.

③ '그 남자'는 없다.

④ 내가 말하는 나의 아버지 등과 같이 관심을 가질 것이 아무것도 없다.

(3) 6가지 양상: 6가지 측면으로 알아차리는 것이다. 모든 마음과 물질은 다음과 같다.

① 자아(*atta*)가 없다.

② 자아의 일부(*attaniya*)가 아니다.

③ 영원함(*nicca*)이 아니다.

④ 불멸(*sassata*)이 아니다.

⑤ 고정됨(*dhuva*)이 아니다.

⑥ 끊임없이 변하지 않은(*vipariṇāma*) 것이 아니다.

(4) 8가지 양상: 8가지 측면으로 알아차리는 것이다. 모든 마음과 물질은 다음과 같다.

① 영원한 실체가 아니며 영원한 핵심도 없으며 영원한 본질도 없다.

② 고정된 실체가 아니며 고정된 핵심도 없으며 고정된 본질도 없다.

③ 자아가 없으며 자아의 핵심도 없으며 자아의 본질도 없다.

④ 불멸의 실체가 아니며 불멸의 핵심도 없으며 불멸하는 본질도 없다.

⑤ 영원히 존재하는 실체가 아니며 영원히 존재하는 핵심도 없으며 영원히 존재하는 본질도 없다.

⑥ 견고한 실체가 아니며 흔들리지 않는 핵심도 없으며 흔들리지 않는 본질도 없다.

⑦ 행복한 실체가 아니며 행복한 핵심도 없으며 행복한 본질도 없다.

⑧ 불변의 실체가 아니며 불변의 핵심도 없으며 불변의 본질도 없다.

(5) 10가지 양상: 10가지 측면으로 알아차리는 것이다. 모든 마음과 물질은 다음과 같다.

① 비었음(*rittato*): 모든 이익과 영원함과 행복 등의 소멸이다.

② 공허함(*tucchato*): 무(아무것도 없음)이며 실체가 없음이다.

③ 공함(*suññato*): 자아 핵심의 공함(따라서 마음과 물질은 영혼이나 자아라고 말할 수 없다)이다.

④ 본래부터 가지고 있지 않음(*vivittato*): 원인에 의해 본래부터 결과가 있는 것이 아니다. 예를 들면 보는 것이 눈에 이미 내재되어 있는 것이 아니다.

⑤ 무아(*anattato*): 자신의 바람대로 되지 않는 무아이다.

⑥ 통제 불능(*anissariyā dhamma*): 제어할 수 없는 것이며 통제할 수 없는 것이다.

⑦ 바람에 어긋남(*akāmakāriya dhamma*): 자신의 바람대로 되는 것이 아니다.

⑧ 관리 불능(*alabbhanīya dhamma*): 마음과 물질은 이렇게 되기를 기대하거나 저렇게 되지 않기를 기대할 수 있는 것이 아니다. 바라는 대로 관리할 수 있는 것이 아니다.

⑨ 바람대로 되지 않음(*avasavattana dhamma*): 누군가의 바람대로 되지 않는다.

⑩ 이방인(*parato*): 마음과 물질은 이방인이다. 결코 나를 고려하지 않는다.

(6) 12가지 양상: 12가지 측면으로 알아차리는 것이다. 모든 마음과 물질은 다음과 같다.

① 생명체가 아니다.

② 생명이 아니다.

③ 젊은 청년이 아니다.

④ 남자가 아니다.

⑤ 여자가 아니다.

⑥ '나'가 아니다.

⑦ 나의 것이 아니다.

⑧ 인간이 아니다.

⑨ 다른 소유물이 아니다.

⑩ 누군가의 소유물이 아니다.

⑪ 자아가 아니다.

⑫ 자아의 재산이 아니다.

마음과 물질을 다시 숙고하는 지혜(*Paṭisaṅkhā ñāṇa*)로 알아차릴 때, '나'와 '나의 것'으로 집착할 것이 아무것도 없다는 것을 알게 된다. 수행자는 행복한 감정도 슬픈 감정도 느끼지 않는다. 마음이 명료하여 마음과 물질이 분명하게 보인다. 이제 마음과 물질을 얻음으로 인한 기쁨(내 몸을 가진 것이 기쁨이라는 것)을 제거할 수 있으며, 마음과 물질을 잃음으로 인한 두려움도 제거할 수 있다. 수행자의 마음은 2가지 느낌(기쁨과 두려움)에서 중립의 마음이 되어 평정한 마음으로 상카라에 대해 수행할 수 있다. 다시 숙고하는 지혜가 완전히 강해졌을 때 자각의 힘이 자동적으로 명료해진다.

알아차림과 정진과 삼매가 마음속에서 균형을 이뤘을 때, 이 지혜가 더 강해진다. 수행자는 평정의 마음으로 마음과 물질을 알아차릴 수 있지만 아직도 알아차림과 정진과 삼매의 힘이 매우 강하다. 수행자의 마음은 동요하지 않고 조용하게 흐르며, 오랫동안 마음과 몸의 흔들림 없이 심지어 한 생각도 일어나지 않고 집중할 수 있다. 조용하게 흐르는 강물처럼 마음이 고요하고 평온하다.

이 단계에서 수행자는 오랜 시간 동안 신체적인 통증 없이 수행에 전념할 수 있으며 쉽고 편안하게 알아차림이 가능하다는 것을 알게 된다. 생각에 의해 마음이 방해 받지 않으며 어려움 없이 일어남과 사라짐을 지켜볼 수 있다. 노력하지 않고도 일어나고 사라지는 대상이 아주 분명하고 빠르다는 것을 알 수 있다. 알아차리는 마음이 극도로 초연해지며 부드럽지만 예리하다.

마음은 심장토대(*saṅkhāra*)를 매우 강력하게 알아차리면서 밖으로 향하지 않는다. 어떤 대상에 대해서도 두려움이나 만족감이나, 크게 기뻐할 것이 전혀 없다. 마음의 관점이 반대로 변했다. 전에는 감각적 쾌락을 즐기며 담마에는 관심이 없었다. 그러나 이제는 감각적 쾌락을 즐기지 않고 오직 담마만을 즐긴다. 상카라에 대한 평정의 지혜는 『빠띠삼비다막가』에서 언급했듯이 3가지 속성이 있다.

(1) 좋아함과 싫어함으로부터 자유롭다.

(2) 사랑과 증오로부터 자유롭다.

(3) 항상 평정(중립)의 마음이다.

칸니 명상 전통에서는 위의 3가지 속성에 3가지를 더해서 모두 6가지이다.

(4) 항상 심장토대에 초점을 맞춘다.

(5) 심장토대에 오래 머물면 머물수록 마음이 더 부드럽고 고요해진다.

(6) 마음이 심장토대로부터 움직이지 않는다.

지혜가 최고의 상태에 이르렀을 때, 마음은 조건 지어지지 않은 열반(*asaṅkhata* Nibbāna)을 본다. 마음이 열반을 보면, 상카라를 버리고 열반으로 향한다. 만약 열반을 보지 못하면 상카라를 다시 주시한다.

『빠띠삼비다막가』에 상카루뻬카 냐나는 문찌뚜깜야따빠띠상카 산띳타나 빤냐 상카루뻬카수 냐나(*muñcitukamyatāpaṭisaṅkhāsantiṭṭhanā paññā saṅkhārupekkhāsu ñāṇa*)라는 이름으로 언급되어 있다. 상카루뻬카 냐나와 빠띠상카 냐나와 문찌뚜깜야따 냐나는 같은 담마이다. 3가지 지혜는 성숙도에 따라서 3가지 다른 이름을 갖는다. 『빠띠삼비다막가』에서 다음과 같이 덧붙였다. "이들 3가지 지혜는 같은 의미이다. 단지 이름만 다를 뿐이다."

수행자가 상카라, 즉 마음과 물질을 지루한 것으로 아는 지혜를 얻었을 때, 그것들에서 탈출하고 싶고 그것들을 버리고 싶은 욕구가 일어나는 것이 문찌뚜깜야따 냐나이다. 그 욕구를 충족하기 위해 다시 상카라를 주시하는 것이 빠띠상카 냐나이다. 마침내 맹렬한 노력 없이도 평정의 마음으로 상카라를 자동적으로 계속 알아차리는 상태가 상카루뻬카 냐나이다.

한 주석서에서 상카루뻬카 냐나를 까마귀에 비유한 예를 들었다.

옛날에 배를 타고 여행한 사람들은 까마귀를 데리고 다녔다. 바다에서 길을 잃어버렸을 때, 새 장에 넣어 둔 까마귀를 날아가게 한다. 까마귀는 해변을 찾을 때까지 어떤 방향이든지 계속 날아간다. 만약 해변을 찾지 못해 기진맥진해지면는 다시 배가 있는 곳으로 날아온다. 약간의 휴식을 취하고 다시 해변을 찾을 때까지 다른 방향으로 날아간다. 이번에도 해변을 찾지 못하면 까마귀는 다시 돌아온다. 까마귀는 이런 식으로 여러 번 날아간다. 해변을 찾지 못하면 까마귀는 다시, 또 다시 돌아온다. 그러나 마지막에 해변을 찾으면 배가 있는 곳으로 다시 돌아오지 않고 그 해변이 있는 곳으로 바로 날아간다.

● 수행 방법

수행자는 먼저 부처님과 벽지불과 아라한과 성인들에게 전에 잘못한 일이 있으면 용서를 구한다. 그분들에게 마음과 물질의 복합체인 오온, 즉 몸을 맡긴다. 부처님에 대한 회상, 자애 계발 명상, 죽음에 대한 회상을 잠시 동안 한 후 위빳사나 수행을 시작한다.

보통 때처럼 앉아서 손가락 한 마디 크기인 심장토대 대상에 주의를 기울인다. 무엇이 일어나는지 알아차린다. 아나빠나삿띠 명상 방법 4를 성공적으로 마친 수행자는 마음의 눈으로 고장 난 텔레비전 스크린처럼 아른거리는 아주 미세한 안개나 먼지 같은 깔라빠가 공중에 떠다니고 있는 것을 볼 것이다. 그것들의 움직임, 즉 그 대상이 차례차례 일어나고 사라지는 것을 주시하고 마음으로 그 의미를 3번이나 4번 생각하면서 '무상'이라고 되새긴다.

집중력이 강하지 않은 몇몇 수행자들은 뼈나 심장 또는 빛 등을 볼 것이다. 아무것도 볼 수 없다 하더라도 대상에서 소리를 듣거나 열기를 느끼거나 진동을 느낄 수도 있다. 대상으로써 그것들을 주시한다. 여기에서 '주시한다'는 것은 단지 아는 것이 아니라 한 점에 집중된 마음으로 정확히 그 대상이 있는 곳을 보면서 대상으로 취한 그 소리와 열기와 진동이 사라지는 것을 아는 것이다.

3번 또는 4번 그 의미를 알아차리면서 문구를 암송한다. 그런 후, 대상을 주시하면서 마음속으로 '무상, 무상, 무상'이라고 암송한다. 그때 만약 몸의 다른 부분에서 어떤 것이 일어나면 그것을 대상으로 취하고 전 대상이 사라지는 것을 본 후에 한 점에 집중된 마음으로 그것을 주시한다. 그러면 나중에 무상만이 아닌, 3가지 특성 중 하나를 아는 지혜가 분명하게 수행자의 마음속에 나타날 것이다. 그러므로 수행자의 마음속에 나타나는 무상이나 고통이나 무아 중 하나의 특성을 알아차리면서 그 대상을 주시한다.

상카라에 대한 평정의 지혜는 이와 같다. 상카루뻬카 냐나가 강할 때, 그 지혜는 열반을 찾으려고 한다. 만약 열반 대상을 찾지 못하면 상카라 대상을 다시 취한다. 열반을 찾지 못하는 한 계속해서 상카라 대상을 다시 취한다. 마침내 열반을 찾으면 상카라 대상을 완전히 버리고 열반에 든다. 상카루뻬카 냐나에 이르렀을 때, 가끔 대상이 희미해졌다가 명료해지고 다시 희미해지기도 한다. 이것은 상카루뻬카 냐나가 열반의 대상(단지 열반 그 자체)을 탐색하고 다시 상카라 대상으로 돌아온다는 의미이다.

● **상카루빼카 냐나의 암송 문구**

(1) 원인에 의한 일어남과 사라짐으로 인해 아지랑이 같은 미세한 물질로 일어나고 사라지는 것, 사랑받지도 않고 미움받지도 않고 무시당하는 나마와 루빠는 끊임없이 변형되는 극심한 아픔이기 때문에 고통이며 불만족이다. 고통, 고통, 고통.

(2) 원인이 사라짐으로 인해 아지랑이 같은 미세한 물질로 파괴되는 것, 사랑받지도 않고 미움받지도 않고 무시당하는 나마와 루빠는 영원하지 않다. 무상, 무상, 무상.

(3) 원인이 사라짐으로 인해 아지랑이 같은 미세한 물질로 파괴되는 것, 무시당하고 두려운 나마와 루빠는 영원하지 않다. 무상, 무상, 무상.

(4) 원인이 사라짐으로 인해 아지랑이 같은 미세한 물질로 파괴되는 것, 무시당하고 결함인 나마와 루빠는 영원하지 않다. 무상, 무상, 무상.

(5) 원인이 사라짐으로 인해 아지랑이 같은 미세한 물질로 파괴되는 것, 지겨운 나마와 루빠는 영원하지 않다. 무상, 무상, 무상.

(6) 원인이 사라짐으로 인해 아지랑이 같은 미세한 물질로 파괴되는 것, 그것들에서 탈출하고 싶고 멀리하고 싶은 나마와 루빠는 영원하지 않다. 무상, 무상, 무상.

☞ 일어남과 사라짐으로 인해 극심한 고통을 받기 때문에 그것은 고통이다. 고통, 고통, 고통.

☞ 나의 몸이 아니며, 소멸되는 것, 핵심도 없으며, 바람대로 이루어지지도 않으며, 통제 불능이며 자아도 아닌 것, 그것은 무아이다. 무아, 무아, 무아.

간단하게 상카루뻬카 냐나를 암송하는 법:
아지랑이 같은 미세한 물질로 사라지는 나마와 루빠는 사랑도 미움도 받지 않으며 무시당하는 것이다,

☞ 나마와 루빠는 나의 몸이 아니며, 소멸하는 것, 나의 소유물도 아니며, 소멸하는 것, 그것은 영원하지 않다. 무상, 무상, 무상.

☞ 나마와 루빠는 일어남과 사라짐으로 인해 극심한 고통을 받기 때문에 너무 비참한 것, 그것은 고통이다. 고통, 고통, 고통.

☞ 나마와 루빠는 핵심도 없고 바람대로 되지도 않으며 통제할 수 없으며 '나'가 아닌 것, 그것은 무아이다. 무아, 무아, 무아.

제13장

아눌로마 냐나(수순하는 지혜), 고뜨라부 냐나(혈통을 바꾸는 지혜), 막가 냐나(도의 지혜)와 팔라 냐나(과의 지혜)

아눌로마 냐나(*Anuloma ñāṇa*)는 조건 지어진 것을 대상으로 하는 마지막 위빳사나 지혜이며, 다른 지혜와 분리해서 수행하지 않는다. 이 아눌로마 냐나를 일어나게 하기 위해서는 상카루뻬카 냐나(상카라에 대한 평정의 지혜)를 다시 수행해야 한다. 따라서 아눌로마 냐나는 상카루뻬카 냐나의 결과물이다. 아눌로마 냐나는 도의 지혜를 일으키기 위해 위빳사나 지혜(이전의 8단계 위빳사나 지혜: 우다얍바야 냐나에서 상카루뻬카 냐나까지)에 수순隨順하며 도와 과의 지혜를 받아들이는 순간에 위빳사나 지혜의 각 역할에 순차적으로 순응하는 지혜이다.

아눌로마 냐나는 상카라 대상이 아닌 더 이상 마음과 물질이 일어나지 않는 통찰(*vuṭṭhāna gāminī vipassanā*, 상카루뻬카 냐나가 최고 정점에 이른 위빳사나 지혜)에 속하는 마지막 지혜이다(상카라를 대상으로 취하는 마지막 위빳사나 지혜이다). 아눌로마 냐나는 도의 자와나(속행의 마음) 인식과정에서 일어나며, 도의 지혜를 성취하여 마음이 계속 열반에 이르도록 한다. 그러므로 이것을 열반으로 이끄는 위빳사나(*gāminī vipassanā*)라고 한다. 도의 지혜는 상카라의 표상(*saṅkhāra nimitta*, 머리, 손, 몸 등)을 주시하지 않으며 번뇌의 결과인 상카라의 일어남(*pavatta*)을 소멸한다. 그러므로 이것을 출정(*vuṭṭhāna*, 일어섬)이라고 한다. 이것은 대상인 루빠 깔라빠의 사라짐으로 완벽하게 성숙된 근접삼매이다. 수행자는 상카루뻬카 냐나가 최고 상태에 이르도록 수행해야 한다. 상카루뻬카 냐나가 최고 상태에 도달하면 아눌로마 냐나가 일어난다. 그래서 아눌로마 냐나를 따로 분리해서 수행할 필요가 없다는 것이다.

상카루뻬카 냐나가 최고 정점에 이르면, 위빳사나 인식과정이 두세 번 일어난다. 최고 정점에 이른 상카루뻬카 냐나를 시카빳따 상카루뻬카(*sikhāpatta saṅkhārupekkhā*)라고 한다. 여기에서 시카(*sikhā*)는 '정점' 또는 '정상'을 의미하며, 빳따(*patta*)는 '도달하다' 또는 '얻다'의 뜻이다. 도의 인식과정이 일어나기 전에 마지막 위빳사나 인식과정이 일어난다. 그것들을 사디사누빳사나 위티(*sadisānupassanā vīthi*, 같은 위빳사나 인식과정)라고 부르는데 두세 번 일어난다. 이들 위빳사나 인식과정은 같은 대상을 취함에 있어서 서로 같다. 첫 번째 사디사누빳사나 위티에서 만약 위빳사나 마음이 무상으로써 대상을 알아차리면, 다른 두 과정 역시 무상으로써 그 대상을 알아차린다. 만약 첫 번째 사디사누빳사나 위티에서 고통으로써 상카라의 대상을 알아차리면 다른 두 과정 역시 고통으로써 그 대상을 알아차린다. 만약 첫 번째 사디사누빳사나 위티에서 위빳사나 마음이 무아로써 상카라의 대상을 알아차리면 다른 두 인식과정 역시 무아로써 그 대상을 알아차린다.

세 번의 사디사누빳사나 위티 후에, 생명 연속심(*bhavaṅga citta*,

생명연속 요인)이 여러 번 적절하게 일어난다. 그러면 계속해서 도의 지혜 과정이 일어난다. 도의 지혜 과정에서 결정하는 마음(*manodvārāvijjana*)이 사디사누빳사나 위티에서 알아차린 것과 같은 대상을 알아차린다. 그러면 준비 마음(*parikamma citta*, 도의 인식 과정에서 일곱 번의 자와나 마음 중 첫 번째 마음)이 한 번 일어나고 근접 마음(*upacāra citta*, 두 번째 자와나 마음)이 한 번 일어난다. 그 후 수순의 마음(*anuloma citta*, 세 번째 자와나 마음)이 일어난다. 이들 3개의 마음(*citta*)을 모두 합해 아눌로마 마음이라고 부른다. 3가지는 다음과 같다.

① 준비(*prikamma*)

② 근접(*upacāra*)

③ 수순(*anuloma*)

이들 3개의 아눌로마 마음은 상카라(마음과 물질) 대상을 취한다(3개의 아눌로마 마음은 그 주요한 요인이 냐나이기 때문에 지혜라고 말할 수 있으며 마음과 함께 일어난다. 아눌로마 마음은 같은 대상을 취하며 그 지혜는 마음에 의존하는 마음작용이다). 마음은 아눌로마 마음이 일어날 때까지 상카라 대상을 취한다. 수행자는 아직 범부(세상 사람들)에 속한다. 아눌로마 냐나가 사라지고 마음이 이 상카라 대상을 버릴 때, 바로 혈통을 바꾸는 마음(*gotrabhū citta*, 범부에서 성인으로 혈통을 바꾸는 마음)이 일어나서 열반(상카라의 멈춤)을 대상으로 취한다. 다른 말로 말해서, 열반을 본다는 것이다. 이것은 마음과 물질인 상카라가 더 이상 일어나지 않고 그 순간 소멸한다는 의미이다(아눌로마 냐나가 일어나지 않는다면 고뜨라부 냐나도 일어날 수 없다. 여기서 주목할 것은 아눌로마 마음은 상카라 대상을 취한다는 것이다. 그러나 혈통을 바꾸는 마음은 열반을 대상으로 취한다. 이것은 아눌로마 마음이나 아눌로마 지혜가 다음에 일어나는 마음이나 지혜가 열반을 실현할 수 있도록 순응한다는 것이다. 그래서 이것을 아눌로마 냐나, 즉 수순하는 지혜라고 한다). 혈통을 바꾸는 마음과 함께 일어나는 지혜를 고뜨라부 냐나(*Gotrabhū ñāṇa:* 혈통을 바꾸는 지혜: 범부 혈통에서 성인 혈통으로 바뀜)라고 한다. 이제 수행자는 성인(*ariya puggala*)이 되었으며, 그의 혈통이 범부에서 성인으로, 세간에서 출세간으로바뀌었다. 이때 일어난 지혜를 고뜨라부 냐나라고 한다.

『빠띠삼비다막가』의 「냐나까타」에서 "상카라가 일어남을 초월하여, 일어남이 완전한 종결로 치닫는다. 그러므로 이것을 혈통을 바꿈(*gotrabhū*)이라고 한다."고 설명한다.

고뜨라부 냐나가 사라진 후, 바로 도의 마음(*magga citta*)이 일어난다. 도의 마음 또한 열반을 대상으로 취한다. 도의 마음과 함께 일어난 지혜를 도의 지혜(*Magga ñāṇa*)라고 한다. 도의 지혜가 일어나면 번뇌가 근절된다. 도의 지혜는 오직 한 번 일어나고 사라진다. 이것을 지견청정(*ñāṇadassana visuddhi*, 지혜와 통찰의 청정)이라고 한다. 이때, 과의 마음이 일어난다. 과의 마음과 함께 일어난 지혜를 과의 지혜(*Phala ñāṇa*)라고 한다. 과의 지혜는 두 번 일어난다. 과의 마음도 열반을 대상으로 취한다. 그 후, 생명 연속심이 두세 번 적절하게 일어난다. 수승한 수행자들에게는 아눌로마 마음이 오직 두 순간만 일어난다. 즉 근접하는 마음(*upacāra citta*)과 아눌로마 마음(준비의 마음이 일어나지 않는다)만 일어난다. 이러한 수행자들에게는 과의 마음이 세 번 일어난다. 이제 수행자는 첫 번째 성인인 예류자(성인의 흐름에 든 자)가 된다. 그리고 도와 과의 진행과정을 역으로 성찰하는 반조의 마음(*paccavekkhaṇā citta*)이 일어난다. 그 마음(*citta*)은 다시 상카라 대상을 취한다.

그때 수행자의 지혜는 우다얍바야 냐나까지 내려간다. 수행자는 마음과 물질이 일어나고 사라지는 것을 본다. 혈통을 바꾸는 지혜, 도의 지혜와 과의 지혜가 일어나는 것을 열반을 실현하는 순간이라고 한다. 이 단계에서 고뜨라부 냐나가 일어날 때, 상카라 대상을 버리는 순간이 분명하게 느껴진다. 열반의 순간을 알아차리는 것과 도, 과의 마음으로 열반을 대상으로 취하는 것도 분명히 안다. 『쿳다까니까야』의 주석서에 "반조의 지혜가 일어날 때, 열반 대상을 버리고 상카라 대상을 다시 취하는 것도 수행자에게 뚜렷하다."라고 명기되어 있다.

도의 지혜를 얻기까지 위빳사나 과정의 간략한 개요

위빳사나 수행 과정에서 각각의 위빳사나 지혜는 여행 중에 거치는 기차역의 이름과 같다. 어떤 승객이 목적지까지 모든 여정을 기차로 여행할 때, 비록 승객이 각 정거장의 이름을 모른다 할지라도 각각의 모든 정거장에 도달할 것이다. 이처럼, 각 지혜의 이름을 아는 것은 중요하지 않다. 만약 전력을 다해 수행을 한다면, 각각의 지혜에 도달하여 마침내 도의 지혜를 얻을 것이다.

부처님 당시에는 많은 승려들과 재가자들이 좌선을 통해서 도의 지혜를 얻었다. 그들은 각각의 위빳사나 지혜의 이름을 알지 못했다. 어떻게 그들이 위빳사나의 이름을 알 수 있었겠는가! 그러나 그들은 도의 지혜를 얻었다. 부처님은 위빳사나 지혜에 대해 어떤 순서도 언급하지 않았다. 어떤 책에서는 삼마사나 냐나(마음과 물질의 무상·고·무아를 아는 지혜)에서 아눌로마 냐나까지 10개의 위빳사나 지혜를 언급했다. 어떤 책에서는 마음과 물질을 식별하는 지혜에서부터 빳짜야 빠릭가하(원인과 결과에 대한 식별), 삼마사나 냐나 등으로 아눌로마 냐나까지 순서를 매겼다. 여기서 고뜨라부 냐나, 막가 냐나와 팔라 냐나는 위빳사나 지혜가 아니라는 것을 주목하는 것이 중요하다. 이들 3개의 지혜는 열반을 바로 실현할 수 있는 속세를 초월한 출세간 담마이다.

칸니 전통 수행자는 아나빠나삿띠 4번째 방법을 마칠 때, 닮은 표상을 얻는다. 이 니밋따의 힘으로 명상할 때 몸 전체에서 아지랑이 같은 루빠 깔라빠를 본다. 몸을 주시할 때마다 아지랑이 같은 초극미한 물질만을 본다. 그러면 몸(*rūpa*)이 견고한 것이 아니라 오직 이 아지랑이 같은 물질의 무더기에 지나지 않으며, 이 무더기는 오랫동안 존재하지 않으며 매 순간 새로운 아지랑이 같은 물질이 생긴다는 것을 알게 된다. 계속 나마 빠릭가하(마음에 대한 식별)를 수행하면, 마음(*nāma*)이란 단지 아는 것이라는 것을 인지한다. 명상하는 매 순간에 아지랑이 같은 물질과 아는 마음이 한 쌍의 대상이라는 것도 알게 된다. 그것 이외에는 아무것도 없다. 어떤 사람도 없고 '나'도 없다. 마침내 '소위' 인간이라고 하는 것은 단지 루빠(아지랑이 같은 물질)와 아는 마음으로 구성되어 있다는 결론을 내린다. 이제 수행자는 잘못된 견해를 청정하게 하는 마음과 물질을 식별하는 지혜를 얻는다.

마음과 물질의 원인을 생각할 때, 수행자는 아지랑이 같은 물질과 아는 마음이 사라지고 새로운 것이 쉼 없이 일어나기 때문에 마음과 물질도 그것들 자체의 원인이 있다는 것을 알게 된다. 이 단계에서 과거 생의 원인에 대해 생각할 때, 마치 영화를 보듯이 마음의 눈으로 전생의 삶에 대한 장면들을 본다. 또한 다음 생에 다시 태어나는 바람을 갖게 되는 원인과 관련된 몇 개의 장면도 본다. 그러면 과거 생의 행위들 중 하나로부터 이어져 온 그 행위(*kamma*) 때문에 다음 생에 다시 태어났다는 것을 깨닫는다. 그 행위는 마음과 물질의 행위이다. 그러므로 다음 생의 마음과 물질은 과거 생의 마음과 물질의 원인으로 인하여 다시 태어난 것이다. 그래서 인간을 태어나게 한 것은 창조자도 아니고 범천도 아니며 신도 아니다. 이제 '나'에 대한 의심이 깨끗이 제거된다.

계속 명상을 하면서 몸속의 아지랑이 같은 물질을 주시할 때, 구 물질과 신 물질이 계속해서 하나씩 일어나고 사라진다는 것을 항상 본다. 그러면 모든 아지랑이 같은 물질은 영원한 것이 아니라 무상하다는 것을 이해한다. 모든 아지랑이 같은 물질이 항상 일어나고 사라지는 것을 본 후, 수행자는 이 물질이 일어나고 사라지는 과정이 마음에 극심한 고통이라는 것을 느낀다. 그러면 둑카(고통이나 괴로움)에 대한 개념을 얻는다. 나중에 이 일어남과 사라짐의 과정이 그의 바람과는 무관하게 일어나며 통제할 수 없다는 것을 인식한다.

이제 수행자는 무아를 이해한다. 이것이 수승한 삼마사나 냐나(무상·고·무아를 아는 지혜)이다.

이 시점이 되면, 일어남과 사라짐을 보려는 필사적인 알아차림과 무상·고·무아를 알기 위한 예리한 각성 상태가 줄어든다. 평정의 마음으로 대상인 아지랑이 같은 물질을 주시한다. 이것이 위빳사나 우뻬카이다. 그 후 명상이 좀 더 강해져서 아지랑이 같은 물질이 일어나고 사라지는 것을 분명하고 빠르게 본다. 이것이 우다얍바야 냐나(마음과 물질의 일어남과 사라짐을 아는 지혜)이다.

명상 과정이 가속화됨으로써 더 명료해지면 일어나는 순간을 포착할 수 없으며 오직 대상이 사라지는 것만 볼 수 있다. 이것이 방가 냐나(마음과 물질의 사라짐을 아는 지혜)이다. 이 단계에 이르면 모든 것이 사라지는 것만 본다. 모든 것이 고정된 덩어리가 아니라 움직이는 아지랑이 같은 물질로 보인다. 소멸되지 않은 것은 아무것도 없다는 것을 깨닫게 된다. 모든 것이 사라지는 참화 속으로 치닫게 되며, 이것이 통제 불능의 상황이라는 것도 알게 된다. 이런 것을 깨닫는 지혜가 바야 냐나(두려움에 대한 지혜)이다. 사라지는 재앙 때문에 모든 것이 즐겁지 않으며 결함임을 이해한다. 이것이 아디나와 냐나(마음과 물질을 결함으로 여기는 지혜)이며, 닙비다 냐나(마음과 물질을 지루한 것으로 아는 지혜)이다. 수행자는 몸에 있는 모든 것을 버리고 싶고, 심지어 사람인 것도 원하지 않는다. 이러한 상황에서 탈출하기를 원한다. 이것이 문찌뚜깜야따 냐나(마음과 물질을 버리고 싶은 지혜)이다. 이 단계에서 탈출하기 위해 명상을 멈춘다 하더라도 그는 자유로울 수 없다. 그래서 그런 고통에서 벗어나기 위해 다시 명상 대상을 주시한다. 이것이 빠띠상카 냐나(다시 숙고하는 지혜)이다.

이제 수행자는 더 편안해지고 명상도 점점 깊어진다. 그는 아무런 느낌 없이 평정한 마음으로 명상할 수 있고 오랫동안 깊이 좌선할 수 있다. 이것이 상카루뻬카 냐나(상카라에 대한 평정의 지혜)이다. 명상이 점점 깊어지고 원활해져서 상카루뻬카 냐나의 정점에 이르면 아눌로마 냐나(수순의 지혜)가 일어난다. 마침내 명상의 가속도가 갑자기 급속하게 두세 번 일격을 가하는 순간보다 더 빨라져서 모든 상카라(마음과 대상)가 한꺼번에, 동시에 사라져버린다. 이것이 고뜨라부 냐나(혈통을 바꾸는 지혜), 막가 냐나(도의 지혜), 팔라 냐나(과의 지혜)이다. 수행자는 이제 성인이 되었다. 네다섯 번의 마음 순간 후에 아지랑이 같은 깔라빠가 일어나고 사라지는 것을 다시 본다.

제14장

열반이란 무엇인가?

열반(Nibbāna)이란 장소도 아니고 삶도 아니다. 열반은 사성제의 3번 째 궁극적 진리(*dukkha nirodha ariya sacca*, 괴로움의 소멸에 관한 성스러운 진리; 멸성제)이다. 열반은 지혜와 함께 한 도(*magga*)와 과의 마음(*phala citta*)의 지속적인 대상이다. 엄격하게 말해서, 열반은 정신적 번뇌를 근절하기 위해 도와 과의 마음이 열반을 대상으로 취한 절대적인 평온함이다. "열반이란 상카라, 즉 마음과 물질이 완전히 소멸한 상태이며, 완전한 공의 상태이며, 더 이상 마음과 물질의 일어남도 사라짐도 없으며, 상카라의 성질을 가진 것과는 정반대의 개념이다."라고 「삼모하위노다니」 주석서에서 밝히고 있다. 열반은 궁극적인 실재이기 때문에 4가지의 요인을 갖는다. ① 특성(모든 정신적인 번뇌의 소멸), ② 기능(완벽한 기능, 계속되는 소멸), ③ 발현(자아의 표상 없음; 무아), ④ 근접 원인(여기서 열반은 일어나는 원인은 없지만, 열반에 이르는 원인은 팔정도이다)이다.

닙바나(Nibbāna)는 니(*ni*) + 와나(*vāna*)이다. 니(*ni*)는 '~이 없는' 또는 '공한'의 의미이며, 와나(*vāna*)는 '갈애'(*taṇhā*)라는 의미이다. 『디가니까야』의 「마하빠다나숫따완나」에 의하면 열반은 갈애의 대상이 되는 것을 초월함을 의미하는 '와나또 닉칸딴띠 닙바낭'(*Vānato nikkhantanti nibbānaṃ*, 열반은 갈애로부터 벗어난 것이다)으로 정의한다. 그 의미는 '갈애의 대상이 되는 것을 초월하여' 또는 '갈애의 완전 소멸'이다. 갈애는 전생과 새로운 생을 함께 꿰매는 재단사와 같기 때문에 와나(*vāna*, 숲: 번뇌의 숲, 얽힘)라고 한다. 거의 모든 사람들은 갈애 때문에 새로운 생에 다시 태어난다. 아라한들에게는 갈애가 뿌리째 완전히 근절되어서 결코 새로운 생에 다시 태어나지 않는다. 아라한들은 더 이상 새로운 생을 영원히 갖지 않는다. 이런 것을 완전한 열반(*Parinibbāna*)에 든다고 한다. 여기에서 알아야 할 것은 아라한들이라는 사람도 없고, 아라한이라는 개인도 없으며, 완전한 열반에 든 사람도 없다는 것이다. 왜냐하면 소위 아라한이라고 하는 것도 마음과 물질의 복합체가 끊임없이 일어나고 사라지는 것일 뿐이기 때문이다. 그러므로 누가 완전한 열반에 들고 그들이 어디로 갔는지에 대한 것은 의문의 여지가 없다. 열반은 결코 아라한들로 붐비지 않는다. 그러면 열반은 어디에 있을까?

『상윳따니까야』의 「로히땃사숫따」에서 "오, 천신이여! 사실 나, 붓다는 인식과 마음을 가지고 있는(인간) 이 1미터 80정도 되는 몸 안에 세상(*loka=dukkha ariya sacca*, 고성제)과 세상의 원인(*dukkha samudaya ariya sacca*, 집성제)과, 세상의 소멸(*dukkha nirodho ariya sacca*, 멸성제)이 있음을 공언한다."라고 밝히고 있다. 이것은 열반을 마음과 물질의 복합체 안에서 깨달을 수 있다는 의미이다.

열반을 깨닫는 데는 2가지 방식이 있다고 『맛지마니까야』의 「짱끼숫따」에서 언급하고 있다. ① 나마까야(정신으로 된 몸: 명신)로 열반을 실현(*nāmakāya sacchikaraṇa*)하며, 나마까야(도의 지혜와 관련된 마음과 마음작용; 열반을 실현하는 그 순간의 마음과 마음작용)로 열반을 경험한다. ② 번뇌를 간파하여 근절하고 열반을 실현한다(*ñāṇa sacchikaraṇa*).

열반의 순간을 깨닫는 것은, 상카라인 마음과 물질이 영원히 계속될 것처럼 완전히 소멸하는 것을 마음의 눈으로 보는 것이다. 그 순간에 마음은 아무것도 알 수 없다. 열반은 눈으로, 귀로, 코로, 혀로, 몸으로 아는 것이 아무것도 없기 때문이다. 오직 마음과 물질인 상카라의 완벽한 소멸만 있을 뿐이다. 그 순간에 열반이 취한 대상의 힘으로 얻은 도의 지혜로 불선한 마음작용인 번뇌가 완전히 근절된다. 그러므로 열반은 볼 수 있는 장소도 아니고 살 곳도 아니며 다시 태어나는 영역도 아니다. 열반은 상카라의 절대적인 소멸이지만 수행자의 깨달음에 따라 3가지 형태로 말한다.

(1) 무상열반(*Animitta Nibbāna*): 위빳사나 인식과정에서 수행자는 상카라를 무상으로 알아차리며, 아눌로마 냐나 또한 무상無常을 대상으로 취한다. 그런 후에 열반을 깨닫는다. 이런 종류의 알아차림(관찰)이나 깨달음을 무상해탈(*animitta vimokkha:* 영원함에 대한 표상이 없는 해탈; 조건 없는 해탈)이라고 한다. 무상해탈은 물질(*rūpa*), 느낌(*vedanā*) 등과 같은 상카라의 표상이 소멸된 해탈을 의미한다. 이때 깨닫는 열반을 무상열반이라고 한다. 아니밋따(無相: 고유한 형상이나 모양이 없음; 영원함, 행복, 자아에 대한 표상이 없음)는 상카라의 표상이 없음(실체가 없음)을 의미한다. 이때의 열반을 무상열반이라고 한다. 여기에서 열반의 입구를 표상 없는 해탈의 문(무상해탈 문)이라고 한다.

무상해탈로 열반을 깨달은 수행자를 삿다누사리(*saddhānusāri*, 믿음을 따르는 자)라고 한다. 삿다누사리는 무상을 주시함으로써 상카라에서 자유로워진 사람을 의미한다. 몇몇 명상 지도자들은 삿다누사리의 정확한 의미를 잘 모르고, 수행을 하지 않고 '믿음'(*saddhā*)만으로 해탈할 수 있는 수행자라고 말한다. 그들은 심지어 "수행자는 열반을 성취하기 위해 위빳사나 수행을 할 필요가 없다."라고까지 말한다. 원래, 믿음이란 부처님과 부처님의 법인 담마와 승가에 대한 믿음이다. 이것은 수행의 기본 토대이다. 삿다누사리에게 믿음이란 그런 종류의 '믿음'이 아니라 마음과 물질이 사라지는 것에 대한 확고한 믿음(확신)이다.

(2) 무원열반(*Appaṇihita Nibbāna*, 바람이 없는 열반): 위빳사나 인식 과정에서 수행자는 둑카(불만족, 고통)로써 상카라를 주시하며, 아눌로마 냐나 또한 둑카로 대상을 취한다. 그러면 열반을 깨닫게 된다. 이런 종류의 깨달음을 무원해탈(*appaṇihita vimokkha*)이라고 한다. 이때의 열반을 무원열반이라고 한다. 압빠니히따는 욕망이나 증오나 어리석음과 같은 감각적인 욕구의 소멸을 의미한다. 마음이 둑카를 숙고할 때, 욕망이 없기 때문에 바람이 없는(무원) 해탈을 얻는다. 여기에서 열반의 입구를 무원해탈의 문이라고 한다.

(3) 공열반(*Suññata Nibbāna*): 위빳사나 인식 과정에서 수행자는 무아로써 상카라를 주시하며 아눌로마 냐나 또한 무아로써 대상을 취한다. 그때 열반을 실현한다. 이런 종류의 실현을 공해탈(*suññata vimokkha*)이라고 하며, 이때의 열반을 공열반이라고 한다. 공해탈은 상카라를 무아로 간주하는 해탈이다. 순냐따는 '~이 없는', '실상이

아닌', 또는 '자신이나 자아와 관련이 없는'의 의미이다. 이때 열반의 입구를 공해탈의 문이라고 한다.

『쿳다까니까야』의 「닙바나다뚜숫따」에서 열반은 오직 하나이지만, 조건에 따라 번뇌가 완전히 소멸하는 열반을 2가지로 나눈다. 그것은 ① 유여의열반 계와 ② 무여의열반 계이다.

① 유여의열반 계(*Saupādisesā Nibbāna dhātu*, 받은 것이 남아 있는 열반)는 번뇌의 적멸(*kilesa Nibbāna*)이라고도 한다. 사우빠디세사에서 '사'(*sa*)는 '함께'의 의미이며, '우빠디'(*upādi*)는 '무더기(오온)'이며 '세사'(*sesā*)는 '남아 있다'의 의미이다. 그러므로 유여의열반 계는 루빠(몸)와 나마(생명; 목숨)인 오온은 남아 있지만 번뇌가 완전히 소멸한 깨달음을 의미한다〔금생에서 실현할 수 있는 열반이다〕. 세속에서는 이것을 아라한들과 나머지 세 부류의 성인(예류자, 일래자, 불환자)들이 깨닫는 열반의 실현이라고 한다.

② 무여의열반 계(*Anupādisesā Nibbāna dhātu:* 남아 있는 것이 없는 열반)는 오온이 완전히 소멸되어 마음과 물질의 흐름이 완벽하게 끊어진 후, 부처님들이나 아라한들이 영원히 입멸한 열반이다〔죽음과 함께 성취되는 열반이다〕.

1. 열반을 실현하는 방법

『빠띠삼비다막가』의 「위빳사나까타」에서 열반의 순간을 깨닫는 과정을 다음과 같이 언급하고 있다. "마음과 물질인 오온을 무상함으로 알아차릴 때, 아눌로마 냐나를 성취한다. 오온이 영원히 계속될 것처럼 완전히 소멸한 것을 볼 때, 일어남과 사라짐에 압도당하며, 마음은 일어남과 사라짐이 완전히 소멸하여 공한 상태인 열반에 든다." 여기서 열반에 든다는 것은 혈통을 바꾸는 마음(*gotrabhū citta*, 성인의 마음)과 도의 마음, 과의 마음이 일어나는 것을 의미한다.

「밀린다왕문경」에서도 열반의 순간을 다음과 같이 설명한다. "마음이 계속되는 사라짐을 알아차리는 것이며, 나중에 그 상태가 상카라의 계속된 흐름을 초월하여 끊임없이 흐르는 일어남과 사라짐의 반대(일어남과 사라짐이 끊긴 상태) 상태로 흘러들어간다." 따라서 올바른 방법으로 수행한 요기가 일어남과 사라짐이 소멸된 상태를 경험할 때 이것을 열반의 실현이라고 한다. 일어남과 사라짐이 없는 상태로 흘러들어간다는 것은 '마음과 물질 대상과 마음이 완전히 그친다'는 의미이다. 일어남과 사라짐이 없는 상태로 흘러들어간 마음이 혈통을 바꾼 마음(범부의 혈통에서 성인의 혈통으로 바뀐 마음)이며 도의 마음이다.

초기 단계(상카루뻬카 냐나의 초기 수행)에서 수행자는 마음과 물질이 계속적으로 사라지는 것을 보고 알아차리며, 나중 단계에서는 마음과 물질이 사라지는 것과 마음 자체까지도 소멸하는 것을 본다. 이 순간을 열반의 실현이라고 한다. 따라서 「밀린다왕문경」에서 '삼마빠띠빤노'(*sammāpaṭipanno*)라고 언급했다. 이것은 열반을 정의하는 주요 단어이다. 그 의미는 '바른 방법으로 수행하여 바른 궤도에 오른 사람'이라는 뜻이다. 마음이 아무런 의식이 없는 상태가 될 때마다 그 마음의 대상을 열반이라고 말할 수는 없다. 왜냐하면 이렇게 마음이 소멸한 경험은 다른 많은 상황과 비슷하기 때문이다. 오직 위빳사나 우뻬카를 경험한 수행자와 3가지 특성을 정확히 이해한 수행자만이 방가 냐나와 상카루뻬카 냐나를 경험한다. 그때 마음이 위에 언급한 것처럼 아무런 의식이 없는 상태가 될 때, 수행자는 "나는 열반의 실현을 경험했다."라고 말할 수 있다.

열반을 실현할 때 수행자는 그것을 볼 수 없고, 만질 수 없고, 들을 수도 없으며, 어떤 것도 느낄 수 없다. 만약 누군가가 '열반은 아주 평온하다'라고 말한다면, 그것은 진정한 열반이 아니다. 열반의 상태에서는 즐거운 것이 아무것도 없으며 어떤 것도 느낄 수 없다. 어떤 책에서는 '열반은 아주 평온하다'라고 말하는데 그것은 간접적으로 모든 불선한 번뇌가 완전히 소멸되어 그친 것을 의미한다. 모든 것이 소멸되어 그치기 때문에 열반을 깨닫는 동안 아무것도 느끼지 못한다. 상카라를 다시 주시한 후에 열반이 평온하다는 것을 비교하여 알 수 있다. 예를 들면, 어떤 사람이 꿈을 꾸지 않고 푹 잠들어 있을 때 잠이 평온한지 아닌지, 좋은지 나쁜지 아무것도 모른다. 잠에서 깨어났을 때만이 그는 잠잘 때 상태와 현재 상태를 비교하고 "평화롭게 잠을 잘 잤어."라고 말할 수 있다.

'열반이 평온하다'는 것은 비교적으로 말한 것뿐이다. 주석서에서는 열반을 깨달을 때 매우 밝은 빛을 본다고 언급되어 있다. 그런 이유로 많은 사람들이 열반은 굉장히 밝은 곳이라고 생각한다. 또한 한 사야도는 수행자가 열반을 깨달을 때 매우 밝은 빛을 본다고 언급하기도 했다. 그러나 실제적으로 열반은 빛이 없다. 열반에는 태양도 없고 달도 없고 어떤 요소도 없으며 어떤 빛도 없다. 칸니 사야도는 그의 책에서 6종류의 빛이 있다고 언급했다. 그 빛에 대한 설명에서 여섯 번째 빛이 한낮의 태양처럼 밝은 하늘의 번개이다. 이런 종류의 빛은 열반을 실현하기 바로 직전에 보인다고 한다. 열반을 실현하기 바로 전에 수행자는 니밋따처럼 아주 밝은 빛을 본 후 열반을 실현한다. 이것은 오직 칸니 전통 수행자에게만 적용되는 것이다. 그러나 열반을 실현하는 그 순간에는 아무것도 볼 수 없다.

열반을 실현하는 것에 대해 다른 많은 관점이 있다. 「물라빤나사」 주석서에서는 "열반은 안식眼識을 통해 볼 수 없다. 열반은 밝은 빛으로 항상 빛난다."라고 설명했다. 열반은 아는 의식(*manoviññāṇa*)을 통해서만 알 수 있다. 그래서 몇몇 사야도는 "열반은 항상 빛처럼 매우 밝다."라는 말을 인용한다. 「물라빤나사」 주석서에서 열반을 실현할 때 수행자는 수백 통의 물을 자기에게 쏟아 붓는 것처럼 고통스럽다고 기록되어 있다.

그러나 열반을 실현하는 그 순간에는 추운 것도 더운 것도 아무것도 느끼지 못한다. 정말 아무것도 느낄 수 없다. 사실 칸니 전통 수행자는 열반을 실현하기 바로 직전에 예전에는 경험하지 못한 한기를 약간 느끼기 시작한 후에 열반을 깨닫는다. 그 순간이 지난 후에 다시 상카라를 주시하면 한기를 느끼며 평온함을 느낀다. 이것은 오직 강한 집중을 가진 수행자만 가능하다.

다른 명상 전통의 수행자는 그런 경험을 하지 못한다. 그런 수행자는 무의식 상태와 비슷한 경험을 할 뿐이다. 그러나 열반을 실현하는 것은 무의식 상태와 같은 것이 아니다.

열반을 실현할 때, 수행자는 아무것도 알 수 없다. 열반은 마음으로 취한 상카라의 그침과 소멸 외에 다른 대상을 갖지 않기 때문이다. 그래서 마음으로 아는 것이 아무것도 없다. 열반은 루빠도 없고, 바람 요소도 없고, 물 요소도 없고, 불 요소도 없으며, 태양도 달도 없다. 그래서 열반을 실현할 때, 무의식 상태는 아니지만 아무것도 알지 못한다. 마음이 일어나서 열반을 대상으로 취한다. 그때 혈통을 바꾸는 마음, 도의 마음과 과의 마음이 차례차례 일어난다. 이들 마음(*citta*)은 열반을 대상으로 취한다. 그러나 열반에는 마음으로 아는 것이 아무것도 없다. 오로지 완전한 소멸과 그침만 있다. 그래서 수행자는 아무것도 알지 못한다. 그런 이유로 몇몇 사람들은 "열반은 아무것도 없다."라고 말한다. 그러나 정말로 아무것도 없는 것이 아니다.

사람들의 말에 따르면, 진공과 같은 곳이며 그 안에 아무것도 없는 것을 열반이라고 한다. 열반은 마음과 물질인 상카라가 완전하게 영원히 소멸한 것이다. 전 우주는 어느 곳에서나 매 순간 상카라만이 오직 일어나고 사라질 뿐이다. 상카라가 일어나고 사라지지 않은 곳은 어디에도 없다. 만약 열반이 아무것도 아니라면 열반에 들기 위해 수행할 필요가 없다. 많은 사람들은 언제든지 열반을 쉽게 성취할 수 있다고 생각한다. 그러나 심지어 초선정에 드는 것도 아주 어렵다. 그러면 얼마나 많은 수행자들이 초선정을 얻을 수 있을까! 하물며 열반에 든다는 것은 그 어떤 것과도 비교할 수 없을 만큼 아주 어렵다.

고뜨라부 냐나, 막가 냐나, 팔라 냐나는 외부 대상이 아니라 바로 열반을 대상으로 취한다. 이들 3가지 지혜는 열반에 침잠하여 영원히 멈추지 않을 것처럼 계속되는 완벽한 소멸의 순간을 실현한다. 열반의 에너지 때문에 3가지 지혜도 소멸한 것처럼 된다. 그래서 그 순간에 수행자는 아무것도 모르는 것이다. 만약 고뜨라부, 막가, 팔라 냐나가 외부에서 열반 대상(열반을 실현할 때)을 취한다면, 이 3개의 지혜는 상카라의 일어남과 상카라의 소멸과 상카라가 다시 일어나는 것을 보게 될 것이다. 도의 지혜가 열반을 대상으로 취할 때, 그릇된 견해의 마음작용(*diṭṭhi cetasika*)과 의심의 마음작용(*vicikicchā cetasika*)을 뿌리째 완전히 자른다.

열반을 실현한다는 것은 열반을 보는 것이다. 그것은 열반에 들어서 마음으로 열반과 접촉하며 마음으로 열반을 안다는 의미이다. 도(*magga*)는 압빤나(*appanā*, 몰입, 본 단계)라고 하는데 열반에 들어서 열반을 알아차린다는 의미이다. 열반을 실현할 때, 외부에서 마음과 물질이 완전히 소멸된 상태를 보는 것이 아니라 나마까야(열반 순간의 마음과 마음작용)로 소멸된 상태로 들어가서 열반과 접촉하고 열반을 보는 것이다. 그래서 부처님은 『쿳다까니까야』의 「이띠웃따까」에서 '풋퉁 삼보딩웃따망'(*phuṭṭhuṃ sambodhiṃuttamaṃ*)이라고 설했다. 여기서 '풋퉁'(*phuṭṭhuṃ*)은 나마까야로 (진정한 열반의 순간을) '만지는 것'을 의미한다. 그래서 수행자가 열반을 실현할 때, 그의 마음은 아무것도 알지 못한다. 아무것도 알지 못한다는 것은 무의식 상태를 말하는 것이 아니다. 마음이 어떤 다른 대상에 초점을 맞추지 않으며, 일어난 마음(혈통을 바꾸는 마음, 도의 마음, 과의 마음)은 아무것도 알지 못하고 단지 열반만을 실현한다는 것이다. 다음과 같은 일례가 있다.

한 시간 동안 돌아가는 비디오를 보고 있을 때, 스토리가 55분에 끝나지만 비디오는 아직도 작동하고 있다. 그때 우리는 아직도 비디오 화면을 보고 있지만 어떤 영상도 전혀 보지 못한다. 그래서 아무것도 보지 못한다고 말하겠지만 사실은 검은 화면에서 스토리가 끝났음을 본다. 열반을 경험하는 것도 이와 비슷하다. 열반에는 아무것도 볼 것이 없으며, 나마도 없고, 루빠도 없고, 일어나는 것도 없지만, 사라짐이 끊임없이 계속될 것처럼 오직 완전한 소멸만이 있을 뿐이다. 따라서 열반은 아무것도 없는 텅 빈 것이 아니라 상카라, 즉 모든 것이 완전히 소멸한 상태이며 상카라가 없는 상태이다.

고뜨라부 냐나가 열반을 실현하지만 불선한 마음의 오염물인 번뇌를 뿌리째 제거할 수 없다. 도의 지혜(*Magga ñāṇa*)가 그릇된 견해(*diṭṭhi*)와 의심(*vicikicchā*)과 질투(*issā*)와 인색함(*macchariyā*)의 마음작용을 완전히 근절한다. 이들 마음작용들은 다시 일어나지 않을 것이다. 이러한 도의 지혜를 지견 청정(*Ñāṇadassana visuddhi*)이라고 한다. 도의 마음은 단지 한 번 일어난 후 바로 과의 마음이 두세 번 일어난다. 근기가 수승한 수행자는 예비 마음(*parikamma citta*)이 일어나지 않고 과의 마음이 3번 일어난다. 보통 수행자들은 예비 마음이 일어나고 과의 마음이 2번만 일어난다. 그러면 생명 연속심(*bhavaṅga citta*, 생명 연속의 마음: 잠재의식의 흐름)이 적절하게 일어나고 반조의 마음이 일어난다.

이제 수행자는 예류자(*sotāpanna puggala*, 흐름에 든 자; 수다원)가 된다. 예류자는 다음 생의 윤회에 7번만 다시 태어날 것이다. 소따(*sota*)는 열반으로 향하는 '흐름'을 의미하며 아빤나(*āpanna*)는 '~에 들어간' 또는 '도착한'의 뜻이다. 그래서 소따빤나는 '열반의 흐름으로 들어간 성인'의 의미이다. 이 흐름에서부터 수행자는 뒤로 퇴보하지 않는다. 그러므로 가장 낮은 단계의 첫 번째 성인(*ariya*)인 예류자는 결코 범부로 돌아가지 않는다. 다음 생에서 그는 인간이나 천인으로 다시 태어날 것이다. 그 자신이 성인이라는 것을 알지 못한다 하더라도 결코 성인 반열에서 떨어지지 않는다. 그런 성인은 이번 생에서 다시는 그릇된 견해를 갖지 않는다. 다음 생에도 그릇된 견해, 의심, 질투, 인색함의 번뇌를 갖지 않고 태어날 것이다.

열반을 실현하는 과정에서, 수행자는 가장 높은 단계의 상카루뻬카 냐나에 도달하며 대상인 상카라가 매우 빠르게 사라진다(이 상태에서 수행자는 몸 안과 밖에서 루빠 깔라빠가 항상 사라지는 것을 본다). 같은 위빳사나 인식과정(*sadisānupassanā vīthi*)이 일어날 때, 사라지는 과정이 매우 빠르게 일어나며 이것이 아주 명료하다. 심장 박동이 멈추고 호흡 또한 바로 멈춘다. 그런 후 루빠 깔라빠가 곧바로 멈춘다. 수행자는 마치 무의식 상태에 있는 것처럼 모든 것을 잊어버린다. 이 과정이 완전히 마무리되기까지 단지 4번의 마음 순간이 걸릴 뿐이다.

혈통을 바꾸는 마음, 도의 마음, 과의 마음이 일어난 후, 반조하는 마음이 일어날 때 의식을 되찾는다. 그때 수행자의 지혜 수준이 우다얍바야 냐나까지 내려가기 때문에 루빠 깔라빠가 아주 천천히 일어나고 사라지는 것을 볼 것이다. 성인(*ariya puggala*)이 된 수행자는 명상을 시작할 때마다, 우다얍바야 냐나부터 시작한다. 그래서 사라지는 것만 보는 것이 아니라 일어나고 사라지는 것을 본다. 그 순간을 뒤돌아 볼 때 루빠 깔라빠 대상이 생생하게 기억난다. 무의식 상태와 비슷한 열반을 실현한 순간 또한 쉽게 기억한다. 상카라를 다시 본 순간(의식이 돌아온 상태)을 다이버가 물에서 탈출하는 것만큼 쉽게 떠올릴 수 있다.

열반을 실현하는 과정은 위에 설명한 것과 같다. 그러나 도의 지혜를 얻었다고 생각했을 때, 위빳사나 지혜가 높은 경지에 이른 수행자는 가끔 무의식의 순간을 우연히 경험하기 때문에 본인의 이런 과정을 잘 점검해야 한다. 짧은 순간 동안 잠시 무의식 상태가 되는 다른 경우도 있기 때문이다. 예를 들면, 첫째 부처님 당시에 막대한 부자인 아나타삔디까처럼 희열(*pīti*) 때문에 거의 정신을 잃기도 하며, 두 번째는 정적(*passaddhi*)으로 인해 무의식 상태를 경험하며, 세 번째는 나태와 무기력함(*thina-middha*) 때문에 무의식 상태를 경험하기도 한다.

2. 열반의 실현을 점검하는 방법

열반의 실현을 점검하는 방법은 3가지가 있다.

(1) 과의 증득(*phala samāpatti*)에 의해서(과의 마음에 몰입)

(2) 계(*sīla*)에 의해서

(3) 번뇌(*kilesa*)에 의해서

1) 과의 증득에 의해서

열반을 실현한 사람은 누구든지 과의 증득(*phala samāpatti*)에 몰입할 수 있다. 열반을 실현한 것을 안 후에 수행자는 시간의 제한을 두고 다시 열반을 실현하겠다는 결심을 한 후 열반을 실현할 때까지 위빳사나를 다시 수행한다. 이것을 과의 마음과 함께한 열반의 알아차림이라고 한다.

예를 들면, 10분 동안 열반을 실현하겠다 또는 10분 동안 예류 과(*sotāpatti phala*, 과의 마음으로 열반을 실현하는 것)를 깊이 사유하겠다는 굳은 결심을 해야 한다. 그리고 명상을 시작해야 한다. 수행자는 우다얍바야 냐나부터 시작하며 아눌로마 냐나, 고뜨라부 냐나, 팔라 냐나로 단계적으로 위빳사나 지혜가 일어나서 굳은 결심을 하고 있는 동안에 다시 열반을 실현할 수 있다. 정한 시간이 끝났을 때, 수행자는 몰입(*samāpatti*) 상태에서 빠져나온다. 4가지 도의 마음(예류도, 일래도, 불환도, 아라한도의 마음)은 일생 동안 한 번만 일어나기 때문에 이때 도의 마음은 일어나지 않는다. 여기서 한 가지 주목할 것은 선정과 도의 마음을 성취한 수행자는 다시 몰입할 수 있다는 것이다.

시간이 경과하면 위빳사나 지혜가 일어나서 수행자는 상카라를 알아차리기 시작한다. 만약 수행자가 모든 과정을 해낼 수만 있다면 그는 정말로 열반을 실현하거나 예류 도를 성취할 수 있다. 그러나 집중 상태가 충분히 깊어졌을 때만이 과의 증득에 몰입할 수 있다. 그래서 열반을 실현하자마자 결심을 해야 한다. 열반을 실현한 후에는 오랫동안 몰입할 수 없다. 그러나 도의 마음으로 열반을 한번 실현한 후 언제든지 열반을 다시 경험할 수 있다. 사실 성인이 된 수행자는 살아있는 동안에 열반을 경험할 수 있는 2가지 방법이 있다. 첫 번째 방법은 과를 증득한 마음(*phala samāpatti*)으로 열반을 경험하는 것이다. 성인이 된 후에 열반을 경험하는 마음을 과의 마음(*phala citta*)이라고 한다. 그 과의 마음은 열반이 궁극적으로 실존하기 때문에 정말로 열반을 알 수 있다. 열반을 경험할 수 있는 두 번째 방법은 최고의 집중으로 모든 색계 선정(*rūpa jhāna*)과 무색계 선정(*arūpa jhāna*)을 얻은 불환자(*anāgāmī*, 아나함)나 아라한만이 가능하다. 이러한 방법을 멸진정(*nirodha samāpatti*, 몸은 살아있지만 인식과 느낌인 모든 마음과 마음작용이 멸해버린 상태)이라고 한다. 멸진정 상태는 7일 동안 몰입될 수 있다.

2) 계에 의해서

만약 수행자가 열반의 실현을 생각하고 있다면, 먼저 오계로 자신을 점검해야 한다. 성인들은 결코 오계(살생, 도둑질, 삿된 음행, 거짓말, 술과 약물을 금하는 계율)에 어긋나는 행위를 하지 않는다. 그들은 목숨을 희생하면서도 계(*sīla*)를 지킨다. 성인들은 농담이라도 거짓말을 하지 않으며 어떤 생물도 고의적으로 죽이지 않는다. 예를 들면, 누군가가 성인에게 개미 한 마리를 죽이지 않으면 자신을 죽이겠다고 위협한다면 그는 자신이 죽는 쪽을 택할 것이며 죽임을 당한다 하더라도 상관하지 않을 것이라고 「우빠리빤나사」 주석서에서 밝히고 있다.

3) 번뇌에 의해서

어떤 수행자가 첫 번째 도의 지혜(예류도)를 얻는다면 그릇된 견해(*diṭṭhi*), 의심(*vicikicchā*), 질투(*issā*)와 인색함(*macchariyā*)이 완전히 근절된다. 예류자(수다원)는 번뇌로 자신을 점검함으로써, 부처님과 법과 승가에 대해 결코 의심하지 않으며, 부처님에 대해 강한 믿음을 가지고 있다. 또한 다른 사람의 부유함에 대해 결코 질투하지 않으며, 수행을 함께 하는 도반들에게 잉여재산을 나누어주는 데 인색하지 않다. 만약 수행자에게 아직도 번뇌가 남아 있다면 그는 진정한 예류자가 아니며 성인이 되지 않은 것이다.

제15장

명상을 위한 각 위빳사나 지혜의 암송 문구

다음 암송 문구는 칸니 사야도가 특별히 가르친 것이다. 수행자는 관련된 문구를 마음으로 암송하며 문구의 의미를 알아차리면서, 위빳사나 지혜를 얻기 위해 명상을 시작한다. 이러한 문구를 암송하고 그 의미를 아는 것은 마음이 각각의 지혜(*ñāṇa*)를 잘 이해하게 해주며, 강한 집중을 가진 수행자는 그 지혜를 빠르게 성취하는 데 도움이 된다. 문구를 암송하는 것은 칸니 수행자에게만 적용된다. 이들 암송 문구는 처음에는 그 지혜에 대해 간단하게 언급했으며 각 암송 문구 끝에는 아닛짜(무상)를 보는 것에 주시하라고 권유한다. 모든 문구는 마음과 물질(*nāma-rūpa*)의 무상함을 알기 위한 것이다.

명상의 진척 도에 따라서, 본인의 명상 경험의 수준을 점검하고 위빳사나 지혜의 수준을 가늠한 후 적절한 암송 문구를 사용하라. 이러한 암송 문구는 좌선 초기 단계에서 사용한다는 것을 명심하라.

위빳사나 수행의 모든 알아차림에는 2가지 부분이 있다. 첫 번째는 한 점에 집중된 마음으로 대상을 필사적으로 주시하면서 그것을 보는 것이다. 이것은 사마타이다. 두 번째는 대상을 알고 그것이 무엇인지를 알며, 마음으로 그것을 알아차리는 것이다. 이것은 위빳사나이다. 그러므로 알아차릴 때마다 그 대상(나마 또는 루빠 또는 아닛짜 또는 둑카 등)이 무엇인지를 아는 것이 중요하다. 알아차림 없이 단지 '루빠', '루빠'라고 암송하는 것은 의미가 없다. 그 대상이 나마(마음), 루빠(물질), 일어남 등으로 아는 것이 위빳사나 지혜를 얻는 핵심이다.

1. 빠릭가하의 암송 문구

① 루빠 빠릭가하(*Rūpa pariggaha*): '물질(루빠)', '물질(루빠)', '물질(루빠).'

② 나마 빠릭가하(*Nāma pariggaha*): '앎', '앎', '앎.'

③ 빳짜야 빠릭가하(*Paccaya pariggaha*): 과거의 5가지 원인들, 무명, 갈애, 집착, 업과 영양분은 형성된 것이다. '형성된 것', '형성된 것', '형성된 것.'

④ 앗다나 빠릭가하(*Addhāna pariggaha*): 과거의 5가지 원인들, 무명, 갈애, 집착, 업과 영양분 때문에 아직도 나마와 루빠가 일어나고 있다.

2. 위빳사나 지혜의 암송 문구

(1) 삼마사나 냐나(무상·고·무아를 아는 지혜)

☞ 과거의 5가지 원인(무명, 갈애, 집착, 업, 영양분)에 의해 정해진 조건으로 인하여 아지랑이처럼 일어났다 사라지는 나마와 루빠는 영원하지 않다. 무상, 무상, 무상.

☞ 과거의 5가지 원인(무명, 갈애, 집착, 업, 영양분)에 의해 정해진 조

건으로 인하여 아지랑이처럼 일어났다 사라지는 나마와 루빠는 일어났다 사라지면서 끊임없는 고통을 주기 때문에 너무 고통스럽고 만족스럽지 않다. 고통, 고통, 고통.

☞ 과거의 5가지 원인(무명, 갈애, 집착, 업, 영양분)에 의해 정해진 조건으로 인하여 아지랑이처럼 일어났다 사라지는 나마와 루빠는 핵심도 없고, 바람대로 되지도 않으며, 통제할 수도 없고, 자아도 없다. 무아, 무아, 무아.

(2) 우다얍바야 냐나(마음과 물질의 일어남과 사라짐을 아는 지혜)

☞ 원인이 일어남으로 인하여 아지랑이 같은 물질인 나마와 루빠가 일어난다. 무상, 무상, 무상.

☞ 원인이 사라짐으로 인하여 아지랑이 같은 물질인 나마와 루빠가 사라진다. 무상, 무상, 무상.

(3) 방가 냐나(마음과 물질의 사라짐을 아는 지혜)

☞ 원인이 사라짐으로 인하여 아지랑이 같은 물질인 나마와 루빠가 사라진다. 무상, 무상, 무상.

(4) 바야 냐나(두려움에 대한 지혜)

☞ 원인이 사라짐으로 인하여 아지랑이 같은 물질인 나마와 루빠가 사라지는 것은 두려운 것이며, 위험한 것이다 : 무상, 무상, 무상.

(5) 아디나와 냐나(마음과 물질을 결함으로 여기는 지혜)

☞ 원인이 사라짐으로 인하여 아지랑이 같은 물질인 나마와 루빠가 사라지는 것은 결함이며, 유해한 것이다 : 무상, 무상, 무상.

(6) 닙비다 냐나(마음과 물질을 지루한 것으로 아는 지혜)

☞ 원인이 사라짐으로 인하여 스스로 사라지는 아지랑이 같은 물

질인 나마와 루빠는 진절머리 나는 것이다. 무상, 무상, 무상.

(7) 문찌뚜깜야따 냐나(마음과 물질을 버리고 싶은 지혜)

☞ 끊임없이 사라지는 아지랑이 같은 물질인 나마와 루빠로부터 탈출하거나 그것들을 멀리 할 수만 있다면 좋겠다. 무상, 무상, 무상.

(8) 빠띠상카 냐나(다시 숙고하는 지혜): 앞의 6가지 냐나를 알아차리기 위해 다시 사유한다.

① 우다얍바야 냐나: 원인으로 인한 일어남과 사라짐 때문에 아지랑이처럼 일어나고 사라지는 나마와 루빠는 영원하지 않다. 무상, 무상, 무상.

② 방가 냐나: 원인이 사라짐으로 인해 아지랑이처럼 사라지는 나마와 루빠는 영원하지 않다. 무상, 무상, 무상.

③ 바야 냐나: 원인이 사라짐으로 인해 아지랑이처럼 사라지는 나마와 루빠는 위험하고 두렵다. 무상, 무상, 무상.

④ 아디나와 냐나: 원인이 사라짐으로 인해 아지랑이처럼 사라지는 나마와 루빠는 결함이며 유해한 것이다. 무상, 무상, 무상.

⑤ 닙비다 냐나: 원인이 사라짐으로 인해 아지랑이처럼 사라지는 나마와 루빠는 지루한 것이다. 무상, 무상, 무상.

⑥ 문찌뚜깜야따 냐나: 아지랑이처럼 사라지는 나마와 루빠를 버리고 탈출하거나 멀리할 수 있다면 좋겠다. 무상, 무상, 무상.

(9) 상카루뻬카 냐나(상카라에 대한 평정의 지혜)

① 원인에 의해 일어나고 사라짐으로 인해 아지랑이 같은 미세한 물질로 일어나고 사라지는 것, 사랑받지도 않고 미움 받지도 않고 무시당하는 나마와 루빠는 끊임없이 변하는 극심한 아픔이기 때문

에 고통이며 불만족이다. 고통, 고통, 고통.

② 원인이 사라짐으로 인해 아지랑이 같은 미세한 물질로 파괴되는 것, 사랑받지도 않고 미움 받지도 않고 무시당하는 나마와 루빠는 영원하지 않다. 무상, 무상, 무상.

③ 원인이 사라짐으로 인해 아지랑이 같은 미세한 물질로 파괴되는 것, 무시당하고 두려운 나마와 루빠는 영원하지 않다. 무상, 무상, 무상.

④ 원인이 사라짐으로 인해 아지랑이 같은 미세한 물질로 파괴되는 것, 무시당하고 결함인 나마와 루빠는 영원하지 않다. 무상, 무상, 무상.

⑤ 원인이 사라짐으로 인해 아지랑이 같은 미세한 물질로 파괴되는 것, 진절머리 나는 나마와 루빠는 영원하지 않다. 무상, 무상, 무상.

⑥ 원인이 사라짐으로 인해 아지랑이 같은 미세한 물질로 파괴되는 것, 그것들에서 탈출하고 싶고 멀리하고 싶은 나마와 루빠는 영원하지 않다. 무상, 무상, 무상.

⑦ 일어나고 사라짐으로 인해 극심한 고통을 받기 때문에 그것은 고통이다. 고통, 고통, 고통.

⑧ 나의 몸이 아니며, 소멸되는 것, 핵심도 없으며, 바람대로 이루어지지도 않으며, 통제 불능이며 자아도 아닌 것, 그것은 무아이다. 무아, 무아, 무아.

3. 간단하게 상카루빼카 냐나를 암송하는 법

아지랑이 같은 미세한 물질로 사라지는 나마와 루빠는 사랑도 미움도 받지 않으며 무시당하는 것이다.

☞ 나마와 루빠는 나의 몸이 아니며 소멸하는 것, 나의 소유물도 아니며 소멸하는 것, 그것은 영원하지 않다. 무상, 무상, 무상.

☞ 나마와 루빠는 일어남과 사라짐으로 인해 극심한 고통을 받기 때문에 너무 비참한 것, 그것은 고통이다. 고통, 고통, 고통.

☞ 나마와 루빠는 핵심도 없고 바람대로 되지도 않으며 통제할 수 없으며 '나'가 아닌 것, 그것은 무아이다. 무아, 무아, 무아.

참고 문헌

빨리 경전	주석서	부주석서
1. *Sīlakkhandhavagga Pāḷi*		*Abhinava ṭīkā*
2. *Mahāvagga Pāḷi*	*Mahāvagga aṭṭhakathā*	*Mahāvagga ṭīkā*
3. *Pāthikavagga Pāḷi*		*Pāthikavagga ṭīkā*
4. *Mūlapaṇṇāsa Pāḷi*	*Mūlapaṇṇāsa aṭṭhakathā* 1, 2	
5. *Majjhimapaṇṇāsa Pāḷi*		*Majjhimapaṇṇāsa ṭīkā*
6. *Ekakanipāta Pāḷi*		
7. *Tikanipāta Pāḷi*	*Tikanipāta aṭṭhakathā*	
8. *Catukkanipāta Pāḷi*		
9. *Pañcakanipāta Pāḷi*		
10. *Sattakanipāta Pāḷi*		
11. *Aṭṭhakanipāta Pāḷi*		
12. *Dasakanipāta Pāḷi*		
13. *Khuddakapātha Pāḷi*		
14. *Dhammapada Pāḷi*		
15. *Udāna Pāḷi*		
16. *Itivuttaka Pāḷi*		
17. *Suttanipāta Pāḷi*	*Suttanipāta aṭṭhakathā* 1, 2	
18. *Theragāthā Pāḷi*	*Theragāthā*	

	aṭṭhakathā 1, 2	
19. *Apadāna Pāḷi*		
20. *Buddhavaṃsa Pāḷi*	*Buddhavaṃsa aṭṭhakathā*	
21. *Cariyāpiṭaka Pāḷi*		
22. *Jātaka Pāḷi*	*Jātaka aṭṭhakathā*	
23. *Mahāniddesa Pāḷi*		
24. *Cūlaniddesa Pāḷi*		
25. *Paṭisaṃbhidāmagga Pāḷi*	*Paṭisaṃbhidāmagga aṭṭhakathā* 1, 2	
26. *Milindapañha Pāḷi*		
27. *Netti Pāḷi*		*Nettivibhāvinī*
28. *Dhammasaṅganī Pāḷi*	*Atthasālinī*	
29. *Vibhaṅga Pāḷi*	*Sammohavinodanī*	
30. *Kathāvatthu Pāḷi*		
31. *Visuddhimagga Pāḷi*	*Visuddhimagga aṭṭhakathā* 1, 2	*Mahāṭīkā*

32. *Yogi Pāragū* (요기 빠라구: 칸니 명상법) 고 칸니 사야도 우 소비따(U Sobhita) 저

빨리어 용어 해설

* 아래 빨리어는 본문에 포함된 용어이다.

Abhiññā 초월적 힘; 특별한 지혜: 일반적으로 천안통이나 천이통, 신족통, 타심통, 숙명통과 같은 신통지

Abhidhamma 아비담마: 마음과 물질을 현미경으로 관찰할 만큼 자세히 분석해 놓은 궁극적인 가르침(*paramattha desanā*); 삼장(*Piṭaka*) 중에 세 번째인 논장

Abhinivesa 자각; 깊게 심혈을 기울인 주의: 일반적으로 이것은 갈애에 완전히 사로 잡힌 자아(*atta*, 나, 나의 것)에 대한 그릇된 견해

Abyāpāda 증오 없음, 악의 없음, 선함

Āciṇṇaka kamma 습관의 업

Ādāna 움켜쥠; 세속적인 대상에 잡힘; 세상에 대한 집착

Addhāna 기간; 긴 행로; 시간 또는 여정

Addhāna pariggaha 전생과 내생의 마음과 물질의 원인을 알기 위한 수행

Adhimokkha 결단; 결심: 7가지 보편적인 마음작용 중 하나; 대상을 결정하는 것

Ādhipateyya 지배, 지도자: 지배하는 영향력, 우선하는 것. 아디빠떼이야는 행동과 말과 생각에 대해 강한 지배적인 영향력을 가진 속성을 말하며, 3가지가 있다: 자신을 우선함(*atta ādhipateyya*), 법을 우선함(*Dhamma ādhipateyya*), 세상을 우선함(*loka ādhipateyya*)

Adhiṭṭhāna 굳은 결심; 결의

Ādīnava ñāṇa 마음과 물질을 결함으로 여기는 지혜

Adosa	성냄 없음
Āghāta	원한; 보복의 욕구
Āhāra	영양분; 정신적, 육체적 지탱; 음식: 덩어리로 된 음식(*kabaḷīkāra āhāra*, 먹는 음식; 육체적인 몸을 지탱해줌)
Ahirīka	불선한 행위를 하는 것에 대한 수치스러움 없음
Ājīva	생계
Ajjhatta	몸의 내부; 자신의 내부: *ajjhatta rūpa*(자신의 루빠)
Akāla maraṇa	불시의 죽음
Akāmakāriya	의지대로 하지 않는
Akammaññatā	용이하지 않음, 다루기 힘듦
Akaniṭṭha	색구경천: 가장 훌륭한, 가장 높은; 범천의 최고 거처. 5정거천(*Suddhāvāsa*, 무번천, 무열천, 선현천, 선견천, 색구경천) 중 하나
Akusala	불선한; 유익하지 않은
Alabbhanīya	욕구대로 되지 않은
Alobha	탐욕 없음; *lobha*(탐욕)의 반대
Amarā	파악하기 어렵고 잡기 힘든 일종의 물고기
Amarā vikkhepa	잘못된 생각에 대한 명칭(아마라 물고기처럼 항상 질문에 대답을 피하는); 결말이 없는 견해나 주장; 끝없이 동요하는 마음
Amāyāvī	속임수가 아닌; 정직
Amoha	어리석음 없음
Anāgāmī	불환자(아나함); 수태되어 욕계에 결코 돌아오지 않은 자; 깨달음의 세번째 단계에 오른 자 또는 5개의 족쇄(유신 견, 계율과 의례의식에 대한 집착, 의심, 감각적 욕망, 악의)를 끊어낸 자
Anāgāmi magga	불환도; 세 번째 도의 단계
Ānāpāna	들숨과 날숨
Ānāpānassati	호흡 알아차림; 호흡명상; 들숨과 날숨에 의한 집중: *āna*는 들숨이며, *apāna*는 날숨을 의미함
Anatta	무아; 무상(*anicca*), 고(*dukkha*)와 함께 삼법인 중 하나: 영원

한 자아는 실재하지 않음

Anatta saññā 무아에 대한 인식 또는 무아에 대한 지혜

Anattamanatā cittassa 어떤 상황에 대한 불만족

Anavaññatti 다른 사람들에게 멸시당하지 않기를 바람

Anāvaraṇa 방해받지 않는; 장애가 없는

Anāvaraṇa ñāṇa 어떤 장애도 없는 지혜; 부처님의 일체를 아는 지혜

Anicca 영원하지 않음; 무상; 변화: 위빳사나 수행 중에 예리한 마음으로만 인지할 수 있는 마음과 물질이 끊임없이 찰나 일어나서 찰나 사라지는 것(찰나생찰나멸)

Aniccānupassanā 무상에 대한 숙고

Anicca saññā 무상에 대한 인식 또는 무상에 대한 지혜

Animitta 형상이 없는; 무상無相: 영원함, 행복, 자아에 대한 표상이 없음

Anipphanna rūpa 추상적인 물질(업, 마음, 온도, 음식에 의해 직접 생기는 물질이 아니기 때문에 실재 루빠가 아님)

Anissariyā 통제할 수 없는

Aññathatta 찰나 동안 머묾

Anottappa 그릇된 행위에 대해 두려움 없음

Antarā 사이; 중간

Antarā parinibbāyī 인생의 처음 반 기간 안에 열반을 성취한 사람

Anto ~안에

Anubandhanā 호흡 뒤쫓기; 마음으로 호흡을 따라감

Anuloma ñāṇa 도의 지혜에 수순하는 지혜

Anupādisesa 오온의 완전 소멸

Anupādisesa Nibbāna 무여의열반; 남음이 없는 열반; 오온이 남아 있지 않은 열반

Anupassanā 자세히 봄; 숙고; 앎

Anupubbikathā 차제설법; 6가지 점진적 법문: 부처님이 이해력이 빠른 재가자들이나 아직 준비되지 않은 제자들을 위해 순차적으로 담마

를 적절하게 가르친 방법. 그 방법은 보시에 관한 가르침(*dāna kathā*), 계율에 관한 가르침(*sīla kathā*), 천상계에 태어나는 것에 관한 가르침(*sagga kathā*), 감각적 쾌락에 대한 잘못의 가르침(*kāmānaṃ ādīnava kathā*), 출리의 이익에 대한 가르침(*nikkhamme ānisaṃsa kathā*)과 열반으로 가는 길에 대한 가르침(*magga kathā*)이다.

Anusaya kilesa 잠재적인 정신적 번뇌; 적당한 조건을 만나면 표면으로 드러나는 번뇌

Apāya 행복 없음; 고통과 비참함의 세계: 4악처: 축생(*tiracchāna-yoni*), 아귀(*petti-visaya*), 아수라(*asurakāya*), 지옥(*niraya*)

Apiyehi sampayogo 싫어하는 사람과의 만남

Āpo 물 요소; 점착성이나 유동성의 요소

Appamaññā 헤아릴 수 없는; 경계 없음; 무량: 4가지 무량 – 자애 (*mettā*), 연민(*karuṇā*), 더불어 기뻐함(*muditā*), 평정(*upekkhā*)

Appaṇihita 욕망 없음; 감각적인 욕구의 소멸

Appābādha 건강; 질병 없음

Appanā 마음이 대상에 고정됨; 몰입

Appāṇaka 도취된 명상(선정)의 한 형태로 숨을 참음; 숨을 쉬지 않음: *appāṇaka jhāna*(날숨을 멈춤)

Appanā samādhi 완전한 삼매; 본 삼매(5가지 장애가 극복되어 마음이 집중됨); 몰입(선정) 상태에서의 집중

Arahaṃ 부처님의 첫 번째 덕성

Arahanta 아라한도와 아라한과를 얻어서 모든 정신적인 번뇌를 뿌리째 소멸한 자

Arahatta 아라한이 되는 법(*dhamma*); 최후의 절대적인 해탈

Arahatta magga 아라한의 도; 열반을 향한 네 번째 도

Arahatta phala 네 번째 과(*phala*)의 단계

Ārāmatā 즐김; 애착

Ārambha 시작; 시도

Ārambha vīriya 초기 정진; 노력함

Ārammaṇa 대상(색, 소리, 냄새, 맛, 만질 수 있는 대상, 인식할 수 있는 대상)

Ārammaṇūpanijjhāna 대상을 한 점에 집중된 마음으로 심혈을 기울여 면밀하게 주시함

Arati 불만족

Ariya 성인: 첫 번째 도의 지혜에서 네 번째 지혜까지 성취한 성인(예류자, 일래자, 불환자, 아라한): *ariya puggala*(성인)

Ariyā aṭṭhaṅgika magga 고통에서 해탈로 이끄는 팔정도; 팔정도를 지킴으로 중도(*Majjhimapaṭipadā*)를 깨달음: 바른 견해(*sammādiṭṭhi*), 바른 사유(*sammāsaṅkappa*), 바른 말(*sammāvācā*), 바른 행위(*sammākammanta*), 바른 생계(*sammāājīva*), 바른 정진(*sammāvāyāma*), 바른 알아차림(*sammāsati*), 바른 집중(*sammāsamādhi*)

Ariyā sacca 사성제: ① 고성제(*dukkha ariyā sacca*); 괴로움의 성스러운 진리, ② 집성제(*dukkha samudaya ariyā sacca*); 괴로움의 원인에 대한 성스러운 진리, ③ 멸성제(*dukkha nirodha ariyā sacca*); 괴로움의 소멸에 대한 성스러운 진리, ④ 도성제(*dukkha nirodha gāmini paṭipadā airyā sacca*); 괴로움의 소멸에 이르는 도의 성스러운 진리

Arūpa 형상과 몸이 없는; 무색계

Arūpa jhāna 무색계 선정

Asammoha 무지 없음; 어리석음 없음

Asammoha sampajañña 어리석음이 없는 분명한 앎; '나' 또는 '자아'가 움직이는 것이 아니라 마음과 물질 때문에 몸이 움직인다는 분명한 앎

Asaṅkhāra parinibbāyī 정거천에서 수행 정진을 하지 않고도 열반을 실현한 범천 중 하나

Asaṅkhata 조건 지어지지 않은; 형성되지 않은; 원인 없는: 열반

Asaṅkheyya 아승지겁; 막대한 기간; 셀 수 없는 기간

Āsanna kamma 임종에 임박해서 지은 업; 금생의 마지막 자와나 과정이 일어나기 바로 직전에 지은 강한 업

Āsava 정신적인 중독(번뇌): 마음을 혼미하게 하는 4가지의 번뇌가 있다: ① 감각적 욕망의 번뇌(*kāmāsava*), ② 존재의 번뇌(*bhavāsava*), ③ 그릇된 견해에 대한 번뇌(*diṭṭhiāsava*), ④ 무지의 번뇌(*avijjāsava*)

Āsavakkhaya 4가지 번뇌(*āsava*)의 소멸: *āsavakkhaya ñāṇa*(누진통)

Asubha 혐오스러운, 추한, 역겨운, 더러운: 부정

Asubha bhāvanā 혐오스러운 것에 대한 명상(부정관); 더러움을 관찰하는 수행: 감각적 욕망 장애와 더러운 것을 아름다운 것으로 보는 왜곡(*vipallāsa*)을 치유할 수 있다.

Asubha kammaṭṭhāna 부정(더러움)에 대한 명상주제

Asubha nimitta 불쾌한 대상, 혐오스러운 대상

Asura 아수라; 악마; 귀신

Atta 영혼; 자아

Attaniya 영혼에 속하는; 영혼의 일부

Aṭṭhāna 잘못된 곳 또는 위치; 불가능

Aṭṭhāna kopa 부적절한 불만

Āvajjana 전향하는; ~로 향하는; 주의를 기울이는; 마음을 돌리는: 마음이 대상이 되는 다섯 감각의 문이나 마음의 문으로 향하는 역할(인식과정에서 첫 번째 단계): *āvajjana citta*(전향하는 마음)

Āvaraṇa 장애; 덮개

Āvāsa 거주; 거처

Avasavattana 어떤 사람의 바람대로 되지 않은

Āvaṭṭana 마음이 대상으로 향하는

Avīci 중단 없음: 멈춤 없이 고통이 지속되는 최악의 지옥: *avīci niraya*(무간지옥)

Avijjā 무명無明

Avijjā nīvaraṇa 무명無明의 장애

Avihiṃsa 잔혹하지 않음; 함께 느끼는 슬픔; *vihiṃsa*(해침, 잔혹함)의 반대: 사무량심인 자비희사 중에 비悲

Avikkhepa 흔들리지 않는

Avinibbhoga 분리할 수 없는 루빠(깔라빠): 물질의 무리를 이루는 8가지 최소 구성요소는 더 이상 분리할 수 없다. 흙 요소(*pathavī*), 물 요소(*āpo*), 불 요소(*tejo*), 바람 요소(*vāyo*), 물질(*rūpa*), 냄새(*gandha*), 맛(*rasa*), 영양분(*ojā*)

Avisāra 흩어지지 않는

Avyagga 여러 대상을 갖지 않은(집중된); 동요하는 것의 반대

Āyatana 감각 기관(눈, 귀, 코, 혀, 몸, 마음); 마음을 일어나게 하는 원인

Ayoniso manasikāra 잘못된 주의

Āyudubbala 부서지기 쉬운 생명; 나약한 생명

Āyūhana 애씀; 새로운 생명을 얻으려는 노력

Āyukkhaya maraṇa 수명이 다한 죽음

Bahiddhā 밖의, 외부의: *bahiddhā kāya*(외부의 루빠)

Bala 힘(*indriya*는 각각의 영역에서 지배하는 구성요소이며, *bala*는 반대되는 것들에 의해 동요하지 않고 함께하는 법들을 강하게 만드는 요소이다): 믿음의 힘(*saddhā bala*), 정진의 힘(*vīriya bala*), 알아차림의 힘(*sati bala*), 삼매의 힘(*samādhi bala*), 통찰 지혜의 힘(*paññā bala*)

Bhaṅga 사라짐; 멸함

Bhaṅga ñāṇa 마음과 물질의 사라짐을 아는 지혜

Bhaṅgānupassanā 소멸에 대한 숙고

Bhāsa 말

Bhassārāmatā 수다(잡담)에 대한 탐닉

Bhatta 급식, 음식

Bhatta sammada 과식; 식후 졸음

Bhāva 자연; 성(여성과 남성); 성별 특성

Bhava 존재; 업의 존재; 존재 과정(삶의 상태). 윤회에서 끊임없이 생멸하는 마음과 물질. 원인의 관점에 따라 2 종류가 있다: ① 깜마바와(*kammabhava*, 업의 존재: 출생의 원인이 되는 업)와 ② 우빠빳띠바와(*upapattibhava*, 재생의 존재: 깜마바와 때문에 새 생명으로 일어난 오온). 존재에 따라 3가지가 있다: 욕계 존재(*kāmabhava*, 욕계 중생의 마음과 물질 즉 오온: 지옥, 아귀, 축생, 인간, 천인의 존재들), 색계 존재(*rūpabhava*, 물질이 없는 범천의 오온), 무색계 존재(*arūpabhava*, 물질이 없는 범천의 정신 무더기)

Bhāvanā 계발; 정신적 계발을 위한 부단한 수행: 마음의 집중과 관련한 사마타 수행(*samatha bhāvanā*)과 지혜와 관련한 위빳사나 수행(*vipassanā bhāvanā*)이 있다. 사마타 수행은 집중으로, 위빳사나 수행은 해탈로 이끈다.

Bhāvanāmaya ñāṇa 수행을 통해 생기는 지혜; 경험의 지혜

Bhāvanā saññā 명상에 대한 인식

Bhāvanārāmatā 명상에 대한 환희심

Bhavaṅga 의식의 생명연속 요인; 존재를 지속시키는 마음. 다른 마음과정(보고, 듣고, 알고, 움직이는 것 등)이 일어나지 않을 때마다 생명을 연속시키기 위해 생명 연속심(*bhavaṅga citta*)이 일어난다. 바왕가는 멈추지 않도록 마음을 계속 유지한다. 사람이 어떤 의식 과정 없이 잠을 자고 있을 때, 생명 연속심이 일어난다. 생명 연속심이 일어나지 않으면, 사람은 죽을 것이다. 바왕가는 항상 바왕가 찟따를 말한다. 생명 연속심, 재생 연결심(*paṭisandhi citta*, 생명 재생 연결의 마음)과 죽음의 마음(*cuti citta*)은 전생의 마지막 죽는 순간의 의식이 취한 같은 대상을 취한다.

Bhaya 무서움; 두려움; 위험

Bhaya ñāṇa 두려움에 대한 지혜

Bhojana 음식

Bhūmi 장소; 땅; 세상: 욕계, 색계, 무색계, 마음이 일어나는 곳

Bhūtā 살아있는 존재; 실제적으로 존재하는 모든 것들

Bhikkhu 비구; 불교의 승려; 227조항의 구족계를 받은 부처님의 제자

Bhikkhunī 비구니; 불교의 여승; 311조항의 구족계를 받은 부처님의 여제자

Bodhi 지혜; 깨달음; 각성

Bodhipakkhiya 깨달음을 성취하기 위한 필수 요소: 보통 37가지 깨달음의 요소(37 *Bodhipakkhiya dhamma*, 깨달음에 이르는 37가지 담마: 37보리분법)

Bojjhaṅga 지혜의 요소; 통찰의 지혜를 이끌어 내는 요인; 깨달음의 7가지 요소(칠각지): *sambojjhaṅga*

Brahma 범천; 천상의 존재: 인간이었을 당시 선정을 얻어 범천의 영역에 다시 태어난 존재. 육욕천의 천신들보다 더 위의 존재이다.

Buddha 혼자 힘으로 깨달은 분(항상 전지한 부처님으로 씀). 일반적으로 붓다란 알아야 할 것을 '아는 자'를 의미한다. 3종류의 부처님은, 삼마삼붓다(전지한 부처님: 정등각자), 빳쩨까 붓다(벽지불)와 아누붓다(아라한과 다른 성인들).

Buddhānussati 부처님의 덕성에 대한 회상; 부처님에 대한 숙고: 불수념佛隨念

Byādhi 질병: 흔히 연속적으로 *jāti jarā byādhi maraṇa*(태어남, 늙음, 질병, 죽음)로 쓴다.

Byāpāda 악의, 적의

Byāpāda nīvaraṇa 파괴하는 마음의 장애; 악의의 장애

Byāpāda vitakka 다른 사람을 파멸시키는 악의적인 생각

Cakkhu 눈

Cakkhu viññāṇa 눈의 식; 안식

Cetanā 의도(모든 마음에 공통되는 7가지 마음작용 중 하나); 의도적인 행위

Cetasika 마음의 작용; 마음이 일어나면 자동적으로 함께 일어나며 마음에 의존하여 일어나는 심리 요소. 각각의 특성과 기능을 가진 52가지의 마음작용이 있다(항상 마음과 함께 일어나는 심리 현상이며 인식 행위를 함에 있어서 마음이 특별한 임무를 수행하도록 돕는 역할을 한다. 마음과 마음작용은 분리되어 홀로 일어날 수 없다).

Chanda 열의; 의욕

Citta 마음(대상을 아는 것); 의식: *cittakkhaṇa*(심 찰나; 마음의 수명)

Cittānupassanā 마음에 대한 알아차림

Dāna 보시; 관대함

Dassana 보는 것; 봄

Dāyaka 후원자; 보시자

Devā 천신; 천인; 수호신 cf. *devi*

Devātā 천상계의 존재

Dhamma 율(*Vinaya*)을 제외한 부처님의 가르침; 실재, 진리, 출세간의 요소(4가지 도와 4가지 과와 열반), 수행, 오온과 감각장소

Dhammānupassanā 법에 대한 알아차림; 법에 대한 관찰

Dhammānussati 법에 대한 숙고; 법수념法隨念

Dhammaṭhiti ñāṇa 법의 조건에 대한 지혜

Dhataraṭṭha 대국천왕; 동쪽의 천신(지국천): 간답바(천상의 음악 신)들을 통치함

Dhātu 요소(자기의 본성을 간직하고 있음)

Dhuva 안정된; 고정된

Dibba 신성한, 천상의; 위대한

Dibbacakkhu 신성한 눈; 천안통: *Dibbasota*(천이통)

Diṭṭhi 견해; 그릇된 견해: *sakkāyadiṭṭhi*(유신견), *sammādiṭṭhi*(바른 견해), *micchādiṭṭhi*(그릇된 견해)

Diṭṭhi visuddhi 〔그릇된〕 견해의 청정: 견청정

Domanassa 정신적 불만족, 정신적인 괴로운 느낌

Dosa 분노; 성냄, 증오

Dukkha 불만족; 괴로움; 고통; 육체적인 아픔

Dukkha saññā 고통에 대한 인식

Dvihetuka puggala 현생에서는 선정, 도(*magga*), 과(*phala*)를 얻을 수 없는 사람. 수태될 때, 약한 재생연결 심(*paṭisandhi*) 때문에 통찰지의 마음작용이 제외됨

Eka 하나

Ekaggatā 한 점에 집중된 마음

Ekatta 같은 것

Gāha 거머쥠

Gaṇanā 세기; 계산하다

Gandha 냄새

Gati 다시 태어날 곳: *gati nimitta*(태어날 곳의 표상)

Ghana 견고한; 밀집한

Ghāna 코

Gocara 소 방목장; 목장; 명상 대상; 승려가 탁발할 마을

Gocara sampajañña 영역을 분명히 앎: 명상 중에나 일상생활을 하는 동안 끊임없이 대상에 대한 철저한 이해; 철저한 앎

Gotrabhū ñāṇa 세속에서부터 자유로운 지혜; 혈통을 바꾸는 지혜(범부에서 성인으로 바뀜): 도의 지혜를 얻을 만큼 성숙한 지혜

Guṇa 덕; 덕성: *cariyā guṇa*(부처님의 행의 덕성: 전생 부처님의 10 바라밀의 성취), *rūpakāya guṇa*(부처님의 신체적 덕성), *nāmakāya guṇa*(부처님의 정신적 덕성)

Hadaya 생각과 느낌의 토대로서 심장의 내부

Hadaya vatthu 심장토대; 심장의 물질(마음과 의식은 심장토대 물질을 토대로 일어남)

Hetu 원인; 조건

Hirī 불선한 행위(*akusala*)에 대한 두려움

Iddhi 힘; 신통력; 성취

Indriya 기능; 지배 요소: 5가지 기능- 믿음의 기능(*saddhindriya*), 정진의 기능(*vīriyindriya*), 알아차림의 기능(*satindriya*), 삼매 기능(*samādhindriya*), 통찰지혜의 기능(*paññindriya*)

Iriyāpatha 자세; 4가지 자세: 행주좌와

Issā 질투; 남이 잘됨을 시샘함

Issariyā 지고至高; 주권: 부처님의 바람대로 어떤 것을 복종하게 하는 천부적인 능력

Itthi 여성, 복수: *itthiyo*

Itthi bhāva 여성의 존재; 여성성

Janaka 생산; 산출

Janaka kamma 재생 업: 개인의 일생을 통해서뿐만 아니라 수태(재생연결)되는 순간에 정신의 무더기(*vedanakkhandha*, *saññakkhandha*, *saṅkhārakkhandha*, *viññāṇakkhandha*)와, 물질 무더기(*rūpakkhandha*)를 생산하는 재생산의 업

Janapada 사람이 살고 있는 나라; 마을

Jarā 늙음; 부패

Jaratā 늙은 상태

Jāti 태어남; 재탄생

Javana 자극; 재빠름; 신속함: *javana citta*(업을 짓는 속행의 마음). 대상이 무엇인지 결정되면 일어나는 일련의 인식과정을 자와나라고 한다. 이것은 결정된 대상을 재빠르게 이해(속행)하는 작용이다.

Jhāna 선정: 명상의 깊은 집중 단계: *jhāna-lābhi*(선정을 얻은 수행자). 선정은 사마타 수행이며 깨달음을 얻기 위한 토대이지만 번뇌가 소멸되지 않는다. 번뇌는 무상·고·무아를 꿰뚫는 위빳사나 수행을 해야 제거된다.

Jīva 영혼; 생명; 삶; 생명체

Jivhā 혀

Jīvita (개개인의) 생명, 명命

Jīvitindriya 생명기능: 정신적 생명기능(*jīvita nāma*, 관련된 마음작용에 생기를 불어넣어 줌)과 물질적 생명기능(*jīvita rūpa*, 물질에 생기를 불어넣어 줌): 인간의 생명을 유지시키는 힘

Kabaḷinkāra āhāra 씹을 수 있는 음식; 먹을 수 있는 물질적인 음식; 씹을 수 있는 음식에 포함된 영양분

Kāla maraṇa 수명을 다한 죽음

Kalāpa 물질의 무리; 무더기; 분리할 수 없는 가장 작은 물질 단위; 모든 물질은 단독으로 일어나지 못하고 항상 무리지어 일어나고 사라지는데, 이런 무리를 깔라빠라고 함: 루빠 깔라빠(눈으로 볼 수 있는 극소미립자; 물질의 무리)

Kāma 감각적 쾌락; 욕망: 물질적인 쾌락(*vatthu kāma*, 감각적 기쁨의 대상)과 번뇌의 쾌락(*kilesa kāma*, 감각적 기쁨에 대한 욕망)

Kāmacchanda 감각적 욕망

Kāmacchanda nīvaraṇa 감각적 욕망의 장애

Kāma mucchā 감각적 쾌락에 심취

Kāmānādīnavakathā 감각적 쾌락의 결함에 대한 설법

Kāma nandī 감각적 쾌락을 즐기는 행복

Kāma pariḷāha 강한 욕구로 감각적 쾌락을 불태움

Kāma rāga 감각적 욕망에 대한 갈망

Kāma sineha 감각적 욕망에 대한 애정

Kāma taṇhā 감각적 욕망에 대한 집착

Kamma 행위; 고의적인 행위; 업: *kamma niyāma*(업의 법칙: 의도적인 행위는 그 의도한 선과 불선에 따라 고유한 특성으로 나타나는 것): *kamma vipāka*(업의 결과; 과보)

Kammabhava 업의 존재; 업; 업력에 의한 태어남(갈애와 집착을 통해 끊임없이 되어가는 과정, 즉 존재는 고정된 불변하는 것이 아니라 끊임없이 생

멸하는 진행과정)

Kammārāmatā 일에 대한 심취나 쾌감

Kammakkhaya maraṇa 업력의 소진에 의한 죽음

Kammanta 행위를 하는 것

Kammaññatā 가능성; 적응; 적합함

Kammaṭṭhāna 명상주제; 수행주제: 40가지 사마타 명상주제

Kamma vaṭṭa 업과 수태의 원인이 되는 업과 상카라의 끊임없는 회전

Kaṅkhā 의심; 불확실함

Kappa 겁; 세계기; 상상할 수 없는 긴 시간; 한 세계기의 기간; 인간의 수명(*āyukappa*)

Karunā 연민; 자비

Kathā 설법; 법문; 가르침

Kāya 몸; 무리

Kāyānupassanā 몸에 대한 알아차림; 몸에 대한 관찰

Kāyasaṅkhāra 몸에 의존하는 숨; 호흡: 일반적으로 육체적인 현상

Khaṇa 순간; 눈 깜박할 순간

Khandha 무더기: 물질 무더기(*rūpakkhandha*, 색온), 느낌 무더기(*vedanakkhandha*, 수온), 인식 무더기(*saññakkhandha*, 상온), 행 무더기(*saṅkhārakkhandha*, 행온), 식 무더기(*viññāṇakkhandha*, 식온)

Khaṇika 찰나; 순간

khaṇika samādhi 계속되는 찰나집중: 찰나삼매

Khanti 인내; 인욕

Khuddikā pīti 경미한 희열

Kicca 기능

Kilesa 번뇌: 10가지 번뇌(탐욕, 분노, 어리석음, 자만, 그릇된 견해, 의심, 나태, 무기력, 부끄러움 없음, 두려움 없음)

Kodha 분노; 성냄

Kopa 불만

Kriyā 기능

Kriyācitta 탐욕이나 분노 없이 단지 행하는 마음

Kukkucca 후회; 이미 한 일이나 하지 않는 일에 대한 상심

Kusala 선한; 유익한: 해탈과 열반에 도움이 되는 것

Kusala citta 유익한 마음; 선한 마음

Kuvera 북쪽의 천왕(*Vessavaṇa*): 야차(*yakkha*)들을 통치함

Lābha 받음; 얻음; 소유: *lābha sakkāra siloka paṭisaṃyutta vitakka*(이익, 제물, 복종, 평판에 관한 생각)

Lahutā 가벼움

Lakkhaṇā 특성

Lakkhaṇūpanijjhāna 무상과 같은 특성을 깊게 관찰함; 3가지 특성을 몰입하여 주시함

Līna 머뭇거림

Lobha 탐욕

Loka 세상; 세속; 오온(인간)

Macchariyā 인색함; 나의 성공을 나누지 않음

Mudutā 부드러움

Magga 도道: *magga citta*(도의 마음; 예류자 이상의 성인들이 최초에 열반을 성취하는 마음이며 그 후 열반 상태에 머무는 것이 과의 마음이다)

Magga ñāṇa 도의 지혜: 단계적으로 번뇌를 근절하여 열반을 깨달을 수 있는 지혜. 네번째 도(아라한 도)의 지혜로 모든 번뇌가 완전히 뿌리째 제거된다.

Maggakathā 열반의 도道에 관한 법문

Mahābhūta rūpa 대 근본물질; 4대 주요 요소: 흙 요소(*pathavī*), 물 요소(*āpo*), 불 요소(*tejo*), 바람 요소(*vāyo*)

Mahatta 큼; 거대

Māna 자만(나라는 존재를 남과 비교해서 평가하는 것); 거만

Manasikāra 주의를 기울임; 대상에 주의를 기울임

Mano 마음; 정신적 대상을 아는 감각기능 또는 감각장소

Manodhātu 마음의 요소; 오문 인식 의식과 2가지 대상을 받아들이는 의식

Manoviññāṇa 아는 식

Manussa 인간들

Māra 선한 행위를 파괴하고 부처님을 방해했던 사악한 천신; 욕계의 최고 높은 천상(타화자재천)에 거주하는 천신

Maraṇa 죽음; 육체적인 죽음

Maraṇassati 죽음에 대한 숙고

Mettā 자애; 분노의 반대, 다른 사람들의 번영과 안녕을 바람

Mettā bhāvanā 자애 계발 명상

Micchā 삿된; 그릇된

Micchādiṭṭhi 그릇된 견해

Middha 혼침; 나태: 마음이 무겁고 게으른 상태

Moha 어리석음; 무지

Muditā 더불어 기뻐함; 다른 사람의 안녕을 기뻐함

Mudutā 부드러움; 유순 성

Mukhanimitta 호흡의 바람이 닿는 윗입술 위 콧구멍 근처

Musāvāda 거짓말 하는 것

Nāma 마음작용 + 마음 = 정신: 느낌(*vedanā*), 인식(*saññā*), 의도(*cetanā*), 접촉(*phassa*), 주의(*manasikāra*)와 같은 정신적인 요소

Nāma pariggaha 마음에 대한 식별: 나마(*nāma*)가 무엇인지를 알기 위해 모든 나마를 주시하는 수행

Ñāṇa 앎(대상을 본성대로 아는 것); 지혜

Nānā 여러 가지의

Ñāṇadassana 앎과 봄; 견해에 대한 지혜(지견); 앎에서 생긴 통찰의 지혜

Ñāṇadassana visuddhi 지견 청정(도의 지혜)

Ñāṇa vipphārā iddhi 꿰뚫어 아는 지혜의 신통력

Nandī 갈애에 대한 탐닉

Nāsikagga 콧구멍 사이 끝: 코 끝

Ñāta 단지 아는 것

Ñāta pariññā 마음과 물질과 같이 알아야 할 것을 아는 통달의 지혜

Ñāti 친족; 친척

Nekkhamma 출리(감각적 욕망이나 갈애 등으로부터 벗어남을 의미함)

Neyya puggala 간단한 설법이나 자세한 설명만 들어서는 도의 지혜를 성취할 수 없는 사람: 이런 사람은 부처님의 가르침에 무엇이 설명되어 있는지 체계적으로 단계를 밟아 수행해야 한다.

Ñeyya dhamma 이해하고 알아야 하는 법

Nibbāna 열반; 완벽한 번뇌의 소멸; 깨달음; 해탈; 불교 수행의 목적; 형성되지 않은 것이며 고요함 자체이다: *saupādisesa* Nibbāna(받은 것이 남아 있는 열반: 유여의열반), *anupādisesa* Nibbāna(남음이 없는 열반: 무여의열반)

Nibbāna dhātu 열반의 요소: 열반은 무위법(*asaṅkhata dhamma*)에 속하는 법의 요소(*dhamma dhātu*)이다.

Nibbidā ñāṇa 마음과 물질을 지루한 것으로 아는 지혜

Nicca 영원함

Niddā 수면

Niddārāmatā 수면에 대한 탐닉

Nikanti 미세한 탐욕

Nikkama 노력

Nikkama vīriya 수행을 지속하기 위한 부단한 정진; 불굴의 노력

Nimitta 니밋따: 명상에서 얻어지는 개념화된 빛; 표상: 예비 표상(*parikamma nimitta*), 익힌 표상(*uggaha nimitta*, 선명하지 않고 불투명한 표상), 닮은 표상(*paṭibhāga nimitta*, 밝고 선명한

표상)

Nipphanna 구체적인: 구체적인 물질(*nipphanna rūpa*, 업, 마음, 온도, 영양분에 의해 일어난 물질); 전부 28개 물질 중에 18개

Nirāmisanti 번뇌와 함께 하지 않은: 감각적 욕망으로부터 자유로운

Nirodha 소멸

Nirodha samāpatti 멸진정: 아라한 도의 지혜로 열반에 몰입함; 마음과 연관된 마음작용과 마음에서 생긴 물질의 일시적 소멸

Nīvaraṇa 장애; 덮개: 수행자로 하여금 집중과 위빳사나 지혜를 얻지 못하도록 방해하는 5가지 정신적인 장애(감각적 욕망 장애, 악의의 장애, 나태와 무기력의 장애, 후회의 장애, 의심의 장애)

Niyata 결과가 정해진; 확실한

Obhāsa 빛, 광명

Odhi 분할; 나눔

Ojā 영양분

Okkantikā pīti 희열의 홍수

Olīyanā 몸이 처짐

Onāha 혼란스러운; 덮어버리는

Ottappa 불선한 행동에 대한 두려움: 몸과 말과 몸으로 지은 불선한 행위를 두려워하는 마음(*hirī ottappa*, 불선한 행위에 대한 부끄러움과 두려움)

Pacalāyika 꾸벅꾸벅 조는; 눈꺼풀이 흔들리는; 졸리는

Paccavekkhaṇā ñāṇa 반조의 지혜

Paccaya 원인; 조건; 원인 때문에 일어나는 것: 논장의 마지막 책인 『빳타나』(*Paṭṭhāna*)의 주제

Paccaya pariggaha ñāṇa 마음과 물질의 원인과 결과를 식별하는 지혜

Pacceka 홀로, 혼자 힘으로; 혼자 힘으로 깨달은 분: 벽지불(*Pacceka* Buddha)

Pacceka bodhi ñāṇa 사성제를 이해한 벽지불의 지혜

Pacchima 마지막; 최종

Pacchimabhavika 최후 열반에 들기 위해 마지막 생을 사는 사람(이런 사람은 열반에 들기 전까지 결코 죽지 않음)

Paccupaṭṭhāna 발현; 나타남: 결과로서 수행자의 마음에 나타나는 것

Padaparama 금생에서 도의 지혜를 얻을 가능성이 전혀 없는 사람. 이 사람은 아무리 열심히 노력하고 아무리 많은 시간 동안 명상을 해도 이번 생에는 도의 지혜를 얻을 수 없다.

Padaṭṭhāna 근접 원인; 가장 가까운 원인(가장 주요한 조건)

Paggaha 격렬한 노력; 분발; 정진

Pāguññatā 숙달; ~에 능숙한

Pahāna 버림; 제거함

Pahāna pariññā 번뇌를 버리는 통달의 지혜

Pakiṇṇaka 잡다한; 때때로: 6가지 마음작용 그룹의 명칭. 이것들은 선한(*kusala*) 마음작용과 함께 하면 선한 기능을 하고 불선한(*akusala*) 마음작용과 함께 하면 불선한 기능을 한다.

Pāṇā 살아있는 존재; 생명체; 들숨과 날숨이 있는 존재

Pañcupādānakkhandha 5가지 집착하는 무더기(오취온): *Pañca* +*upādānakkhandha*

Paññā 통찰의 지혜: 무상·고·무아를 꿰뚫어 보는 지혜

Paññatti 개념; 명칭; 관념: 궁극적 실재에 대해 마음의 개념이 만들어낸 명칭(궁극적 실재에 대해 마음의 개념이 만들어낸 명칭)

Papañcārāmatā 탐욕, 분노 등으로 생각을 확장시키는 것을 즐김: 수행의 장애

Para 이방인

Parakkama 격렬한 노력; 진력

Parakkama vīriya 수행을 끝까지 마치겠다는 강한 노력

Paramattha 궁극적 실재; 절대적 진리; 최고의 이치. 4가지의 빠라맛타 담마(고유한 특성을 가진 것: 마음, 마음작용, 물질, 열반)가 있다. 마음, 마음작용과 물질은 상카라 담마(*saṅkhāra dhamma*, 형성

된 법: 이런 것들은 스스로 일어나지 못함: 유위법)라고 한다. 열반은 아쌍카따 담마(*asaṅkhata dhamma*, 형성되지 않은 법: 무위법)이다. 위빳사나 지혜는 빠라맛타 담마의 특성을 있는 그대로 아는 것이다.

Paramatthapāramī 궁극적인 바라밀: 3가지 바라밀 중 최상의 바라밀: 기본 바라밀(*pāramī*), 중간 바라밀(*upapāramī*), 최상의 바라밀(*paramatthapāramī*)

Pāramī 바라밀; 깨달음을 얻기 위해 필요한 덕성; 최상의 상태. 10바라밀이 있다: 보시(*dāna*), 지계(*sīla*), 출리(*nekkhamma*), 통찰의 지혜(*paññā*), 정진(*vīriya*), 인욕(*khanti*), 진리(*sacca*), 결심(*adhiṭṭhāna*), 자애(*mettā*), 평정(*upekkhā*). 일체지를 얻기 위해 부처님이 될 분이 끊임없이 닦아야 할 덕성이다.

Pariccheda 두 루빠 사이의 공간: 아까사(*ākāsa*)

Paridevā 비탄, 울부짖음

Pariggaha 사방을 주시함

Pariggahita 마음과 물질에 대한 알아차림; 취한, 점유한

Parihāniya 감소나 쇠퇴의 원인이 되는; 줄어든

Parihāniya dhamma 쇠퇴의 법

Pārihāriya kammaṭṭhāna 변함없는 특정한 명상주제 또는 수행대상

Parikamma 예비행위; 명상을 위한 준비(예비명상)

Parikamma nimitta 집중 초기 단계에서 인식하는 니밋따: 준비단계의 표상

Pariḷāha 타오름; 열기; 불타오르는 열정

Parinibbāna 완전한 열반; 번뇌의 소멸; 열반에 듦

Parinibbāyī 완전한 열반에 든 자

Pariññā 식별하여 아는 통달의 지혜; 두루 아는 지혜; 완전한 이해: 법들의 개별적인 특성을 아는 통달의 지혜(*ñāta pariññā*), 분석적인 통달의 지혜(*tīraṇa pariññā*), 번뇌와 반대되는 법들을 버리는 통달의 지혜(*pahāna pariññā*)

Pārisuddhi 청정, 번뇌의 청정

Paritta 적은; 약한 욕망; 문자적으로 보호나 방호하기 위한 경(질병이나 여러 위험 요인으로부터 보호를 구하기 위해 독송하는 경): 마음한 찰나(*khaṇa paritta*)

Pariyātti 부처님의 가르침인 삼장(*Ti-piṭaka*)을 공부하는 교학

Pariyonāha 덮는; 가리는

Pasāda 깨끗함; 투명요소(각각의 감각기관에 위치하여 대상을 감지하는 기능을 가진 요소)

Passaddhi 고요함; 편안함: 몸의 편안함(*kāya passaddhi*, 모든 마음작용의 편안함), 마음의 편안함(*citta passaddhi*)

Passanā 알아차림

Pathavī 견고함의 요소; 흙 요소

Paṭibhāga 비슷함; 닮음

Paṭibhāga nimitta 밝고 선명한 표상; 닮은 표상; 명상을 통해 얻는 분명한 이미지

Paṭiccasamuppāda 연기; 의지하여 일어나는 연결고리 (태어남과 죽음의 윤회바퀴를 축으로 한 생에서 다음 생으로 돌아가게 하는 원인과 조건을 설명한 것). 무명으로 시작되는 연기의 과정은 생을 이어서 끊임없는 고통을 만들어낸다.

Paṭighāta 불화나 싸움 같은 강한 분노

Paṭipadā 도道

Paṭipatti 법의 수행; 수행

Paṭisambhidā magga 식별하고 구별하는 도道: 빠띠삼비다(*paṭisambhidā*)는 자유자재한 이해능력 및 언어적 표현능력을 뜻한다.

Paṭisaṃvedī 호흡(중간 호흡, 끝 호흡)이 들어가는 것을 느끼고 아는 것

Paṭisaṃyutta ~와 연결된; 짝을 이룬

Paṭisandhi 재생연결; 금생과 내생을 연결하는; 수태: 업을 짓는 마음이 다음 생에 연결됨. 전생의 마지막 순간의 마음이 모태 속에서 다음 생을 받는 찰나. *paṭisandhi viññāṇa*(재생연결 식)는 죽는

순간에 업(*kamma*)이나 업의 표상(*kamma nimitta*)이나 태어날 곳의 표상(*gati nimitta*) 중에서 하나를 대상으로 일어남

Paṭisaṅkhā ñāṇa 다시 숙고하는 지혜

Paṭivedha 생각에 의해서가 아니라 명상을 통해 얻어지는 통찰; 통찰 지혜: 빠띠웨다 담마(출세간의 도를 통찰하고 성스러운 과를 성취하는 것)

Paṭṭhāna 확립; *sati paṭṭhāna* (알아차림의 확립): 아비담마의 7번째 논서

Pavatta 일어나다; 태어나다; 한 생

Pavatti 일어남; 이번 생에 태어남; 계속 일어남; 삶의 과정

Payatta 열성적인 노력; 근면

Pema 사랑, 애정: *taṇhā pema*(이성 간의 상호적인 사랑), *gehassita pema*(가족 간의 사랑), *mettā pema*(모든 사람들을 향한 순수한 사랑; 자애심)

Peta 아귀; 굶주린 귀신

Phala 과; 효과; 결과: *phala citta*(과의 마음- 예류자 이상의 성인들이 최초에 열반들 증득하는 도의 마음 후에 열반의 상태에 지속적으로 머무는 마음이며, 탐욕, 성냄, 어리석음이 모두 소멸된 열반의 경지에 든 마음)

Phala ñāṇa 도의 지혜(열반을 체득하는 지혜)의 결과: 탐욕, 성냄, 어리석음을 제거하고 열반의 경지에 든 지혜〔도의 지혜에 들어 열반에 이르면 과의 지혜로 결과를 맺는다. 즉 열반에 든다〕

Phala samāpatti 과의 지혜로 열반을 증득함

Pharaṇā 널리 퍼지다, 널리 퍼진, 널리 퍼짐

Phassa 접촉; 감각접촉: 6가지 감각기관(눈, 귀, 코, 혀, 몸, 마음)에 들어온 대상을 정신적으로 접촉하는 것이며 이로 인해 모든 인식과정을 시작함

Phusanā 닿음: 코로 호흡하는 바람이 닿는 부분을 알아차리는 것

Piṭaka 바구니; 구비口碑로 전해진 빨리 경전의 3가지 부분인 율

(*Vinaya*), 경(*Suttanta*)과 논(*Abhidhamma*). 삼장(*Ti-Piṭaka*):

① 율장(*Vinaya piṭaka*): *Saṃvarāsaṃvara kathā* (계율 위반과 규율에 대한 가르침); *Ānā desanā*(규칙에 대한 가르침, 비구와 비구니에 대한 규칙). 227가지의 비구계목과 311가지의 비구니 계목

② 경장(*Suttanta piṭaka*): *Diṭṭhivinivecana kathā*(잘못된 견해를 파헤치는 가르침); *Vohāra desanā*(인습적인 가르침: 경전의 말씀); 초기불교의 중심 가르침을 부처님과 몇 명의 가까운 제자들이 설한 10,000개 이상의 법문집

③ 논장(*Abhidhamma piṭaka*): *Nāmarūpaparicchedakathā*(마음과 물질을 식별하는 가르침); *Paramattha desanā*(궁극적인 실재에 관한 가르침: 진리에 대한 가르침); 부처님의 마음과 마음과정에 대한 분석; 철학, 심리학, 윤리학을 아우르는 독특하고 체계적인 종합서: 7권으로 구성됨. 모든 삼장은 길이에 따라 5권의 니까야로 구분되어 있기 때문에 삼장과 니까야는 같음

Pīti 희열. 5가지의 희열: *khuddikā pīti*(경미한 희열), *khaṇika pīti*(찰나 희열), *okkantikā pīti*(압도적인 희열), *ubbegā pīti*(몸을 공중부양하게 하는 강한 희열), *pharaṇā pīti*(온몸을 두루 적시는 희열)

Piyehi vippayogo 사랑하는 사람과의 이별

Pubbakicca 예비기능; 예비명상: *pubba*는 '사전에, 미리'이며 *kicca*는 '일, 용건', '기능'이다.

Pubbaṅgama 바로 전의; ~에 선행되는

Pubbekata 과거에 한 행위 때문에; 전생에 지은 행동

Pubbekatahetu 전생의 업에 뿌리박은

Pubbenivāsānussati ñāṇa 전생을 기억하는 지혜; 전생의 태어남을 기억하는 지

혜; 숙명통

Puggala 그룹(승가)과 반대되는 개념으로서의 개인; 사람

Pūjā 부처님께 올리는 공양; 꽃, 차, 향, 과일 등을 부처님께 바치는 불교의례

Puṃ bhāva 남자로서의 존재; 남성

Puñña 공덕

Purisa 인간; 사람

Puthujjana 범부; 평범한 사람; 보통 사람

Rāga 열정; 관능적인 욕구

Rasa 맛; 기본 기능(역할); 주요 속성

Ratana 보석: *Ti Ratana*(삼보- 부처님, 법, 승가)

Rati 즐거움; 쾌감

Ritta ~이 전혀 없는; 빈

Roga 질병

Rūpa 물질; 물질로 된 몸; 형상: 루빠는 4가지 원인인 업, 마음, 온도, 영양분(음식)에 의해 항상 일어나는 특성을 갖는다(끊임없이 변형됨)

Rūpa kalāpa 물질의 무리(모든 물질은 단독으로 일어나지 못하고 항상 무리지어 일어남); 아지랑이와 같이 눈으로 볼 수 있는 소미립자 그룹: 물질의 가장 기본적인 소립자; 물질 그룹. 루빠는 홀로 일어날 수 없고 루빠 깔라빠라고 하는 8개의 그룹으로 일어나며, 모든 루빠 깔라빠는 일어나고, 찰나 머물고 사라지는 3단계를 거침

Rūpa pariggaha 모든 물질(루빠)을 알아차림; 지혜로써 루빠를 철저하고 분명하게 알기 위한 숙고; 물질에 대한 식별

Ruppati 끊임없이 변형됨

Sabba 전체의; 모든; 완전한

Sabbakāya 전체 몸; 머리에서부터 발가락까지; 들숨 날숨의 전체 호흡

Sabbaññuta 전지의; 무엇이든지 알고 있는

Sabbaññuta ñāṇa 모든 것을 알고 있는 지혜; 일체를 아는 지혜; 일체지

Sabbatthaka 모든 것과 관련된: *sabbatthaka kammaṭṭhāna*(모든 수행자가 계발해야 할 명상주제; 4가지 보호명상)

Sacca 진리

Sacchikaraṇa 경험, 실현, 깨달음

Sadda 소리

Saddhā 믿음: 부처님과 법과 승가에 대한 확신

Saddhānusāri 무상의 대상을 알아차림으로써 열반에 든 사람

Saggakathā 천상에 태어나는 것에 대한 법문

Sakadāgāmī 두 번째 도의 지혜를 얻어 욕계에 오직 한 번만 다시 태어나는 사람; 일래자; 사다함

Sakka 천신의 왕; 제석: 삼십삼천(Tāvatiṃsa)을 다스리는 천신의 왕

Sakkāra 뇌물; 친절: *Lābha sakkāra siloka*(이익과 명예)

Saḷāyatana 여섯 감각장소(내부 감각장소와 내부 감각장소). 6가지 내부 감각장소는 *cakkhāyatana* (*cakkhupasāda*, 눈의 투명요소), *sotāyatana* (*sotapasāda*, 귀의 투명요소), *ghānāyatana* (*ghānapasāda*, 코의 투명요소), *jivhāyatana* (*jivhāpasāda*, 혀의 투명요소), *kāyāyatana* (*kāyapasāda*, 몸의 투명요소), *manoāyatana* (*manopasāda*, 마음의 투명요소)이며, 외부 6가지 감각장소는 *rūpāyatana* (*vaṇṇa*, 형상의 감각장소; 보이는 대상), *saddāyatana* (*sadda*, 소리의 감각장소), *gandhāyatana* (*gandha*, 냄새의 감각장소), *rasāyatana* (*rasa*, 맛의 감각장소), *phoṭṭhabbāyatana* (*phoṭṭhabba*, 감촉의 감각장소; 만질 수 있는 대상), *dhammāyatana* (*dhamma*, 법의 감각장소; 마음의 대상: 52가지 마음작용 + 16가지 미세한 물질 + 열반 = 69가지)

Sallakkhaṇā 관찰; 조사함; 주시함

Sallīyanā 굼뜸

Samādhi 삼매; *kusala cittekaggatā*(한 점에 집중된 선한 마음): *appanā*

samādhi(본 삼매), *upacāra samādhi*(근접삼매), *khaṇika samādhi*(찰나삼매)

Samādhi bhāvanā 삼매 계발

Samāpatti 증득; 팔선정(초선, 이선, 삼선, 사선, 공무변처, 식무변처, 무소유처, 비상비비상처)의 증득

Samasīsī 깨달음과 죽음 2가지를 동시에 성취한 사람

Samatha 고요명상: 고요함; 평온; 적정: 사마타 수행은 근접삼매(*upacārā samādhi*)나 본 삼매(*appanā samādhi*)와 같은 깊은 집중을 얻기 위한 수행이다.

Sambheda 제거함

Sambojjhaṅga 7가지 깨달음의 요소; 칠각지: *sati sambojjhaṅga*(알아차림의 깨달음의 요소; 염각지), *dhammavicaya sambojjhaṅga*(법을 검토하는 깨달음의 요소; 택법각지), *vīriya sambojjhaṅga*(정진의 깨달음의 요소; 정진각지), *pīti sambojjhaṅga*(희열의 깨달음의 요소; 희각지), *passaddhi sambojjhaṅga*(고요함의 깨달음의 요소; 경안각지), *samādhi sambojjhaṅga*(삼매의 깨달음의 요소; 정각지), *upekkhā sambojjhaṅga*(평정의 깨달음의 요소; 사각지)

Saṁgha 승가; 비구, 비구니의 공동체

Saṁghānussati 승가에 대한 숙고; 승가의 덕성에 대한 회상

Sāmisanti 번뇌와 함께

Sammā 바르게; 적절하게; 좋은

Sammāājīva 바른 생계

Sammākammanta 바른 행위

Sammāpaṭipanno 바르게 수행하는 사람

Sammāsamādhi 바른 집중

Sammasana ñāṇa 3가지 특성(마음과 물질의 무상·고·무아)을 아는 지혜

Sammāsaṅkappa 바른 생각; 정사유

Sammāvācā 바른 말

Samorodha 방어벽을 친: *Anto-samorodha*(~의 안에 방어벽을 친)

Sampajañña 식별에 의한 분명한 앎; 대상을 분명하게 아는 것. 주석서에서는 개인의 앎을 4가지 맥락에서 분석함: *sātthaka sampajañña*(목적에 대한 분명한 앎), *sappāya sampajañña*(적합함에 대한 분명한 앎), *gocara sampajañña*(수행 대상에 대한 분명한 앎; 영역을 분명히 앎), *asammoha sampajañña*(어리석음 없음에 대한 분명한 앎)

Sampatti 부; 좋은 곳에 거주함; 완벽함

Saṃsaggārāmatā 다른 사람들과의 교제와 사교적인 행사에 대한 탐닉

Saṃsāra 윤회; 태어남의 회전; 형성된 세계; 고통의 세계: 한 생에서의 마지막 마음 즉 죽음의 마음(*cuti citta*)이 일어났다 사라지고 이것을 조건으로 다음 생의 재생 연결식(*paṭisandhi vinnñāṇa*)이 일어나는 것이 윤회이다(무명과 갈애가 윤회의 근본 원인이다).

Samudaya 태어남; 생겨남; 다시 태어남(괴로움의 원인, 사성제 중 집성제에 속함)

Samūha 덩어리; 집합체

Saṃvega 죽음과 다시 태어남에 대한 충격(두려움); 무의미한 윤회에서 돌파구를 찾으려는 절박함

Saṅgaṇikārāmatā 동료나 친구에 대한 탐닉

Samyojana 족쇄; 번뇌의 족쇄. 10가지 족쇄: ① 자아가 있다는 견해, ② 계율과 의례, 의식에 대한 집착, ③ 의심, ④ 감각적 욕망, ⑤ 악의, ⑥ 색계에 대한 탐욕, ⑦ 무색계에 대한 탐욕, ⑧ 자만, ⑨ 들뜸, ⑩ 무명無明(사성제를 모르는 것)

Saṅkappa 사유; 생각

Saṅkhāra 행行; 의도적인 행위; 형성된 것들; 기능을 수행하기 위해 함께 일어난 것들: *kāyasaṅkhāra*(몸으로 짓는 행위), *vacīsaṅkhāra*(말로 짓는 행위), *cittasaṅkhāra*, *manosaṅkhāra*(마음으

로 짓는 행위)

Saṅkhāra-loka 형성된 세상; 조건지어진 세상

Saṅkhārupekkhā ñāṇa 상카라에 대한 평정의 지혜

Saññā 인식; 대상에 대한 인식: 행복하다는 인식(*sukha saññā*), 자아라는 인식(*atta saññā*), 깨끗하다는 인식(*subha saññā*)

Saññī 인식을 가진 자

Santa 평온; 고요함

Santati 흐름; 연속; 상속(마음과 물질은 순간적으로 일어나고 찰나 멸함)

Santipada 열반의 발자국: *Santipada ñāṇa* 적멸의 지혜

Sappāya 적절한; 적합한

Sāsana 부처님의 가르침

Sasaṅkhāra parinibbāyī 부단한 노력으로 열반을 실현한 정거천의 범천들

Sati 알아차림; 깨어 있는 마음

Satipaṭṭhāna 알아차림의 확립; 몸, 느낌, 마음, 마음의 대상에 대한 알아차림을 확립하는 수행: *kāyānupassanā satipaṭṭhāna*(몸에 대한 알아차림), *vedanānupassanā satipaṭṭhāna*(느낌에 대한 알아차림), *cittānupassanā satipaṭṭhāna*(마음에 대한 알아차림), *dhammānupassanā satipaṭṭhāna*(법에 대한 알아차림)

Sattā 존재; 중생

Satta-loka 생물계: 중생이 사는 세상

Sīla 도덕적인 행위; 지계

Sīlamaya 계를 지킴으로써 얻은 지혜

Siloka 명성: *Lābha sakkāra siloka*(이익, 명예, 명성)

Sīmā 경계; 비구들이 계를 받는 곳

Sīmā sambheda 경계를 제거함

Sineha 애정; 사랑

Sirī 고귀한 용모; 미

Soka 슬픔

Somanassa 정신적인 평온; 정신적인 행복

Soppa 수면; 꿈

Sota 귀, 흐름

Sotāpanna 도의 흐름에 든 자: 그릇된 견해 등을 근절하고 도의 지혜 중 첫 번째 단계를 성취한 예류자 또는 수다원

Sotāpatti 열반의 흐름에 듦: *sota*는 '흐름' 또는 '도'이며, *apatti*는 '도착하다' 또는 '들다'의 의미이다.

Sotāpattimagga 흐름에 들어선 길; 예류도(예류과가 되는 길)

Subha 유쾌한; 기분 좋은

Subha nimitta 기분 좋은 것

Suddhāvāsa 정거천淨居天: 아나함과(*anāgāmi phala*, 불환자: 다시 돌아오지 않는 자)를 얻은 성자들만이 태어나는 곳. 정거천에는 ① 무번천(無煩天, *avihā*), ② 무열천(無熱天, *atappā*), ③ 선현천(善現天, *sudassā*), ④ 선견천(善見天, *sudassī*), ⑤ 색구경천(色究境天, *akaniṭṭha*)의 다섯 존재 계가 있다.

Sukha 정신적, 육체적 만족; 더없는 행복

Suñña 빈; 결여된

Suññata 공함; 소멸

Sūra 용감한; 용기 있는

Sutamaya ñāṇa 경전을 읽거나 법을 듣고 얻은 지혜

Sutta 불교의 경; 부처님의 설법

Tandī 게으름; 마음이 내키지 않음(나태)

Taṇhā 갈애(고통의 근본 원인); 욕망; 목마름

Tatramajjhattatā 중립; 완전한 평정

Tejo 불 요소; 불

Thāma 강함; 힘

Ṭhapanā 고정됨: 마음이 대상에 고정 됨

Thina 나태(수행에 정진하지 않음); 마음이 굳어지는 현상

Thina-middha 나태와 혼침; 게으름과 졸음

Ṭhiti 머묾; 찰나의 머묾

Tipiṭaka 삼장: 3가지로 분류된 빨리 경전: *Vinaya piṭaka*(율장), *Suttanta piṭaka*(경장), *Abhidhamma piṭaka*(논장)

Tīraṇa pariññā 마음과 물질의 특성을 무상·고·무아로써 이해하는 지혜; 3가지 특성에 대한 분석적인 통달의 지혜

Ti-Ratana 삼보: 부처님, 법, 승가

Tuccha 빈; 헛된; 실체가 없는

Ubbegā 전율

Ubhayakkhaya 동시에 2가지가 만료됨

Ubhayakkhaya maraṇa 업력과 수명이 동시에 끝난 죽음

Udayabbaya ñāṇa 마음과 물질의 일어남과 사라짐을 아는 지혜

Uddhacca 들뜸; 동요(아라한만이 완전히 극복됨)

Uggaha nimitta 익힌 표상; 선명하지 않고 불투명한 표상

Ugghaṭitaññū 굉장히 짧은 법문을 듣고 아라한도와 과를 성취하는 사람

Ujukatā 반듯함; 올곧음

Upacāra jhāna 근접선정

Upacāra samādhi 근접삼매: 어떤 몰입이나 선정에 들기 전의 근접 집중

Upacaya 생성; 생겨남

Upacchedaka maraṇa 파괴적인 무거운 악업으로 인한 죽음

Upādāna 집착; 꽉 움켜쥠; 강한 집착

Upaghātaka kamma 파괴적인 업

Upahicca parinibbāyī 수명의 반을 지나 열반을 성취한 정거천의 범천

Upakkilesa 오염원; 번뇌; 위빳사나 불순물

Upanibandhana 마음을 명상 대상에 묶어 놓은

Upapatti 새로운 생에 다시 태어남

Upapattibhava 재생의 존재(업에서 생긴 무더기; 오온)

Upasanta 적정; 적멸

Upaṭṭhāna 장시간 알아차림(*sati*)으로 인한 안주

Upāyāsa 절망; 내부의 깊은 슬픔; *soka*(슬픔)나 *paridevā*(비탄)보다 훨씬 강한 슬픔

Upekkhā 평정; 중립의 느낌

Uppāda 일어남; 생生

Usmā 체온

Utu 온도; 열기; 내부의 떼조(*tejo*, 불 요소)

Vacī 말

Vacīsaṅkhāra 말을 하게 만드는 요인: *vitakka*(일으킨 생각: 대상으로 향한 최초 관심)와 *vicāra*(지속적 조사 또는 고찰)를 일어나게 함

Vadhaka 살인, 살인의; 살인자

Vaṇṇa 색: 색이나 모습과 같은 시각

Vāra 순번, 차례

Vaṭṭa 회전; 순환; 윤회의 회전: 번뇌의 회전(*kilesa vaṭṭa*), 업의 회전(*kamma vaṭṭa*), 과보의 회전(*vipāka vaṭṭa*)

Vatthu 토대: 식(*viññāṇa*)이 일어날 때 의지하는 물질적 토대

Vaya 사라짐

Vāyāma 각고의 노력; 노력

Vāyo 바람 요소: 물질을 한데 유지 지탱해주는 요소

Vedanā 느낌

Vessavaṇa 야차의 왕(비사문천: 북쪽의 천왕, 야차들을 통치함)

Vicāra 대상에 대한 지속적인 고찰 또는 살펴봄

Vicaya 조사; 검사

Vicikicchā 부처님과 법과 승가와 연기에 대한 의심; 혼란스러운 마음

Vihiṃsa vitakka 남에게 해를 끼치고 학대하는 것에 대한 생각; 잔혹한 생각

Vikāra 변화

Vinipātikā 악처에 떨어진 존재들(위니빠띠까 아수라: 타락한 아수라)

Viññāṇa 식(대상을 접했을 때 대상이 있음을 아는 마음)

Viññatti 암시; 몸과 말로써 업 등의 행위를 하는 최소 단위(마음이 일어날 때 그것의 몸의 행위와 관계된 마음이면 몸의 암시를 일으키고 말과 관계된 마음이면 말의 암시를 일으켜서 몸의 행위와 말의 행위를 한다): *kāyaviññatti*(몸 암시), *vacīviññatti*(말 암시)

Vipāka 행위에 대한 결과; 과보

Vipallāsa 왜곡; 전도; 도치

Vipañcitaññū 법에 대해 자세한 설명을 들은 후 아라한 도를 성취할 수 있는 사람

Vipassanā 통찰 명상; 꿰뚫어 보다; 있는 그대로 보다; 무상·고·무아를 통한 통찰의 지혜

Vipassanupakkilesa 우다얍바야 냐나(마음과 물질의 일어남과 사라짐을 아는 지혜)가 미성숙한 단계에서 생기는 10가지 위빳사나 불순물

Virati 절제; 자제(팔정도의 바른 말, 바른 행위, 바른 생계): 절제는 세 가지 아름다운 마음작용인 바른 말과 바른 행동, 바른 생계로 나쁜 행위를 절제하는 역할을 함

Vīriya 정진; 노력; 에너지

Virūḷhaka 남쪽의 천왕; 증장천(숲이나 산이나 숨겨진 보물을 관리하는 꿈반다들을 통치함)

Virūpakkha 서쪽의 천왕; 광목천(용들을 통치함)

Visuddhi 청정; 맑음. 7청정: 계청정(*sīla visuddhi*), 심청정(*citta visuddhi*), 견청정(*diṭṭhi visuddhi*), 의심청정(*kaṅkhāvitaraṇa visuddhi*), 도와 도 아님에 대한 지견 청정(*maggāmaggañāṇadassana visuddhi*), 행도지견청정(*paṭipadāñāṇadassana visuddhi*), 지견청정(*ñāṇadassana visuddhi*)

Visuddhimagga 청정도론

Vitakka 마음이 대상으로 향하는 최초 관심; 마음을 대상으로 향하게 하는 마음작용: 선한 생각(*kusala vitakka*), 불선한 생각(*akusala vitakka*)

Vīthi 마음과정; 인식과정: 오문 인식과정(*pañcadvāra vīthi*, 외부의 대상을 인식함), 의문 인식과정(*manodvārā vīthi*, 마음이 대상을 인식함)

Vivaṭṭanā 뒤돌아 봄

Viveka 벗어남; 세속적인 집착에서 자유로움

Yakkha 야차; 선한 아귀

Yakkhinī 야차녀

Yasa 명성과 영예

Yasa mahatta 대 명성

Yogī 요기; 수행자

Yoniso manasikāra 적절한 주의 기울임; 지혜로운 사유

Yuga 기원; 시대

Yuganaddha 사마타와 위빳사나를 쌍으로 하는 명상

역자 후기

미얀마에서 아비담마를 처음 접하게 된 이후 현재까지 만달레이와 삔우린에서 부처님의 가르침을 배우고 있으며, 존경하는 스승 수망갈라 스님의 지도 아래 만달레이에 있는 양킨 명상 센터(Yankin Aye Nyein Meditation Center)에서의 수행을 계기로 지금까지 수행을 이어오고 있다. 현재 수망갈라 스님은 문명의 이기가 전혀 없는 삔우린의 숲속 오지 사원에서 철저한 채식을 하고 오후불식을 하며 용맹정진 중이시다. 새벽마다 맨발로 큰 산을 넘어 탁발을 나가며 비구계를 철저하게 지키려고 노력하는 분이다.

수망갈라 스님의 명상지도는 내 인생의 여러 측면에 많은 영향을 미쳤고, 스님의 가르침은 수정처럼 분명하게 이해되었다. 그래서 나는 스님께 나와 같은 외국 수행자들을 위한 명상 안내서 출판을 간곡히 요청 드렸다. 부처님의 가르침을 전파하고자 하는 스님의 굳은 결심 덕분에 스님과 나는 영어 명상 입문서에 4년이 넘는 시간과 노력을 쏟아 부었고, 그 결과 미얀마 칸니 명상 역사상 처음으로 영어로 쓰여진 사마타와 위빳사나 수행 완벽 입문서가 세상에 빛을 보게 되었다.

영어 명상 책이 출판되기까지의 과정은 험난하고 가파른 높은 산을 넘는 것과 같았다. 무엇보다도 원고 교정 작업에서 가장 큰 장애는 스님과 내가 한국과 미얀마라는 장거리에 살고 있다는 점이었다. 그러나 스님과 나의 굳은 결단력과 끊임없는 노력으로 마침내 모든 작업을 마무리할 수 있었다. 영어 원고가 완성되자 미국, 유럽, 아시아 등 많은 불교 관련 출판사와 이 책의 출판을 위해 교섭하던 중 대만에 있는 불타교육기금회의 배려 덕분에 "*The True Power of Kannī Meditation*"이라는 제목으로 영어본이 출판되었다. 칸니 명상은 약 100년 전부터 스님들사이에서만 전해져 온 수행법이다. 레디 사야도가 칸니 명상을 함으로써 많은 학식있는 사야도들에게 전해 진 수행법이 2002년 처음으로 미얀마 일반인들에게 공개되었다. 이제 스님들만의 수행 비법서가 한국 독자들에게 처음 소개되었다.

이 책을 번역함에 있어서 명상에 관심 있는 사람이면 누구든지 쉽게 이해할 수 있도록 가능한 어려운 한문 불교 용어를 쓰지 않았으며 우리말로 풀어서 설명했다. 또한 수망갈라 스님 역시 명상을 처음 시작한 초보자들과 명상 공부를 전문적으로 하고자 하는 독자들을 위해 자세하게 설명했으며, 그 때문에 반복 설명된 부분도 있다. 이 책은 명상을 하기 전 알아야 할 기본적인 수행 지침이며 명상에 필요한 사전 지식이다. 그러나 무엇보다 중요한 것은 내용을 이해하고 직접 명상을 해보는 것이다. 실천이 없는 지식은 모래성과 같다. 부디 이 책을 읽는 많은 독자들이 괴로움과 아픔에서 자유로워지기를 간절히 바라며, 많은 어려움에도 포기하지 않고 용기 내어 우리말 번역본을 출판하게 된 것에 대해 고개 숙여 깊이 감사드린다.

숨은 공로자로서 영적인 여정의 시작인 담마의 문으로 안내해준 우 산디마 스님과 우 라진다 스님께 감사의 말씀을 전하고 싶다. 두

분 덕분에 나의 첫 아비담마 스승인 세계 평화 대학교(University of Global Peace, Mandalay)의 우 조티카 스님(Ven. Dr. U Zawtika)을 만날 수 있었으며, 그분의 소개로 수망갈라 스님과 깊은 불교 인연을 맺게 되었다. 너무도 많은 것을 깨닫게 해주신 영적 스승인 우 조티카 스님께 특별한 감사를 표하고 싶다. 특히 바쁘신 중에도 꼼꼼하게 책의 내용을 검토해주시고 날카로운 조언을 해주신 서울 불교대학원 대학교의 정 준영 교수님께 머리 숙여 진심으로 감사의 인사를 드린다. 같은 길을 걷고 있는 누군가가 옆에 있다는 것, 그것은 인생에 가장 큰 행운이다.

나의 위대한 스승인 수망갈라 스님은 내 마음 속에 부처님 법이라는 씨앗을 심어서 이 혼잡한 세속을 헤쳐 나갈 수 있도록 해주셨다. 험한 긴 인생 여정에서 어떤 상황을 만난다 할지라도 스님의 가르침은 지혜로운 네비게이션이 되어 나를 바른 길로 안내해줄 것이다. 부처님 법의 씨앗이 만개해서 널리 퍼지기를 바라면서, 최고의 존경을 다하여 나의 스승 수망갈라 스님께 이 책을 바친다.

에필로그

* 이 글은 역자가 2015년 34일 동안 미얀마 만달레이의 양킨 국제 칸니 명상센터에서 수행한 명상 체험기이며, 미얀마 불교 잡지에 영어로 실린 것을 우리말로 번역한 것이다. 역자는 매 순간 강력한 집중과 알아차림을 통해 내면이 변화되는 강력한 치유 경험을 하게 되었다.

한 한국 수행자의 믿을 수 없는 명상 여정 - 모든 것 그러나 무無

아무도 자신의 미래를 약속할 수 없다. 심지어 오늘 저녁에 무슨 일이 일어날지 아무도 모른다. 우리는 태어나는 순간부터 각자 인생이라는 여행을 시작한다. 그리고 그 여행의 마지막 종착역은 죽음이다.

나는 나 자신의 존재를 정확하게 알고 매 순간 알아차림을 유지할 수 있는 명상을 통해 안전하게 인생의 마지막 종착역에 도착하기 위한 편도 승차권을 얻기로 결정했다. 서울에 있는 집에서부터 미얀마 만달레이 소재 양킨 힐에 있는 양킨 국제 명상센터까지의 여정은 스물한 시간 이상이나 걸린 먼 거리였다. 한국에서 비행기를 타고 양곤까지 간 후 다시 고속버스를 타고 아홉 시간을 가야 하는 양킨 힐은 화성보다 더 멀게만 느껴졌다. 이런 모든 험난한 여정에도 불구하고 나는 절망에서 행복에 이를 수 있는 영적 여정을 꿈꾸며 여행의 모든 어려움을 참아냈다.

2015년 1월 14일, 내가 도착한 명상센터는 온종일 새들이 지저귀는 숲속에 자리하고 있었다. 그날은 햇살이 찬란하게 내리쬐고 간간히 불어오는 미풍이 코를 간질이는 그런 날이었다. 비둘기들의 구구~ 하고 울어대는 소리가 마치 "잘했어! 잘했어!"라고 나를 부드럽게 감싸는 것만 같았다. 센터에서 수행 중인 오십 명의 미얀마 수행자들이 나를 따뜻하게 맞이해주었다. 그들은 내가 편안하고 아무런 걱정 없이 명상을 할 수 있도록 도와주었다. 내 숙소는 이층으로 정해졌다. 법문을 듣는 시간과 새벽과 마지막 좌선 시간을 제외하고 대부분의 시간을 이 방에서 지내야했다. 겨우 일인용 나무 침상 하나만 놓여 있는 작은 방이 약간 불편하기는 했지만 온수가 나오는 화장실과 4개의 숙소가 있는 이층을 혼자 쓸 수 있도록 배려해준 덕분에 모든 것이 더할 나위 없이 완벽했다.

짐을 풀자마자 명상센터의 지도자 스님인 수망갈라 사야도의 법문이 시작되었다. 유일한 외국 수행자인 나 한 사람을 위한 영어 법문이었다. 사실 수망갈라 사야도는 나에게 부처님의 가르침을 전해주는 담마 메신저였으며, 가장 소중한 숨겨졌던 보석 같았다. 나는 사야도의 가르침에 완전히 몰입되었다. 담마(부처님의 법 또는 가르침)라고 하는 것은 정말 심오하고 불가사의한 것이었다. 담마에 대한 나의 확고하고 강한 관심을 알아차린 사야도는 내가 심오한 가르침을 분명하게 이해할 수 있도록 항상 특별한 배려를 해주셨다. 처음 걸음마를 배우는 아기를 대하듯이 사야도는 한 걸음 한 걸음 조심스럽게 이끌어줌으로써 내가 잘못된 길로 가지 않도록 해주셨다. 사야도의 가르침은 내가 긴장의 끈을 놓지 않고 집중하게 했을 뿐만 아니라 매 순간 찰나 깨달음이 이어지면서 놀랄 만한 순간을 너무도 많이 느끼게 했다. 사야도의 한 말씀 한 말씀은 담마 그 자체였으며 나는 감동의 눈물을 감출 수 없었다. 그 감동의 순간은 내 인생에서 가장 강력하고 심오한 경험이었다고 확신할 수 있다.

명상 첫날부터 하루에 두 번씩 해주시는 사야도의 모든 법문을 겸허하게 경청하면서 매일 아침 법문 시간을 손꼽아 기다리곤 했다. 때로는 법에 대한 목마름을 채울 수 없어 다음날 아침까지 기다리는 것이 너무도 지루했다. 나는 온몸으로 사야도의 법문에 몰입했으며 깊은 감동을 경험했다.

일본 속담에 "훌륭한 스승과의 하루가 부지런히 천일 동안 공부하는 것보다 더 낫다"라는 말이 있다. 진심으로 법을 전하고자 하는 사야도의 열정이 존경스러웠다. 모든 수행자들에 대한 사야도의 순수한 헌신을 지켜보면서 사야도야말로 진정한 담마 스승이라는 생각이 들었다. 그런데, 만약 아비담마에 대한 지식이 전혀 없었다면 아마도 나는 사야도의 훌륭한 가르침에도 불구하고 그 가르침을 이해하지 못했을 것이다. 나의 첫 번째 아비담마 스승이었던 우조티카 사야도 덕분에 지금 내게 주어진 위대한 법의 가르침을 이해할 수 있게 된 것이다. 아비담마에 대한 사전 지식이 있다면 그것은 담마를 이해할 수 있는 마음의 지도 역할을 한다.

3일 내내 온종일 굵은 빗줄기가 퍼부었다. 그것은 마치 내 수행을 축하하기 위해 쏟아지는 꽃비 같았다. 그러나 1시간 좌선, 30분 경행을 반복하는 새벽 4시 15분부터 저녁 9시 30분까지 계속되는 수행은 초심자인 내게 만만치 않았다. 허리가 아프고 어깨가 결리고 근육이 뻣뻣해지면서 발이 마비되는 것만 같았다. 머리도 아프고 기침을 하고 열이 나면서 목도 아프기 시작했다. 마음의 평온과 행복과 완전한 자유를 찾고자 이곳에 왔는데 고통스럽기만 했다. 내가 경험하고 있는 모든 순간이 최악의 악몽 같았다. 장시간 좌선을 해야 하는 처음 5일 동안은 견딜 수 없이 온몸이 아팠다. 편하고 안락한 삶이 있는 집으로 다시 돌아가고만 싶었다. 그러나 한편으로는 나의 인내심과 한계를 시험해보고도 싶었다. 그러나 더 중요한 것은 성공적으로 수행을 마쳤을 때 얻어지는 소중한 보물을 놓치고 싶지 않았다. 5일 동안의 고통스런 몸부림의 시간이 지난 뒤 내 몸이 새로운 환경에 서서히 적응하기 시작했다. 마침내 모든 고통이 사라지고 평온한 마음으로 수행에 집중할 수 있었다. 아름다운 무지개를 보기 위해서는 며칠 동안 비가 오는 날을 참아내야 한다.

약 25일 동안 들숨과 날숨을 관찰(아나빠나삿띠)하는 사마타(고요 명상) 수행 후에 9일 동안 위빳사나(통찰 명상)를 수행했다. 사마타 수행 기간 중에 강한 집중의 결과 얻어지는 빛의 이미지인 니밋따를 이용해서 멀리 있는 파고다의 부처님 상을 보는 과제를 받았다. 이것은 전에 한 번도 경험해보지 못한 제3의 눈을 통해 물체를 보는 수행이었다. 나는 명상센터 근처에 있는 시마(계를 받는 공간을 표시하는 경계석) 홀에 있는 부처님 상이 어떻게 생겼는지 니밋따를 통해 알아내야 했다. 처음 이 말을 들었을 때 완전히 웃기는 일이라고 생각했다. 최고의 고등 교육을 받고 동서양의 첨단 과학에 익숙한 나로서는 도저히 납득할 수 없는 일이었다. 명백한 과학적 근거나 증명이 없는 어떤 사실을 믿고 싶지 않았다. 그러나 정말 모든 사람들이 초능력을 가질 수 있을까 하는 의구심도 생겼다.

밝고 선명한 니밋따를 얻기 위해 매일 호흡의 숫자를 세면서 아나빠나삿띠를 수행했다. 아나빠나삿띠 수행 기간이 거의 끝나갈 때, 오른쪽 눈 위에서 밝은 빛이 섬광처럼 서너 번 번쩍거렸다. 그리고는 들숨과 날숨을 전혀 느낄 수 없었다. 심장의 박동소리도 멈춘 것 같았다. 갑자기 죽음에 대한 두려움이 엄습하여 명상을 멈추고 사야도에게 갔다. 명상 도중에 죽은 사람은 아무도 없으니 걱정하지 말고 계속 수행하라고 말씀하신다. 다시 숙소로 돌아와 마음을 편하게 하면서 호흡에 집중했다. 그렇게 몇 시간 동안 들숨과 날숨에 집중하자 호흡이 미세해지더니 호흡의 바람을 느낄 수 없었다. 심장의 박동도 느껴지지 않았다. 한순간 글로 표현할 수 없는 자유와 평온이 찾아왔다. 마치 아무도 없는 망망대해를 홀로 유유히 헤엄치고 있는 느낌이었다. 끝없는 자유와 희열이 온몸을 감쌌다.

다음날, 부처님의 이미지를 보기 위해 심혈을 기울여 온종일 집중했지만 아무것도 보지 못했다. 아무것도 볼 수 없게 되자 마음이 초조해지면서 꼭 과제를 해결해야겠다는 욕심이 생겼다. 초조함과 욕심이 함께 한 명상은 아무것도 얻을 수 없었다. 그래서 부처님의 이미지를 보겠다는 욕심과 초조함을 내려놓고 마음을 접었다. 다시 평온한 마음으로 오랜 시간 명상에 집중했다. 갑자기 아주 짧은 순간 분명하게 미소 짓고 있는 부처님의 모습이 보였다. 나는 본 이미지를 그림으로 그린 후 그 이미지의 진상을 확인하기 위해 사야도에게 갔다. 명상 중에 본 것을 설명하고 그림을 보여드리자 사야도는 그 이미지에 대해 몇 가지 질문을 한 후 나를 시마로 데려갔다. 시마 안에 있는 부처님 상을 보는 순간 나는 너무 감격하여 울음을 터뜨렸다. 부처님의 이미지는 명상 중에 본 모습과 너무도 같았다. 그것은 결코 잊을 수 없는 놀라운 환희의 순간이었다.

수망갈라 사야도는 내가 본 것이 우연히 일어난 뜻밖의 행운이 아니라 마음의 힘이라고 설명했다. 사야도는 "마음은 서치라이트와 같다. 만약 어떤 물체를 보려고 한다면 서치라이트가 그것을 비춰줄 것이다. 마음은 아무리 멀리 떨어져 있는 물체라 할지라도 거리적인 제한이 없다. 무엇이든 당신이 원하는 대로 된다. 이것이 마음의 힘이다."라고 덧붙였다. 이러한 명상 체험은 삶에서 이해할 수 없었던 많은 불가사의한 것들의 깊은 의미를 이해하는 데 도움이 되었다. 나는 또한 깊이 집중했을 때의 마음은 굉장히 강력한 힘을 가진 도구라는 것을 절실히 알게 되었다.

위빳사나 수행 중에 나의 전생의 삶을 생생하게 볼 수 있었다. 나는 전생에 한 때는 비구니였고, 한 때는 명상 안내자였고, 한 때는 사슴이었다. 그러나 내 전생에서 무엇을 보았든지 그것은 중요하지 않다. 현재의 '나'는 수많은 전생의 결과물이기 때문에 수행을 통해 전생을 아는 것은 현재의 삶을 이해하는 데 도움이 된다고 생각한다. 그러므로 현재 내 마음의 상태나 습관, 성격, 좋아하고 싫어하는 것 등을 면밀하게 살펴본다면, 정확하게 나의 전생을 가늠할 수 있고, 사후의 내생을 예측할 수 있다.

이 명상센터에 오기 전에 나는 오랫동안 불면증에 시달렸다. 더 이상 참을 수 없어 주치의가 처방해준 수면제를 먹고 잠깐 동안 잠을 잘 수 있었지만 다음날 두통과 소화불량을 감내해야 했다. 수면제가 없다면 아마도 나는 1시간 정도 수면을 취한 후 매일 강의를 하러 가기 위해 졸음운전은 고사하고 강의 중에 자주 실수를 하게 될 것이다. 수면제를 먹지 않으면 잠을 잘 수 없어 곤혹스러웠다. 수면제를 먹으면 잠시 잠을 잘 수 있었지만 깨어났을 때 두통과 메스꺼움을 참기 힘들었다. 그래서 둘 중에 좀 더 나은 방법으로, 잠을 자지 않고 저녁 내내 밤을 새웠다. 그러나 끔찍한 불면증은 아나빠나삿띠를 수행한 첫날부터 완전히 사라졌다. 밤 10부터 새벽 4시까지 6시간 동안 죽은 것처럼 숙면을 취할 수 있었다. 몇 년 만에 처음으로 아기처럼 곤히 잘 수 있었다. 34일 동안 아무런 수면 장애 없이 양킨 수행센터에서 깊고 평화롭게 단잠을 취했다. 이것 외에 가장 놀라운 것 중에 하나는 몸무게가 4킬로그램 줄었다는 점이다. 마치 몸과 마음이 새롭게 태어난 것 같았다. 나에게 명상은 만성 불면증뿐만 아니라 오랫동안 나를 괴롭혔던 허리 통증을 치유해준 만병통치약이었다. 명상은 단순함과 자애심과 마음의 평온이 어우러진 것이라고 생각한다. 이러한 요인들이 나로 하여금 깊은 단잠을 가능하게 했던 것 같다.

인생에 많은 시행착오를 겪으면서 명상을 시작하기까지 너무도 오랜 시간이 걸렸다. 나는 그동안 내가 이뤘던 모든 것을 잃어버렸다. 한 순간 잘못으로 모든 재산을 날렸다. 약혼자와의 사별은 내 미래의 모든 꿈을 송두리째 앗아갔다. 뉴질랜드를 여행하던 중 갑작스런 아버지의 죽음으로 임종도 지키지 못했다. 엄마의 마지막 순간까지 맘껏 사랑하지도 못했고 후회 없이 돌봐드리지도 못했다. 이곳 명상센터에 오기 전까지 나의 인생은 온통 회한과 눈물로 범벅된 삶이었다. "피눈물을 흘리지 않기까지 나는 얼마나 더 울어야 할까?" "가슴이 미어지는 아픔을 겪지 않기까지 나는 얼마나 더 울어야 할까?" "삶이란 무엇인가?" "죽음이란 무엇인가?" "왜 나는 이 모든 고통을 겪어야만 하는가?" "이런 아픔을 감내해야 하는 나는 누구인가?" 끊임없이 이런 질문을 던지곤 했다.

결코 해결될 수 없을 것 같은 문제를 풀기 위해, 텅 빈 가슴을 채우기 위해 나는 인도, 유럽, 일본, 중국, 동남아 등 많은 나라로 정처 없는 배낭여행을 떠났다. 내 질문에 답해줄 수 있는 스승을 만나고 싶었다. 안타깝게도 그 어떤 것도, 그 어떤 사람도 진리에 대한 내 목마름을 해소해주지 못했다. 알고자 하는 욕구가 강하면 강할수록 나는 더 깊은 미궁 속으로 빠져들었다. 수년 동안 방랑자가 되어 세상을 떠돌아다니다가 마침내 나의 위대한 스승, 수망갈라 사야도를 만나게 되었다. 사야도는 부처님의 가르침을 통해 내 질문에 대해 지혜롭고 체계적인 해답을 주었다. 그동안 내가 알고 있었던 부처님의 가르침은 수박겉핥기에 불과했다는 것을 그때서야 깨닫게 되었다.

34일간의 명상 여행을 통해 나는 환희와 경이로움으로 가득한, 더할 나위 없는 완벽한 자유를 경험했다. 생멸의 이치를 주시하고 호흡 관찰을 통해 내 영혼과 육체가 정화되는 것 같았다. 인생의 덧없음과 삶의 괴로움을 조금은 이해할 수 있었다. 명상하는 동안에 내 인생에서 처음으로 진정한 마음의 고요함과 평온을 느꼈다. 명상을 해야겠다는 확고하고 분명하며 지극한 내 결단력 때문에 나는 모든 슬픈 기억들을 제쳐두고 마침내 마음의 평화를 찾을 수 있었다. 명상은 스트레스로 가득한 일상에서 마음을 어루만져주는 정신의 마사지와 같다. 나는 좀 더 매사에 경각심을 가지고 집중하게 됨으로써 마음의 평온을 찾게 되었다. 명상은 내가 누구인지를 보여주었다. 명상은 바쁜 일상 속에서 기를 쓰고 하루하루를 살아가기보다는 진정한 열정을 가지고 알아차리면서 목적의식을 가지고 살아갈 수 있도록 나를 도와주었다.

항상 다음 기회가 있는 것은 아니다. 시간은 그 누구도 기다려주지 않는다. 시간은 우리의 마지막 종착역을 향해 끊임없이 앞으로만 굴러간다. 아무도 시간을 멈출 수 없다. 스승 역시 영원히 머물 수 없다. 지금 스승을 찾지 않는다면 머지않아 후회할 것이다. 우리의 육체 또한 기다려주지 않는다. 점점 더 늙어가고 허약해지면 마음 수행을 하기 힘들어진다. 우리는 원하면 언제든 모든 것을 얻을 수 있다고 생각한다. 그러나 죽음에 임박했을 때 담마 이외에 우리가 가져갈 수 있는 것은 아무것도 없다. 오직 꾸준한 수행만이 여러분의 마음과 몸을 새롭게 정화할 것이다. 무엇이 가장 중요한지 우선순위를 매기고 무엇을 해야 할 것인지 생각해 보라. 그것을 마음에 새기고 잠시 명상하면서 그 시간을 즐겨라. 그리고 하루를 가치 있게 보내라.

끝으로 명상과 알아차림을 통해 내가 체험한 많은 이점을 다시 한 번 강조하고 싶다. 세상에 일어난 모든 것들은 진리이며, 내 자신이 바로 역경을 헤치고 삶에 대한 헌신과 강한 인내심으로 삶을 버텨온 살아있는 증거이다. 여러분 역시 얼마든지 인생의 완전한 체험이 가능하다. 아직도 명상을 시작하기에 전혀 늦지 않았다. 그러나 더 오래 기다리면 기다릴수록 원하는 결과를 얻기가 더 힘들어질 것이다. 몸이 늙으면 유연성이 감소하여 새로운 일을 하기 어렵다는 것을 잊지 마라. 그래서 하루라도 빨리 시작하는 것이 더 좋다.

또 한 가지 중요한 것은, 경험이 많은 숙련된 스승을 찾는 일이다. 숙련되고 자비로운 스승은 담마의 의미를 완전하게 이해할 수 있도록 영감을 줄 것이다. 훌륭한 스승은 여러분의 영적인 여정을 바른 길로 안내해줌으로서 오랫동안 갈구해 오던 깨달음의 장에 도달할 수 있도록 도와줄 것이다. 그러나 스승이 가르칠 준비가 되었을 때 또는 학생이 배울 준비가 되었을 때 항상 훌륭한 스승이 된다는 보장이 없다. 배움과 가르침을 성공적으로 이끌기 위해 학생과 스승 둘 다 확고한 서약을 해야 한다. 성실한 수행 역시 중요하다. 악기를 완전히 마스터하기 위해 연습과 훈육이 필요하듯이 마음을 정화하고 질 좋은 삶을 영위하기 위해 헌신과 각고의 노력이 필요하다.

수망갈라 스님

미얀마 양곤에서 태어났으며, 양곤 경영대학교에서 우수 학생으로 선발되어 수리통계학을 전공했다. 졸업 후 1980년부터 1990년까지 국영 석유회사에서 매니저로 재직했으며, 부처님의 가르침에 깊은 감화를 받아 자진 퇴사 후 수행에 일생을 바치고자 계를 받고 미얀마 불교 승가의 일원이 되었다.

1998년부터 6년 동안 스님 신분으로 만달라이 근처 사가잉에 있는 싯따구 국제 불교 아카데미에서 재가자들과 스님들에게 영어를 가르쳤다. 부처님의 가르침에 대한 스님의 끊임없는 관심과 통찰의 지혜는 그를 영적 여정으로 이끌어 만달레이 양킨 힐에 있는 양킨 국제명상센터의 명상지도 부 스님으로서 칸니 명상 코스를 지도하기 시작했다. 2005년 부처님 열반하신 후 불기 2,550년을 기리기 위해 다른 수행자들과 함께 24시간 철야명상을 했다. 많은 수행자들 중 오직 수망갈라 스님만이 24시간 움직이지도 않고 잠도 자지 않으며 먹지도 않고 수행에만 전념했다. 2010년부터 양킨 국제명상센터의 주지 스님으로 4,000명이 넘는 국내외 수행자들에게 칸니 명상 지도를 했다.

2011년 부처님의 탄생지, 깨달음을 얻은 곳, 처음 설법을 한 곳, 열반에 든 곳 등에서 수행하기 위해 인도 보드가야를 방문했다. 2013년 인도를 2차 방문하여 부처님이 고행을 했던 우루웰라 동굴에서 9일 동안 단독 수행을 했다. 이 수행 기간 동안 스님은 홀로 밤을 지세며 수행에 몰입했다. 또한 부처님이 깨달음을 얻은 곳인 보리수나무 아래서 6일 밤낮으로 용맹 정진했다. 그 후 스리랑카의 부처님 치아 사리가 봉안된 사원과 부처님이 인도에서 깨달음을 얻은 보리수나무 오른쪽 가지를 옮겨 심은 곳을 방문하여 며칠 동안 명상에 전념하여 깊은 선정에 들었다. 2019년 대만의 불타기금회 후원으로 *The True Power of Kanni Meditation*이 출판되었다. 같은 해 인도 뱅갈로에 있는 마하보디 사원에서 10일 명상코스를 안내했다. 현재 도의 지혜를 성취하겠다는 굳은 결심을 한 후 삔우린에 있는 숲속 오지 사원 담마다야다또야에서 홀로 수행하면서 철저한 채식과 구계를 지키며 탁발에 의존하면서 오직 수행에만 여생을 바치고 있다.

차은숙

성균관대학교에서 영어교육학 석사학위를 받고, 미국 일리노이 주 에반스톤 소재 내셔날루이스 대학에서 커리큘럼과 교수법으로 석사학위를 받았다. 일리노이 교육청 주관 이중언어교육 교사 자격증을 취득하여 위네카 학군의 그릴리 공립학교에서 1년간 실습을 마친 후 같은 학군 소속인 크로아일랜드 공립학교에서 재직했다.『비즈니스 영어회화 50일 작전』,『하이코스 영어회화』,『엘리트 리딩 캠프』,『명연설로 영어 제대로 배우기』, 영어로 배우는 수학 문제집인『어메이징 잉글리시(1권, 2권)』등 영어 관련 책을 집필했으며, 수필집『허리춤을 내준 시카고 남자』를 발간했다. 그 외에 20권이 넘는 어린이 영어 동화책과 영미 소설을 번역했다. 오랜 미국 생활을 마치고 한국으로 돌아와 경기대학교, 동국대학교, 한양여자대학교 등에서 영어를 가르쳤다.

미국 시카고 소재 한마음선원과 인연이 되어 불교를 접하게 되었으며, 에반스톤에 있는 시카고 젠 센터에서 이탈리아 주지스님 지도하에 일주일 동안 집중 명상코스를 경험했다. 한국으로 귀국하자마자 15일간 강도 높은 집중 명상에 몰입했으며, 2005년 조계종 소속 영어부문 국제 포교사가 되었다. 2012년 미얀마를 여행하던 중 동행했던 우 라진다 스님의 권유로 만달레이 양킨 힐에 있는 우인 사원의 우 조티카 스님으로부터 아비담마를 배웠다. 그 인연으로 2012년부터 매년 겨울방학 동안 우인 사원을 방문해서 부처님의 가르침을 배우며 스님들께 영어를 가르치고 있다. 2015년 양킨 국제명상센터의 수망갈라 스님 지도하에 40명의 미얀마 수행자들 중 유일한 외국인 요기로서 단독 수행지도를 받았다. 그 후 현재까지 겨울이면 수망갈라 스님의 숲속 오지 수행센터에서 명상지도를 받고 있다. 양곤 국제 테라와다 불교대학교의 담마피야 스님으로부터 메타난디라는 법명을 받았다.

칸니 명상

초판 1쇄 발행 2020년 7월 17일 | 초판 2쇄 발행 2022년 2월 17일
지은이 수망갈라 | 옮긴이 차은숙 | 펴낸이 김시열
펴낸곳 도서출판 운주사
(02832) 서울시 성북구 동소문로 67-1 성심빌딩 3층
전화 (02) 926-8361 | 팩스 0505-115-8361
ISBN 978-89-5746-611-7 03220 값 30,000원
http://cafe.daum.net/unjubooks 〈다음카페: 도서출판 운주사〉